暴走するウクライナ戦争

クレムリン中枢と戦場で何が起きたのか

オーウェン・マシューズ
三浦元博◆訳

OVERREACH
◆
The Inside Story of Putin's War Against Ukraine

Owen Matthews

白水社

暴走するウクライナ戦争——クレムリン中枢と戦場で何が起きたのか

カバー写真：代表撮影/ロイター/アフロ

クセーニヤ、ニキータとテディへ

彼を迎えるために華やかにやってきた、
血と炎のごとき鎧を身にまとい、
雇われた殺人者たち、彼らは歌った
「あなたは神、そして法、そして王、
我らは待っていた、ひ弱に、孤独に
あなたの来るのを、強き人よ！
我らの巾着に金はなく、我らの剣は黄金ぞ、
与えよ我らに、栄光を、血を、黄金を」
パーシー・ビッシュ・シェリー「アナキーの仮面劇」、一八一九年

この国に必要なのは短期の勝ち戦であります。
首相ヴャチェスラフ・フォン・プレーヴェが皇帝ニコライ二世に、一九〇四年

暴走するウクライナ戦争——クレムリン中枢と戦場で何が起きたのか

目次

おおよその領土支配
2023年3月現在の状況
クルスク
ロシア
スナ
スーミ
ベルゴロド
ニージン
ハルキウ
ドニエプル川
ルハンスク
バフムート
ドニプロ
ザポリージャ
ドネツク
ミコライウ
マリウポリ
ロストフ・ナ・ドヌー
ベルジャンスク
メリトポリ
ノヴァカホフカ
アゾフ海
黒海
クラスノダール
クリミア
ノヴォロシースク
シンフェローポリ
セヴァストーポリ

ゴメリ
ベラルーシ
ポーランド
チェルノブイリ原発
イヴァンキウ
ブチャおよびイルピン
ホストメリおよびホストメリ空港
プシェミスル
リヴィウ
キーウ
ドニエストル川
モルドヴァ
南ブーフ川
ルーマニア
オデッサ
ロシアと反乱勢力による占領
2022年の侵攻以前
2022年の侵攻の間
2014年のロシア支配領土
2022年3月24日以後のロシア支配領土
2023年3月24日のロシア支配領土

はしがき

だれもが理解しなければならない。
前途には動員が、そして生存のための、
われらすべての敵を殲滅するための世界戦争が控えているのだ。
戦争はわれらの国家イデオロギーである。
そしてわれらの唯一の任務、われらの指導者の唯一の任務は、
すべてのロシア人民に、このわれらの英雄的未来を説明し、確信させることなのである。
ロシアの作家・ドンバス義勇兵 ザハール・プリレーピン、二〇一四年四月(1)

「会いたいっていうのか」。わたしの旧友ジェーニャの電話の声はすげなく、警戒的だった。二〇二二年三月二八日のことだ。ウクライナの戦争は一ヵ月続いていた。「君はただ満足のために会いたいだけなのか、それともわたしが間違っている理由を話そうというのか?」

「どうしてわたしが間違っているのか話してくれないか? そうしてもいいよ。わたしはモスクワにいるんだ」

電話の向こうに沈黙があった。

「たぶんいつか別の時にな」。彼はとうとう答えた。「目下は君と一緒のところを見られるのは具合がよくないのでね」

かつてジェーニャは反逆者だった。経歴のさまざまな段階で、労働者として、またガードマンとして働き、特殊機動隊OMONの将校を務め、チェチェンで戦った。野党系『ノーヴァヤ・ガゼータ』

紙のニージニー・ノヴゴロド版を編集し、革命的「国家ボリシェヴィキ党」の指導的メンバーだったことがある。だが、わたしがフランスのサンマロの文学祭で会ったころには、ジェーニャは新たなペンネーム――ザハール・プリレーピン――を名乗り、ロシアで大きな影響力があり、論争を呼ぶ小説家の一人になっていた。ジェーニャはスキンヘッドで身体頑健、概して威嚇的な風采のためにサンマロの機動隊CRSとのもめ事の現場に巻き込まれた。わたしが彼をそこから救い出した。それは絆を深める経験だった。

ジェーニャ（ザハール）・プリレーピンは聡明で博識、恐れを知らなかった。また、自分の信条にも熱意があった。これには自国の偉大さに対する急進的な信念と、現下の指導部の金銭的無節操に対する手厳しい侮蔑が含まれていた。二〇〇七年にクレムリンで開かれた作家のフォーラムで、彼はウラジーミル・プーチンの向かいに座り、腐敗と窃盗行為で大統領を臆せず非難した。二〇一四年二月のクリミア半島併合のあと、クレムリンのイデオロギーは転回しており、プーチンとザハールは思いがけなく意見が一致した。すなわち、ロシアは敵に対し武器を取る時だというのである。間もなくザハールはウクライナ東部ドンバスの離反共和国へ赴き、ある離反派大隊の副指揮官になった。二〇二〇年、自分のヒーローである急進派作家で国家ボリシェヴィキ党の創立者、エドゥアルド・リモーノフのように、ザハールは自らの政党を創立した。同党のビジョンは、戦争によって世界から退廃を一掃することを宿命とする、男らしく、交戦的なロシアだった。

ザハールの見解は有害で常軌を逸していたかもしれず、まちがいなく危険だった。しかし、真剣だった。それに、愛しているという国から盗むことにうつつをぬかすロシア・エリート層のなかの、多くの空論をふりかざす愛国者たちとちがって、プリレーピンは実際に身を危険にさらした。彼はかつてわたしの友人だった。今は、一種の誠実な敵になったとわたしは思っている。

わたしは二つの理由で、この物語をザハールから始める。理由の一つは、彼が次になにをするかに関心があるからである。目下クレムリンは、比較的最近までロシア政治の狂気じみた周縁部に潜んでいた、正教信仰を糧とする過激ナショナリズムという虎の背に乗っている。もしプーチンが戦場での軍事的失敗か、ロシア・エリート層あるいは治安機関への掌握力を失うことによってつまずいたら、何が起きるだろうか？　もしそうなれば、無慈悲で戦闘的、そして神聖なる正義に燃える一種の新しいスパルタとしてのザハールの国家構想は、ロシアの未来の可能性の一つを恐ろしくも垣間見せてくれるかもしれないのだ。

　ザハールの名を挙げる二番目の理由は、会おうというわたしの招きを彼が断ったことである。その理由がわたしにはどうしてもわからなかった。ひょっとすると、欧米のスパイと言われかねない人間と話しているところを見つかることに、神経質になっていたのかもしれない。ひょっとすると、わたしがもう欧米のスパイになってしまったと思ったのかもしれない。ひょっとすると、わたしが連邦保安庁（FSB《エフエスベー》）に尾行されていると思ったのかもしれない。ひょっとすると、自分が尾行されていると思ったのかもしれない。ひょっとすると、ロシア正教徒の戦士がウクライナのナチスと戦っているという（明らかにありそうもない）確信に対し、自分の信念をゆさぶるような別の出来事解釈を、わたしから聞かされるのを恐れたのかもしれない。

　その理由がどうであれ、ザハールは明らかに蔓延する時代の妄想症にかかっていた。それはわたしのモスクワの友人、同僚、接触相手の大半に共通して見られる妄想症だった。開戦に続く日々、その妄想症は毎夏ロシアの首都をおおう泥炭火災の煙のように、素早く、押しつけがましく、モスクワを包んだ。そして煙のように、いつまでも残る妄想症の臭いは、あたりに充満し、避けようがなかった。

わたしはロシアで都合二七年間を報道の仕事に費やしてきた――最初は『モスクワ・タイムズ』紙の町ダネ記者として、次に米誌『ニューズウィーク』のモスクワ支局長としてである。四半世紀あまりのうちに、わたしが外国人であるためか、あるいは当局からの反響をおそれて、わたしと話すのを拒んだ人はおそらく合わせて数人だった。

ロシアによるウクライナ侵攻が始まったあと――より具体的には、国家院〔下院〕が三月初め、「ロシア軍に関する誤った情報の流布」を最長一五年の刑に処するとする法律を可決したあと――、それががらりと変わった。その後まもなく、国家院は「外国の代理人」に関する現行法を定義し直し、外国から現に資金を受けているロシアの個人や組織ばかりか、「外国の影響下」に入った人や組織も含めた。週ごとの新たな「外国の代理人」リストが発表され、まもなくクレムリンと提携しないほぼすべてのジャーナリスト、放送局、ブロガー、アナリストを含むようになった。

戦争の初期の日々、わたしが本書の内容を報じ始めると、数年、数十年知り合ってきた友人や接触相手から、わたしと公然と会ったりオンレコで話したりする危険は冒せないと言われ、わたしはショックを受けた。現役あるいは引退したクレムリン支持の当局者や、有名な愛国的メディアと政治家までが、ばかばかしいほど用心深くなった。多くの情報源が、外国人記者と話しているところを見られるような公開の場でわたしと会うことを拒んだ。そこで、ほとんどの打ち明け話は、危険な外国人であるわたしが来ることを必ずしも告げないでプライベートな集まりを親切にセットしてくれる互いの友人たちの別荘、あるいは――典型的なソ連式に――キッチンでのディナーの席で行われた。

本書に引用されている情報源の多くは、したがって、どうしても仮名になる――彼らの身元を守るための場合もあれば、引用される発言がオフレコの社交環境のなかでか、もしくは内々に行われたためである。なんでも信用するのは、読者としてはもどかしい――記者としても、そう要請せざるを得ないのは同様にもどかしい。だが、二〇二二年三～九月の間にモスクワとキーウで本書が書かれた際の雰囲気は、そのとおりだったのだ。わたしがいちばん驚き、そして戦慄したのは、ロシア社会がすばやく閉じてしまったことだった。プーチンによる二〇二二年の侵攻以前、ロシアの政治的生態系のなかには政治的反対と言論の自由の余地があった。その余地は狭かったけれども、当局によって破られる以上に守られる、一連の暗黙のルールによって明確にされていた。クレムリンを批判する個人的意見は、たとえ公開の場あるいはソーシャルメディアで表明されても、禁止されることはなかった。二〇二二年二月二四日以前は、自宅電話をクッションでおおうという話は、ソ連時代の古風な作り話だった。以後は、情報源の多くが互いにスマートフォンから数メートル離れて座るか、会合にはスマートフォンを持ってこないよう強く求めるのだった。

　恐怖には伝染性がある。長年認められてきたルールが壊れ、新たなルールがまだ固まっていない世界では、恐怖はとくに速く広がる。反対派の活動家やジャーナリストはかつてプーチン体制を冗談めかして、肉食系ではなく「草食系」と呼んだ。二、三の目立った例外はあるが、その体制は破壊するより怖じ気づかせようとした。クレムリンの首席イデオローグ、ヴラジスラフ・スルコーフは――たまたまザハール・プリレーピンの友人で、婚姻によって彼の親戚でもあるが――、イデオロギーというものに対して基本的にポストモダンで消費主義的、究極的にシニカルな態度にもとづくシステムを統括していた。ある時は正教信仰、またある時はちょっぴりソ連ノスタルジーをのぞかせ、スルコーフはJ＝K・ユイスマンスのデカダン文学の古典『さかしま』〔邦訳、河出文庫〕に描かれる香りのオルガンのキーボードのように、諸々の思想の和音をかなでた。その比較的寛容で草食系の生態系は、スルコーフが二〇二二年二月にクレムリンを去ったあと、崩壊した。本書に見るように、欧米がロシアを害し破壊しようとしていると確信する、偏執的な元KGB《カーゲーベー》人士たちによる排他的支配に取って代わられたのである。

反プーチン派の人びとは自らの身の安全に関してつねに無頓着、宿命論的でさえあった。二〇二二年二月二四日以降、歯に衣着せない発言を続ける人もわずかにいた——だがそのころまでには、無頓着はたいへん大胆な行為になっていた。ポニャーティエ——彼らの世界を支配してきた一連の暗黙の「了解事項」——が突然、愛国主義と戦争の新たな慣れない重力場に取って代わられてしまったのだ。戦時ロシアではなにが認められ、なにが新たに禁止されるのか？　だれにもわからなかった。プーチン政権の上級閣僚の一人と大学のクラスメートだった元KGB少将は、冬のさなかにわたしを外へ連れ出し、盗み聞きされることも見られることもないと自分が確信する別荘の材木置き場のそばで話し合った。プーチンに近い石油業界の大物の娘は、わたしたちの会話を盗み聞きするかもしれない人間がそばに座っているのを嫌がり、レストラン「白ウサギ」のテーブルを二度も移すよう要求した。などなど。

わたしがこうした事柄に言及するのは、モスクワでの報道活動がル・カレ風のスパイ活動になったという印象を与えるためではなく、ロシアの政治とメディアの風景がプーチンによる侵攻の直後、非常に素早く、非常に深く変化したことを強調するためである。一部の旧友は攻撃的な、さらには不快でさえある愛国主義者になった。開放的で繁栄したヨーロッパ風生活を営んでいる気分になれたロシアは、もはや存在しないことを——あるいは、おそらく想像のなかでしか存在していないことを——悟った旧友たちもいる。ロシアの最良の教育を受けた多数の人びとが国外に逃れた。だが、大半の人びとは国内にとどまり、一部は積極的に、大方は黙って同調した。戦争の妄想症が泥炭の煙のようであったとすれば、この同調は雪のようであり、感覚をまひさせる覆いで社会全体を包み、それが音と感情を殺し、人びとを逃避へとせき立てた。一部のロシア人はソ連の子ども時代の元気づける決まり文句に、その逃避先を見出した。現実を積極的に無視し、締め出すことにそれを見出す人びともいた。戦争突入から六カ月の九月二一日まで、モスクワの生活は、そこに戦争が入り込むことを許さない完全な正常を装ったほとんど悪性の幻影であり続けた。その日、プーチンは部分的動員を発表して、国民を――そして彼自身のエリート層を――驚かせた。家族に兵役年齢の男性がいる数千万のロシア人にとって、それまではほとんど見えなかった戦争が突然、身近で個人的なものになった。その時以来、どのロシア人も国の上に降り来たった厳しい政治の冬を免れなくなったのである。

大戦争の定義は、それが諸国家の破壊と世界秩序の再編に行き着くことである。その基準に照らせば、ロシア－ウクライナ戦争は第二次世界大戦以来、ヨーロッパでもっとも深刻な地政学上の危機であり、「9・11」〔ニューヨーク同時多発テロ〕よりもはるかに巨大な世界的帰結に行き着く危機になるだろう。世界の安全保障構造、食料およびエネルギー供給、軍事力バランスと諸々の同盟は、この戦争によって永久に変容させられるだろう。

良くすれば、プーチンが侵攻に失敗して、ヨーロッパ史における拡張する帝国主義の最後の痙攣となり、欧米における諸帝国の時代の最終的な死を象徴する可能性がある。それはまた中国に、近隣諸国に対して通常軍事力を使おうという野心を思いとどまらせるかもしれない。戦争の最初の数週間、ウクライナは圧倒的な装甲・空挺戦力が、歩兵の運ぶ最新兵器によって打ち負かされ得ることを証明し、攻撃と防御に関する冷戦時代の伝統的な計算をひっくり返すことによって、敵と味方の双方を驚かせた。ロシアの侵攻に対し、世界が制裁をもって対応したことも、真の経済権力が――一夜にして諸国経済全体を破壊する力を含めて――個々の国民国家から大企業へと移り、その倫理的・政治的決定が諸政府の決定より大きな影響力を持ち得ることを示した。そしてヨーロッパへの天然ガス供給を止めることで反撃しようとするロシアの試みは、実は欧米がかつて恐れていたほどエネルギーが有力な兵器ではないことを示した。

同時に、プーチンと彼のプロパガンダ屋が核の戦場使用、さらには戦略的使用という考えまでも、理論の領域からはっきりと可能性の領域にまで持ち込んだために、ウクライナ戦争によって世界はいちだんと危険な場所になった。ウクライナ戦争はまた、欧米社会がその基盤とする諸原則を防衛するため、どれだけ経済的苦痛を引き受ける覚悟があるのかという重大な——そして今のところ答えられていない——問題も突きつけた。

ウクライナ戦争はソ連崩壊の血塗られた最終幕である。本書執筆中も戦争行為は続いており、したがってこの物語は必然的に未完である。だが、この戦争が正確にどのような終わり方をするかはわからないけれども、どのような終わり方をしないかは、すでにわかっている。ロシアにもウクライナにも完全な勝利はない。北大西洋条約機構（NATO）が十分肩入れしているため、キーウがロシア軍の手に落ちることは考えられない。また、クリミア半島、さらにはドンバスの離反共和国がウクライナの手に落ちることをプーチンが許せば、彼の体制と生命は危機に瀕する。彼は必要なら核攻撃によってその領土を守る用意がある、とくり返し言明してきたのだ。したがって、この戦争は結局——完全勝利による終結に行き着かないすべての戦争のように——、交渉による和平によって終結するだろう。

プーチンはどんな最終結果でも勝利を宣言するとみられ、彼がロシアのメディアを完全に統制しているため、国民の多くが自分の言うことを信じるようらまく説得するだろう。

しかし、戦火が収まったあと、プーチンが以前のウクライナ領土のいかに多くをなんとか確保しても、ウクライナの西方への漂流を逆転させてロシアの新たな権力と偉大さを主張しようとするプーチンの試みが、惨憺たる失敗に終わったことも明らかだ。数十年にわたる慎重な経済計画は破壊され、世界じゅうの同情的な友好諸国は疎遠になり、ロシアのもっとも聡明で最良の数十万人が国外に移住し、ロシアの戦略的自立は中国への経済的、政治的依存を強いられることによって大きく損なわれた。プーチンはロシアの未来を根っこで腐らせてしまったのだ。彼が自ら宣言する勝利は、教育ある人びとに対する無学の勝利、都市に対する田舎の、若者に対する老人の、未来に対する過去の勝利になるだろう。

プーチンによる侵攻はまた、まさにそれによって回避しようとした事態を生んでしまった。侵攻はウクライナを結束させ、同国に真の国家意識を与えた。この戦争はまた、新たな目標とマネーと加盟国によって、ＮＡＴＯを再活性化し、ヨーロッパ連合（ＥＵ）に、ヨーロッパ統合が最初に基礎を置いた戦後の反全体主義の価値観を思い出させた。さらに深いレベルでは、プーチンは世界の民主主義諸国に、自由はただ生じる――共産主義の崩壊後に西側の多くの人が達した決定論的結論――ものではなく、そのために戦い、防衛しなければならないことを思い出させた。

本書は戦争初期の六カ月間に、ほとんどモスクワとキーウで執筆された。したがって、これは戦争の物語ではなく、この戦争がどのようにして始まったか――そして、どのようにしてロシアの電撃的攻撃から膠着状態を経て、ウクライナの反転攻勢に至ったか――についての初稿である。わたしの関心の中心は、プーチンによるウクライナ侵攻の核心にある興味深い謎にある。すなわち、暴力的に「大ロシア」を作り上げるという構想が、神秘的な正教ナショナリズムに支えられて、どのようにしてロシア政治の周縁部から、クレムリンの公式政策へと発展していったのか？ なぜプーチンは数十年にわたって慎重に構築したマクロ経済と外交を窓から投げ捨て、完全な詳細は侵攻の瞬間まで大方の上級閣僚たちにも秘密にするほど、無謀でリスクの大きい戦争を始めたのか？ だれが絨毯の下で闘う犬たち――チャーチルはかつてクレムリンの内部抗争を印象的にこう形容した――で、だれがプーチンの耳と心を求めて戦い、それを勝ち取ったのか？　そして、いちばん重要なことだが、プーチンが戦争を決断した理由はなんだったのだろうか？

モスクワ、二〇二三年二月二四日

プロローグ

瀬戸際

モスクワ

モスクワ州ノヴォ‐オガリョヴォの大統領公邸、二〇二二年二月二三日

午前一一時を過ぎてまもなく、ウラジーミル・プーチンはモスクワ中心部から北西へ三〇キロメートルにあるノヴォ‐オガリョヴォの公邸のヘリパッドで、三機のMi‐8ヘリコプターの一機に乗り込んだ。保安上の理由で、ソ連時代に設計されたMi‐8の同型機二機が一緒に飛び立ち、編隊を組むと東方クレムリン方向へ速度を上げた。

乗組員たちはノヴォ‐オガリョヴォのほかのスタッフ全員と同じく、ロシアのペールヴォエ・リツォー――行政府内部での大統領の呼び方で、文字どおりには「筆頭者」――に物理的に接近する前に、新型コロナのため厳重な隔離生活をしていた。パンデミックが始まって以来ほぼ二年間、プーチンがロックダウンのほとんどを過ごしていたノヴォ－オガリョヴォと、ヴァルダイ湖近くおよびソチにある公邸を訪問する者は全員、それぞれの公邸の敷地にある特別に改装された宿泊区画で、検疫と毎日の検査で一週間過ごすことを義務づけられていた。プーチンの個人的交流はつねに極度に人目を避け、何年もの間、せいぜい三十数人から成る少数の側近グループに限られていた。新型コロナ流行の間、その閉鎖空間はさらにいちだんと縮小していた。

　離陸から一五分後、プーチンのヘリコプターはクレムリン南東隅のベクレミシェフスカヤ塔の脇のヘリパッドに着陸した。彼はクレムリン大宮殿への短い距離を行くため、専用のジルのリムジンに乗り込んだ。パンデミックの間、プーチンはモスクワへ行くことはめったになく、公衆の前に姿を見せることはさらに少なかった。だが今回モスクワ中心部に来るのは、この三日間で三度目だった。

　二月二一日の午後早い時間に初めて来たのは、ロシア国家安全保障会議の臨時――いろんな意味で――会議のためだった。開催場所は、普段は公式レセプションに使われる列柱を備えた大クレムリン宮殿の広大な聖エカテリーナの間で、普段招集される元老院宮殿にあるこれよりずっと小さな部屋ではなかった。一二人の常任メンバーが必要な一週間の検疫を済ませる時間はなかった。広大なスペースのおかげで、巨大なデスクに一人座ったプーチンはロシアの最高位の――必ずしも最強ではないが――男たち（と一人の女性）から六メートルの対人距離をおくことができた。この場所の選択は、ロシアの権益主張の新たな局面を告げる狙いのテレビ向けイベントにとっては、非常に象徴的でもあった。

　この安全保障会議の表向きの理由は、国家院《ドゥーマ》〔下院〕と連邦院〔上院〕に上程されたウクライナ・ドンバス地方の二つの離反共和国を国家として承認する計画について協議することだった。大統領報道官ドミトリー・ペスコフに近い情報筋によると、安保会議の参加者全員が、議事はテレビで生中継されると告げられていた。それは事実ではなかった。参加者たちの腕時計の証拠が、会議が実は約五時間後に放送されたことを示していた。ペスコフがこの同じ情報筋に語ったところでは、約七二時間後にウクライナ全面侵攻を開始するというプーチンの軍事計画の全容を知っていたのは、プーチン本人を除いて三人だけだった。一人は国防相セルゲイ・ショイグ、もう一人は安全保障会議書記で一九七五年以来のプーチンのＫＧＢの同僚であるニコライ・パトルシェフ。三人目はプーチンのレニングラード大学時代の同級生で、連邦保安庁（ＦＳＢ）長官のアレクサンドル・ボルトニコフである。

　安全保障会議のメンバーは一人ずつ起立し、ドネツクとルハンスクの両人民共和国――合わせてＬＤＮＲとして知られる――を独立国として承認する国家院の提案に同意した。対外情報庁長官のセルゲイ・ナルイシュキン一人がせりふを間違え、満座の中でプーチンに辱められた。[1]

　翌日の二月二二日、国家院は国家承認を正式決定した。プーチンはクレムリン記者団からえり抜いたジャーナリストたちを伴い、めったにない記者会見のために再びモスクワへ赴いた。その部屋にいた人びとの一人によると、プーチンは「青ざめ腫れているものの……いつになく力強く、迫力がある」ように見えた。[2]『コメルサント』紙のベテランのクレムリン記者、アンドレイ・コレスニコフに、「この現代世界で、すべてのことが力によって解決できる」と思うかどうか問われ、プーチンははっきりと答えた。「なぜあなたは、良いことが力によって支えられるべきではないと考えるのか？」。プーチンはまた、ロシア軍が「ただちにドンバスへ展開する」ことは否定した。[3]

　プーチンはうそをついていた。ロシア軍はすでに動員されていたのだ。最初の部隊――同じウクライナの装甲車両と区別するために目立つ「Ｚ」をつけた南部軍管区の軍集団の車輛――が記者会見から数時間後、無きに等しいロシアとＬＤＮＲの間の国境を越えた。二月二三日午前の半ばごろには、ロシア軍は離反派戦士たちが一万四〇〇〇人の死者を出した二夏の戦闘のあと、ウクライナ軍との間に確立していた実効支配線全域にわたって展開していた。

二月二三日、「祖国防衛者の日」はソ連時代の大事な祝日だ。仲間たちと飲み、男たちが男であることを祝い、テレビで愛国戦争の映画を見る日（三月八日の「女性の日」に対応するもの）である。より公式には、過去と現在のロシア軍を祝う日だ。五月九日に伝統的に赤の広場の大軍事パレードで祝われる「戦勝記念日」は、「大祖国戦争」でのナチ・ドイツに対するソ連の勝利をいちだんと華々しく祝賀する。だが、プーチン支配の過去一〇年の間に、二月二三日と五月九日はいずれも、現体制の栄光と正当性に役立つよう、第二次世界大戦の記憶を取り込んでクレムリンが作り上げてきた儀式の重要な要素になってきた。両祝賀儀式のクライマックスは、クレムリンの前で燃える「永遠の炎」での、大統領による供花だ。

プーチンの車列がクレムリンのスパスカヤ塔の門から現れ、赤の広場を横切って、アレクサンドル庭園の精巧な鋳鉄製の門まで進んだ。プーチンは歩いて儀仗隊——全員が距離をおいている——の前を通り過ぎ、永遠の炎に供花した。プーチンがモスクワの舗道を歩いた記録としては、二〇二一年のこの同じ日以来のことであった。

「祖国防衛者の日」を祝うプーチンの事前録音メッセージが全国放送された。「尊敬すべき同志のみなさん！」とプーチンは始めた。意図的に共産主義時代に戻った言い回しだ。その朝に起きたロシアによるLDNR占領には、一度遠回しに触れただけだった。「わが国はつねに誠実な直接的対話を受け入れるものであります……がしかし、繰り返します。ロシアの国益とわが国民の安全については、われわれには交渉の余地はないのであります(4)」

プーチンは午後五時までにはノヴォ－オガリョヴォに戻っており、予定されていたトルコ大統領レジェップ・タイイップ・エルドアンからの電話を受けた。会談に関する公式発表によると、プーチンは「米国とNATOがロシアの合法的で筋の通った懸念と要求を無視していることに失望を表明した」[5]。プーチンとエルドアンは二〇年以上の知り合いで、お互いを「友人」と呼ぶ関係であるにもかかわらず、ウクライナへの全面侵攻が迫っているという話はまったく出なかった。二〇〇三年以来エルドアンとともに働いてきたトルコ外務省の高官筋によると、「プーチンが計画していることを示すいかなる気配も徴候もなかった[6]」。

二月二三日夜のある時点で、プーチンはノヴォーオガリョヴォのテレビスタジオに座り、二日間で二度目となる国民向けメッセージを録画した。このメッセージでは、ウクライナに対する「限定的特別軍事作戦」を開始することを命じたと表明した。それは翌朝午前六時に放送された。ロシアおよびベラルーシとウクライナの国境二〇〇〇キロに沿って、総計一六万～一九万人から成る少なくとも七一個大隊の戦闘グループが戦争に突入した[7]。一九四五年以来、ヨーロッパの地に展開した最大のロシア軍である。

キーウ
大統領宮殿、キーウ、バンコヴァ通り、二〇二二年二月二三日

二〇二一年一一月以降、米国の情報機関はヴォロディミル・ゼレンスキーに対し、プーチンがキーウへの直接攻撃を含むウクライナへの全面的な多正面侵攻を計画している、とますます高まる切迫感をもって、驚くほど詳細に警告していた。ゼレンスキーの大統領府長官アンドリイ・イェルマークのある補佐官によると、ゼレンスキーと国家安全保障チームはその警告を「はっきり無視したわけではないが、疑っていた」。「われわれはプーチンに侵攻能力があると確信していた、それは問題ではなかった。われわれは［ロシアと］八年間戦争してきたのだ[8]」。だがこの前の春以来、ウクライナ国境

でのロシアの軍事力増強——そして侵攻があり得るとの警告——は、よくあることだった。プーチンは二〇二一年三月〜四月と、再び九月〜一〇月に兵員数を威嚇的に増やし、結局再び解除していた。最初の増強は米国の新大統領ジョー・バイデンの決意を試すためだと、二番目の増強はウクライナがＮＡＴＯの夏の陸海演習に参加したことへの抗議だと言い逃れされた。モスクワのきわめて高位の安全保障部門の情報筋と政府高官が、戦争は起きないと自信をもって予言しているため、この三番目の増強が大規模になることは、決して明確ではなかった。

「これが……ウクライナを混乱させるための……プーチンのもう一つの心理作戦にすぎないのかどうかという問題がつねにあった」とこの補佐官は話した。「一方では無論、これが戦争につながるという懸念はそのたびにあった。他方で、プーチンが国境近くでの演習に軍部隊を送るたびに、われわれが彼の手にのってパニックに陥ってはならないという考えがあった」。米英両国の大使館が二月一二日にキーウを引き揚げたとき、ゼレンスキーは「目下、国民の最大の敵はパニックだ」と述べていた。欧米主要国が「侵攻が差し迫っているというなんらかの証拠」を手にしているとしても、自分は「まだ見ていない」と。戦争が起きる可能性についての懐疑は非常に深かったため、ウクライナ国会やウクライナ保安庁（ＳＢＵ《エスベーウー》）の上級メンバーたちは、「ロシアの侵攻を待っている」と題された、道路脇に立つミスター・ビーンのユーモラスなミームをリツイートしはじめていた。[9]

だが二月二三日にもなると、この度は事情が本当にちがうことは明らかだった。その前夜、ロシア軍はドネツク、ルハンスクの離反共和国へ国境を越えて侵入していた。ロシア軍は数年の間、両共和国の内側では、多少とも密かに集団行動していた。だが、ロシアの国家院が投票で両国の独立を承認した以上、占領はいまや公式になった。とはいえ、問題は残っていた。すなわち、プーチンは両共和国で止まるだろうか、それともさらに進むのだろうか？

二月二三日の正午、ゼレンスキーは国家安全保障・国防会議（NSDC）を招集した。軍部および情報機関のトップと文民閣僚がテーブルを囲んだ。一部は職業軍人と専門情報部員。一部はゼレンスキーが子ども時代から知り、長年芸能界で共に働いてきた古い友人たちである。

イワン・バカノフはいつもブルーのメガネと流行のぴったりしたスーツを身に着けた若々しい四七歳の人物だが、工業都市クリヴィイ・リーフでゼレンスキーと一緒に育ち、のちに二人らが昔の街区にちなんで「95区スタジオ」と名付けたテレビプロダクションを率いた。ゼレンスキーは二〇一九年八月、この旧友で同志、それに以前の選挙運動総括責任者をSBU長官に任命していた。バカノフはエンタメ業界幹部として職歴を積んだ、教育としては法律家であり、情報や秘密警察の仕事にはまったく素人だったが、ゼレンスキーには完全に忠実だった。その点が重要だった。バカノフの仕事は、最近の歴史でも数回、政府を傷つけようとした――そして、いまなお数千人の親ロシア同調者をかかえていると信じられている――秘密情報機関を改革し、従順にさせることだった。

ヴァレリイ・ザルージニー中将（四九）は、態度や素性の点ではバカノフとはまったく異なる世界から来ていた。だが、この高級将校もゼレンスキーが任命した改革志向の新任者だった。ソ連軍での軍務経験がないほど若く、英国勤務を含めウクライナのNATOパートナーたちと付き合った第一世代の一人である。ザルージニーはずんぐりして丸顔で頑健、二〇一五年のドンバス地方デバルツェヴェの激戦では、師団司令官として実戦で際立った。ゼレンスキーは二〇二一年、ザルージニーをウクライナ軍参謀総長に任命し、軍をNATO標準にすることと、ソ連軍・ロシア軍の宿痾だった窃盗と部下いじめで抑圧的な、トップダウンの指令構造に終止符を打つという任務を与えた。

三人目の主要出席者はウクライナ対外情報庁の長官オレクサンドル・リトヴィネンコだ。モスクワのロシア連邦保安庁（FSB）所属の暗号・電気通信・コンピューター科学専門学校とロンドンの王立国防研究大学の卒業生で、リトヴィネンコが前年七月にスパイ機関のトップに任命されたことは議論を呼んだ。失脚した親ロシアのヴィクトル・ヤヌコーヴィチ大統領の政権で働いていたことを理由に、二〇一五年に政府での勤務を止められた数千人のうちの一人だった。それでもゼレンスキーは、喫緊の唯一の安全保障問題、すなわちプーチンは本気でウクライナ侵攻を考えているのか、いないのかに答えるリトヴィネンコのような専門情報部員が必要だと判断した。

安全保障会議では「三つの観点が浮上した」とセルヒイ・レシュチェンコは回想している。ゼレンスキーの大統領府長官の上級補佐官を務める著名なジャーナリストで国会議員だ。「一つは、プーチンはドンバス［の離反共和国］にとどまるだろうということ。もう一つは、彼がクリミア半島とドンバスをつなぐ回廊をつくり、［両共和国の領土を］拡張しようとするだろうということ。三つ目は、彼がさらに先へ進み、ベラルーシ方面からも含め、ウクライナへの全面侵攻を開始するだろうということだった」。それはキーウ攻撃を意味する。三つの見方はすべて、さまざまな相矛盾する情報と分析の断片にもとづいていた。その安保・国防会議の会合は「結論なし」だった、とレシチェンコは話した。

ゼレンスキーはその日の残りを、各国大使と会談し、自国およびNATO諸国の情報機関からの情報報告を読んで過ごした。また、直接ロシア国民へ向けた演説を書いた。夕刻、プーチンは両共和国の国境を越える前進を決めていないとなおも信じ、ゼレンスキーは演説を一テークで録音した。

「わたしは本日、ロシアのすべての市民に訴えたいと思います」とゼレンスキーはロシア語で語った。彼の母語なのだが、公開の演説ではめったに使わず、たいていはウクライナ語だった。「大統領としてではありません。ウクライナの一市民としてロシアの市民に訴えているのです……。本日、あなた方の軍がその国境沿いに展開しています、ほぼ二〇万人の兵と数千の軍車輌です。［これは］ヨーロッパ大陸での大戦争の始まりになりかねない。ちょっとした火花がそれに点火しかねない……。あなた方はわれわれがナチスだと教えられています。しかし、ナチズムに対する勝利のために八〇〇万人以上の生命を投げ出した国民が、どうしてナチズムを支持できるのでしょうか？　わたしがどうしてナチになれるのでしょうか？　それをわたしの祖父に言ってごらんなさい。彼は戦争のすべての期間、ソ連軍の歩兵部隊で過ごし、独立ウクライナの大佐として死んだのです」

ゼレンスキーは自分のユダヤ人ルーツのことは言わなかった。しかし、戦争の前にドネツクの親友を訪れ、同地で行われたサッカーのウクライナ・ナショナルチームを応援し、同胞ウクライナ人としてて団結して、地元の群衆と公園でビールを飲んだことを話した。彼は「ウクライナ人とロシア人は違う。しかし、それはわれわれが敵同士でなければならない理由にはなりません……。あなた方の多くはウクライナへ来たことがある。あなた方の多くはウクライナに親戚がいる。なかにはウクライナの大学で学び、ウクライナ人と友人になった人もいます。あなた方はわれわれの性格を知っている。われわれの国民を知っています。われわれの信念を知っています。われわれが大切にしているものを知っている。だから、自分の心に耳を傾けてください。理性の声に。良識に。わたしたちの声を聞いてください。ウクライナ国民は平和を望んでいるのです」

ゼレンスキーが演説を録音しているとき、彼の側近たちの多くが「涙を流すほど感動した」。「演説は心から直《じか》に出たものだった」と顧問の一人は回想した。「彼は一語一語自分で書いたんだ……それまで彼が行った最高の演説だった」[10]

その夜、ゼレンスキーはキーウ中心部から南へ一五キロ、ドニエプル川右岸のコンチャ－ザスパ郊外にある大統領公邸で、妻オレーナと二人の子ども、オレクサンドラ（一七）とキリロ（九）に合流した。ウクライナ大統領は来たるロシアの攻撃について「いかなる事前警告も受けていなかった」とレシュチェンコは断言する。ゼレンスキーは自分がその夕刻に話した「良識」が勝つと期待して、床に就いた。数時間後、その期待は見事に裏切られることになる。

ベルゴロド
ベルゴロド州、ロシア、二〇二二年二月二三日

カンテミロフスカヤ戦車師団の将兵たちにとって、「祖国防衛者の日」は普段なら重要で、心待ちにする日になるところだった。モスクワ郊外七〇キロに位置するナロ－フォミンスクに駐屯し、この師団――正式にはユーリー・アンドロポフ第4親衛カンテミロフスカヤ・レーニン勲章赤旗戦車師団として知られる――は、元はスターリングラードの戦いで編成され、それ以来ロシア陸軍の精鋭部隊の一つだった。ところが二〇二二年二月二三日には、祝賀の時間はだれにもなかった。同師団に戦闘動員命令が届いたばかりだったのだ。

カンテミロフスカヤ師団は一カ月前、ウクライナの北東国境に近いベルゴロド州に配置されたばかりだった。公式には彼らは演習中だった。だが、ほとんどの兵士にとっては、ウクライナ侵攻のためにそこにいることは明々白々だった。

「母さん、僕の電話は一週間通じないよ。電話は預けるんだ」。二一歳の軍曹ヴァディム・シシマリンは二月二二日、母親リュボーフに知らせた。「僕がウクライナ方面へ行ったとだれかが言うかもしれない。それを信じないで」。彼女の息子の戦友たちはのちに彼女に、部隊の指揮官たちは兵士たちに「『ウクライナへ』入って出るだけだ」と請け合ったと話している[11]。

シシマリンはあまり軍人らしく見えなかった。痩せて背が低く、ほとんど童顔といってよかった。

「彼は精鋭戦車師団の兵士どころか、職業軍人という印象も与えなかった」と、シシマリンの弁護士

ヴィクトル・オフシャンニコフはのちにマスメディアに話している。ヴァディムは東シベリアのイルクーツクからアンガラ川を約七〇〇キロさかのぼった人口八万六〇〇〇人の工業町ウスチ＝イリムスクで、二〇〇〇年一〇月一七日に生まれた。五人兄弟姉妹の最年長——二人の弟と二人の妹がいた——で、母親と継父に育てられた。

ウクライナに配備された多くの兵士のように、シシマリンはロシアのもっとも僻遠の貧しい州出身者の一人だった。ウスチ＝イリムスクは水力発電ダムと製材工場、それに一九三〇年代の悪名高い矯正労働収容所の残骸で知られていた。ソ連の崩壊以降、人口の四分の一は他所へ移住していた。ヴァディムは一七歳で学校を卒業し、そのあと職業学校で機械工として訓練を受けた。両親のいずれも、のちにジャーナリストらにインタビューを受けたとき、息子の関心や趣味を言うことができなかった。「彼は何が好きだったか？」ヴァディムが幼少のころに家族を捨てた父親エフゲニー・シシマリンは言う。「彼は生きていた。働き者だったよ」[12]

母親によると、ヴァディムは技術専門学校を終えたあと、「仕事と教育の機会が多いので」モスクワへ行こうと決めた。モスクワ州のタイヤ修理工場で働き、ガールフレンドを見つけた。次いで、フルタイムの教育を受けていない何十万かのロシアの若者と同じく、二〇一九年の春恒例の召集で義務兵役に召集された。地元モスクワ州のヴォエンコマート、すなわち徴兵事務所は、彼を近隣のカンテミロフスカヤ師団に配属した。「彼は健康だった。軍に入る時期になったんです」と母親は話した。「それが何か？　だれもが服務するんです」

二〇二〇年一月、シシマリンの一年の兵役期間が九カ月経ったとき、クレーン操縦士だった継父がウスチ＝イリムスクで殺された。「悪いときに悪い場所にいたんですよ」とシシマリンの母親リュボーフは説明する。「たまたま撃たれて死んだのです。実行した人物のフルネームは知りません」。リュボーフと子どもたちは確かな収入源のないまま取り残された。シシマリンはフルタイムのコントラクトニク、すなわち職業軍人としてロシア軍に入ることに決めた。「住宅の心配はない」し、「母親と弟たち、妹たちを助けよう」と思ったからだ。ウスチ－イリムスク出身の二〇歳の男子にとって、四万ルーブル――当時の価値で月額約四〇〇ポンド――の軍給与は、好条件の職業に思えた。「彼はここ［ウスチ－イリムスク］ではなにもすることがないと判断したのです」と母親は言う。「ここでは本当に何もないんだから[13]」

二〇二二年二月にはヴァディム・シシマリンは軍曹になっていた――これは英軍あるいは米軍における、同じ見た目の階級とちがって、ロシア軍では低い階級だ。西側の下士官と同等の役割は、ロシア軍においてはプラーポルシキ、すなわち准尉が果たす。にもかかわらずシシマリンは、カリーニン中尉が指揮する小隊で一〇人の部隊を率いていた。

二月二三日夜、カリーニンは保安上の予防措置として、兵卒と下士官のすべての携帯電話を回収した。兵士たちはまた、三日分のスホイ・パイオーク――乾燥糧秣――を支給された。指揮官たちは、彼らが予想する短期の任務にはこれで十分と考えたのだ。カンテミロフスカヤ師団の推定二〇〇両のT‐80UおよびT‐80BV主力戦闘車と約三〇〇両の歩兵戦闘車に弾薬が搭載され、燃料が充塡された。

翌日の明け方、シシマリンが指揮する部隊――カンテミロフスカヤ師団第13親衛戦車連隊第32010部隊はベルゴロド郊外の拠点から進発し、西方約二〇キロのウクライナ国境に突進する巨大な装甲車両の隊列に合流した。午前九時ごろ、シシマリン隊はスーミとウクライナ第二の都市ハルキウの間で国境を越えた。

モスクワ
RIAノーヴォスチ・ビル、モスクワ、ズボフスキー大通り、二〇二二年二月二三日

大手国営ニュース放送局の上級プロデューサー、アンナ・ボンダレンコ（四〇）には、悪夢のような一日だった。ほんの二日前、局の編集方針――彼女の上司とクレムリンの最高情報伝達チームとの毎週の企画会議で合意された方針――は、ロシアにはウクライナを攻撃する意図はなく、プーチンの外交努力は順調に進んでいる、というものだった。[14] ロシアは平和に尽力しているというのだ。外相セルゲイ・ラヴロフは偉大な調停者で、NATOの執拗な攻撃にもかかわらず、ロシアは平和に尽力しているというのだ。ニュース報道の計画、取材チームの配置、そしてワシントンとロンドンへの衛星回線の予約に大きな作業が投入されていた。ボンダレンコの局は何年もの間、ウクライナ政府はファシストだらけで、ドンバスの平和的なロシア語話者の住民を攻撃の標的にしていると伝えていた。だが、ウクライナへの全面攻撃は言うまでもなく、来たるルハンスク、ドネツク両共和国の占領に向けた具体的なプロパガンダの準備はまったくしていなかった。

なのに二月二一日、公式方針が唐突に変わっていた。平和は突然取りやめになった。それに代わって、上から下された怒濤のようなニュース配信の新たな大方針は、ドンバスの両共和国はウクライナのファシストによる激しい攻撃にさらされているというものだった。民間人が退避させられている。ロシアの通信社報道には突然、その退避――それにウクライナの軍服を着けた戦死兵をあしらった、ウクライナ人による国境検問所への車爆弾攻撃――のビデオ画像があふれた。ウクライナ側からとされるその暴力の激化は、両共和国の住民に対するキーウによる「ジェノサイド的」攻撃の展開として説明することになった。

ボンダレンコの家族の先祖はウクライナ人だったが、彼女自身は「そうした画像を見ると、怒り狂った」と回想する。「ウクライナ人がどうして過激民族主義者に乗っ取られてしまうなんてことがあるのか？」と。彼女のようなロシア語を話す人びとの、どこが問題なのか？　ボンダレンコはロシアのテレビニュース界で二〇年間働いていた。クレムリンのプロパガンダ機構について、甘い考えをもってはいない。しかし、未編集のビデオが入ってくるのを見て、わが目で見た証拠を疑う理由はまったくなかった。NATOが進撃してきているのだ。ロシア国民が攻撃されており、クレムリンは彼らを救うために軍を動員したのだ。「この八年間なぜ黙っていたのか？」が、「われわれは自分のものを放棄しない」と並んで、両共和国救援作戦の新しいスローガンだった。ロシア軍が始めたのは帝国的な侵略戦争ではなく、近縁者をジェノサイドから救うための緊急の人道的任務――これが新たな編集方針だった。

二月二三日夜にニュースデスクを夜勤シフトに引き継ぐ際、ボンダレンコは次のプロデューサーに一〇分間の背景説明を行った。彼らはドンバスにいるRIAノーヴォスチ通信、タス通信、そのほかロシア国営テレビ局のさまざまな通信員から予想されるニュース配信と、ロシア南部とクリミア、ドンバスの現地にいる自社通信員や、キーウとハルキウにいる現地契約通信員への仕事の割り振りと記事のリストを検討した。

ニュース番組はすべて、ロシア軍がルハンスク、ドネツクの両共和国をナチのウクライナ人による攻撃からいかに守っているかだった。

キーウ攻撃あるいはそれに類したことについては、ニュース一覧にはなにもなく、彼女の上司たちからのほのめかしにも、モスクワにいるジャーナリストたちの噂話にもまったくなかった。

また始まった[15]」

ヘルソン、ウクライナ
ヘルソン州ノヴァカホフカ、二〇二二年二月二三日

ラリーサ・ナゴルスカヤ（四四）は一一歳の娘マーシャと朝食の最中に、ロシアが両共和国へ軍を送ったことをテレビで知った。最初に考えたのは、夫のセルヒイが召集されるかどうかだった。「また始まったわ」。ラリーサはそう思ったことを覚えている。「八年間もわたしたちは戦ってきて、いままた始まった[15]」

ノヴァカホフカはカホフカ水力発電所を建設する労働者のために、一九五〇年代半ばにつくられた模範的なソ連の町だった。この発電所はドニエプル川の水力を利用するために建造された一連の巨大な水力発電ダムの一つである。ラリーサは生涯この町に暮らしていた。彼女の下の娘マーシャがそれまで行ったことのあるいちばん遠い場所は、西へ五〇キロに位置する地域の中心地ヘルソンだった。上の娘クセーニヤ（一九）はオデッサで幼稚園の教師になる勉強をしていた。ノヴァカホフカは、二〇一四年以来ロシアが占領しているクリミア半島とウクライナを結ぶ細い地峡から北へ七〇キロしか離れていないのだが、自分の町が標的になる可能性があるとは、ラリーサには思いもよらなかった。町はクリミア半島にいちばん近いドニエプル河岸の地点になっており、二〇一四年以前はクリミアの水のほとんどを供給する重要運河の接続点だった。「プーチンが侵攻を計画していると、わたしたちは何カ月間もテレビで耳にしていた」と彼女は言う。「でも、それはすべてドンバスのことで、ヘルソン［州］のわたしたちのことだとは思わなかったのです」

ノヴァカホフカの住民は、人間のるつぼであるその地域一帯の新しい町々と同じく、二世代前にソ連全土から引き寄せられてきていた。ラリーサは家族と地元のスルジク方言で話した。ヘルソン州の

独特の方言で、ロシア語が強くまじったロシア語とウクライナ語の混合語である。娘たちは純粋ウクライナ語で学校教育を受けてきたが、ラリーサ自身はスルジクかロシア語を話し慣れていた。家庭では、家族が一緒のときはロシア語のテレビを見るが、娘たちは一人になるとウクライナ語のチャンネルに切り替えた。

ノヴァカホフカはウクライナ東部および南部の広い地域と同じく、二〇一四年以前は地域党とその指導者ヴィクトル・ヤヌコーヴィチを強く支持していた。ドネツクを地盤とし、ウクライナの少数派であるロシア語話者の権利を擁護し、モスクワとの関係緊密化を主唱して政治キャリアを積んだ前科者の実業家である。ヤヌコーヴィチが二〇一四年二月にキーウで起きた親EUの抗議行動で失脚すると、ラリーサの隣人たちの多くは複雑な感情を抱いた。「一方で、わたしたちは［ヤヌコーヴィチが］泥棒で、ウクライナをプーチンに売り渡そうとしていることを知った」とラリーサは言う。「他方では、政府はロシア語話者を差別するべきではないという彼に、人びとは賛同しました。ロシア語が全面禁止になることを多くの人が恐れていたのです」

ラリーサ個人としては、それほど政治に関心がなかった。だが、ロシアがクリミア半島を併合し、ロシアを後ろ盾にする「強盗ども」がドネツクとルハンスクの一部を奪い、二年にわたる戦争に火をつけたとき、彼女は憤った。「プーチンは、わたしたちの問題はわたしたちに解決を任せるべきです」と彼女は言う。「彼になんの関係があるの?」

戦争が勃発する前の数カ月間、ノヴァカホフカでは奇妙なことがいくつか起きていた。一二月、ある行政官がドニエプル川とダムを見晴らす尾根に立つ見事な松の伐採を命じていた。地元の住民が怒ると、当局は新しい木を植えると約束した。しかし、なぜ木々を伐採しなければならないのか、納得できる説明はなかった。その二カ月前、著名なヘルソン州議会議員——ヤヌコーヴィチと地域党の元支持者――が姿を消していた。彼はロシアのソチへ行ったという話だったが、その理由はだれも知らなかった。

ラリーサは地元の水道施設で管理者として働いていた。二月二三日の朝、事務所では大方の同僚が、ロシアが両共和国を占領したというニュースに「怒り、恐れていた」。若者の両親たちは男たちがまた戦に送られるのだろうかと、ラリーサと同じように心配した。ラリーサは多くの隣人や同僚と同じように、「戦争が起きないことを祈るばかりだった。わたしたちが心配したのは本当にそれだけなのです。戦争だけは、と」

オックスフォードシャー、英国
ウォンテジ、オックスフォードシャー、二〇二二年二月二三日

一度の浅はかな誤りがジミー・Sの人生を永久に変えることになる。故郷の町レディングの学校を出たばかりのとき、彼は仲間と一緒に遊びでタトゥーを入れることにした。右腕にはトランプカードの王冠に似た王冠を、左腕にはバラの花を選んだ。この新しいタトゥーが特別好きでも、よく考えたわけでもなかった。だが数カ月後、ジミーが英国陸軍に入ろうとすると、腕や首にタトゥーがあってはならないという厳しい規則があると言われた。「もしかして女王に会わなければならない場合のためだ」と、陸軍の募集担当軍曹は彼に言った。ジミーは一年後に再び試したが、やっぱりだめだった。少年時代、ジミーは戦争映画に夢中で、「銃、野営、良き相棒たちといった戦争モノが好きだった」。だが、そのタトゥーは英軍兵士になるという子ども時代の夢を壊してしまった――「少なくともそれを除去してもらう十分な金を貯めるまでは」[16]

ジミーは中背で体格はがっしり、流行のあごひげを生やし、無口な性格だ。無理に好かれようとは

しないが、ティックトックに没頭していないときは陽気で礼儀正しい。ニュースと政治にはそれほど入れ込まず、サッカーや仲間と飲むこと、女の子を口説くことの方に関心がある。英国のどこのパブでもお目にかかる類いのいいやつなのだ。軍隊に入りそこねたあと、ジミーはレディングから約六〇キロのオックスフォードシャーのウォンテジに引っ越し、調理済み食品や挽肉をパッキングしたりヒートシーリングしたりといった一連の「くだらない仕事」をした。一人の女の子と同棲しはじめ、彼女を妊娠させた。しかしその関係はうまくいかず、そこでジミーは友人の部屋に移った。二〇二二年一月に子ども――アイザックという名の男の子――が生まれた。カップルはもう一緒に住んでいなかったけれども、元彼女は今でも彼におむつ交換をして、育児を助けてもらいたがった。

ジミーの仲間の「ランビー」が、ロシアで起きようとしている戦争のことを話しはじめた。彼は義勇兵としてウクライナ軍に加わろうと思っていると話した。それをやって、それが性に合った人たちを彼は知っているという。まとまった金になり、戦争英雄と寝たがるかわいいウクライナ娘はたんまりいる。軍務経験は不要だ。「正直言って、ウクライナのことを聞いたことがなかったよ」。ジミーは二〇二二年七月、リヴィウからキーウへ向かう一日がかりの列車の旅で同じ車室に乗り合わせたとき、わたしにそう話した。「地図で見つけられなかったよ」。ウクライナは以前ロシアの一部だった、とわたしが話すと、彼は驚いた。

二月二三日、ランビーはドンバスの両共和国に突入するロシア軍戦車のビデオを、ソーシャルメディア上でジミーら友人と共有した。「さあ始まりだ」と彼は書いた。「おれは中にいる。ほかにだれかいない？」

マリウポリ、ウクライナ
ドネツク州マリウポリ、二〇二二年二月二三日

ロシア国境からわずか三〇キロのウクライナの都市、ハルキウで育つティーンエージャーとして、ムスティスラフ・チェルノフは学校のカリキュラムの一環で銃の扱い方を学んでいた。それは無意味なように思われた。ウクライナは友好国に囲まれているんだから、と彼はその理由を考えた。

チェルノフはウクライナの通信社の、そしてのちには米国AP通信社の受賞記者兼写真家になった。彼はドンバスはもちろん、イラク、アフガニスタン、ナゴルノカラバフでも戦争を取材した。だが一二月、米国に次いでヨーロッパ諸国がキーウの大使館スタッフを退避させると、チェルノフは自分の故郷の向こう側でのロシア軍の増強を示す地図をしげしげと見はじめた。あるのは「哀れなわが国よ」という思いだけだった。

ロシア軍が両共和国を占領したとの緊急ニュースが伝わると、チェルノフは、ロシア軍は東部の港市マリウポリを奪取しようとするのではないかという予感がした。アゾフ海に面する位置ゆえの戦略的価値があり、ドンバスとロシアが支配するクリミア半島の間の陸橋を構築するカギになる。そこで彼は二月二三日、キーウのアパートとオフィスから補給品と機材を急いで集めた。夜、長年の写真家仲間エフゲニイ・マロレトカとともに、白のフォルクスワーゲンのバンで、マリウポリへの六時間のドライブに乗りだした。途中でチェルノフはスペアタイヤのことを心配しはじめた。マロレトカが運転している間に、彼はルート上にいて真夜中にタイヤのセットを売ってくれるという男性を、スマートフォンのオンラインで見つけた。チェルノフはタイヤの所有者と深夜営業の雑貨店のレジ係に、起きつつある戦争を取材するために南へ急いでいると説明した。「彼らは気が狂っているのかとでもい

うように、われわれを見たよ」

チェルノフとマロレトカは二月二四日午前三時三〇分、マリウポリに入った。九〇分後、ロシアのミサイルがチェルノフの故郷ハルキウの独立広場に着弾しはじめた。

ブチャ、ウクライナ
キーウ州ブチャ、ウクライナ、二〇二二年二月二三日

イリーナ・フィリキナの人生は、どうもうまくいっていなかった。五二歳で、離婚していて太りすぎ。ブチャ中心部のエピツェントルK・ショッピングセンターにあるショッピングモールのボイラー室で、低賃金の仕事をしていた。だが、二人のかわいい娘がいるし、友人や同僚にはたいへん好かれていた。彼女は陽気で、人生を変えようと決心していた。イリーナは最近、ブチャのメイクアップアーティストによる美容コースを受けはじめていた。うれしいことに講習生仲間たちが、技術を実践するいくつかの化粧品を彼女に買ってくれたのだった。[17]

二月二三日の朝、イリーナは「わたしたちが買ってあげた自分の化粧品を人生で初めて手にして、小躍りしていました」と、イリーナのメイクアップ指導員アナスタシヤ・スバチェワは回想する。「彼女はオフィスに行くといつも、クラスのほかのだれよりも真剣に［美容の］練習をしていました」。イリーナはよく「授業にやってきて、自分のメイクアップが新しい男性の賛美者たちにとてもほめられた、きょうは最高の気分！　と話していたものです」

ブチャは隣のイルピンと同様、キーウ中心部から通勤列車で半時間にある、上流中間層の郊外住宅地区である。この二つの郊外地区は、より広い居住空間と新鮮な空気を求める家族をもつ若い専門職の人びとに好まれている。多くはまだ建設途中の新築のアパートビル群が町の中央部に林立し、そこ

には洒落たカフェや高級自転車店、ステーキとピザのレストランが点在している。エピツェントル・モールは一ブロックにわたって続くショッピングセンターで、そこには巨大な園芸用品店、カフェ、住宅・建築資材のホームセンター、現金取引方式のスーパーマーケットがある――というより、もとはあった。前の広大な駐車場にひるがえるウクライナ国旗とEUの旗を別にすれば、エピツェントルはワルシャワからデュッセルドルフまで、ヨーロッパのどの裕福な郊外地区とも変わりがなかった。

イリーナ・フィリキナは貧しく古い地区、一九五〇年代に建てられたヤブロンスカヤ通りの集合住宅に住んでいた。彼女の隣人たちは年金生活者と、町でオフィス清掃や瑣末な事務仕事をする低賃金労働者だった。イリーナはいつものように自転車で仕事に向かっていた。彼女は幸せだった。スバチェワが彼女にプロのマニキュアをほどこし、指の爪にあざやかな深紅を塗ってくれたばかりだった。美しく見えることがイリーナを元気づけ、新たな自尊心を与えていた。「彼女はわたしの手を取って言ったのです、『歳をとってやっと大事なことが分かったわ――人は自分自身を生き、自分自身のために生きる必要があるってこと！』」と、スバチェワは回想する。「そしてやっと、わたしは自分が望むとおりに生きるの！　自分の好きなように、自分の心が望むように、男たちのためではなく自分自身のために生きられるってことを実感するわ[18]」

第I部

血統と帝国

第1章 毒された根

小ロシアの歴史はロシア史の本流に流れ込む支流のようなものである。小ロシア人はつねに一部族であり、ひとつの民族ましてや、ひとつの国家ではけっしてなかった。

ロシアの文芸批評家ヴィッサリオン・ベリンスキー、一八四七年(1)

歴史家プーチン

統治の後年、プーチンは自分をちょっとした歴史家として見るようになった。二〇二〇年春からこの方、新型コロナ対策の厳格な隔離状態に閉じ込められて、プーチンは戦争のイデオロギー上の青写真となる歴史命題を展開する七〇〇〇語から成る歴史論考の作成に数カ月を費やした。プーチンにとって、ロシアとベラルーシとウクライナは「本質的には同じ歴史的・精神的空間……単一の大きな民族、三位一体の一民族の一部」である。その論考は戦争にいたるすべての現実的、戦術的要因の根底にあって、プーチンが主に一九世紀ロシアの帝国の史家たちから借用した歴史および歴史的宿命の構想像になり、彼はそれを侵攻の正当化にくり返し使う。プーチンの構想像は、帝国主義ではなく民族ナショナリズムを基礎としていた。プーチンは、対ウクライナ戦争は外国の人間をモスクワの支配下におくためではなく、本質的にロシア人と彼が見なす人間の権利を守るために戦われるものだ、と主張することになる。

ウクライナとロシアの「精神的、人間的、文明的絆は数世紀にわたって形成され、同じ源にその起源がある」と、プーチンは二〇二一年七月に発表された論考で書いている。「こうした絆は共通の試練、業績、勝利によって固められてきた。われわれの同族関係は世代から世代へと受け継がれてきた。それは近代ロシアとウクライナに生きる人民の心と記憶のなかに、われわれの幾百万の家族を結びつける血の絆のなかにあるのだ。ひとつにまとまることによって、われわれはつねに何倍も強くなり、いちだんと成功してきたし、今後もそうであろう。なぜなら、われわれは一つの国民だからである」[2]

一九四五年以降でもっとも血なまぐさいヨーロッパの戦争は、プーチン自身の説明によれば、歴史をめぐって戦われていた。あるいは、もっと具体的には、干渉する外国列強によって引き裂かれた国民を再統合するという、プーチンが自称する歴史的使命をめぐって、である。

多くの現代ウクライナ人や何人かの欧米の解説者からすると、「一つの国民」というプーチンの命題に対する回答は単純明快だ。「知っておくべきもっとも重要なことは、ウクライナ人はロシア人ではないこと、そしてウクライナが古来の独立国家であることだ」と、イスラエルの歴史家ノア・ユヴァル・ハラリは論じている。「ウクライナは一〇〇〇年以上の歴史を有している。モスクワが村ですらなかったとき、キーウは主要な大都市で文化の中心だった」[3]

いずれの見方にも欠陥がある。自分たちの国家はたしかに古来の国家である、とウクライナ民族主義者が言うのは正しい――だが、その歴史において独立していたのはまれで、一九九一年にソ連から引き継いだ国境においては一度も独立したことがなかった国家なのだ。そして、ロシア人とベラルーシ人、ウクライナ人がすべて「キーウ・ルーシ」〔キエフ大公国〕を起源としている、とプーチンが言うのは正しい――だが、それはフランス国家とドイツ国家がともにシャルルマーニュ帝国の継承国家だというのと同じ意味においてであり、そのことがその後の歴史的一体性の処方箋にならないことはほぼ明らかだ。

ウクライナはつねに辺境の地、フロンティアだった。東方スラヴ正教世界が西方カトリック世界と出会うところだった。また、ロシア帝国がオスマントルコのイスラム世界、それに奴隷狩りをするクリミアのタタール人と出会うところでもあった。

隣り合う二つの民族が歴史を共有しているとはいえ、プーチンの根本的な誤りは、ロシア語を話すウクライナ人が当然、自らを民族的・政治的にロシアだと考えていると思い込んでいることだ。彼が行った侵攻は、それがおおむね真実ではないことを証明しただけでなく、多くの人びとがロシアの民族的帰属意識よりウクライナの政治的帰属意識の方を選択せざるを得なくした。ロシア語を話す多数のウクライナ人がモスクワの軍から逃げ、数万人が自称「解放者」との戦いに志願した。ウクライナ中部ヴィンニツャで生まれ、民族的にはロシア人である歴史家スラヴァ・シュヴェッにとっては、プーチンが「一つの民族」を云々するのは、妻を虐待する男が、騒がしい虐待は単に「家庭内問題だ……われわれの問題は家庭のなかで解決する」[4]と怒って言い張り、心配する隣人たちを戸口から追い返すのを政治的に置き換えたに等しいのだ。

にもかかわらず、プーチンは別の重要な面では正しい。ほとんどすべての現代ロシア人とウクライナ人にとって、この二つの民族の関係は抽象的な政治問題でも、いわんや歴史問題でもなく、血統と家族の問題なのだ。

わたしたちはだれでも、自分が理性的精神によって考えていると信じたがる。だが、わたしたちのほんの一部、深層にある部分は血統によって考えているのだ。

わたしの母リュドミラ・ビービコワは一九三四年にウクライナ北部のロシア語を話す工業都市、ハルキウ(ロシア語はハリコフ)で生まれた。彼女の父親ボリスは一九〇三年にクリミア半島のシンフェローポリで、母親マルタ・シチェルバークは一九〇四年に西ウクライナのポルタヴァで生まれた。しかし、ビービコフ一家は自分たちをウクライナ人とは考えなかった。まったく逆である。ビービコフ家の人びとは二世紀にわたり、最初はロシア皇帝の公僕として、のちにはソヴィエト権力の忠実な代理として、ロシアの帝国的支配に大きな役割を果たした。この関係は心地よい関係ではない。わたしが好むと好まざるとにかかわらず、わたしの家族史——わたしの血統——は、ウクライナとロシアだけでなく、ロシア帝国の歴史と緊密に結びついているのだ。

辺境の地

ウクライナは古期ロシア語の単語「オクライナ」すなわち「辺境」から来ており、文字どおりには「辺境にて」を意味する。現代ロシア語では、その単語の統語関係をどう書くかによって、話者の政治的所属が即座に読める。「ナウクライネ」——文字どおりには「辺境で」——と言う場合は、その言葉を副詞として使っている。「ヴ・ウクライネ」すなわち「ウクライナのなかで」は、その言葉を場所の名称にまで高めている。プーチンを含む大方のロシア人は前者を使う。これはウクライナをロシアの辺境地帯と暗に定義する否定的な用法なのである

「オクライナ」という用語は一二世紀の文献史料に初めて現れる。だが、実は現代ウクライナの領土は以前、数世紀にわたって文明間の境界地帯だった。黒海の北岸は古代ギリシア文明がステップ地帯の未開の諸族に遭遇した場所であり、ギリシア人は彼らを訳のわからない言語にちなんで「バルバ

ロイ」、すなわち未開人と名づけた。「それは西洋世界として知られるようになる政治・文化領域の、最初の辺境であった」と歴史家セルヒイ・プロヒイは書いている。[5]「それは西洋が自ら自身と他者を定義しはじめた場所なのである[4]紀元前一世紀、ギリシアの地理学者ストラボンは「ヨーロッパ」――彼は外部世界におけるギリシアの影響領域を示すためにこの用語を使っている――の東端の境界線を、今日ウクライナの対ロシア国境のすぐ東を流れるドン川で引いた。その先はアジアである。

キーウ・ルーシの国家は――プーチンだけでなく、一七世紀以来ロシアの歴史家たちも大スラヴ国家の起源として引き合いに出しているのだが――実は、バルト海から黒海へ延びる通商拠点を守るために創設されたヴァイキング公国だった。その創設者であるキーウ大公ウラジーミル（九五八～一〇一五年）は、現代版の自分の名をそれとは認識しなかっただろう。伯父のノルウェー国王ホーコン・シグルツソンと同様、彼は古ノルド語を話し、自分をヴァルデマルと呼んだ。ロシア史ではイーゴリ大公と妻オリガとして知られる彼の祖父母は、同時代人にはイングヴァル、ヘルガとして知られていたことだろう。

二〇二一年の論考に見られるプーチンの強迫観念の一つは、ロシア史への外国の干渉だった。しかし、大公（かつ正教にとっては聖人）であるキーウ大公ウラジーミル――彼のためにプーチンは二〇一六年、クレムリンの外側に一七メートルの彫像を建立した――は、彼自身が外国人だったのだ。彼は血統、文化、言語ではスカンジナヴィアのヴァイキングであるばかりか、統治の大半を異教徒として過ごし、八〇〇人の内妻をもって、多数の異教の彫像や聖堂を建立した。九八八年、ウラジーミルはバルト海に近い故郷ノヴゴロドからドニエプル川下流域のケルソネセス（現在のヘルソン）まで広がる王国をつくり上げると、東ローマ皇帝バシレイオス二世の妹との婚姻の代償として、キリスト教を受け入れるよう臣民に命じた。[6]彼の息子ヤロスラフ賢王――東ローマ皇帝の孫で、かつスウェーデン王オロフ・シェートコヌングの娘の夫――は、いずれもルーシには行ったことのない二人のギリシア人修道僧、キュリロスとメトディウスが前世紀に考案したアルファベットで書かれたスラヴ語の典礼文と福音書の翻訳を取り入れた。以来、ロシア正教会の言語である古代スラヴ語はブルガリアを経由してルーシに伝わった。ブルガリアの統治者はキーウ諸公より早くキリスト教を取り入れていたのだ(7)。

キーウ・ルーシのキリスト教化を、プーチンはロシア世界の創始期としている。だがキリスト教化は、外国の諸公がスラヴ人の臣民をキリスト教のヨーロッパ世界へ連れて行くために、外国の宗教と言語、文字を彼らに押しつけることで始まったのだ。イングランドやフランス、イタリア、スペインそしてドイツとちょうど同じように、ロシアの歴史と帰属意識は、歴史的宿命へ向かう単一民族の止めようのない歩みによってではなく、外部勢力による征服と支配の連綿たる波によって形成されるのである。

ウラジーミル大公に統治された土地が再び、ロシアの血統をもたないもう一人の外国人――女帝エカテリーナの名の方で知られるゾフィー・フリーデリケ・フォン・アンハルト＝ツェルプスト――によって単一国家のもとに再統合されるのは、ほぼ九〇〇年後のことになる。その間ほとんどの時期は、現代ウクライナの領土をめぐってモンゴル人、タタール人そしてポーランド＝リトアニア共和国が戦い、占領していたのだ。北方では相争うさまざまなロシア諸公国が、一五世紀末までにモンゴルのくびきを決定的に打破したモスクワ大公国によって支配されるようになっていた。歴史上知られるわたしの母の一族の最初の一員――キプチャクのタタール人族長、本名ビビク・ベグ――が一四八六年にモスクワ大公イワン三世に忠誠を誓って勝者側に加わったのはこの時期のことであった。この新たにつくられたロシアの貴族は自分の名を「ビービコフ」とロシア化した。ロシア民族の止めようのない勃興というプーチンの民族ナショナリズムの語りとは反対に、一六世紀末ごろには、ロシア貴族の三分の一近くが、実はタタール人起源だったのだ。

モンゴルの勢力を破ると、ウクライナの大地をめぐるモスクワ大公国の最強のライバルは、西方のリトアニア大公国とその継承国家、ポーランド＝リトアニア共和国、南方のオスマントルコ帝国とそのタタールの同盟勢力になった。中央ウクライナの草原地帯は、防御の容易な自然の境界線がないため、係争の中間領域になった。クリミア・タタール人――中央アジアから侵入してきたチュルク系の末裔――による奴隷狩りのために、草原地帯は住むにはきわめて危険な場になった。一六、一七世紀を通して推定一五〇万～三〇〇万人のウクライナ人とロシア人が、オスマントルコ管轄下のクリミア半島の奴隷市場で売られた。ウクライナ人の奴隷女性ロクソラーナ（一五〇四～五八年）はスルタン、スレイマン大帝の妾に、次いで正妻になった。

奴隷狩りの危険と中央行政体の不在のために、あえてドニエプル川下流盆地に定住する危険を冒すのは、もっとも屈強で命知らずの男たちだけだった。最初のコサックたち――自由人もしくは略奪者を指すチュルク語を起源とする言葉――は、放浪する逃亡農奴の集団で、彼らは漁労、狩猟そして強盗行為で生計をたてた。「親の権威から、あるいは奴隷身分から、あるいは軍役から、あるいは犯罪［に対する罰］から、あるいは負債から逃げている者たちがいる」と一六世紀初期の年代記作者、ミシャロン・リトゥアヌスは書いている。「豊富な猟鳥類と豊穣な場所に惹き寄せられている者たちもいる」(8)。コサックはのちに、一般にはロシア皇帝配下のもっとも忠実で反動的な騎兵突撃部隊として広く知られるようになる。しかし、もともとのコサックは、今日の中央ウクライナの危険な草原地帯での不安定ではあっても自由な生活を求めて、ポーランド＝リトアニアの富豪や貴族が所有する広大な荘園、すなわちラティフンディアでの奴隷身分を逃れた人びとであり、彼らはおおむねウクライナ語話者だった。

現代ウクライナになっている地域の大半は、ロシア帝国に含まれる期間より長くポーランド国家の一部だった。一七世紀ごろにもなると、既成の政体に対抗するかたちで社会の周縁部に存在するようになっていた中央ウクライナのコサックは、独自の政治的・軍事的勢力になっていた。自らの独立国家を樹立しようとするその後数度の試みのなかで、彼らは隣人であるポーランド人、ロシア人、そしてオスマン人と共通の目標を見出すことも、彼らに反抗することもあった。一六一〇年と再び一六一八年に、コサック軍はポーランド軍の一隊として、モスクワを包囲した。ところが一六五四年には、ザポロージャ・コサックのヘトマン〔首長〕、ボフダン・フメリニツキーはポーランドの主人たちに刃向かい、モスクワ大公国の皇帝アレクセイ・ロマノフに忠誠を誓った。三世紀のち、この出来事はウクライナ生まれのソ連指導者ニキータ・フルシチョフが、ウクライナとロシアの「兄弟国民」の「再統合」として派手に祝うことになる。だが、両者は互いを理解するために通訳を必要とし、しかもコサックはあきらかにその誓いを、臣従の行為というより同盟関係の意味で理解していた[9]。

ロマノフに対するフメリニツキーの誓いは、二一世紀まで数世紀にわたるウクライナ－ロシア関係のあり方を定めることになる――互いに取引的で、外部勢力から来る圧力の下でのご都合主義によって決定されるあり方である。たしかに、印刷された初のロシア史のテキストは一六七四年にキーウ洞窟大修道院で出版され、同市をモスクワ大公国諸公の「最初の首都」にして、モスクワ正教の誕生の地としてたたえているが、それはキーウがオスマンの攻撃に備えつつあり、しかもポーランドがモスクワ大公国からの同市の返還を要求しているときに出版されている。『スラヴ－ロシア国家の起源と神に守られたキーウの初期の諸公に関する年代記』は、キーウの諸々の敵に対抗し、モスクワからの軍事支援を求める必死の訴えとして書かれた。この書籍は、今日なお多くのロシア人に受け入れられているロシア人のキーウ起源に関する神話の基礎を築いたのだが、それは実は、マロロシア――同書の著者がウクライナをそう呼ぶ「小ロシア」――が、当時の政治的緊急事態に役立つよう歴史を歪めようとした初期の試みだったのだ。その意味では『年代記』は、プーチンによる二〇二一年の論考に直接つながる先例だった。イワン・マゼーパが一七〇八年に率いた、ロシア皇帝ピョートル大帝に対する最後のコサック大反乱の時期にもなると、ウクライナのヘトマンたちは彼らが共有するとされる歴史に対し、非常に異なる考え方をするようになる。「モスクワすなわち大ロシア民族はつねに、われわれ小ロシア民族にとって不愉快であった」とマゼーパは一七〇八年一二月に書いた。「その悪意において、大ロシア民族はわが民族を滅亡に追い込もうと長らく決意してきた」。ロシアの主敵であるオスマン帝国に支援されていたマゼーパの反乱は、残忍に粉砕された。別の国家をつくろうとするウクライナ人の最後の真剣な試みは、二世紀後にロシア帝国自体が崩壊するまで、マゼーパとともに潰えた。

血統と帝国

今日のウクライナの大部分をモスクワの支配下におさめたのは、女帝のエカテリーナ大帝だ。彼女が抱くロシアの帝国構想像は、ポーランド人とコサック、オスマン人を含む直近の隣人とライバルをすべて征服することを意味していた。女帝が一七六二年に夫である皇帝ピョートル三世を追放したあと、マゼーパのコサック国家の半ば独立した残滓とその他自治公国をロシア帝国に完全に組み込むことが、彼女の最初の優先事項の一つになった。「小ロシア［ウクライナ］、リヴォニア［リトアニアおよびベラルーシ北部］それにフィンランドは抜きがたい特権によって統治されている州である」とエカテリーナは一七六四年に書いた。「これらの州はスモレンスクとともに、彼らが森のオオカミのように見えるのをやめるように、可能なかぎり簡便な方法でロシア化されなければならない……。ヘトマンたちが小ロシアからいなくなったら、だれかをその地位に就かせるのは言うまでもなく、その時代とヘトマンを記憶から消すために全力を尽くさねばならない」

エカテリーナはもっとも偉大な将軍で行政官の——さらには愛人で内密の夫でもある——グリゴリー・ポチョムキン公爵を、小ロシア以遠の土地をオスマンから攻略する任に就けた。黒海海岸に沿って東はドン地方から、西は現在のモルドヴァまで、それにクリミア半島は、「ノヴォロシア」すなわち「新ロシア」として知られるようになる。

ビービコフ家とウクライナの関係が始まったのは女帝エカテリーナの治下でのことだ。アレクサンドル・アレクサンドロヴィチ・ビービコフはロシア陸軍総司令官の息子だった。一七六七年、彼は年端もいかない二歳という年齢で、軍曹の階級でイズマイロフスキー親衛連隊に入隊させられた。一七八三年夏、若きビービコフ大尉は新たに征服されたウクライナ南部および西部の地へ行幸する女帝に随行したロシア将校の一人だった。クリミア半島で、エカテリーナは大胆に（しかし賢明に）自分の警護を、新たなクリミア・タタール人の臣下で構成する儀仗隊にゆだねた。(10)

クリミアの夏の地獄のような炎暑とほこりのなか、分厚いサージの近衛兵軍服で汗を流しながら、アレクサンドル・ビービコフはおそらく新ロシアの広大な大地——いまやタタールの奴隷狩りから安全になった——を、同胞の定住に適した豊穣で、人跡まれな草原として眺めたことだろう。のちにドンバスとして知られるようになるドン川の流域は、何千人ものロシア語を話す定住者がそこに移住して豊かな田畑を耕すよう奨励され、まもなくロシア帝国の「未開の西部《ワイルド・ウエスト》」になる。オスマン帝国のギリシア人、ブルガリア人、モルドヴァ人やプロイセンのメノー派信徒も、土地と免税と手当によって定住を奨励された。オリヴァー・クロムウェルによってアイルランドに定住させられたイングランドとスコットランドの農民、あるいは大草原地帯になだれ込んだアメリカの「先駆け移住者」のように、こうした定住者たちがもつ別個の非ウクライナ帰属意識はいずれ、将来の争いの原因の一つになるのである。

新ロシアは古いロシアとは大いに異なっていた。これもロシア帝国に服従させられたポーランド人やモルドヴァ人と同じように、ウクライナ人は新しい同胞と同じ言語を話すことはなかった。ウクライナ語は、英語とオランダ語の違いほどに、ロシア語とは違っており――いずれも三五パーセントの相違がある（あるいは見方によっては、六五パーセントの相似性がある）――、両言語は似ているけれども、互いに理解できないのだ。

同じく重要なこととして、歴代皇帝のロシアが農奴と農奴所有者の社会だったのに対し、ヘトマンたちが支配するウクライナは、農奴がほとんどいない自由な自営農民の土地だった。黒海のオデッサ港はポチョムキンが開いた多くの大都市の一つで、ロシアがレヴァントおよび地中海と出会う国際色豊かな物資集散地だった。ドン川流域は一九世紀には、先進的なウェールズの鉱山技師たちが石炭を採掘し、ロシアののろい産業革命を促進する産業と移民労働者の土地になる。ノヴォロシアは古いロシアの延長ではなかった。それは南ヨーロッパ、そして近代に向かって開かれたロシアの窓だったのである。

ビービコフ家はウクライナにおけるロシアの権勢を示す指導的な一族だった――したがって、帝国の最新の辺境をロシア化するというエカテリーナ大帝の構想像の執行者だった。エカテリーナによって一七八三年五月に発布された布告は、大地主の荘園に住む三〇万人近い農民が自分の村を離れることを禁じ、彼らに地主のための無償労働を義務づけ、広範なウクライナ農民に事実上、農奴身分を押しつけた。相続と女帝からのありがたい贈り物によって、アレクサンドル・ビービコフ将軍は一万人の「魂《ドゥーシ》」（成人男性の農奴と定義される）を所有するようになり、これは二万五〇〇〇人以上の人間が彼の個人財産であることを意味した。

しかしロシアの支配は、のちにウクライナの民族主義史家たちが主張するような、露骨な植民地占領ではなかった。ウクライナ人エリート層の多くが帝国のエリート層に組み込まれ、そのうちウクライナを統治するようになるのだ。オレクサンドル・ベズボロトコはヘトマン国家の書記官長の家に生まれ、キーウ・アカデミーを卒業してエカテリーナの高級外交官の一人になった。帝国にはロシア人医師の二倍のウクライナ人医師がいたし、一八世紀の終わりの二〇年には、サンクトペテルブルク教員養成大学の学生の三分の一以上が旧ヘトマン国家から――言い換えれば中央ウクライナから――来ていた。[11] 以後、ウクライナはロシアおよびソ連帝国エリートの大きな部分を輩出することになる。このなかには、ウクライナでロシア人農民家庭に生まれたニキータ・フルシチョフ、レオニード・ブレジネフ、そして半分ウクライナ人であるミハイル・ゴルバチョフというソ連指導者が含まれる。イングランドとスコットランドを英国王冠とウェストミンスター議会の下に統一した一七〇七年の連合法のように、ロシア帝国へのウクライナの組み込みは二つの民族を、エリート層の相互交換が可能なまでに文化・言語面で十分接近させた。とはいえ、帝国の引力が衰えたとき、小パートナーの方が歴史的独立の回復を要求する程度には十分離れていた。

二つのスラヴ民族連合の象徴としてウラジーミル大公の彫像を建立するというプーチンの考えは、独創的なものではなかった。皇帝ニコライ一世のキーウ総督――アレクサンドルの孫であるドミトリー・ガヴィロヴィチ・ビービコフ――は一八五三年、ドニエプル川の堤にウラジーミルにささげる巨大な記念碑を建立した。[12] 新たな新古典様式の遊歩道がキーウに敷かれ、ユダヤ人は同市から締め出された。ロシア語は行政、教育の言語に、そしていちだんと多民族化するウクライナの都市人口の共通語になった。帝国ロシア初で唯一の人口統計がとられた年である一八九七年にもなると、今日、現代ウクライナの大部分を構成する諸州の全人口の約八五パーセントがウクライナ民族だったが、都市部ではロシア人が多数派だった。[13]

ロシア化に対する反発は、浪漫的民族主義の黎明期に流行ったように、ウクライナの言語と民話と歴史の回復に焦点を当てていた。農奴の孤児だったタラス・シェフチェンコは一八四〇年にサンクトペテルブルクで、ウクライナ語の詩集『コブザール』（吟遊詩人）を発表した。彼の主題は「ウクライナであること」という観念を、抑圧に対する農民の戦いに結びつけることだった。[14]「ロシア人を気にするな。彼らには彼らが好きなように書かせよう、そしてわれわれはわれわれが好きなように書こう」とシェフチェンコは書いた。「彼らは一つの言語をもつ一つの国民であり、われわれもそうなのだ。どちらがいいかは国民の判断にゆだねよう」

キーウでは、総督ビービコフはシェフチェンコの助言を受け入れることに気乗りしなかった。隣りのポーランドでは、民族文化の復興はモスクワの支配に対する反抗と同一歩調をとって進んでいる。ビービコフは、マロロシアで同じことが起きるのを防ごうと決意していた。彼はロシア語学校のネットワークを拡張し、ウクライナの言語・歴史の熱狂者グループ「キュリロス・メトディウス兄弟団」の解体に尽力した。だが、最後に笑ったのはシェフチェンコだった。一九世紀キーウの中央大通りは一八五五年に、ビービコフ将軍にちなんで命名されていた。ところがボリシェヴィキは、ウクライナの偉大な民族詩人をたたえてタラス・シェフチェンコ大通りと改称したのだ。

もう一人のビービコフ将軍（一七六〇～一九四二年の時期の近親者に一一人の将軍がいる）は、一八五三～五六年のクリミア戦争における英仏軍によるセヴァストーポリ包囲で戦った。クリミアでの敗北は、封建制ロシアが現代世界では機能できないことを示す痛ましい証拠だった。改革志向の皇帝アレクサンドル二世は五年のうちに農奴制を廃止し、二三〇〇万人を動産としての農奴身分から解放した。これと比較して、エイブラハム・リンカンによる奴隷解放宣言が解放したのは四〇〇万人だ。しかしながら、ユダヤ人は――のちにレオン・トロツキーの名で知られるレフ・ダヴィドヴィチ・ブロンシュテインのような怒れる若者たちを含め――依然として、厳格な割り当て制によって主要都市では教育から排除され、彼らの住居は西ウクライナからポーランドを通ってラトヴィアに至る「ユダヤ人居住地域」に限定されていた。そこでは、地元のロシア人住民が、何千人もの死者を出す一連のポグロムで、ユダヤ人を略奪、強姦するよう周期的にうながされたのである。

ソ連帝国

わたしの一族のウクライナとのかかわりは、祖父ボリス・リヴォヴィチ・ビービコフの代からくっきりと個人像を結ぶようになる。彼の父親レフはソフィヤ・ナウモヴナとの結婚によって、反ユダヤ主義の一族を愕然とさせた。彼女はクリミアの製粉業身代の裕福な跡継ぎで、その両親はウクライナの多くのユダヤ人のように、社会的野心をさらに満たすために正教に改宗していた。彼らの長男ボリスは一九〇三年にクリミアの首都シンフェローポリで生まれた。ボリスが一四歳のとき、ロシア皇帝の帝国は第一次世界大戦の圧力の下で崩壊し、一九一七年一〇月にはボリシェヴィキのクーデターが臨時政府を打倒した。ロシア帝国の崩壊とともに、トルキスタンからウクライナまで、帝国内に囚われていた諸民族は帝国支配を脱する時が来たと判断した。

一九一八年一月、社会主義と左派の諸党が支配し、ウクライナのもっとも著名な歴史家ミハイロ・フルシェフスキーが率いる革命議会「中央ラーダ」が「ウクライナ人民共和国」の建国を宣言した。同共和国はドンバスを含む今日のウクライナの大部分が――実際には統治していなかったが――支配下にあると主張したが、なおオーストリア＝ハンガリーの統治下にある西ウクライナ地域は含んでいなかった(15)。ボリシェヴィキはこれに対抗して、ハルキウを首都とする「ウクライナ・ソヴィエト社会主義共和国」を建国した。モスクワはまた、ロシア語地域であるドンバスの多くを支配し「ドネツクークリヴォイ・ログ〔ウクライナ語、クリヴィイ・リーフ〕・ソヴィエト共和国」として知られる、名目的に独立した社会主義傀儡国家をでっち上げた。

ウクライナが一つの民族国家になったのは、二世紀前のヘトマン国家以降、ウクライナ人民共和国が初めてだった。そしてヘトマンたちのように、未熟な国家の指導者たちはロシアに対抗して外部勢力に支援を求めた。西部および中部ウクライナはドイツ軍、次いでポーランド軍に占領された。ボリシェヴィキ派、皇帝派、それにアナキストが相争うつぎはぎだらけの勢力がウクライナ領をめぐって戦った。一九一七年暮れのロシア軍の崩壊から一九二〇年八月にボリシェヴィキが最終的に勝利するまでの間に、キーウの支配勢力は一六回入れ替わった。

二〇二二年二月二一日、ドネツク、ルハンスク両人民共和国の独立を承認する演説で、プーチンは「現代ウクライナは完全にボリシェヴィキ・ロシアによってつくり出された……。レーニンと彼の同僚たちは、歴史的にロシアの地であるものを分離し、切り離すというロシアにとって極端に厳しいやり方でそれを「創出した」」と主張した。現代のウクライナ国家は「正しくは『ウラジーミル・レーニンのウクライナ』と呼ぶことができる。彼はその創造者で設計者だったのである」とプーチンは主張した。

技術的な観点では、プーチンは正しかった。レーニンはたしかに、ウクライナ、ベラルーシの両ソヴィエト社会主義共和国とロシア・ソヴィエト社会主義共和国の最初の国境線を引いたのだから。一九二二年にソヴィエト社会主義共和国連邦を結成したのは、これら名目上は独立した三つの国家による形式的な連合だった――だから、ソヴィエト連邦の死を運命づけたのは、一九九一年一二月にこれら三カ国がベロヴェージの森で行ったその連邦を解体するという決定だったのだ。だがプーチンは、レーニンがそもそも独立したウクライナ共和国をつくった根本的な理由を無視している。内戦の結果、ウクライナがいだく独立への希求は非常に強かったので、ボリシェヴィキがウクライナへの支配を維持しようとするなら、一定の自治とロシアとの対等の地位を認めることが不可欠だったのだ。[16] 実際、ソヴィエト権力の最初の一〇年間、ウクライナ・ソヴィエト社会主義共和国ではウクライナ語が行政と教育の言語になった。歴史書を含む数百点の書籍がウクライナ語で出版され、この言語は初めて体系化され、公式の文法を与えられたのである。

著名なロシア貴族の家に生まれたにもかかわらず――あるいは、そのことにわざと反抗して――ボリス・ビービコフは熱心な共産主義者になった。ボリス・ビービコフと二人の兄弟がボリシェヴィキに加わった正確な理由ははっきりしないけれども、彼らの階級と世代でそうしたのは、けっして彼らだけではなかった。ソ連秘密警察の創設者フェリクス・ジェルジンスキーはポーランドの伯爵だったし、レーニン本人が世襲貴族だった。

ビービコフは一九二四年に共産党に入党。一九二六～二八年に赤軍の政治委員《コミッサール》として、次いで党オルグとして働いた。そのため、彼は新ソヴィエト政府が抱える喫緊の死活問題の前線に立った。ウクライナは帝国の穀倉地帯であると同時に、積極的、消極的な反共抵抗運動の温床でもあった。ソ連の急発展する新しい諸都市はウクライナの穀物を必要としたが、ウクライナ農民はロシア農民よりはるかに自立心に富んで豊かであり、個人財産を放棄させ集団農場へ強制加入させようとする初期の試みに抵抗した。そのうえ、党の希望の星であるスターリンは、ウクライナの民族主義に対するレーニンの便宜的な妥協とは意見を異にした。スターリンにとって、独立ウクライナの帰属意識は偉大なソヴィエトの事業計画にとって存続にかかわる脅威だったのである。

スターリンの解決法は三通りあった。豊穣肥沃なウクライナの農地は、大都市を養い外国製機械を購入する外貨を稼ぐために、レーニンの表現では「穀物工場」に転換しなければならない。農民は私有財産と資本主義的企業活動への反動的姿勢を矯正するため、強制的に集団化されなければならない。そしてウクライナ東部の石炭・鉄鋼生産地域は、ロシア民族労働者の流入と、農業の機械化で余剰になるウクライナ農民によって、大々的に拡大される。新しい工業での仕事が、遅れたウクライナ農民をまじめなロシア労働者に変えるというのだ。

一九二八年、スターリンはソヴィエト農業および工業をがむしゃらに二〇世紀に追いつかせる初の五カ年計画を発表した。中心施策の一つはＫｈＴＺの略称で知られる巨大なトラクター工場をハルキウ〔ロシア名ハリコフ〕に建設することだった。ボリス・ビービコフは同工場の党組織トップに任命された。

ビービコフはストライプの軍用シャツを着て、はったりで労働者を演じた——もっとも、住み込み女中のいる豪勢な四部屋のアパートに住み、運転手付きの米国製パッカードの大型セダンで町中を回った。妻のマルファ・プラトノヴナ・シチェルバークはポルタヴァ出身の農民の娘だった。長女——わたしの伯母——が一九二五年に生まれると、ビービコフは革命指導者にちなんで忠実に、レーニナと名づけた。ＫｈＴＺの党書記として、工場新聞を編集し、クレムリンの熱狂的な計画立案者が押しつける過酷な生産締め切りに間に合わせるため、ブラスバンド付きの「嵐の夜」を組織した。一九三一年には記録的タイムで作業を完遂すると、レーニン勲章を授与された。当時二八歳だった。

ビービコフらＫｈＴＺの建設者にとって、ウクライナの広大な田畑とこの巨大な新工場は、新種の社会が鍛造される金床《かなとこ》だった。彼らが製造するトラクターは幾百万もの人びとを単調な骨折り仕事と無知、飲酒と村落生活の不道徳から解放するのだ。そんな比較をされたら憤慨しただろうが、ボリスは何代ものビービコフのなかで、進歩と文明化というモスクワの構想像をウクライナの地に押しつけた最後の人になっていたのである。

だが、一つ問題があった。新しい集団農場は機能せず、農民たちは新しいソヴィエトの主人に激しく抵抗した。土地と穀物と家畜は、銃口を突きつけて強制的に没収しなければならなかった。一九三〇年のソ連文書は、一万三七九四件の「テロ事案」と一万三七五四件の「大衆抗議行動」を記録している——秘密警察である国家政治保安部（OGPU《オーゲーペーウー》）の見解では、農業集団化に対する抵抗を原因とするものだった。[17] 農民は自分の家畜と馬を集団農場に渡すくらいなら、それを屠って食べた。一九三一年の春の播種は穀物と馬、そしてトラクターの極度の不足によって阻まれた。だがそれでも、スターリンとモスクワの中央計画策定者たちは、ウクライナがその非現実的な小麦割り当て——その多くは突貫的な工業化を支える機械類を購入するための輸出向け——を生産するよう要求し続けた。ソ連は一九二九年には穀物一七万トン、一九三〇年には四八〇万トン、一九三一年には五二〇万トンを輸出したのである。[18]

その結果は、スターリンのもっとも恐ろしい犯罪だった——現代ウクライナでホロコーストに似たジェノサイドとして記憶されているホロドモール、すなわち「飢餓の死」である。「あまりにも非人間的で想像を絶する災禍があったため、それはほとんど抽象的に見えはじめ、意識の境界内におさまらなくなるのだ」。その人為的飢饉の後を追ってウクライナへ旅したあと、ボリス・パステルナークはこう書いた。ハンガリーの若き共産主義者アーサー・ケストラーは「無音に包まれた巨大な大地」を目にした。食料を求めて都市にもぐり込んだ飢えた農民の死体を集めに、トラックがハルキウ、キーウ、ドニプロペトロフスクの街路を回っていた。一九三三年の夏までに四〇〇万〜七〇〇万人のウクライナ農民が餓死していた。

ハルキウの街頭に横たわる農民の痩せ衰えた体を回収するために、日々送り出される巡回隊。飢える農民から穀物の最後の一粒まで接収するために派遣される情け容赦のない赤軍部隊。ビービコフはこのことを知っていたにちがいない。彼はこの悪夢のなかで、自分の立場を正当化しようと努めたにちがいない。おそらく彼は、偉大なトラクター工場がスターリンの約束する輝く諸都市を養う十分な食料を生産する役に立つと信じていたのだろう——だが、自分の周囲で死んでいく幾百万の人びとを助けるにはいささか遅すぎたかもしれない、と。それが、それまでソヴィエト帝国に仕える忠実な党指導者だったボリス・ビービコフが、スターリンに反対するという、結局は命取りになる運命的な選択をした理由なのだ。

ホロドモールが進むにつれ、ボリス・ビービコフとウクライナ共産党の同僚幹部らはスターリンの諸政策に反対の声を上げる道を選んだ。ボリスは一九三四年にモスクワで開催された第一七回党大会——いわゆる「勝者の大会」——に出席した。これは結局、スターリンに対する公然たる反対が公に表明される最後の機会になる。多くのウクライナの同志たちと同じように、ボリスはスターリンの主要ライバルで農業集団化の減速を提唱するセルゲイ・キーロフを支持した。キーロフは一九三四年一二月、スターリンの秘密命令で暗殺される。その知らせを聞いたとき、ボリスはソファーに身を投げ出して泣いた、と娘レーニナは回想している。「われわれは負けた」とわたしの祖父は言ったのだ。そのとおりだった。一九三七年一月〜一九三八年五月の間に、ウクライナ共産党員の三分の一、一六万七〇〇〇人が逮捕された[19]。その党大会の代議員一二七七人のうち、スターリンに反対意見を述べた八〇〇人以上——多くはウクライナ人——が、一九三七年のスターリンの「大粛清」のなかで死ぬことになるのだ。ボリス・ビービコフはその一人だった。

わたしの祖母マルファ・プラトノヴナ・シチェルバークは、人民の敵の妻だという罪で、夫に続いてすぐに逮捕され、カザフスタンの矯正労働収容所に送られた。そこで一五年を過ごし、発狂した。ビービコフの子どもたち、わが母リュドミラと姉レーニナはまず子ども刑務所へ、次いでヴェルフネードニプロフスクの孤児院へ送られ、そこでリュドミラは骨髄性結核のためにあやうく死にかけた。「同志スターリン、幸福な子ども時代をありがとう」が、母が孤児院で習った歌の一つだった。

ソヴィエト国家の観点からすれば、ホロドモールと大粛清は同じ計画の一環だった。スターリンが一九三三年に作家ミハイル・ショーロホフに書いているところでは、階級敵、反対派党員、それにウクライナ民族主義者はすべて「ソヴィエト権力に対する戦争を遂行している」のだった。[20] そうした人間は偉大なソヴィエトの事業を妨害しており、歴史の進路から排除されなければならなかった。「彼らのだれ一人、なんの罪もなかった」とスターリンに忠実だったジャーナリスト、イリヤ・エレンブルグは書いた。「だが、彼らはあらゆることに罪がある階級に属していたのである」と。[21] 数十万の農民が農村地方で飢えているときでも、ソヴィエト秘密警察はウクライナの知識人階層と政界のエリートを組織的に拘束した。教授、作家、芸術家、僧侶、神学者、公職者、官僚――だれであれウクライナ語あるいはウクライナ史を振興したり、一九一七年の短命のウクライナ人民共和国に関係したりしたことのある者は、逮捕の標的になった。「ジェノサイド」という造語を考案したユダヤ系ポーランド人、ラファエル・レムキンはこの時期のウクライナについて、この概念の「典型例」だと述べている。「それはジェノサイド、すなわち個々の人間だけでなく、一つの文化と一つの民族の破壊の事例である」[22]

ヒトラーの側近たちが一九四〇年の秋と冬にソ連侵攻計画を討議しはじめたとき、経済プランナーたちがもっとも関心をもったのはウクライナの豊かさだった。中央ウクライナの穀物とドンバスおよびハルキウの石炭と鉄鋼、工場群はナチの戦争機構にとって不可欠になる――そして、肥沃な黒土の農地はアーリア人定住者の生存圏《レーベンスラウム》になる。「国防軍《ヴェールマハト》総体が戦争の三年目にロシアによって養われて初めて、戦争に勝てる」。食糧・農業問題を担当するナチ高官、ヘルベルト・バッケはこう結論した。しかしバッケは、ソヴィエトの人口が完全に食糧を奪われて初めて、国防軍は養われ得るとも計算した。[23]ヒトラーは、自分の前のスターリンと同様に、大量飢餓をソ連国民に対する武器として使うことを計画した。バッケの公式名称「飢餓計画《フンガー・プラン》」は、約三〇〇〇万人が「死に絶える」ことを想定していた。

バルバロッサ作戦はソ連領土の奥深く、一連の長距離爆撃をもって火蓋が切られた。詩人ボリス・コヴィネフが書いた戦時のソ連の流行歌の表現では、「六月二二日の夜明け、午前四時きっかりに、キーウが爆撃された、そしてわれわれは告げられた、戦争が始まったのだと。[24]」。八二年後、二〇二二年二月二四日の朝、多数のロシア人とウクライナ人が、爆弾がキーウにふりそそいでいるという、ほぼ同様の衝撃的なニュースに驚かされることになるのだ。ヒトラーの奇襲攻撃に向けた軍備増強の兆候は、ワルシャワからベルリン、東京にまでいる少なくとも一九人のスパイによって、広く通報されていた。スターリンは――二〇二二年二月のウクライナ指導部のように――その諜報報告を信じなかった。ソ連空軍は地上の航空機多数を破壊した大空爆に不意を突かれた。なんとか離陸できた航空機は――ボリスの弟イサーク・ビービコフが操縦するポリカルポフPo-2複葉戦闘機を含め――最新の装備をしたドイツ空軍《ルフトヴァッフェ》によってたやすく撃墜されてしまった。二週間のうちにドイツ軍数個師団がキーウの入口に到達した。撤退するソ連軍は侵略者にはなにも残すまいと決意し、首都の目抜き通りであるフレシチャーティク大通りに地雷を敷設した。さらに東方のハルキウでは、技師たちがKhTZをダイナマイトで爆破する準備をした。

飢饉と集団的追放、政治テロの数年を経て、ドイツによる新たな占領は一九一八年の占領程度に緩やかなものだろうと期待するウクライナ人もいた。ハインリヒ・ヒムラーのナチス親衛隊（SS）がユダヤ人とパルチザン、共産党幹部に対する執拗な絶滅作戦を始めると、その期待はまちがっていることがたちまち明らかになった。にもかかわらず、一部のウクライナ人はナチス側に立ってソヴィエト支配と戦った。

ステパン・バンデーラはウクライナ民族主義者組織（OUN）と呼ばれる準軍事グループの最急進派の指導者だった。戦争が勃発したとき、バンデーラは両大戦間期にはワルシャワから支配されていた西部ウクライナで、ポーランド系民族に対してテロ攻撃を加えたとして、ポーランドの獄中にあった。一九四一年二月、バンデーラはドイツ軍情報機関（アプヴェーア）の指導部との間で、OUN支持者の兵士から成る二個大隊の「特殊作戦軍」を編成する取り決めを結んだ。一九四一年六月二九日にリヴィウに入った最初のドイツ軍のなかに、大隊の一つ「ナハティガル」すなわちナイチンゲールがあった。[25] リヴィウは戦前はポーランド領の一部だったが、一九三九年のナチ－ソ連の協定によってソ連に併合されていた。

ドイツとバンデーラの協力はすぐにほころびはじめる。ドイツがリヴィウを占領した後のある日、OUNのバンデーラ派はウクライナの独立を宣言した。ナチの最高司令部は新たに占領した領土についてまったく異なる計画をもっており、キーウその他のウクライナの大小都市でOUNのメンバー数百人を逮捕、銃殺した。バンデーラ本人は戦争の残りの期間を、ベルリン郊外のザクセンハウゼン強制収容所で過ごした。一九四二年の初めごろにもなると、OUNの両派ともドイツ軍と戦争状態にあった。

バンデーラ本人は一九四一年の夏、ドイツ軍に捕まったあと、ウクライナに二度と戻ることはなかった。だが彼の名は、ソ連およびロシアのプロパガンダでは、反ソ・ウクライナ蜂起軍（UPA）

の中核を構成したOUNの派閥とつねに関連づけられることになる。もっとも著名な指揮官の一部は、かつてナハティガル大隊で戦ったことがあったけれども、UPAはドイツ軍を主たる敵と見なしていた。しかしながら実際には、ソ連軍との戦いにほとんどの時間を費やした。一九四四年夏の絶頂期、UPAの一〇万の兵士はソ連の戦線の背後の非正規部隊として、赤軍の通信連絡の妨害とソ連の軍事目標やポーランド人レジスタンス戦士、それにポーランド人とユダヤ人の民間人に対する攻撃に余念がなかった。UPA強硬派の部隊は一九五〇年代までベラルーシとウクライナの森で、ソヴィエト権力に対するゲリラ抵抗を続けることになる。

　短命のナハティガルに従軍した数百人のバンデーラ支持者に加え、二万人近いウクライナ人がガリツィア師団として知られる第14武装SS擲弾兵師団で従軍した。ドイツ軍補助部隊——補助志願兵《ヒルフスヴィリゲ》、あるいはヒンヴィスとして知られる——に加わった推定二五万人の元ソ連市民がウクライナ人だった。多くはドイツの戦争捕虜収容所から入隊させられた。ポーランドのナチの死の収容所で看守として働いた者たちもいた。戦後、一八万人以上のウクライナ人が、ナチスあるいは地下民族主義組織との本当の、あるいは真偽のほどが疑わしい協力を理由に逮捕され、シベリアへ追放される。[26] 裁きにかけられた最後の人物はヴィンニツャ出身のソビボル強制収容所の看守、ジョン・デミャニュクで、二〇一一年にドイツの法廷において、二万七九〇〇件の訴因で殺人の従犯として有罪判決を受けた。

　二世代のち、独立ウクライナが西を向き、モスクワの支配を離れるにつれて、ウクライナのいわゆるナチとの協力はロシアのプロパガンダでますます中心的な要素になる。プーチンは二〇二一年の歴史論考のなかで、独立後、ウクライナの「急進主義者とネオナチは野心において、より公然、より傲慢になった……彼らは公的機関と地元の政商《オリガルヒ》の両方に甘やかされた」と書いた。二〇二二年の侵攻でロシアが表明した目標の一つは、ウクライナを「非ナチ化」し、「ファシスト」によって乗っ取られたという政府から国民を解放することだった[27]。

だが歴史上の真実は、ウクライナ市民の圧倒的多数が大祖国戦争でソヴィエト側を支持したということだ。一九四一〜四五年の間、ウクライナ・ソヴィエト社会主義共和国の七〇〇万人以上——戦前の総人口は三四〇〇万人——のウクライナ市民がソ連軍の兵士を務めた。そのなかにヴォロディミル・ゼレンスキーのユダヤ人の祖父がおり、彼ははるばるベルリンまで進軍したのだ。次章でさらに詳しく論じるように、ステパン・バンデーラ——ウクライナ民族主義者にとっては英雄、その他多くに者にとっては対敵協力した売国奴——が残したものをめぐる論争は、ウクライナの独立に続く文化戦争のなかで一つの火種になる。しかし、現代の大方のウクライナ人はロシアの隣人と同様に、ヒトラーとの戦いでほぼ例外なく親族を亡くしており、彼らからすれば、ウクライナ民族主義とファシズムを同列視しようとするプーチンの試みは、きわめて侮辱的なのである。

一九三九〜四五年の間に、ウクライナはほぼ七〇〇万人——一〇〇万人近くがユダヤ人——、すなわち戦前の人口の一六パーセント以上を失った。ナチによる電撃戦とソ連による焦土作戦の間に、ウクライナの産業基盤の多くが破壊された。だが、ヒトラーに対するソ連の完全勝利によって、スターリンは東ヨーロッパ全体の支配を手にした。スターリンはウクライナ語を話す三州——以前はポーランドの、その前はオーストリア＝ハンガリーの支配下にあったガリツィア、ヴォリン、ポジーリャ——をソヴィエト・ウクライナに併合した。これらの地域の住民はポーランド語の影響を受けたウクライナ語を話していた。彼らはまた、ローマ・カトリック信者か、あるいは、正教会に似た典礼を用いるもののローマ教皇の権威を尊重するギリシア・カトリック信者である場合が多かった。これらの地域は今日でも、建築と文化の面で際立って非ロシア的であるばかりか、非ソ連的でさえある。そして一九九一年のウクライナ独立後、西部ウクライナは政治運動においてもっとも憎悪に満ちた反ロシアになるのである。

　スターリンは一九三〇年代に、独立したウクライナ帰属意識に対し残忍な運動を展開したにもかかわらず、ウクライナとベラルーシがソヴィエト連邦と並んで国際連合の創立メンバーになるべきだと主張した。両国は一九四五年四月のサンフランシスコでの創立会議で、あたかも独立国であるかのように国連に加盟した。戦後の数年、ウクライナはソ連のどの地域より多くの共産党員を抱えており、ドネツク生まれのニキータ・フルシチョフが一九五四年までにスターリンの後継者として登場するのは、ウクライナ人の盟友たちの支援によってであった。

　この年の一月、フルシチョフは一六五四年のフメリニツキーの誓約〔ロシアの保護下に入る条約の締結〕三百年を「ウクライナとロシアの再統合」として祝う派手な行事を催した。さらに致命的なことに、彼は翌月、クリミア半島の法的管轄権をロシア・ソヴィエト共和国からウクライナ・ソヴィエト共和国へ移す。スターリンが一九四四年に、ドイツとの対敵協力を口実にクリミア・タタール人の全人口を強制移住させた結果、クリミアは七一パーセントがロシア人になっていた。クリミア半島はケルチ海峡によってロシア本国と切り離されているが、狭い地峡によってウクライナとつながっている。半島をウクライナに統合すればクリミアの戦後経済復興を促進するだろうとフルシチョフは計算した。ソヴィエト連邦の枠内では、その管轄移管にはせいぜい行政上の意味しかなかった。だが、それがやがてソ連崩壊後のウクライナ独立が抱える一つの時限爆弾になるのである[28]。

　フルシチョフとウクライナ生まれの後継者レオニード・ブレジネフの下で、ウクライナはソ連の航空産業、国防産業、原子力産業の中心地の一つになる。ヨーロッパ最大のミサイル製造設備がドニプロペトロフスクに建設された。そして、一九六〇年代と七〇年代に党政治局権力の核を構成していたのは、ブレジネフのドニプロペトロフスク仲間たちだった。ドニエプル川流域の水力発電ダムからドンバスの炭鉱や工場群まで、巨大建設プロジェクトがソ連全土から何十万もの人びとを寄せ集め、彼らがソヴィエトへの帰属意識とは別のウクライナへの帰属意識という観念をさらにぬぐい去った。

だが、ウクライナの地下で成長する体制批判運動が、民主民族主義の旗の下に合体しはじめた。それにかかわった人びとの多くは、同国の知識階級のメンバーであり、彼らはソ連を何より植民地抑圧者として見るバルト諸国とポーランドの反共仲間から着想を引き出していた。その意味で彼らは、言語が脱ロシアの、帝国後の未来へのカギだと考えた一九世紀のウクライナ愛の知識人たちの精神を直接受け継いでいた。一九八六年四月二六日に起きたチェルノブイリ原子力発電所の爆発は――それに、ミハイル・ゴルバチョフがウクライナ党書記長ヴォロディミル・シチェルビツキーの嘆願を押し切って、キーウ近郊でのメーデー・パレードを実行するよう主張するなど、その後のソ連政府による隠蔽は――、ウクライナ－ロシア関係の大きな曲がり角になった。ゴルバチョフが情報公開《グラスノスチ》の自由化キャンペーンの一環として地方選挙を容認すると、元体制批判派と知識人に率いられた民主民族主義者が圧勝した。

　来たるべきソ連崩壊とロシアの屈辱への舞台が整った。歴史に関するプーチンの雑駁な理論がどうであれ、ひとつはっきりしていることがある。仮になんらかの歴史上の出来事が二〇二二年の侵攻の根本原因になったとすれば、それはキーウ・ルーシでも、ヘトマン国家でも、第二次世界大戦でもなく、ソ連の死を早めるうえでウクライナが果たした役割であった。その崩壊はプーチン個人を含めて、ロシア人のそっくり一世代を傷つけた。当時、モスクワ駐在米国大使ロバート・ストラウスが指摘したように、「ロシアにとって一九九一年のもっとも革命的な事件は、共産主義の崩壊ではなく、あらゆる政治的色彩のロシア人が自らの身体の一部、しかもほとんど心臓と考えているもの、すなわちウクライナを失ったことかもしれない[29]」。そもそもプーチンの侵攻の決断に歴史がなんらかの現実の役割を果たしたとするなら、それは何よりも一九九一年のキーウの裏切りに対する歴史的報復のかたちをとったのである。

第2章

「モスクワは沈黙している」

ウクライナがなければ
ロシアは帝国ではなくなる。

ズビグニュー・ブレジンスキー
米国家安全保障問題担当大統領補佐官(一九七七〜八一年)[1]

ピープルパワー

一九八九年一二月五日の夜、総勢数千人の群衆が東ドイツ・ドレスデンのバウツナー通りにある秘密警察《シュタージ》の本部前に集まった。数週間前にベルリンの壁が崩壊していたが、東ドイツの共産政権はまだ権力にしがみついていた。「われわれが国民だ!」と群衆は叫んだ。シュタージの指揮官ホルスト・ベームは「リンチをしようとする群衆の雰囲気」を察知し、膨れ上がる抗議参加者にその建物と留置所まで開いた、と民主活動家ハーバート・ワーグナーは回想している。ベームは「内庭を引き回された。人びとは彼を侮辱し、つばをはきかけ、蹴っていた。ベームは跪いた。わたしは彼を保護するために彼の前に立った」。とワーグナーは言う。「もし完全に倒れていたら、彼は踏み殺されていただろう[2]」。群衆は多くの秘密文書が急いで裁断されてしまったことに気づいた。だが、ファイルの詰まった八キロメートルに及ぶ棚は、几帳面に整理した保管庫のなかに無傷のまま残っており、それにはドレスデン市民の生活を詳述する情報提供者や監視、尋問の報告書が含まれていた。

一五～二〇人ほどの抗議参加者の小集団が近くのアンゲリカ通り4番地にある二階建てのアール・デコの邸、KGB《カーゲーベー》本部へ向かった。「それを閉鎖するためだ。門の守衛はたちまち家の中へ退散した」とグループの一人、ジークフリート・ダンナートは回想している。だがその直後、「一人の将校が現れた。かなり小柄で、興奮していた。彼はわれわれのグループに言った、『この屋敷に押し入ろうとしてはいけない。わたしの同志たちは武装しており、非常時には武器の使用を認められている』と」[3]。その将校はウラジーミル・プーチンという三七歳のKGB少佐だった。グループはすばやく散った。だが、プーチン本人がのちに回想するところでは、彼は赤軍の戦車部隊に電話し、防護を要請した。彼が受け取った答えは、壊滅的で人生を変えてしまうような衝撃だった。「われわれはモスクワからの命令がなくてはなにもできない」。ソ連戦車部隊の将校は言った。「それにモスクワは沈黙しているんだ」

アンゲリカ通りのにらみ合いは小さすぎて、翌日の地元ドレスデンの新聞にも出なかった。ところが二〇年後にプーチンが権力を握ると、この話は伝説的な規模を帯びるようになる。「五〇〇〇人の群衆が酔っ払い、ビール瓶を持ってKGB本部の中庭に突入した」とNTVテレビのニュースは二〇〇二年に報じた。「プーチンが外に出てきて、彼らに立ち向かわなければならなかった」と。あの「モスクワは沈黙している」という瞬間は、「プーチンを理解するカギである」とプーチンの伝記作者のドイツ人、ボリス・ライトシュスターは言う。「彼の東ドイツ時代がなければ、われわれは別のプーチンと別のロシアを見ることになっただろう」[4]。ドイツ民主共和国の崩壊を経験したことは、プーチンに政治エリートのもろさ――そして、中央の権威がピープルパワーに直面して怖じ気づくと、彼らがいかに易々と打倒され得るか――についての深い懸念をプーチンに残した。続く二年間、プーチンは、ヴィリニュスとキーウ、モスクワ、そして故郷サンクトペテルブルクで、大衆デモのあとソヴィエト権力が崩壊するのを眺めることになった。二〇〇四年とその後再び二〇一四年には、自分の盟友であるウクライナ大統領ヴィクトル・ヤヌコーヴィチが同じ運命に遭遇するのを眺めることになるのだ。

一九九〇年三月、ソヴィエト・リトアニアがソ連からの独立を宣言した。ソ連指導者ミハイル・ゴルバチョフはソヴィエト帝国を救済すると期待する新連邦条約を交渉しはじめた。だが一〇月二日の朝、キーウとリヴィウ、それにドニプロペトロフスクの学生数十人が、キーウの繁華街にある十月革命広場――将来のマイダン・ネザレジノスチ（独立広場）――に押しかけ、ハンガーストライキを始めた。たいていは、ソ連の水準からすれば、特権中流階級に属する若者たちであり、東ドイツやポーランド、チェコスロヴァキア、そしてハンガリーで前年に、ピープルパワーの圧力を受けて共産主義体制が崩壊したことに刺激を受けていた。彼らはなかでも、首相の辞任と新連邦条約交渉からウクライナが撤退することを要求した。

地元当局は抗議参加者を追い払うために体制忠誠派のチームを組織した。だが五万人のキーウ市民が学生を守るために広場へ向けて行進した。まもなく市内の各大学がストライキに入った。抗議参加者たちは国会へ行進し、議会棟の前の広場を占拠した。彼らは新たに選出されたウクライナ最高会議議長、レオニード・クラフチュクに支持されていた。街頭とクラフチュクおよび新議会の圧力で、ソ連当局は後退を決めた。一九九〇年一〇月のいわゆる「第一マイダン」は、モスクワに支えられた権力に対する三つの政治革命の第一弾になり、その後三〇年にわたりウクライナばかりかロシアの政治状況も決定づけることになるのである。(5)

プーチンはのちに、外国の干渉がソ連を無理やり分裂させたと主張する。二〇二一年の論考では「ウクライナは、ウクライナをヨーロッパとロシアの間の障壁、ロシアに対抗する足掛かりにすることを狙った危険な地政学上のゲームに引きずり込まれた」(6)と主張した。しかし、実は一九九一年には、米国はたしかにバルト諸国の解放に賛成したけれども、ウクライナとソ連のその他の部分を一つにしておくことを強く支持していたのだ。ジョージH・W・ブッシュ米大統領は一九九一年八月一日にキーウを訪問した。ブッシュはウクライナ議会への演説で、ゴルバチョフ側に立ち、議会に「自殺的な民族主義」を捨て、「自由と独立の混同」を避けるよう警告した。民主的に選ばれたウクライナの議員たちの独立への熱望を支持しないという彼の臆病ぶりに、米国のメディアは「臆病《チキン》なキーウ演説」のレッテルを貼った(7)〔バターを鶏肉で巻いて揚げた郷土料理キーウ風カツレツを英語でチキンキーウと呼ぶことにかけた表現〕。

強硬派による一九九一年八月一九日の反ゴルバチョフ・クーデターが破綻したことをきっかけに、ウクライナはブッシュの反対を無視し、連邦よりロシアからの自由を圧倒的多数の支持で選択した。「ウクライナにおける国家建設の千年の伝統を継続して」と、元政治囚でいまは議員になっていたレフコ・ルキヤネンコが八月末に起草した独立宣言は述べていた。「ウクライナ・ソヴィエト社会主義共和国最高会議はウクライナの独立を厳粛に宣言する」。ソ連時代の議会は、ロシア・ソヴィエト社会主義共和国のそれと同様、党の決定を承認するだけの従順な機関として設置されており、そうした宣言をする憲法上の権限はなかった。だが彼らはそれでも宣言に賛成票を投じた。三四六人の議員が賛成、五人が保留、反対は二人だけだった。その意味するところは破壊的だった。ウクライナがまもなく自由国家になることを票決するだけでなく、直接の帰結として、ロシアは帝国たることをやめることになるのだ。「国民投票に参加した人びとは自らの運命ばかりか、世界史の進路を変えてしまった」とセルヒイ・プロヒイは書いている。「ウクライナは依然モスクワに依存しているほかのソヴィエト諸共和国を解放したのである」[8]

KGBの強硬派がゴルバチョフに仕掛けたクーデター未遂の前夜、一九九一年八月一八日に、わたしはたまたま新たに改称されたサンクトペテルブルクに着いた。翌日、冬宮の窓から外を眺めると、宮殿広場が人の顔とプラカードの波打つ海原のように、群衆で埋まっているのが見えた。わたしはイサーク広場近くで、学生たちがベンチや鉄パイプで道路を塞ぐバリケードを築くのを手伝った。ネフスキー大通りは両方向の目路のどこまでも、三世代にわたって自分たちの生活のほぼすべての側面を形づくってきた体制に抗議する五〇万人の人びとで埋め尽くされていた。[9] この日モスクワでは、ボリス・エリツィンがホワイトハウス——ロシア・ソヴィエト連邦社会主義共和国の政府所在地——から姿を現し、戦車の上に登って、反動勢力からその建物を守るために集まった群衆に演説した。

エリツィンは多くの人にとって民主派のヒーローになっていた。しかし、ソ連崩壊後の刷新された連邦でロシアが果たす役割についての考え方は、明らかに帝国的なままだった。ウクライナの独立宣言と、クーデター首謀者に対する彼自身の勝利のあと、エリツィンの口調は不吉な調子を帯びていたのだ。ロシアは一方的にソ連から離脱した「諸共和国との国境の問題を提起する権利」があると言明した。エリツィンの報道官は「クリミアとドンバス炭田地帯を含むウクライナ東部は、係争の地域に「なる可能性がある」」と説明した。ウクライナが独立にこだわった場合、ウクライナを分割するという脅しは、やがて彼の後継者プーチンによって採用され、破滅的な結果をもたらすことになるのである。

エリツィンの脅しには、その前のブッシュ大統領の警告と同じように、だれも聞く耳をもたなかった。一九九一年一二月一日、ウクライナは改革されたソ連にとどまるか、それとも離脱するかを問う国民投票を実施した。投票率は八四パーセントで、投票した人の九〇パーセント以上が独立を支持した。クリミアは一九八九年の直近の人口統計で六六パーセントがロシア人、二五パーセントがウクライナ人だったが、そのクリミアでさえ五四パーセントが、独立が望ましいと答えたのだ（とはいえ、重要なこととして、二カ月前の別の住民投票では、九四パーセントがクリミア自治ソヴィエト社会主義共和国の再建に賛成し、彼らが本当に望んでいるのは、ソ連からのみならずウクライナからの独立でもあることを示唆していた）。ウクライナの国民投票は事実上、ソ連の終焉を意味した。一九九一年一二月二五日、クレムリンの元老院宮殿にはためくソ連国旗が下り、新たなロシアの三色旗がひるがえった。

独立ウクライナの初代大統領クラフチュクは、新連邦条約に署名するというエリツィンの提案を拒否した。代わって両者は、ベラルーシのスタニスラフ・シュシケヴィチとともに新しい国際組織、独立国家共同体（ＣＩＳ）を創設。中央アジア諸国が一二月二一日に加わった。二〇二一年の論考でプーチンは「一九九一年にこれらすべての領土と、さらには人びとが、一夜にして、この度は本当に歴史的母国から切り取られ、外国にいることになったのである[10]」と書くことになる。彼は「領土」が、母国から切り取られたのではなく、母国を圧倒的に拒否したという決定的な事実を無視した。新たに独立したバルト諸国やベラルーシ、そしてウクライナは名前を変えたかたちでモスクワに従属し続けるつもりはなかったのだ。

地政学的破局

「ソ連の崩壊は二〇世紀最大の地政学的破局だった」、プーチンは国会議員およびトップ政治指導者らに向けた二〇〇五年の年次教書演説でこう述べた。これはおそらくもっともよく引用されるプーチン発言である。しかし、その文脈を覚えている人はほとんどいない。プーチンが語った「真の悲劇」

とはロシア民族、すなわち「気がつけばロシア領の周縁部の外側に身を置いてしまった数千万の同胞[11]」にとってのことだった。

ソ連の遺産とプーチンとの関係は、実際には単なる郷愁以上に複雑で相矛盾するものだ。二〇二一年の論考でプーチンは、ロシア人にもウクライナ人にも「一九三〇年代の農業集団化と飢饉は共通の悲劇[12]［であった］」と書いた。彼はまた、「ロシアの人民を自らの社会実験のための無尽蔵の材料として」扱ったとして、ボリシェヴィキを批判した。二〇〇七年には、スターリンによる大粛清の年忌に、モスクワ近郊ブトヴォにあるKGBの犠牲者の集団墓地に献花した際、「殺害されたり収容所に送られ、銃殺、拷問されたりした数十万、数百万人」を追悼した。「彼らは、それを口に出すことを恐れない独自の思想をもった人びとだった。彼らは国家の精華だった」。そうした「諸々の悲劇」が起きるのは、「見かけは魅力的だが空疎な思想が、基本的な価値、人間の生命の、権利と自由の価値の上に置かれる」ためである、とプーチンは述べた[13]。

だが、後年の批判にもかかわらず、プーチンは人生の二〇年間をソヴィエト体制ばかりか、体制のもっとも暴力的で狂信的な一翼――秘密警察KGB――の忠実な下僕として過ごしたのだ。したがって彼はまちがいなく、体制崩壊の直後に人生が劇的に悪化した大半のロシア人の一人だった。一九九〇年初めにドレスデンから戻る際、彼はかつては目のくらむような特権だった自動車、ヴォルガを持ち帰った。だが、退役にともなう中佐の名誉階級でKGBを辞めたあと、プーチン一家は金がなく、彼はタクシー運転手として夜間の副業をしなければならなかった。「われわれはみんなと同じように生活したのですが、時には……白タク運転手として……余分な金を稼ぐ必要があった」。プーチンは二〇二一年一二月、ロシア《第1チャンネル》のドキュメンタリーでこう語った。「正直言って、それを話すのは愉快なことではないけれども、残念ながらそれが事実なのです[14]」

プーチンの世界観の深奥にある秘密の説明に、これまで数十冊の書籍が書かれている。しかしながら、プーチンは見かけほど面白くないとわたしは考えている。権力の座にあってほぼ四半世紀、欧米の解説者はプーチンを偉大な戦術家、操り手、地政学的指導者として描いてきた。だが、彼の経歴、権力における異様な粘り強さ、そして二〇二二年の戦争への道をつなぐ横糸を理解するうえで、もっとも重要なのは、別のはるかに基本的な要素だ。つまり、プーチンは多くの重要な点で、普通のロシア人だということだ。より正確に言えば、明敏で健康でまじめなタイプの普通のロシア人――大方のロシア人がそうありたいと願うような類いの、柔らかい口調で話し、苦もなく指揮する人間、あるいは彼らがもちたいと望むような類いの父親、夫、あるいは義理の息子なのである。

プーチンの決定的な特徴は、その非凡さではなく、平凡さにある。同世代の大方の人びとと同じく、プーチンは、自分は地球上でもっとも偉大で最強の国に住んでいると信じて、人生の初めの四〇年を過ごした。彼は戦後ソ連の普通の地方的困窮という環境のなかで成長し、国家によって教育され、生涯のキャリアにしようとして、国家のもっとも威信のある機関の一つに入った。プーチンは東ドイツへの配属によって、たまたまソ連の力の崩壊をよく見渡せた点で、大方の同胞とは違っていた。だが、同世代の人びととここでも共通して、彼は身体的、精神的な屈辱を「自分の肌で」感じた。

ソ連での長い生活によって研ぎ澄まされた偽善を身につけ、プーチンは一九九〇年代の腐敗と窃盗行為を嫌悪すると同時に、可能な時はそれに加わることもした――これも同世代の人びとすべてと同じである。一九九一年六月、レニングラードはリベラルな若き法学教授を市長に選んだ。アナトリー・サプチャクはレニングラード大学で指導した、この三七歳の元KGB将校を副市長として登用し、プーチンの新たな政治的後見人になった。あるときは賄賂、あるときはリベートと、サンクトペテルブルク（一九九一年九月に改称）の深く犯罪化した実業界と市長オフィスの間の連絡役としての新しい仕事で、プーチンはただすべてのロシア人がしていること、あるいはその機会があればすることを、高いレベルでやっていたにすぎない。

もっとも重要なことだが、プーチンはうまく立ち回っているときでも、等しく痛みと誇りで形成された典型的にロシア的な悲痛な愛国心をもち続けた。報復的で勝ち誇った欧米によっていかなる屈辱を被らされたにしても、ロシアはそれでも偉大な国であり続けた。「人は酔っ払って一文無しになるかもしれないけれど、少なくとも彼は、それが自分の過ちではなく敵の仕業だと知って慰めを得るのです」と、キーウの『ゼルカロ・ネデリ』誌の編集長ユーリヤ・モストヴァヤは説明する。「彼は妻を殴るかもしれない。塀の下で酔っ払ってもがくかもしれない。でも、個人的な欠陥がどうであれ、運命が彼からほかのなにを奪っても彼がロシア人であること、強力な国家の一員であることは奪えないことを、彼は知っているのです[15]」

わたしは一九九〇年代をほぼモスクワで暮らした。わたしの知るロシアは爆発的な世紀の大混乱に陥っていた。ロシア人にとって、彼らの身体的、精神的、知的要求をすべて支えてきた体制の内部爆発が起こした衝撃は、ソヴィエト体制がかつて彼らに投げつけた何物よりもはるかに深刻だった。大粛清よりも、第二次世界大戦よりもである。これら二つの恐怖には少なくとも、門前に迫った敵、国内にいる敵という分かりやすい語りがあった。だが今度は、ロシア人はまったく説明しがたいもの――敵ではなく、イデオロギーの空白と目のくらむような経済崩壊――によって打撃を受けていたのだ。一九九二年の前半、国民の平均所得は平均七〇パーセント下落し、経済は四〇パーセント収縮した。

エリツィン政権の初期の年月は、いずれもソ連の偉大さの復活を要求する反動的民族主義者および共産主義者との絶え間ない、時には流血沙汰の闘争だった。一九九三年の議会選挙では、得票率二三パーセントの最大政党は過激民族主義者ウラジーミル・ジリノフスキーに率いられており、彼はロシアの兵士に「インド洋でブーツを洗え」と呼びかけた。人民代議員大会における強硬派共産主義者と民族主義者は、ソ連の消滅に関するベロヴェーシの森合意の批准を拒否した。チェチェン、イングーシ、それにダイヤモンドと金を産出するヤクートのほかタタールスタン、バシコルトスタンなど産油共和国の指導者はロシアからの完全独立を要求した。ロシアの副大統領アレクサンドル・ルツコイはエリツィンの市場改革計画を「経済的ジェノサイド」と非難し、一九九三年一〇月には、エリツィンが二年前に戦車の上で有名な演説をしたホワイトハウスの武力占領を指導した。エリツィンは反乱派を砲撃で屈服させた。

翌年、石油価格が暴落するなか、エリツィンは政商《オリガルヒ》として知られるようになる少数の富裕な人物に、ごまかしの競売で幅広い国有財産――とくに石油、鉄鋼、アルミニウム、ニッケルの生産と、テレビおよび電気通信インフラ――を売却し、必死で国庫を満たした。彼はまた、反逆した共和国チェチェンを力でモスクワの支配下に連れもどすために、首都グロズヌイへロシア軍を派遣した。その攻撃は見事に失敗した。一九九六年、共産党に対抗したエリツィンの再選は、不偏不党と考えられているロシアのメディアをクレムリン支持に全面的に（自発的に）動員することによって勝ち取られた。一九九八年にもなると、ロシアは公的債務の履行を怠るほど破綻していた――おまけに、国際通貨基金（ＩＭＦ）からの二二〇億ドルの緊急援助は、破綻しつつあるロシアの銀行を所有する政商におおむね略奪されてしまった。一年後、ＮＡＴＯはコソヴォ在住アルバニア人のジェノサイドに終止符を打つため、ロシアの歴史的同盟国であるセルビアの首都ベオグラードを空爆した。エリツィンが心底怒ったことに――そしてまた、ＮＡＴＯがいまやロシアをいかに戦略的に重要視していないかを示して――、モスクワは相談にあずからなかった。

プーチンを含むロシア人の一世代全体にとって、一九九〇年代は屈辱と失敗と貧困の一〇年だった。それを乗り越えた一般庶民と政治階級の両方にこの時期が残した深い傷が、世界におけるロシアの地位を回復しようとするプーチンの攻撃的動きを彼らがのちに支持したことを理解するカギである。その民族主義的語りを考案したのはプーチンではなかった。「われわれロシア人が重要な大国――外部世界の敵国と敵の影響を押し返すことができる大国――だという信念は、われわれの集団的帰属意識の重要な要素である」と、モスクワの独立世論調査グループ、レヴァダ・センターのレフ・グドコフは言う。「ソ連およびロシアの比類なき権威と、われわれは特別な文明だという事実に対するこの信念――これは、人びとが個人生活で抱いている依存と貧困と屈辱の感情を相殺してくれるのである」と。エリツィン政権末期の一九九九年にレヴァダが実施した世論調査では、回答者が新大統領に寄せる期待は、大きく二つあった。経済危機を終わらせることと、ロシアに超大国の地位を取り戻すことである。エリツィンはロシア国民を民主主義と資本主義、それに言論の自由の方向へ引っ張っていこうとした――その結果、第一期目の最終年が始まるころには、彼の支持率は一〇パーセントに落ちていた。対照的にプーチンは、国民をまさに彼らが行きたいと思うところ、すなわち繁栄と国家の偉大さの方向へ引っ張っていこうとしたのである。(16)

ウラジミール・ウラジーミロヴィチ

エリツィン政権の最後の数年、彼のファミリー――文字どおりの意味とともに、ロシアの富の大半を支配する政商の取り巻きたちの狭いグループがつくるマフィアの意味――は、大統領ポストを引き継げるほどしっかりしていると同時に、エリツィンを権力の座に就けた人びとを、新たに手にした権力を使って攻撃したりしない十分忠実な男を探していた。ウラジーミル・プーチン――地味で控え目、内面の強さを隠すはにかんだ笑み——はその仕事にうってつけの男に思われた。エリツィンの大統領府長官アレクサンドル・ヴォローシンは一九九七年に、サンクトペテルブルクの市長オフィスからプーチンを引き抜き、自分の次官としてモスクワへ呼んでいた。「［プーチンの］頭の一部はKGBとソ連、一部は進歩的だ」とヴォローシンはわたしに話した。[17] そのことで、プーチンは旧世界と新世界の間の完璧な折衷——有能で冷静、エリツィンのロシアの権力が基盤にしている「了解事項」を心得た信頼できる人物——になっているように思われた。有力政商でエリツィン「ファミリー」の一員であるボリス・ベレゾフスキーの支持を得て、プーチンはKGBの後継機関、連邦保安庁（FSB《エフエスベー》）の長官に、次いで首相に昇進させられた。「わたしは人を見る目がなくてね」。ロンドンへの逃亡を余儀なくされたあと、ベレゾフスキーはわたしにそう語った。「わたしはプーチンを見誤っていた。彼はだれの言うことでも聞いたものだ。謙虚で穏健に見えた。だが、実は地回りのチンピラなんだ」[18]

　しかしプーチンを大統領としての権力の座に就けたのは、エリツィン・ファミリーの支持に劣らず、戦争であった。チェチェンをめぐるプーチンの強硬な発言と、彼が一九九九年九月にこの造反共和国に向けて口火を切った第二次戦争の際限のない残虐さによって、ロシアは一九六八年にチェコスロヴァキアの造反を粉砕して以来、初めての軍事的勝利を収めた。わたしはこの戦争の間、チェチェンの造反派および親モスクワ派戦士たちの両方と六カ月間を過ごした。二〇〇〇年一月、わたしはグロズヌイ北郊の九階建てビルの屋上に立って、ロシア五個師団の火砲が最後に残った一握りの叛徒たちを追い出すために、すでに破壊された市の残骸をたたくのを眺めた。わたしは一分間に六〇回の爆発音を数えた——このなかには低空飛行するSu-24戦闘爆撃機が投下する巨大な五〇〇キロ爆弾も含まれていた。航空機がわれわれの頭上で咆哮を上げているとき、親モスクワ派チェチェン人部隊の指揮官、ベスラン・ガンテミロフは巨大なドアが地中でバタンと閉まるような爆発音がするたびに、喜ぶ少年のようににっこり笑い、空中に手を突き上げた。

ウクライナでの軍事作戦は、あの戦争の再演といえよう。「わたしは占領されたウクライナの町々でロシア軍によって解き放たれた大虐殺の映像からほとんど目をそむけることができなかった」とラーナ・エステミロワは書いた。彼女の母ナターリャはチェチェンのもっとも歯に衣着せない人権活動家の一人だったが、二〇〇九年に誘拐され、無惨に殺害された。「わたしが考えられるすべては、『彼らは前にもこれをやったことがある。またそれをやっているのだ』ということだ。無差別砲撃、略奪、強姦と拷問と処刑の証拠、それに何よりも、こうした戦争犯罪が実行されているときの熱狂感はあまりにも見覚えがあるのだ……。ブチャとイルピンの前にはサマシュキがあり、そこでは一九九五年四月七日、ロシア軍がザチストカ、すなわち『一掃』作戦を実行した。兵士たちは民間人を射殺し、女性を強姦し、家屋に火を放った。少なくとも一〇三人がその日に殺されたのである」[19]

チェチェンとウクライナの戦争は、軍事的手段だけでなくプロパガンダの語りも同じだといえよう。一九九九年九月の侵攻に先立ち、クレムリンのテレビはチェチェン国内での「ロシア人のジェノサイド」について語った。「チェチェンでのロシアのやり口は、その後二〇年間のクレムリンの軍事・政治戦略の一種の青写真の役割を果たした」とエステミロワは書いた。「帝国的利益の追求における、御しがたい住民集団の意志を打ち砕く背筋の凍るような手法。その後の歳月、われわれは——ツヒンヴァリ［南オセチア］からアレッポ［シリア］まで、クリミアから中央アフリカ共和国まで——、世界じゅうの舞台で、罰されることなく暴力を用いる積極的意志を見てきた……。わたしはチェチェン人として、流血の絆によってウクライナの人びとと結びついている。ウクライナ人の勝利はプーチン体制のすべての犠牲者の勝利になるだろう」

二〇〇〇年二月ごろには、ロシア軍はのちにマリウポリとセヴェロドネツクに加えるのと同じような圧倒的、無差別的な火力を使って、一九九四年以来モスクワに刃向かっていたチェチェンの造反政府を粉砕していた。すでに大統領代行になっていたプーチンは、三月の大統領選挙で五三・四パーセントを獲得し、容易に他候補に勝利した。プーチンが選挙で仮にも真の対立候補と向き合うのは、これが最初で最後になる。

プーチンと八年間一緒に働いたある上級閣僚によると、プーチンにとって第二次チェチェン戦争の教訓は単純明解だった。「ロシアの力と帝国は、軍事的侵攻によって実際に回復することができた――それはわれわれ全員に明らかだった」とこの当局者は言う。「そして、ロシアの有権者が弱さにうんざりし、強さをたたえたこともまた明らかだった」と。[20]

チェチェンは流血の末、成功裏に制圧された。だが、旧ソ連帝国のその他の地域は三つの明確な陣営に分かれた。バルト諸国は順調にヨーロッパ連合（EU）とNATO加盟への途上にあり、取り戻すのは無理だった。中央アジア諸国は、自国の繁栄がかかったソ連時代の天然ガスパイプラインの物理的ネットワークによって、ロシアに経済的、政治的につなぎ止められ続けた。ベラルーシは、モスクワとの緊密関係を支持しソ連に郷愁を抱く実力者アレクサンドル・ルカシェンコを選出していた。だが、ウクライナとアゼルバイジャン、アルメニア、それにジョージア〔グルジア〕は西側との関係緊密化を支持する指導者および国民の志望と、モスクワへの経済的依存の間で引き裂かれ、どっちつかずのままだった。

これら諸国のうち、図抜けて最大で政治的にもっとも重要な国がウクライナだった。ウクライナはロシア本国の国境の外でロシア語を話す最大人口を抱えており、ロシア南部の下腹部全域にまたがる戦略的位置を占めている。そのうえ、クリミアのセヴァストーポリ港は――三〇〇隻以上の艦船と二万五〇〇〇人の軍人を含むロシア黒海艦隊の母港だが――ロシアの主権下の基地ではなく、政治状況次第で変わる条件でキーウから貸与されていた。セヴァストーポリは重要な軍事的・戦略的資産であり、クレムリンはNATOはおろかウクライナにも渡すつもりがなかった。

綱引き

ウクライナの独立から一〇年間は、この時期のロシアと同じく混乱をきわめた。そしてまた、経済の崩壊と、腐敗した為政者の黙認の下で国家資産を奪う政商階級の勃興、それに政治の周縁での過激民族主義の登場を伴っていた。そしてこれもロシアと同様に、ウクライナの最良の教育を受け、もっとも意欲的な市民の多くが国外へ移住してしまった。ユダヤ人人口の七八パーセントがそうであり、そのなかにはペイパルの共同設立者マックス・レヴチンと、ワッツアップの共同設立者ジャン・コウムが含まれている。一九八九〜二〇〇一年の間、ウクライナの人口は五パーセント近く減った。[21]

一九九一年のあと、ソ連の核備蓄の約半数はソ連の継承諸国に引き継がれていた。形のうえでは、ウクライナとベラルーシ、そしてカザフスタンに残された核兵器は独立国家共同体（CIS）が管理していた。だが実際には、とくにウクライナ議会がCIS合意の批准を拒否すると、ウクライナは約一七〇〇個の弾頭をもつ世界第三位の核保有国になった。米国政府は政治的に不安定な国が戦略核を管理することを懸念し、ソ連崩壊後に図らずも核保有国になった三カ国に対し、核兵器と軍事施設を破壊するよう説得した。それと引き換えに米国とロシアおよび英国が一九九四年一二月、キーウに安全保障を提供し「ウクライナの独立と主権、および現存の国境を尊重する」ことを約束するブダペスト覚書に署名した。[22] 二〇年後、プーチンがクリミアを侵略すると、ウクライナの安全を保障するとされていた国々は、ブダペスト覚書の義務を完全に無視する。

だが短期的には、ウクライナが軍備縮小に協力し、非核の親欧米国家としての新しい地位を得たことは利益をもたらした。ウクライナ政府は一九九四年、EUとの協力協定に署名した。これはEUが旧ソ連国家に提案していたそうした協定の第一号だ。同年、ウクライナはNATOの「平和のためのパートナーシップ」協定に署名した。これは一九九七年に、最終的な正式加盟に向けた多くの段階の第二段階である「特別パートナーシップ憲章」に格上げされた。エリツィンは強く反対したけれども、機密指定を解除された記録によると、エリツィンは一九九四年九月二七日、ホワイトハウスで行われた個人的な会談で、ビル・クリントン米大統領からこう保証されていた。「NATO拡大はロシアに対抗するものではない。ロシアの排除を意図してはいないし、差し迫ったスケジュールはなく……より広い、高い目標はヨーロッパの安全、統一と統合［である］――あなたが共有する目標だとわたしは承知している(23)」

プーチンは二〇二一年一二月の記者会見で、欧米はNATOの拡大はないとくり返し約束し、その後約束を破った、と主張することになる。「彼らはわれわれを懸命に、露骨にだました。NATOは拡大している」とプーチンは述べた。ジェームズ・ベーカー米国務長官は一九九〇年、ゴルバチョフに「NATOは東方へ一インチも動くことはない」と話していた、とプーチンは主張した(24)。ベーカーは自分が内輪でそう言ったということを、はっきりと否定してはいないのだが、二〇一八年に機密解除された米ロ当局者間の度重なる会合に関する、米国務省の大量の記録には、そうした公式の保証の痕跡はない。とはいえ、米国は明らかに二枚舌を使っていた。NATOが拡大することはないという正式の公約はなかった――けれども、拡大がロシアに脅威を与えることはないとする保証は、明らかに何度もしていたのだ(25)。米国の元外交官ジョージ・ケナンは一九九七年、NATOの拡大を「冷戦後の全時期における米国政策のもっとも致命的な誤り」と厳しく批判した(26)。

もしプーチンがウクライナとジョージアのNATO加盟を止めようとするなら、それはワシントンとの協議を通じてよりも、キーウとトビリシでなされなければならないことは明らかだった。ウクライナに親モスクワの政府を据える（多くあるうちの）最初のチャンスは、二〇〇三年に到来した。ウクライナの二代目の大統領レオニード・クチマの権力が、大がかりな汚職と著名ジャーナリスト殺害の疑いを指摘されて傾きはじめたときである。クレムリンの権力機構の内側で、クレムリンのお眼鏡にかなった人物はヴィクトル・メドヴェドチュークだった。エネルギー王に転身したソ連時代の有名な法律家で、クチマの首席補佐官を務めていた人物だ。クチマの首相ヴィクトル・ユシチェンコがボスに背き、大統領選への出馬準備を始めると、メドヴェドチュークは来たる政争で彼を傷つける活動を主導した。メドヴェドチュークはモスクワから派遣された「政治技術者」――一九九六年のエリツィンと二〇〇〇年のプーチンの選挙運動で、選挙勝利の経験をつんだ専門家たち――のチームに支援されていた。

「われわれの任務ははっきりしていた――［ユシチェンコが］権力を握るのを阻止するとともに、モスクワとの関係緊密化を支持し、ロシア語を話す住民の権利を尊重する候補者にてこ入れすることだった」とクレムリンの世論工作担当者グレブ・パヴロフスキーは振り返った。彼らの手法は「われわれがロシアの選挙で使ったのと同じ。評判の管理、語りの統制、広報活動、われわれが必要とするような記事を書くよう地元メディアを説得すること」だった[27]。

ウクライナの民族主義者は「ファシスト」だとするアイデアを最初に思いついたのは、プーチンに送り込まれたこの政治技術者たちだった。二〇〇三年一〇月、ユシチェンコはドネツクを訪れた――翌年の大統領選で彼の対立候補になる人物、ヴィクトル・ヤヌコーヴィチを支持する中核地域である。ユシチェンコはヤヌコーヴィチが率いる地域党が立てた「ウクライナのロシア運動：ファシズムに反対！　民族主義に反対！　友好と合意に賛成！」と書かれた看板に出迎えられた[28]。ヤヌコーヴィチはドネツクの「青年宮殿《ユーノスチ》」で数千人の支持者を集めた集会を開いた。「ある時点で、古い子どもの遊び『われらの仲間対ファシスト』で使うあざけりがわき上がった」とドネツクの写真家セルゲイ・ヴァガーノフは回想している。「群衆がユシチェンコは『ファシスト』だと連呼しはじめた。その言葉を使うのはあまりに無骨、品位の限界をはるかに超えていたので、わたしは身体的に気分が悪くなった[29]」

欧米では使い過ぎとアイロニーのために、「ファシスト」という言葉のインパクトは徐々に小さくなってきている。だがソ連崩壊後の社会では依然として、人が投げつけることのできる最悪の侮辱の一つなのだ。それなのに、翌年のテレビ討論でヤヌコーヴィチは敵を「ナチ」と呼びはじめた。ユシチェンコにとって、その侮辱はとりわけ目に余った。彼の父親は赤軍兵士でアウシュヴィッツに投獄されたことがあり、母親は第二次大戦中ユダヤ人避難民をかくまって身の危険を冒したのだ[30]。それでも、その中傷はつきまとった。二〇年後、ウクライナからいわゆる「ファシスト」指導部を取り除くことが、プーチンの侵略を正当化する根拠の一つになるのである[31]。

二〇〇三年一一月、クレムリンは旧帝国のもう一つの片隅で深刻な敗北をこうむった。ジョージアでの不正選挙の結果、トビリシ中央での二〇日間におよぶ街頭抗議行動の末に、怒った群衆が議会へなだれ込んだ。彼らは根っからの親欧米派である野党指導者ミヘイル・サーカシヴィリによって建物の中へ導かれた。彼は一束のバラを持っていて、それが抗議行動の名称「バラ革命」になった[32]。信を失った大統領エドゥアルド・シェワルナゼは失脚し、サーカシヴィリが選出された。新政権がヨーロッパおよびヨーロッパ－大西洋との統合を主たる優先事項として宣言した結果、ジョージアはモスクワとの衝突コースに入った[33]。

プーチンは、同じことがウクライナで繰り返されるのを許せなかった。二〇〇四年三月、旧ソ連の衛星諸国四カ国――ブルガリア、ルーマニア、スロヴァキア、スロヴェニア〔スロヴェニアが属した旧ユーゴスラヴィアは非同盟国で、一般には衛星国とはみなされない〕――と、旧ソ連共和国のエストニア、ラトヴィア、リトアニアがNATOに加盟した。この年一一月にはポーランドとハンガリー、チェコ、スロヴァキア、スロヴェニア、それにバルト三国はヨーロッパ連合（EU）にも加盟した。ウクライナ大統領候補ユシチェンコが選挙運動で掲げた主要政策は、ウクライナもこれに続くことだった。

　親欧米のユシチェンコとクレムリンに支持されたヤヌコーヴィチの争いが熾烈になる一方、メドヴェドチュークはウクライナ内部におけるプーチンの事実上の密使であるばかりか、個人的な友人にもなった。二〇〇四年初め、プーチンはメドヴェドチュークの娘ダーリャの名親になった。メドヴェドチュークはのちに、ウクライナとロシアは統合すべきだというプーチンの考えに同意したことはない、と主張する。「われわれは二つの民族ではなく、一つの民族だとプーチンは言った」。メドヴェドチュークは二〇一九年、米国の映画監督オリヴァー・ストーンに語った。「これについてわたしは彼と長い議論をした……わたしはウクライナの主権を支持しているし、一九九一年に選択された道は正しかったと考えている。われわれの敵はわれわれを親ロシアと呼ぶが、これはまちがっている。われわれはロシアとの友好を望む人びとと、極端なロシア嫌悪と反ロシア・ヒステリーによって政府権力を補強する政策に反対する人びとを代表しているんだ。彼らは隣人との正常な関係を望んでいるんです」[34]。にもかかわらずその後一〇年間、メドヴェドチュークは、ウクライナの戦略的方向を欧米からモスクワへ転換させようとするプーチンの計画において、中心的な役割を果たすことになるのだ。

　選挙前の世論調査では、ヤヌコーヴィチの親ロシア政策よりユシチェンコの親欧米政策を望むウクライナ有権者が、わずかに多数を占めることがわかった。ユシチェンコがリードするなか、敵は彼の大統領当選を阻止するため過激な手法に転じた。二〇〇四年九月五日、ユシチェンコはウクライナ保安庁（SBU《エスベーウー》）副長官ヴォロディミル・サテュークを含む高官たちとのキーウでのディナーのあと、明らかな中毒症状を伴う深刻な病気になった。ユシチェンコはウィーンのルドルフィナーハウス・クリニックに搬送され、同病院の医師団は彼の体内に通常の千倍のTCDDダイオキシンを検出した。この毒物はKGBの実験室で開発されたものだった。[35] ユシチェンコは生還したが、顔に恐ろしく傷痕が残った。ロシアとウクライナの二重国籍保持者であるサテュークと、ディナーの席にいたほかの二人はロシアへ逃げた。

第一回投票では、ユシチェンコがわずかにリードしながらも二候補は投票率三九パーセントで並んだ。二〇〇四年一一月二一日に決戦投票を控え、退陣するクチマ政権はヤヌコーヴィチの勝利をたしかなものにしようと勢いづいた。選挙当日、内外の選挙監視団は、とくにヤヌコーヴィチの地盤ドンバスで大がかりな不正票の積み増しが行われたと報告した。出口調査の結果ではユシチェンコが一一パーセント上回っていたが、公式結果は三パーセント差でヤヌコーヴィチの勝利だった。ヤヌコーヴィチの選挙運動スタッフが交わしていた電話の傍受記録から、彼らがキーウに送られる選挙結果をごまかすため、国家選挙管理委員会のサーバーを操作していたことがわかった。[36] のちにメドヴェドチュークは、SBUに事情聴取される高官の一人になるが、起訴されることはなかった。[37]

多くのウクライナ人が選挙結果の受け入れを拒んだ。キーウ中央のマイダン広場はユシチェンコの政党のオレンジ色の旗を振る怒った抗議参加者で埋まった。ソヴィエト権力の崩壊を引き起こした一九九一年の抗議行動、それにトビリシで先の冬に起きたバラ革命を思わせる光景だった。抗議行動、ゼネスト、そして座り込みが全国で勃発した。[38] ヤヌコーヴィチを支持する対抗デモがクリミアとドネツク、ルハンスクなどドンバスの都市で起き、キーウからの半ば独立か分離さえ要求した。

政治的混乱が二週間続いたあと、ウクライナ最高裁判所は決選投票の結果を無効と裁定。やり直し選挙の結果、ユシチェンコが五二パーセントを得票し、得票率四五パーセントのヤヌコーヴィチに勝った。プーチンにしてみれば、一九八九年にドレスデンで目撃した悪夢が――最初はジョージアで、そして今度はキーウで――繰り返しつつあった。この「オレンジ革命」はクレムリンに「戦慄、憤り、激怒」を引き起こした、と当時政府の高級ポストに就いていたある高官は回想する。「プーチン自身は、これは欧米からの介入の直接の結果だ……彼らはウクライナを反ロシアに変えたがっていると確信していた」。キーウのユシチェンコ親欧米政権は「最高度の緊急事態」だった。[39]

ウクライナがNATOに加盟する可能性は、「(プーチンだけでなく)ロシアのエリートにとっては譲れない事項の最たるもの」だと、当時米国のモスクワ駐在大使だったウィリアム・バーンズは二〇〇八年、国務長官米コンドリーザ・ライスに書いた。「クレムリンの内奥にいる馬鹿者たちから、プーチンをもっとも鋭く批判するリベラルな人びとまで、ロシアのキープレイヤーと二年半話し合うなかで、ウクライナのNATO加盟をロシアの権益に対する直接的な挑戦ではないと見ている人物に、わたしは会ったためしがない[40]」

クレムリンの最初の一手は、欧米の介入がロシア本国でマイダン型の抗議行動を引き起こす可能性を断ち切ることだった。プーチンの世論工作担当ヴラジスラフ・スルコーフ――彼の経歴についてはあとで詳しく検討する――は、ソ連の共産党青年組織に倣った愛国青年運動を立ち上げる任に就いた。スルコーフの「青年民主反ファシスト運動――略称「ナーシ」(われら)で知られる――は、夏期教化キャンプを開き、青年フェスティバルやコンサートを催し、数十万のロシアのティーンエイジャーや若者が参加した。同組織のメンバーはモスクワ駐在英国大使アンソニー・ブレントンや主要な野党人士を組織的にやじった。[41]二〇〇六年夏のある政治教育の催しで、クレムリンの顧問グレブ・

パヴロフスキーはナーシのメンバーを「野蛮さが足りない……諸君はファシストのデモを粉砕し、政体を転覆しようとするいかなる試みも、武力で防ぐ用意がなければならない」と叱咤した。[42]

これと並ぶクレムリンのもう一つの優先事項は、ユシチェンコの親欧米の言葉づかいを中傷し、ウクライナの経済面でのロシア依存を可能なかぎり強めることによって、彼のぎりぎりの過半数を弱体化させることだった。天然ガスがプーチンのアメとムチになる。ロシアの国営ガス企業ガスプロムとウクライナの子会社は、選択的なガス削減と、ウクライナの著名政治家たち――とくにユシチェンコの盟友の首相、オレンジ革命の金髪の「女神」ユーリヤ・ティモシェンコ――との不正契約を組み合わせて、キーウの政治階級を組織的に買収した。ウクライナがロシアの安価なガスと、ウクライナを横断するソ連時代のパイプラインを経由するロシアのガスから得られる収入の両方に大きく依存していることから、ユシチェンコは慎重に歩まなければならなかった。「［プーチンが］望みのものを手に入れるために、どこまでやるつもりかは明らか［だった］」とユシチェンコは回想している。「［しかし］わたしは東方の隣国の指導者としての彼と、現実的な関係の維持に努めなければならなかったのだ」[43]

西ウクライナにある自分の民族主義的政治基盤からの強い圧力を受け、ユシチェンコはステパン・バンデーラをウクライナの英雄と宣言し、モスクワを激怒させた。クチマは一九九八年にホロドモール記念日を制定していたが、ユシチェンコはそれを国民の服喪の日に格上げし、テレビ・ラジオのすべての娯楽番組は禁じられた。だが同時に、ユシチェンコはその悲劇の責任をロシア民族に負わせることは慎重に避けた。「わたしたちはすべての人に、とりわけロシア連邦に、スターリン主義とソ連の犯罪を非難することにおいて、兄弟たちの前に正直で、誠実で、純粋であるよう訴えます」。ユシチェンコは二〇〇八年、ホロドモール記念碑の前に置く花や象徴的なパンの贈り物を持参した群衆に、こう語った。「わたしたちは全員が同じ地獄にいたのです。わたしたちが悲劇の責任をどれか一つの国民に負わせているという恥知らずなウソを拒否します。これは真実ではない。いるのは一人の犯人、すなわち帝国的で共産主義のソヴィエト体制なのです[44]」。

強奪の独裁政治

ユシチェンコには、プーチンを敵に回すことを避けなければならない理由がもう一つあった――ロシアによる侵攻の脅威である。欧米が扇動したというバラ革命とオレンジ革命のあと、プーチンは、国際舞台におけるロシアの主たる役割は「多極」世界をつくり、米国およびその同盟諸国の戦略的ヘゲモニーに対抗することだとする考えに固執した。冷戦の終結によって世界には「比喩的に言うなら……イデオロギー的ステレオタイプ、二重基準、その他冷戦時代のブロック思考の典型的側面」というかたちで「未使用実弾」が残った。プーチンは二〇〇七年、ミュンヘンの安全保障会議でそう述べた。プーチンは対抗相手のいなくなった欧米が「新たな分断、新たな脅威をつくり出し、世界じゅうに混沌の種をまいている……それは一人の主人、一人の主権者のいる世界だ」と非難した。

このミュンヘン演説は「プーチンがロシア帝国主義者であることがもはや疑いなくなった瞬間だった」。当時、会議の場にいたポーランド外相ラドスワフ・シコルスキは二〇二二年に、わたしにそう話した[45]。実はその演説は微妙な含みがあった。プーチンは米国を攻撃するとともに、ヨーロッパ諸国の指導者に、米国の陰から抜け出し、ロシアと独自の安全保障取り決めを結ぶよう訴えたのだ。

だが、プーチンが攻撃的な言葉づかいによって、不安をいだくロシアの近隣諸国のＮＡＴＯ加盟希望を抑制することを期待していたとすれば、彼はまちがっていた。二〇〇八年四月にブカレストで開かれたＮＡＴＯ首脳会議で、ジョージアは公式の「加盟行動計画」（ＭＡＰ）によって加盟への道を促進してもらおうと懸命に運動した。米国とポーランドは支持した。ドイツとフランスを中心とする他の諸国は、その決定がロシアを怒らせることを恐れて拒否し、ジョージアのためのMAPは却下された。だがNATOは決定的なことに、ジョージアが加盟要件を満たせば最終的には同盟に加入できることを請け合う特別コミュニケを発表した。

ジョージア大統領ミヘイル・サーカシヴィリは、NATOのあいまいな趣意書がロシアによる侵攻に対する同盟による防護を提供するものと信じていた。北京オリンピック最中の二〇〇八年八月、サーカシヴィリは軽率にも南オセチアを軍事的に奪取しようと試みた。ソ連崩壊の結果として一九九二年にジョージアから分離し、それ以来事実上ロシアの保護国となっている小共和国の一つだ。サーカシヴィリはわなにはまったのだった。ジョージアによる小規模侵攻に対応して、ロシア軍が南オセチアになだれ込み、さらに管理ラインを越えて首都トビリシから四〇キロ圏内に迫った。NATOは侵攻を強く非難したが、何もしなかった。ロシア軍は最終的に、戦争前の境界線まで撤退した。しかしモスクワは南オセチアと、同じ離反共和国であるアブハジアを独立国家として承認した。NATO同盟の原則は未解決の国境係争をかかえるいかなる国の加盟も排除しているため、これはジョージアの加盟希望にとって致命的な打撃だった。

プーチンの次なる課題は、ウクライナのNATO加盟への動きを止めることだった。その好機は、ユシチェンコの大統領任期の末期、二〇一〇年に到来した。オレンジ革命による目に見える恩恵がなにもないことに有権者は怒り、失望していた。オレンジの候補ティモシェンコは、ロシアのガスプロムとの取引をめぐる汚職疑惑によって汚れていた。プーチンはヤヌコーヴィチに希望を託していた。二〇〇四年の選挙を不正操作しようとして惨憺たる失敗をしたものの、ウクライナ中部と東部のロシア語地域では依然として幅広い支持のある親モスクワ派の候補者である。

ヤヌコーヴィチは一億五〇〇〇万ドルの選挙運動資金で大きな優位に立ち、その資金で米国の政治コンサルタントたちを雇った[46]。その中心人物は共和党のベテラン選挙運動コンサルタント、ポール・マナフォートで、彼はその後さらにドナルド・トランプの選挙運動本部長になる。ヤヌコーヴィチに雇われたそのほかの米国人のなかには、マナフォートの長年の協力者リック・ゲーツ（のちにトランプの選挙運動副本部長）、タッド・デヴィーン（のちに二〇一六年の米大統領選でバーニー・サンダースの選挙運動を統括）、それにアダム・ストラスバーグ（二〇〇四年の大統領選ではジョン・ケリー上院議員陣営で働いていた）がいた。この強力な米国人コンサルタント陣は、二〇〇四年選挙時のロシア人世論工作担当たちより有能であることを証明し、ティモシェンコの四五・四七パーセントに対し四八・九五パーセントを獲得、二〇一〇年のウクライナ大統領選に勝った[47]。

ヤヌコーヴィチは多くの点でプーチン自身のイメージに合った大統領になった。議会に大統領への大きな権限を与えさせる憲法改正を行った。二〇一一年夏には、ロシアとの天然ガス取引にからんでティモシェンコを投獄。また、プーチン自身の官僚‐政商の取り巻きグループに倣って、大々的な汚職に手を染めた。ヤヌコーヴィチの息子アレクサンドルは二〇一四年一月、彼の事業が国家のすべての入札の半数近くを競り落とし、父親の大統領任期期間中に同国でもっとも富裕な人間の一人になった。そして、側近らが破壊しようとした末に、のちに苦心して収集照合された財務記録によると、ヤヌコーヴィチは家族と取り巻きが所有する外国口座に七〇〇億ドルを送金していた。しかしヤヌコーヴィチは、一つ決定的な点でプーチンとちがっていた。権力への執着と、ウクライナ経済からかすめとっていた莫大な金が、やがてモスクワへの忠誠を凌駕することになるのだ。

二〇一一年の秋、プーチンは憲法上認められる二期を務めたあと、ドミトリー・メドヴェージェフにポストを譲った四年間の空白期間をおいて、再び大統領になる準備を進めていた。プーチンは反対派が軽蔑的に「第二帝政」と呼ぶ野心的な諸々の計画を抱いていた。その一つは、プーチンがヨーロッパ連合（ＥＵ）に対抗することを期待する「ユーラシア連合」だった。「われわれはなんらかの形でもう一つのソヴィエト連邦を復活することを云々しているのではない」プーチンは選挙に先立つマニフェストにこう書いた。「現代世界の一極になり、それによってヨーロッパとダイナミックなアジア太平洋地域を結ぶ有効な環の役割を果たせる、強力な超国家連合の一モデルを提案しているのだ[48]」

大統領に復帰するというプーチンの決意表明に対する怒りの反応は、クレムリンを驚かせた。彼の権力復帰に抗議して一二月一〇日、一〇万人の群衆がモスクワのボロトナヤ広場に集まった。同月末にはいちだんと大規模なデモが、モスクワのサハロフ・アカデミー会員大通りを埋め尽くした。ソ連崩壊に寄与した体制批判派物理学者にちなんだ場所である。膨大な群衆の間にある義憤を見て、わたしは一九九一年のサンクトペテルブルクの宮殿広場をはっきり思い出した。その比較は——バラ革命およびオレンジ革命との比較ともども——プーチンには通じず、彼はボロトナヤ広場での三度目の抗議集会を認めず、集会は数千人の特殊機動隊ＯＭＯＮによって容赦なく蹴散らされた。ボロトナヤ広場の抗議行動のあと、プーチンにとって「すべてが変わった」とプーチンの元閣僚の一人は言う。プーチンは「それを、自分を権力の座から除こうとする欧米の陰謀と見た」。それは国内と近い外国の両方にいる民主主義者と欧米の工作員に対する「攻撃的な、それどころか武器による抵抗」によってしか対応できない挑戦だったのである[49]。

ユーラシア皇帝《ツァーリ》

プーチンの「ユーラシア連合」は、究極的にはロシアの主導による経済的・政治的・軍事的な反欧米ブロックにする意図があり、それを拡大することが、クレムリンの緊急の優先事項になった。だが、以前のロシア帝国およびソ連帝国と同じで、ウクライナを含まない連合では意味がない。プーチンの盟友であるベラルーシのルカシェンコは、いまや関税同盟と呼ばれる微修正したバージョンに署名した。カザフスタンも同様で、同国の天然ガスパイプラインはモスクワに依存しており、権威主義的大統領ヌルスルタン・ナザルバエフには同意する以外の選択肢はほとんどなかった。

　だが、二〇一二年と一三年を通して交渉が続くなか、ヤヌコーヴィチは頑なに加入を拒んだ。彼はロシアとの関係緊密化を掲げて選挙運動を進め、またモスクワに大いに支援されていたのだが、ヨーロッパ連合（ＥＵ）は別の、おそらくより有利な提案をしたのだ。ブリュッセルは、ウクライナとヨーロッパ間の自由経済地域、国際投資、ウクライナ国民のＥＵへのビザなし旅行、それに将来の加盟可能性を含む連合協定を提案した。ヤヌコーヴィチにとって決定的だったのは、ＥＵの提案は有権者の間ではすこぶる人気があり、そこで彼は公式交渉を開始した。

　二〇〇〇年に行われたラジオ《モスクワのこだま《エホ・モスクヴィ》》の編集長アレクセイ・ヴェネディクトフとのインタビューで、プーチンは敵と裏切り者を区別してみせた。「敵――これは戦う相手であり、その目を見て、彼を撃つ」とプーチンはヴェネディクトフに語った。「次いで和平合意に署名し、友人になることができる。敵とは気高い人間だ。しかし、裏切り者は無慈悲に、あなたを背後から撃つつもりなのだ」[50]。ヤヌコーヴィチはＥＵに声をかけたために、プーチンの定義では裏切り者になっていたのである。

　二〇一三年六月二七日、プーチンはルーシのキリスト教化記念祭のために、キーウを訪問した――彼がウクライナを訪れるのは、これが最後になる。「われわれ全員が一〇二五年前にここで起きたことの精神的後継者なのです」と、プーチンはキーウの聴衆に話した。「そしてこの意味で、われわれ［ウクライナ人とロシア人］は、まぎれもなく一つの民族なのです」[51]。それは無数のウクライナ人が自分たちの文化、歴史、言語を否定するものとして聞いた、まったく的外れな声明だった。プーチンはヤヌコーヴィチと計一五分しか費やさず、ウクライナ大統領に対し等しく軽蔑的な態度を示した。プーチンは二日間の訪問日程の残り時間を、旧友メドヴェドチュークを伴ってクリミアにある自分の豪奢な別荘で過ごした――そのクリミアはわずか九カ月後、プーチンの軍によって席巻されるのである[52]。

ヤヌコーヴィチが拒否できないロシア側の対抗提案を考えることが、プーチンが経済顧問セルゲイ・グラジエフに委ねた仕事だった。そのニンジンは、資金繰りが苦しく汚職が蔓延するウクライナ政府を目前に迫った債務不履行から救う一五〇億ドルの融資だった[53]。ムチは、経済を破綻させかねないウクライナ製輸出品の禁輸だった[54]。この計画は二〇一三年八月、ウクライナの報道機関にリークされ、大騒ぎになった。

ウクライナにEUとの連合協定を拒否させようとするグラジエフのへまな試みが失敗すると、協定の署名に対する国民の支持は急上昇した。ヤヌコーヴィチは最終決断を下さなければならない強い圧力にさらされた。二〇一三年一一月二八日にヴィリニュスで開かれるEU首脳会議に合わせて予定されていた署名式典をわずか一週間後に控え、ヤヌコーヴィチはEUに延期を要請したと発表した。

首脳会議の前夜、ヤヌコーヴィチはウクライナの政商イーゴリ・スルキスの誕生パーティーに出席した。サッカークラブ「ディナモ・キーウ」のオーナーで、メドヴェドチュークの友人、ビジネスパートナーでもある人物だ[55]。その他の客には、ドミトリー・フィルタシュ、イーホル・コロモイスキーらウクライナのトップ政商の多くが含まれていた。オレンジ革命のあとで設立された自称「ウクライナ管理委員会」の面々だ。ヤヌコーヴィチは集まった政商たちに、ヨーロッパ統合計画は完全に取り消すと表明した。ヤヌコーヴィチがこの問題であまりにも完全に立場を逆転させたことに、「ヤヌコーヴィチの支持者ら全員がショックを受けた」とキーウの調査報道ジャーナリスト、ソーニャ・コシュキナは書いた。彼の党「地域党」のなかで、EUとの協定を公然と問題視した党員は党を除名され、議会から追われていた。訴追される者までいた。いまやヤヌコーヴィチ自身が心変わりしたのだった。[56]

ヤヌコーヴィチがヴィリニュスでEU協定への署名を拒否するだけでなく、ロシアも協議に加わることを提案すると、EU首脳たちもショックを受けた。「聞いていただきたいのですが」。ヤヌコーヴィチがドイツ首相アンゲラ・メルケルとリトアニア大統領ダリア・グリバウスカイテにこう言うのが漏れ聞かれた。「この三年半、わたしは独りぼっちだった。非常に不公平な競技場で、非常に強力なロシアと向き合ってきたのです」[57]。ヤヌコーヴィチはついに、どうしようもない苦境に陥って、EU連合協定に署名することも、ユーラシア経済連合に加入することもなくなるのである。

燃え上がる冬

ヤヌコーヴィチが初めて署名の延期を発表した夜、ほとんど学生だけの少数の抗議グループがキーウの独立広場に居座っていた。その後一週間のうちに、ソーシャルメディアで呼び集められたほかの人びとが合流した。ヤヌコーヴィチはオレンジ革命の再来を恐れ、一一月三〇日夜、警察機動隊に広場の学生を追い払うよう命じた。容赦ない攻撃の結果、数十人が病院に運ばれた——そして、ヤヌコーヴィチの意図とはまさに逆の効果を生んだ。翌日、警察から暴行を受けた学生の両親や親戚を含め、五〇万人を超えるキーウ市民がマイダンに集まったのだ。彼らは、にらみ合いと暴力がエスカレートする九六日間にわたり、解散しようとはしなかった。

ウクライナ人がのちにそう呼ぶようになる「尊厳の革命」は、主流諸党のリベラル派から過激派と民族主義者まで、さまざまな政治勢力を結束させた。ヨーロッパへの合流要求として始まったことが、もう一つの――三〇年間で三度目の――ウクライナのピープルパワー革命に変わった。その結果、プーチンと彼のプロパガンダ屋はそれを、欧米が支援した「クーデター」だと呼ぶようになる。米国務次官補ヴィクトリア・ヌーランドと上院議員ジョン・マケインが一二月一六日にキーウを訪れ、ヌーランドがマイダンの抗議参加者たちにクッキーを配ると、クレムリンTVは米国による介入をこの上なく象徴する場面として、これを際限なく繰り返すようになる。

「われわれはあなた方の正当な大義、すなわちウクライナが自らの運命を自由に、独自に決定する主権を支持するために、ここに来ています」。マケインはEU旗と米国旗を振って歓呼する群衆に語った。「そして、あなた方が求めるその運命はヨーロッパにあるのです」[58]。当時マケインがオバマ政権に対する野党議員だという事実は、群衆側にもクレムリン側にも認識されていなかった。彼らが聞いたのは、米国がロシアと戦う抗議参加者の側にいるということだった。

マケインの演説に対し、ロシア首相ドミトリー・メドヴェージェフは「ウクライナの政治への露骨な内政干渉」だと非難した。プーチンの報道官ドミトリー・ペスコフはロシアの政治記者ミハイル・ズイガリに「ヤヌコーヴィチの失策がワシントンの挑発によっていっそう大きくされた」と語った。米国人は「昼夜すべての窓に明かりがついているところへ、金をもって飛来した。すべては計画どおりに演じられた。それはロシアの安全保障に対する直接の挑戦だった」と[59]。

言うところの米国の干渉に対応して、クレムリン自身もいちだんと露骨な内政干渉を準備しつつあった。街頭抗議行動を鎮圧する経験を積んだ狙撃手および警察軍部隊員とともに、ロシアの軍事顧問たちがキーウに到着しはじめた。平和的な抗議行動が数週間続いたあと二〇一四年一月半ば、政府が雇った暴漢——ティトゥシュキ、すなわち徴発者——と、抗議参加者の間で流血の衝突が始まった。活動家らは独立広場に面した労働組合会館を占拠し、三階の高さまで届くようになるバリケードを組み立てはじめた。状況の激化はヤヌコーヴィチを助けるどころか、ペスコフがのちに「制御不能な下降」と形容する事態をまねいた。

ソチ冬季五輪のアイスホッケー試合で米ロが対戦した二月一五日、米国の不実を示すいっそう明らかな証拠が見られた。アイスホッケーはプーチンが長年愛好しており、彼は側近たちと定期的に試合をしていた。ソチはまた、それまでの冬季五輪より一〇倍も金をかけた五輪だった。ソチ五輪は——ロシアのアイスホッケー・チームとともに——プーチンのプライドだった。重要な米ロの対戦は延長の末2対2のタイになったところで、ロシアのフォワード、フョードル・テューチンが三点目のゴールを決めた。ところが米国の審判員ブラッドリー・メイヤーは、ネットが動かされたとの理由でゴールを認めなかった。プーチンが激怒したことに、ロシアはペナルティー・ショットで敗れ、ゲームに負けた。[60]「ネットが動かされたことに、審判がもっと早く気づかなかったのは残念だ。審判がそれに気づけなければ、防御側のチームにつねに有利になるからね」。プーチンは攻撃性を隠した控え目な特有の表現を交ぜて、ジャーナリストらに語った。「しかし、審判は間違えるものだ。だから責任を負わせることはせず、ただわれわれが勝っていたと言いたい[61]」。プーチンの気持ちとしては、米国の偽善と欺瞞がふたたび明らかになったのであった。

独立広場の暴力は、総勢二万人の群衆が議会棟への行進を試みた二〇一四年二月一八日に頂点に達した。抗議参加者らはまた、リプスカ通りにあるヤヌコーヴィチの地域党本部にも突入。ヤヌコーヴィチとロシア人顧問らは、必要なあらゆる手段で反抗を鎮圧する時が来たと判断した。ヤヌコーヴィチの決断には、メドヴェドチュークとクレムリンが決定的な役割を果たした。ウクライナ情報機関の電話傍受によれば、メドヴェドチュークとヤヌコーヴィチは二〇一三年一二月〜二〇一四年二月の間、五四回話していた。[62]

警察特殊部隊ベールクト——プーチンの特殊機動隊OMONをモデルとし、指導部はヤヌコーヴィチ支持者が支配——が散弾銃でゴム弾を発砲しはじめた。のちには、狙撃手が強力な軍用ライフルで、広場の群衆めがけて射撃をはじめた。その後三日間で少なくとも七七人——警察官九人と抗議参加者六八人——が死亡した。[63] のちにウクライナ保安庁（SBU）が実施した捜査によると、広場に向かって銃口を開き、数十人を射殺した狙撃手たちはロシアから来ていた。

銃剣の王座

懸念を抱いたヨーロッパは危機を緩和するため、独仏およびポーランドの三国外相——フランク＝ヴァルター・シュタインマイアー、ローラン・ファビウス、ラドスワフ・シコルスキ——を派遣した。プーチンは最近退任したロシアの人権委員ウラジーミル・ルキーンを公式代表として、また、ヴラジスラフ・スルコーフを非公式代表として派遣した。

クレムリンはヤヌコーヴィチ政権の総崩れに備えてもいた。キーウの警察が独立広場の抗議参加者を蹴散らしに動いた二月一八日、モスクワはロシア特殊部隊を南部の港市ノヴォロシースクから移し、セヴァストーポリの黒海艦隊基地の守備隊を増強した。二日後、クリミア半島の二万五〇〇〇人のロシア軍は、同半島の親ロシアと親キーウの抗議グループ間の「流血を防ぐ」ため、半島じゅうのウクライナ軍事施設を封鎖する準備をせよとの命令をクレムリンから受け取った。当面はロシア軍は

を見守った。兵営のなかにとどまり、クレムリンはヤヌコーヴィチと野党指導者およびEU諸国外相の協議の成否

二月二〇日夜、ウクライナ国会《ラーダ》の緊急会議は——共産党と、地域党の約八〇パーセントの議員がボイコットし、ぎりぎりの定足数で——最近の暴力を非難し、抗議参加者に対する武器使用を禁じ、彼らに対して展開された軍と警官隊を撤収することを、賛成二三六対反対二で票決した。内務省軍、ウクライナ軍、ウクライナ保安庁その他政府諸機関の指揮官は、いかなる「対テロ作戦」の実行も禁じられた。ヤヌコーヴィチの最側近たちは、野党との協議によって自分たちのボスと自らの凋落を救えるとは、ほとんど信じていなかった。EU代表団がキーウに着いた二月二〇日、政府当局者とその家族、現金と貴重品を載せた六四機の自家用機が、キーウのボリスピリ国際空港を飛び立った。(64)

ヤヌコーヴィチとEUおよび議会野党代表者の間で二日間にわたって緊迫した交渉が行われ、ヤヌコーヴィチが一二月の新たな選挙まで権力の座にとどまるという取り決めがまとまった。ヤヌコーヴィチは始終、プーチンと連絡を取ってきており、自分を少なくとも年末まで権力の座にとどめる計画のその取り決めに署名する直前、クレムリンに電話をかけた。

ボクシングの元世界ヘビー級チャンピオンで、著名な議会野党の指導者ヴィタリイ・クリチコは独立広場の演壇に上がり、選挙を先延ばしするという自分と他の野党指導者がヤヌコーヴィチとの間で取り決めた考えを、まだ広場に集まっていた数万の抗議参加者に説明しようとした。だが、群衆の考えは違っていた。「われわれの指導者は人殺しと握手しているのだ!」。反対派活動家のヴォロディミル・パラシュークが、クリチコをなじるように指差して叫んだ。「恥を知れ! ヤヌコーヴィチはもうごめんだ。もし、われわれの政治家があす午前一〇時までにヤヌコーヴィチに即時辞任を要求しなければ、われわれは政府を襲撃することになる、とわたしは断言する」。広場の群衆は「犯罪者は出

ていけ！」を連呼しはじめた。そのとき、前の日々の暴力で殺された抗議参加者数人の遺体を納めた棺が広場へ運び込まれ、クリチコを含め野党指導者全員が跪いた(65)。

翌朝、警察特殊部隊ベールクトはキーウ中央から撤退し、ヤヌコーヴィチと残る支持者たちを事実上、無防備にした。ベールクトの隊員少なくとも七〇人が報復を恐れてドンバスへ逃げた。ヤヌコーヴィチはプーチンに電話し、合意に署名したこと、そして比較的安全なロシア語地域のハルキウへ発つつもりだと伝えた。

「どこへだって？」。ズイガリがインタビューしたクレムリンのある高官によると、プーチンはこう叫んだ。「じっとしてろ！　君の国は手がつけられなくなっている。キーウはギャングと略奪者の言いなりだ。君は気でも狂ったのか？」

「万事コントロールされている」とヤヌコーヴィチは答えた。

「彼があんな臆病なクズだとは思わなかったよ」とプーチンは側近たちに言った(66)。

議会がヤヌコーヴィチに離反し、警察特殊部隊はキーウ中心部から消え、市中心部を独立広場の抗議参加者が掌握するなか、彼は愛人リュボウ・ポレジャイとともに首都郊外メジヒリヤにある私有大邸宅に引っ込んだ。防犯カメラの映像は、ヤヌコーヴィチのスタッフが三日間にわたって貴重品を運び出し、多数の車とミニバスに積み込む様子を映していた。

同時に、ウクライナの軍とSBUのヤヌコーヴィチ派は、東部ウクライナから部隊を動員し、キーウ奪回のための大々的な軍事反攻を準備しつつあった。ヤヌコーヴィチを強く支持するクリミア半島の軍士官らは、抗議参加者に対する武器使用を禁じる国会の命令を無視することを決め、セヴァストーポリのコザチヤ湾にあるウクライナ黒海艦隊本部からキーウへ大部隊《スペツナズ》——ウクライナ第25空挺旅団、第1海兵旅団、第831破壊活動防護部隊、第2海兵特殊任務部隊を含む——を急派した。独立広場の抗議参加者に対する「反テロ」作戦のために、部隊の指揮はSBUに移された[67]。

この大部隊は遅すぎた。キーウの抗議参加者との銃撃戦を戦うか、東部ウクライナの選挙地盤へ逃げるかの選択に直面し、ヤヌコーヴィチは逃げる方を選んだ。「ヤヌコーヴィチは今日のウクライナでは嫌われ者だ」と政治コンサルタントのオレーシャ・ヤフノは言った。「しかし、内戦を始めない選択をした功績はある。自分が権力の座にとどまれる唯一の道は、ロシアの銃剣の王座の上でしかないという認識があった。すでに多くの血が流れすぎたと判断したんだ[68]」

二月二一日夜、ヤヌコーヴィチは大統領府長官と国会議長、それに残っていた地域党議員たちをメジヒリヤの邸宅でのお別れ晩餐会に呼んだ。議長ルイバクはやってきて辞表を提出した。残りの面々はハルキウで分離議会を開くことで合意した。ヤヌコーヴィチは晩餐を取りながら、キーウが東部諸州に十分な独立性を認めない場合、ウクライナを分断する考えについて討議した。

「この新国家をどう呼べばいいだろうか?」ジャーナリストのソーニャ・コシュキナがインタビューしたある目撃者によれば、ヤヌコーヴィチは最側近らにこう聞いた。

「中国《キタイ》」と一人が冗談を言った。

「中国はもう存在するよ」ともう一人が答えた。

「諸君はみんなわたしをからかっているのか?」とヤヌコーヴィチはいきまいた。独立した東部ウクライナ国家という考えは、東部の有力政治指導者たちにとっても、まだばかげたことに思えたのだった[69]。

晩餐のあと、ヤヌコーヴィチと残っていた忠臣たちは数台のジープに乗り込み、ハルキウへ行った。数時間後、旧体制の腐敗を象徴する大邸宅に押し入ろうとして、巨大な抗議の群衆がメジヒリヤのゲートに着いた。

第3章 血を流す偶像たち

われわれはウクライナの言語と伝統を尊重する。
われわれは自国の自由と安全と繁栄へのウクライナ人の願いを尊重する。
ウラジーミル・プーチン
「ロシア人とウクライナ人の歴史的一体性について」[1]
二〇二一年七月

「革命とはこういうものさ」

二〇一四年二月二二日の朝、ヤヌコーヴィチのメジヒリヤ邸に着いた抗議参加者の多くは、独立広場のバリケードから直行していた。炭鉱労働者の安全帽、ウールの厚い防寒帽の上にかぶったソ連製の鋼鉄ヘルメット、まだらの迷彩服と作業服といった抗議運動用の間に合わせの装備を身に着けたままだった。棍棒や鋼鉄製防護盾、猟銃を手にしていた。どの門も錠がかかっていなかった。広場から抗議参加者たちを武力で追い払おうとして失敗したあの同じベールクトから引き抜かれた六五〇人の守備隊は、主人とともに夜陰のなかへ逃亡していた。

抗議参加者たちは、公式には存在していない広大な複合大邸宅建築を目にした。書類上では、ヤヌコーヴィチの大統領公邸は、非常につつましく「切り株上の家」として知られる近くの小さな木造別荘だった。メジヒリヤの地所は、ドバイを本拠とする大統領の企業「タンタリト」の管理事務所として登録されていた。実際には、ヤヌコーヴィチは二〇一〇年の就任後まもなく、贅沢な私有屋敷としてその複合建築を発注した。本邸の三階建て木造建築はドイツで造られ、各部分をキーウに運んで組み立てられた。たぶん、奇妙なプレハブ方式の外観のために、その家屋はフィンランドの格安既成ログハウスメーカー名にちなんで、「ホンカ」のあだ名を頂戴した。

　インテリアは安物どころではなかった。エレベーターの内側までモザイク画と鏡におおわれていた。一階はフィレンツェ風モザイクの切石細工が敷き詰められていた。一階の複数のスイートルームは、複製の甲冑、壁面はオーク材のネオゴシックの板張りと騎士道の場面を描いたモザイク画を含め、中世様式で装飾がほどこされていた。大統領の愛人の個人スイートルームでは、化粧室の床の柔らかいオーク材の寄せ木は、彼女のスティレットヒールが残した小さなくぼみだらけだった。リュボウ・ポレジャイは『なぜわれわれは男を必要とするか』と題する作品を含め、ペーパーバックの恋愛小説の山を残していた。多くの本はどうやら小型愛玩犬に嚙まれていた。彼女は純血種の猫も残しており、その猫は部屋に閉じ込められたあと、カーペットやソファーに糞をしていた。

　ヤヌコーヴィチの寝室スイートには一〇個余りの手製の靴型があって、靴はなく、どれも大統領の足の底豆に応じた同じ木製のつぎあてがついていた。図書室にはマキャヴェリからショーペンハウエルまで、世界文芸作品の膨大なコレクション。どうやら開かれたことはないが、ロシアのスポーツに関する一揃えのペーパーバックはよくページを繰られていた。わたしはヤヌコーヴィチの著書『成功への道』の英訳版を自分で失敬することも考えたが、彼の助言がそれほど有益になるとは思えなかった。ゴシック風板張りの個人映画館には、彼と彼女のおそろいの茶色革のマッサージチェアと、『ラン・ファットボーイ・ラン　走れメタボ』を含むＤＶＤおよびブルーレイディスクの膨大なコレクションがあった。
敷地内にはガチョウその他外来種の鳥類を含む私設動物園とゴルフコース、年代物のオートバイと車、ボート、それに獣医外科手術室と犬の運動マシーンを備えた犬繁殖センターがあった。いちばん重要なこととして、海賊船をかたどって造られた湖を臨む食堂のそばの水面に、数千枚の文書が浮いていた。のちに抗議参加者とボランティアのダイバーの手で回収されたが、その隠匿物には現金賄賂の領収書や反対派ジャーナリストたちに関するファイル、それにモスクワでのプーチンとの会合など、大統領の私的会合の記録が含まれていた。

ベルジャンスクの金融アナリスト、ユーリヤ・カピツァはマイダンのあと最初の数日間、湖から文書を回収して、大理石の床上でヘアドライヤーを使って乾燥させ、次いで精査して財務省と警察へ送った。「わたしにとってマイダンはEU協定の問題ではなく、人びとにウクライナ人としての帰属意識を発見させることだった」とカピツァは言う。のちに公式に「汚職博物館」としてオープンするこの大邸宅の、自称「人民監視員」の一人になった三〇歳前後の金髪女性だ。青と黄色の樹脂の花をあしらったヘアバンドで、髪の毛を伝統的なウクライナ風三つ編みにまとめている。「マイダンの前は、人びとはウクライナ人であることを恥じていました。あとでは誇っていた。自らの権利を自分で守ったのです」

リヴィウの食品雑貨販売店員ペーチャは、とりすました几帳面な足取りで宮殿の長いよく響く廊下を小走りに歩き、放棄された財産を管理するボランティアの登録者を組織した。彼は伝統的な刺繍入りのウクライナ農民シャツを着て、ステパン・バンデーラのウクライナ蜂起軍（UPA）を表す赤と黒の旗を両肩に羽織っていた。「革命とはこういうものさ」[2]。現地に来て旧体制《アンシャン・レジーム》のやり過ぎをポカンと見つめるキーウ市民の群れを窓から眺めて、彼が言った。

二月二二日朝には、ヤヌコーヴィチはハルキウに着いていた。お気に入りのメジヒリヤが群衆に占拠されたことをそこで知った。彼はテレビ演説を録画し、マイダンを「ギャング行為、破壊行為、そしてクーデター」と述べた。(3) 次いで、予定されている大会のためにハルキウ・スポーツ宮殿へ車で行った。ジープを降りてドアの方へ向かっているとき、携帯電話が鳴った。マイダン支持のサッカーファンたちが建物の周囲に張った非常線を突破し、いまにも大会になだれこもうとしていた。ヤヌコーヴィチは踵《きびす》を返して再び車に乗り込み、専用ファルコン・ジェット機が待つ南方へ四時間のドネツク空港へ行った。ところが、ドネツクの航空管制官はロシア南部ロストフへの飛行計画の承認を拒んだ。彼は再び車に乗り込み、クリミア半島の海岸へ向かい、そこでロシアのヘリコプターに拾われた。(4)

多数の人間がメジヒリヤにある失脚した大統領の寝室をうろついている間、ノヴォーオガリョヴォにあるプーチンの郊外別邸は極度に緊張した雰囲気に包まれていた。ヤヌコーヴィチがキーウから逃亡して二四時間以内にプーチンが下した諸決定は、クリミア半島併合だけでなく、二〇二二年の侵攻の基礎をつくることになる。

プーチンは二月二三日夜に「わが国の特殊部隊および国防省の指導者をクレムリンへ呼んだ」と、国営チャンネル《ロシア1》のジャーナリスト、アンドレイ・コンドラショフに語った。出席していたのはプーチンの最側近メンバーたち――クレムリン記者団筋によれば、国防相セルゲイ・ショイグ、安全保障会議書記ニコライ・パトルシェフ、連邦保安庁（FSB）長官アレクサンドル・ボルトニコフ、それに大統領府長官セルゲイ・イワノフだった。(5) 議題の第一項目は「あっさりとお払い箱にされたと思われるウクライナ大統領の生命を救う任務を彼らに与える」ことだった、とプーチンは《ロシア1》に述べた。第二項目は――マイダン支持分子による「反ロシア」暴力から地元民を保護するという建前での――クリミア半島の軍事占領だった。

連邦警護庁が行った内密の世論調査では、クリミア住民の圧倒的多数がロシアへの統合を支持している――パトルシェフとイワノフは、FSB長官ボルトニコフの掩護を受けて、プーチンにそう報告した。政府の残存分子たちは親ヤヌコーヴィチと反ヤヌコーヴィチに分裂しており、ウクライナ国家は事実上、指導者不在だとも彼らは話した。ウクライナ軍にクリミア防衛権限を与える総司令官はいない。それに、いずれにしてもウクライナ軍と治安機関はそれ自体が――モスクワの治安機関による大がかりな影響工作と賄賂工作のせいもあって――親ロシア派と反ロシア派に分裂している、と。ところが、ショイグは慎重で、NATOの介入と国際的経済制裁の可能性を含む反対論拠を挙げた。[6] 彼はまた、占領あるいはその政治的影響に向けた具体的な軍事プランも政治プランもなく、主要な戦略的決定がその場で下されなければならないことになるとも指摘した。

数時間の討議の末、パトルシェフとプーチン自身が主導するタカ派が勝った。「朝の七時ごろ終わった」とプーチンは二〇一五年に《チャンネル1》に語った。「散会するとき、わたしは同僚たち全員にこう言った、『われわれはクリミアをロシアに取り戻す仕事を始めることを余儀なくされている』と」。プーチンの記憶はまちがっていた。実はそれは、クリミア半島を南オセチアやアブハジアのような名目的に独立した傀儡国家ではなく、ロシアの一部にするとクレムリンが最終的に決定する数週間前のことだったのだ。

初めは反対したにもかかわらず、クリミア半島占領作戦の責任を委ねられたのは、国防相のショイグだった。彼は「極度の警戒」をもって進むよう指示された。[7] 数時間後、ショイグは旧友で長年の部下、オレグ・ベラヴェンツェフ海軍中将を政治特使としてセヴァストーポリへ派遣した。クリミア占領作戦が進行していた。

帝国、防衛か日和見か

ボリス・エリツィンは早くも一九九一年八月に、ウクライナ国会によるソ連からの独立宣言を受けて、クリミア半島を取り戻すと初めて脅した。過激ナショナリズムの扇動家ウラジーミル・ジリノフスキーは、一九九〇年代にこの問題をしばしば持ち出していた。政治的野心を抱くモスクワ市長ユーリー・ルシコフも不首尾ながら、一九九九年にエリツィン後継を画策したときに同じことをした。だが、クリミア半島奪還がプーチンの弁論の重要要素になったことはなかった。ケルチ海峡に架橋してロシア南部とクリミアを結ぶ取り決めは、もとは二〇一〇年にヤヌコーヴィチとメドヴェージェフが署名していた。ところがその間の四年間、モスクワは橋梁プロジェクトに――あるいは、それどころかクリミア半島全般に――ほとんど関心を示していなかったため、実現可能性調査はまったく行われなかった。ウクライナからの独立問題も、クリミア半島自体のなかでとくに一般受けせず、重要でもなかった。ヤヌコーヴィチが率いる親モスクワの地域党は強固な支持を得ていたが、公然と独立を支持する諸党は、世論調査で五パーセント以下だった。

二〇一四年のクリミア半島併合の成功と、八年後のウクライナ全面侵攻の間に、たしかにプーチンは神秘主義的ナショナリズムとロシアの帝国としての偉大さに対する、ある種の強迫観念を身につけるようになる。だが、二〇一四年二月二二～二七日の最終的危機以前のクリミア半島に対するモスクワの政策と振る舞いは、クレムリンの優先目標はウクライナの一部を切り取ることよりも、ウクライナ全体に対するロシアの影響力維持にあったことを強く示唆している。実際にクリミア半島を奪取する考えがクレムリン内を巡りはじめるのは、ヤヌコーヴィチが明らかに権力掌握力を失いつつあった二〇一三～一四年の真冬になってからである。

クリミア州議会の議長ウラジーミル・コンスタンティノフがその布石を打った。キーウでマイダン危機が深まるなか、コンスタンティノフは数度のモスクワ詣でをした。二〇一三年一二月、彼はロシア安全保障会議の会合に出席した。議長はプーチンの最側近で前FSB長官、クレムリンの安全保障会議書記のパトルシェフだ。コンスタンティノフは、もしヤヌコーヴィチが打倒されたらクリミアは「ロシアに合流する」用意があるとパトルシェフに伝えた。ジャーナリストのミハイル・ズイガリによると、パトルシェフにとってその知らせは「うれしい驚き」だった。一月下旬、正教徒の富豪コンスタンティン・マロフェーエフ——彼のことは後述する——が書き、クリミア半島奪取の実施手順を概略したある政策文書が、クレムリンの最高顧問たちの間を巡りはじめた。二〇一五年二月に『ノーヴァヤ・ガゼータ』紙が入手したその文書は、ヤヌコーヴィチが排除され、ウクライナが分裂する場合の戦略をロシア政府に供していた——同時に、クリミア半島とウクライナ東部の併合計画を概略しており、その計画は現実の諸々の出来事とぴったり一致していた。マロフェーエフと共同執筆者たちはまた、ロシアの行動を正当化するPR作戦計画の概略も示していた(8)。

プーチンはのちに、クリミア作戦行動はウクライナ新政府がNATO入りし、結果としてロシアがセヴァストーポリの伝統的な黒海艦隊本部を失う可能性に対する先制攻撃だったと説明する。自分は「キーウからウクライナのNATO早期加盟に関する諸々の言明を聞いている」と、彼はロシアのテレビに語った。だが実のところ、二〇一四年にはそうした結果になる可能性はきわめて小さかった。キーウあるいはトビリシのNATO加盟申請を二〇〇八年に繰り上げることを英仏独の三カ国がはっきり拒否する姿勢は、その後のプーチンのジョージア侵攻によっていちだんと強まっていた。それにヤヌコーヴィチが大統領に選出されたことで、ウクライナのNATO加盟希望は棚上げされていただけでなく、ウクライナのいかなる軍事同盟への加盟も禁じる法律が二〇一〇年に可決され、加盟は現に違法になっていたのだ。

たしかに、ヤヌコーヴィチ政権下のウクライナは実際、いくつかのNATO軍事演習に参加し続け、NATOの海賊対策作戦に艦船一隻を出していた。だが、もしプーチンがNATO拡大を差し迫って懸念していたとしても、彼はそのことを米国側に伝えなかった。マイケル・マクフォールは二〇〇九〜二〇一二年にオバマ大統領のロシア問題特別補佐官を、二〇一二〜一四年初めにはモスクワ駐在大使を務め、オバマとプーチンあるいはメドヴェージェフの会談のうち、一つを除いてすべてに同席したほか、オバマがクレムリンと交わしたすべての電話会話を聴いていた。マクフォールはどのやり取りの間にも「NATO拡大問題が浮上したことを、一度として思い出す」ことができなかった。[9] ヤヌコーヴィチの突然の破滅と明確な親欧米政府が後継となる可能性はたしかに、将来に向けた一つの戦略的懸念ではあった。しかし、プーチンのクリミア作戦行動の前夜、NATOがウクライナの加盟を受け入れる可能性はなく、ましてや明白な現実の危険はなかった。ロシアの高官たちは「ウクライナのNATO加盟を心配してはいなかった」。ある上級軍事筋は、クレムリンが主催する二〇一五年のヴァルダイ討論クラブの会合で、カリフォルニア大学ロサンゼルス校のダニエル・トライズマン教授にこう話した。「しかし、ウクライナがセヴァストーポリの［ロシアによる］租借を破棄し、黒海艦隊を追い出すことについては、本当に懸念していた」[10]

だが、二〇一四年二月と三月に起きた事態は、プーチンの決断について、三つ目の――そしてもっとも説得力のある――説明を示唆している。彼のクリミア半島奪取は日和見的で、無計画で、めまぐるしく動く事態に対するその場の判断にもとづいていたというものだ。プーチンが二〇一五年一〇月にトライズマンに語ったところでは、半島の占領は「自然発生的」で、事前に計画されたものでは「まったくなかった」[11]。最初に決定があり、あとで理由づけしたのだ。

「危機《クライシス》」の中国語の表意文字は、ウィンストン・チャーチルの発言で非常に有名だが、「危険」と「機会」を意味する文字の組み合わせだ。あの二月の夜、クレムリンに参集した男たちにとって、その危険はセヴァストーポリの将来に対し想定される脅威だった。機会は、ロシアがただちに攻撃すべきか、まったくすべきでないかを意味するキーウの大混乱だったのだ。

背信行為

計算ずくの日和見主義とともに、いわゆる欧米の背信に対する怒りのかたちで、強烈な感情も働いていた。ヤヌコーヴィチはクレムリンからの圧力にさらされながら、NATO諸国外相に要求されたことをすべて実行していた——にもかかわらず、退陣させられた。「彼は合意に署名し、警察の撤退を命じ、そして国内にとどまったんだ」。ペスコフは二〇一五年、憤慨してズイガリにこう語った。「ヨーロッパの調停人たちは合意の履行を保証すると約束した。実際に起きたことは実におぞましく、まったく先例がなかった(12)」

KGBで生活したプーチンにとって、怒った群衆が上部の人形つかいの命令によってではなく、自然発生的に行動することは考えられず、マイダンの勝利は個人的な転換点だった。プーチンは大統領職の最初の一四年間を、欧米のルールにしたがって動いていた。主要八カ国首脳会議（G8サミット）に律儀に顔を出し、一度は出身地サンクトペテルブルクで誇らしげに首脳会議を主催さえした。欧米首脳たちと定期的に会談し、つねにロシアの安全保障上の利害に対する要求を無視しないよう主張した。それなのにロシアは——そしてプーチンは——くり返し無視され、彼の気持ちとしては屈辱を与えられてきたのだ。

子ども時代から家族ぐるみの親しい友人としてプーチンを知るある情報筋は、「プーチンはつねに、貴族の親戚にディナーに招かれた無骨な田舎者のように振る舞っていた」と話す。「テーブルに着いて喜んでいたけれども、人びとが自分を見下していると考えて怒っていたんだ」[13]。米誌『タイム』が二〇〇七年にプーチンを「パーソン・オブ・ザ・イヤー」に選んだあと、彼自身が同誌とのインタビューで個人的な深い不満感を確認している。「時として、人はアメリカが友人を必要としていないという印象を受ける。時としてわれわれは、あなた方が支配するある種の補助的な臣民を必要としているという印象を受ける」とプーチンは述べた。アメリカ人にとって、ロシア人は「いまだ少々野蛮か、あるいは木から下りたばかりでだね、おそらく髪をとかしてもらい、あごひげを刈り込んでもらう必要がある。そしてあごひげと髪から埃を洗い流してもらう必要がね」[14]。マイダンをめぐるいわゆる欧米の背信行為のあと、ロシア人は野蛮人ではなく、尊敬を集める決意をした国であることを示すときが、ついに来たのだった。《モスクワのこだま》編集長のアレクセイ・ヴェネディクトフが、クリミア併合は国際法違反ではないのかとプーチンにほのめかした時の、プーチンの反応が多くを語っている。「不当だろうか？　しかし正しかったのではないか？」とプーチンはベネディクトフに言った。「クリミアは本質からしてロシアだ。だからそうするのは正しいことだったんだ」[15]

のちにプーチンに二〇二二年の侵攻を引き起こさせるすべての要素――外国による侵略の恐れ、欧米の偽善に対する怒り、帝国的野心――は、ヤヌコーヴィチの失脚後、短時日のうちに出そろった。プーチンからすると、マイダンの勝利をお膳立てしたと思われる欧米主要国の真の標的は、ヤヌコーヴィチではなくプーチン本人だった。マイダンは「ロシアにとって直接の脅威だった」とペスコフはズイガリに語った。欧米の「目標はプーチンを排除することだった。欧米は彼が好きじゃない。ロシアはプーチンの下で頑なすぎて、譲歩しようとしない。欧米は彼を取り除くためになんでもする用意がある。われわれはウクライナ以前にもこれを感じていたが、以後は問題が違った。ウクライナのあと、外交の仮面がはがれたんだ。それ以前は、対立は外交のプラスチックラップに包まれていたんだが、いまやそのラップが剝がされたんだ(16)」。二〇一四年二月二三日以降、プーチンは自分が欧米総体と戦争状態にあると考えたのだ。

クリミアはわれわれのもの！

ベラヴェンツェフ海軍中将は二月二三日正午ごろ、クリミア半島のシンフェローポリ空港に着いた。ショイグ国防相の長年の側近であり、海軍将校であるとともに――プーチンやパトルシェフ、ボルトニコフ、イワノフと同じく――元ＫＧＢのキャリア将校でもあった。ロンドンのソ連大使館でスパイとして働き、のちにはショイグ絡みのさまざまないかがわしいビジネスを仕切った(17)。諜報将校、軍司令官、クレムリン側近および官僚ビジネスマンとしての能力はあるものの、クリミアの政治情勢に関する経験はほとんどなかった。クリミアの古参政治家二人を検討、不採用としたあと、ベラヴェンツェフはついに、クリミアをウクライナから離脱させロシアに統合させるために、探していた人物を見つけた。

セルゲイ・アクショーノフはクリミアのほとんど無名の「ロシアの統一」党の指導者だが、保守派組織に属する政治家ではなく、「ゴーブリン」〔ロシア語では知性のない筋肉だけの男〕のあだ名で広く知られた元ボクサーの親ロシア派ビジネスマンだった。「クリミア議会の議長がわたしに［アクショーノフは］われらのチェ・ゲバラだと言ったんだ」。プーチンは翌年、ロシアのテレビにこう語った。「ちょうどわれわれが必要としていた人物だと」。アクショーノフは、ウクライナの新領土を確保するためにクレムリンに雇われる一連の裏社会のボスたちの第一号になる。

アクショーノフを権力の座に就けるのを支援するために、ロシア連邦保安庁（ＦＳＢ《エフエスベー》）とロシア軍諜報機関である参謀本部情報総局（GRU《ゲーエルウー》）から「顧問ら」がシンフェローポリに派遣された。そのなかにイーゴリ・ギルキンがいた。元FSB将校で軍事的事件の熱狂的な再演愛好家だが、まもなく新たな仮名〝イーゴリ・ストレルコフ〟（射手イーゴリ）の名で一匹狼になり、ドンバスで独自の私戦を始める。クリミア議会の緊急会議が二月二六日に招集された。出席を拒む議員は平服のFSB機関員に自宅から拉致され、会議まで無理やり歩かされた。クリミア最高会議が同州をロシア連邦に受け入れるようプーチンに要請しようとしているとの噂が広がると、議会棟の外で取っ組み合いが起きた。平服のFSB要員によって増強されたロシア人たちは支援に、クリミア・タタール人たちは抗議に来ていたのだ。そのあと起きた戦闘で一人が踏みつぶされ、もう一人が心臓発作で死んだ。

　ショイグはいまや、表向きは騒動の拡大を防ぐという介入の口実を手にした。一夜のうちにロシアの軍用機一〇機が、プスコフ駐屯の第76親衛師団の降下兵を乗せてシンフェローポリに着陸した(18)。翌朝までに、記章のないロシアの軍服を着た兵士たちが、クリミア州議会その他の主要政府ビルを押さえていた。彼らはクリミアの二つの空港を占領し、シンフェローポリとセヴァストーポリの街頭に展開した。プーチンとショイグは、彼らはモスクワの軍部隊ではないとくり返し否定した。「ロシアの軍服はだれでも店で買えるからね」。プーチンはお決まりの薄ら笑いを浮かべてロシアのテレビに語った。ロシアの国営メディアはこれに倣い、喜んでその不可思議な軍部隊に「リトル・グリーン・メン」〔未確認人間、宇宙人〕、「礼儀正しい人びと」のニックネームをつけた。

　二月二八日、もう一機のイリューシン（IL）76軍用輸送機が民間人志願兵を乗せてシンフェローポリに着陸した。彼らは先陣のロシアの精鋭部隊よりはるかに危険なことが、やがて判明する。この一七〇人のロシア志願兵第一陣はほとんどがアフガン戦争とチェチェン戦争の復員兵のほか、運動選手、オートバイ・ギャングと「愛国クラブ」のメンバーだった。「アフガニスタン復員軍人連盟」の指導者でショイグとは旧知の仲の下院議員、フランツ・クリンツェヴィチが動員した連中だった。数日先に飛来したFSB／GRUのチームと同じく、彼らの任務は戦うことではなく、一般クリミア市民の役割を演じて抗議行動をし、ロシアが半島支配権を取り戻すよう要求することだった。

半島占領に要した時間はわずか四日だった。占領は素早く、比較的無血で（一握りの反対派活動家が拉致され、暴行を受けて殺されたのが例外）、おおむね住民に支持された。だが、クリミアがロシアの軍事的支配下にあっても、プーチンはためらった。のちにロシアのテレビに語ったこととは裏腹に、プーチンは「クリミアをロシアに奪還する」との決定を二月二三日にしたのではなかった。事実、クリミア議会が二月二七日、住民投票を五月二五日に実施することを票決したとき、選択肢は現状維持か、もしくはクリミアを「諸条約と諸協定にもとづくウクライナの一部である……自給自足の国家」にするかのいずれかだった。

五月一日から二日にかけての夜、プーチンはオバマと一時間半話した。「無理筋は、ロシアが罰されることなく自国兵を地上に展開し、世界じゅうで承認されている基本原則を犯すことだ」とオバマはあとで記者団に語った。米国は六月に予定されているソチでのG8サミットをボイコットし、「ロシアを孤立させる」ために「外交上の措置」も取ると脅した。(19) これが最後ではないが、プーチンは自ら仕掛けた軍事作戦の勢いによって身動きできなくなった。ウクライナの枠内でクリミアが独立するとなれば、キーウの軍が舞い戻り、ロシア軍が撤退することを意味する。それでは米国大統領の叱責に直面して屈辱的に後退することになる。それは、プーチンが是認できることではなかった。

プーチンは――これもこれが最後ではないが――ロシアのメディアで爆発した愛国プロパガンダに囚われる身になった。「クリミアをめぐる多幸感は非常に強かった」とロシア国営テレビネットワークの編集者、アンナ・ボンダレンコは回想する。「クリミアはわたしたちが子ども時代の休日を過ごした場所だった。一定年齢以上のすべてのロシア市民がクリミアを知り、愛していた。わたしたちロシアのパラダイスが回復されたようだった」。プーチンを長年批判してきた人びとさえ、気がつけばクリミアがたしかに「われわれのもの」であることに同意していた。「われわれ（ロシア人）は二〇年間、世界じゅうで無視され、ばかにされてきた」とボンダレンコは言う。「いまやロシアはついに立ち上がったのです。ニュース放送室の人びとは泣いていた。信じがたいほど感動的だった」。プーチンの支持率は八七パーセントを超えた。ロシア国旗を振る人びとを満載した車が警笛を鳴らしながらモスクワのサドーヴォエ環状道路を走り回った。ロシアの人びとは恍惚状態だった。プーチンは彼らの指導者だった。プーチンは彼らに従わざるをえなかった。

プーチンは三月四日の記者会見で、ロシアはクリミア併合を計画してはいないと公的に否定したのだが、実はまさにその決定はすでに下されていた。プーチンはNATOが一九九九年にベオグラードを空爆したあと、独立を獲得したユーゴスラヴィアの州コソヴォについて話すことで、地ならしをした。「これまで諸民族の自決権を排除した者はだれもいなかった」と彼は記者団に述べた。翻訳すれば、プーチンが意味していたのは、実は自分にはクリミアを併合する計画はないが、クリミアの人びとがそれを望むならクリミアのロシア加入要請を受け入れるということだった。これはプーチンのあいまい話法の典型例だった。字面はそのとおりだが、心は大うそなのである。

三月一六日、急ぎ実施された住民投票で、クリミア住民の九六・七七パーセントがロシアへの編入を支持していることが示された。二日後、ロシアへの編入を認める公式の条約がプーチンによって署名された。これは彼がまさに二〇二二年九月に繰り返すことになる手法で、この時は占領下のルハンスク、ドネツク、ケルソン、ザポリージャのウクライナ諸州は抜き打ち的住民投票のあと、速やかに併合が行われるのである。その翌日、プーチン賛美が行われた。ローマ皇帝の公式凱旋式のクレムリン版である。入念に演出された式典で、クレムリンの聖ゲオルギーの間の黄金のドアが開いてプーチンを迎え入れると、彼はナポレオン時代風の制服に身を包んだクレムリンの儀仗兵が並ぶ階段を堂々と歩んだ。彼を待っていたのは、一〇〇〇人を超えるロシアの政界と軍、文化界のエリート層だった——ロシア上下両院の全議員、すべての知事、それに映画スターや監督、スポーツ界の有名人、忠実なジャーナリストや芸術家で、彼らのだれもが拍手喝采していた。

プーチンは演説で、ロシアに行動を余儀なくさせたとしてNATOを真っ向から非難した。「われわれが独立不羈の立場に立っているため、われわれがその立場を維持しているため、そしてわれわれがそれをありのままに語り、偽善にふけらないため、彼らは一貫してわれわれを窮地に追い込もうとしているのである」。プーチンがこう述べると、割れるような拍手で演説は二七回中断し、最後は二回のスタンディングオベーションが起きた。「しかし、何事にも限度がある。そしてウクライナに関して、欧米のわれわれのパートナーたちはその線を越えて、粗暴に振る舞い、無責任に、プロらしくなく行動しているのである。彼らは気ままに行動している。すなわち、ここかしこで主権国家に対して武力を用い、『われわれの味方でないなら敵である』との原則にもとづく連合を形成しているのである……。NATOは軍事同盟のままであり、われわれは軍事同盟がまさにわれわれの裏庭に、すなわちわれわれの歴史的領土に存在することに反対しているのだ」。プーチンはおなじみの腹立ちのくり返しに加え、新たな不吉な調子を響かせた。「一部の欧米政治家はすでにわれわれを、制裁ばかりでなく、国内戦線で諸問題が深刻さを増す見通しによっても威嚇している」。彼は次いでこう問うた、「彼らが正確には何を考えているのか知りたいものだ。第五列、国賊集団による行動なのか?」。だがプーチンは、実はひとつ重要な但し書きを付け加え、これ以上の領土を占領する可能性をはっきりと否定した。「ロシアによってあなた方を脅そうとし、他の地域もクリミアの二の舞になると叫ぶ者たちを信じてはいけない……。われわれはこれを必要としない」。プーチン自身ののちの行動は、彼がうそつきであることを証明することになる。二〇二二年九月三〇日、プーチンはクリミアのように「永久にロシアの一部」になるとするウクライナのさらなる四州の併合を承認するため、同じホールにロシア・エリートの同様の集会を招集するのだ。

プーチンが話し終えると、大クレムリン宮殿全体が一斉に立ち上がり、「ロシア！ ロシア！」「プーチン！ プーチン！」と連呼しはじめた。チェチェン大統領ラムザン・カディロフは退出する際、バリトンの大音声でロシア国歌を歌っている様子が見られた。「よし、次はどこだ？」と彼は知人に冗談を言った。「アラスカか？」[20]

一週間後、国連総会はクリミア住民投票と併合を無効と宣言する決議を、賛成一〇〇票対反対一一票で採択した。明らかにプーチンは気にしなかった。欧米も抗議した——だが、あまり強硬ではなかった。率直な物言いのポーランド外相、ラドスワフ・シコルスキはクリミア併合を「民族の線に沿ってヨーロッパの地図を引き直そうとする」試みと呼び、「ヨーロッパは国境の再線引きではなく、国境の克服という原則にもとづいているのだ」と指摘した。シコルスキはプーチンを直接ヒトラーになぞらえた。「想定される民族的不満に応えて国境を動かす一方的権利はだれにもない。われわれはヨーロッパの指導者が以前そうしようとしたとき、なにが起きたかを見てきた。ソヴィエト連邦の諸民族はこれに対する最大の代償の一つを支払ったのだ」

それでも、米国とEUが取った唯一の具体的行動は、一握りのプーチンの最側近に対する個人的制裁を発表することだった。プーチンのジョージア侵攻直後と同じように、ロシア国家と企業に対する重大な直接的罰則はなかった。そしてプーチンが予測していたとおり、クリミア併合に対する欧米の反応は、せいぜい軽いお仕置きにしかならないのである。

血を流す偶像たち

ウクライナでロシア語を話す少数派は、自分たちの味方で保護者を自称していたヤヌコーヴィチの逃亡に衝撃を受け、怒った。大規模な抗議行動がドネツクとともに、ロシア語話者がルガンスク〔ルハンスク〕、ハリコフ〔ハルキウ〕、アジェッサ〔オデッサ、ウクライナ語ではオデサ〕と呼ぶ諸都市で起きた。群衆は「ベールクトーイエス！」「ファシズムにノー！」と書いたポスターを持っていた。(21)「キーウには君たちのマイダンがあった」とドネツク大学の歴史学生セルゲイ・フェドレンコは回想する。「これはわれわれのマイダンだった(22)」

二〇一四年四月初めごろには、地方自治が――公然たる分離主義と戦争ではないまでも――ウクライナ東部と南部全域で強い支持を受けていることがはっきりしていた。クリミア作戦行動に続く不安な数週間の小康状態のあと、小規模ながら暴力を伴う独立支持運動が、雑多な兵器を携えた非正規兵に先導されてスロヴャンスク（ロシア人にはスラヴャンスク）、ルハンスクおよびドネツクで燃え上がった。彼らはクリミアじゅうに配置された規律ある、記章をつけない制服兵――実はロシアの正規軍兵士――とはまったくちがっていた。「これらの兵士は強盗集団のようだった」。地元政府の本部から二ブロック離れたところにある婦人服店の店主、ソフィヤ・イヴレワはそう回想する。「彼らは地元の行政庁舎にやって来て、警備員たちにうせろと言ったのです。顔に布をかぶっていて、銀行強盗のようでした(23)」

もっとも目立つ叛徒指導者たちは、モスクワの治安機関との結びつきが強いロシア市民だった。多くは二月下旬、ベラヴェンツェフが航空機で送り込んだ「志願兵」として、ウクライナに着いていた。叛徒によるスロヴァンスク占領を指揮したイーゴリ・ギルキン（別名ストレルコフ）は、元FSB将校だった。

　ギルキン自身の説明では、ドンバスで武装蜂起を実行する決定は、クレムリンではなく彼が下したという。「初めはだれも戦いたがらなかった」とギルキンは過激民族主義の新聞『ザフトラ』〔明日〕に語った。「戦争の引き金を引いたのは自分だ。われわれの隊が国境を越えていなければ、戦争はハリコフあるいはオデッサの［失敗した蜂起の］ように、［失敗に］終わっていただろう。数十人が殺され、焼かれ、捕縛されていただろう。そしてそれはすべてを終わらせていただろう。われわれの隊が戦争の弾み車を起動したのだ。われわれは卓上のすべてのカードを切り直したのだ」

　ギルキンはうそをついていた。必ずしもプーチンから直々にではないが、モスクワから指示があったのだ。二〇一六年八月、ウクライナ保安庁（SBU）が二〇一四年二月にまでさかのぼるロシア大統領顧問セルゲイ・グラジエフとロシア国家院《ドゥーマ》〔下院〕の独立国家共同体（CIS）委員会副委員長、コンスタンティン・ザトゥーリンの間で交わされた電話の盗聴記録を公表した。

「われわれはハリコフに資金を出し、オデッサに資金を出した」ザトゥーリンはグラジエフにこう話すのを盗聴された。「二〇〇〇、三〇〇〇の小額だ……。わたしにのところには［自称セヴァストーポリ市長アレクセイ・］チャールイが署名した五万を要請する四件の要請がきている」

「では、払ったんだな」とグラジエフが答えた。「費用見積もりを出してくれ、わたしがそれを［担当の］連中に渡して、その見積もりを検討させよう」

　ザトゥーリンはビジネスFMラジオのインタビューで、それらの電話は実際にあったことを確認したが、録音は「文脈を離れて切り取られた」ものだと述べた。[24] 別の電話では、グラジエフは新たに据えられたクリミアの指導者セルゲイ・アクショーノフに、住民投票の表現をどうするかについて指示しているところが録音されていた。さらに、もっとも重大なこととして、録音テープはグラジエフが現地のオルガナイザーらに、地元当局に対してどう武装クーデターを仕掛けるかについて直接の指示を与えたことを暴露していた。

「特訓を受けた連中が［州］議会ビルからバンデロフツィ［ウクライナのネオ・ナチ］を叩き出さなければならない」。グラジエフはオデッサのある活動分子に言った。「次いで彼らはハリコフでやったように、州国家行政機関の会議を準備し、行政当局を立ち上げるのだ。ハリコフでは、連中はすべてのバンデロフツィを追い出し、地元の武器庫を発見し、［兵器を］配布した。彼らは州国家行政機関を招集し、われらの大統領［プーチン］にも訴えかけるだろう」[25]。グラジエフは、示威運動が「地元のもの」で「自然発生的」な見せかけを保つよう大いに骨を折るべきだ、とオルガナイザーたちにくり返し強調した[26]。また、地元の活動家たちに「われわれの手の者たちを送り込むこと」を含め、ロシアからの支援を約束した[27]。

グラジエフの「手の者たち」のうち、規律と軍隊的振る舞いのおかげでたちまちもっとも著名な分離主義の指導者になったのがギルキンだった。短く刈り込んだ口ひげにプレスの利いた戦闘服、それに細部に気を配った魅力を備え、ギルキンは革命前の帝政時代の将校のスタイルをしていた。彼は総勢一〇〇〇人の自称「地方防衛隊」に冒瀆的な言葉の使用を禁じ、略奪を理由に部下の二人に即決処刑を命じた。アレクサンドル・ボロダイは一九九〇年代初め、マルチ商法MMMのドネツク支部のトップを務めた人物だが、彼も地元マフィアから寄せ集めた部隊をつくった。

五月末の新たな大統領選挙を前にして、ウクライナ全土のロシア語諸都市で叛徒たちへの支持が――そして、マイダンのあと責任を引き継いだ暫定政府に対する怒りが――高まった。オデッサではすでに一月二六日、都心部の公園クリコーヴェ・ポーレに反マイダン野営テントが張られていた。野営テントは地元当局との合意によって、五月二日に解体されることになっていた。だが、それどころか反マイダン抗議者の急進グループ——なかには以前、グラジエフと接触のあった活動家たちがいた——は、近くの労組会館を占拠した。連続する市街戦が敵対派閥の間で勃発し、警察はほとんど制止しようとしなかった。労組会館一階でわざと起こされた火災が、建物内にいた数百人を包んだ。この灼熱地獄で、煙を吸ったり銃撃されたりして四六人が命を落とした。

ドンバスでは叛徒たちと自由契約のウクライナ民族主義民兵の間で、決着のつかない軍事的小競り合いが続き、ドネツクとルハンスクの分離主義地域は、全面的軍事介入によってしかキーウの管理下に取り戻せないことがいよいよはっきりした。チョコレート事業王のペトロ・ポロシェンコが五月、大統領に選出され、直後にドンバスの叛徒に対する「反テロ作戦」を宣言した。

マイダンで血を流した民族主義闘士から引き抜かれ、急ぎ編成されたさまざまな「愛国国民民兵大隊」が、ウクライナ軍とともに戦っていた。その名で知られる「大隊」は、もっとも初期のもっとも激しい戦闘のいくつかを戦った。本質的には彼らは私設軍隊だった。これら軍隊の一部は、ドニプロペトロフスクの著名な政商（そしてユダヤ人活動家）のイーホル・コロモイスキーのようなウクライナ人実業家が資金を出していた。彼は「ドニプロ1」と呼ばれる大隊と「アゾフ大隊」（のちに「アゾフ連隊」）として知られる大隊を支援していた。オレフ・リャシュコの過激民族主義的な「ウクライナ大隊」のように、ワンマン運営の軍隊もあった。リャシュコは東部の町々を装甲トラックで巡回、地方の市長たちを拉致し、キーウ政府への忠誠の誓いに署名するまで連れ回すことで悪名を馳せた。民兵団の一部は、「右派セクター」の武装部門のように、諸政党の軍事部門を自称していた。戦争の初期数カ月間、すべてがウクライナ政府と軍の直接の統制外にあった。

自由契約大隊の多くは——コロモイスキーが資金を出している大隊を含めて——ウクライナの極右

とつながりがあった。「右派セクター」のようなウクライナの過激民族主義諸党は、国政選挙で低い一桁以上の得票率を得ることはなかった。ところが戦場では目立ったために、ロシアがたちまち攻撃材料として使う神話——キーウ政府は「ファシスト」勢力に支配されているというもの——が生まれた。右派セクターは「過激急進派からリベラルまで包摂する組織として出発したんだ」。同党の副党首ボリスラウ・ベレザは、ステパン・バンデーラのUPAの黒と赤で装飾されたキーウのカフェで、こう説明した。「最初は『白いハンマー』、『バンデーラの三叉槍《トリズグ》』、『ウクライナ愛国者』など多くの『過激派』がいた。すべてウクライナ独立を望む組織で、右派セクターがそれらを一つにまとめていた。その哲学を主流に変えた組織もあった。変えなかった組織もある——『白いハンマー』のようにね。彼らには規律がなく、もはや右派セクターの一部ではない」。イデオロギー的あいまいさに輪をかけて、ベレザはシャツに手を突っ込み、金の鎖のついたダヴィデの星を取り出した。「わたしはユダヤ人だけれども、ウクライナ系ユダヤ人だ」と彼はわたしに語った。「ここがわたしの母国。わたしはこの国を愛していて、自分の子どもたちにもここに住んでもらいたい。ウクライナのファシストというのは、ロシアの政治技師たちの発明品だ[28]」

二〇一四年六月までにウクライナ軍は、前月から叛徒に短期間占領されていたマリウポリを含め、ドンバス各地の諸都市を奪回しはじめた。ギルキンは自らが挑発に大いに手を貸した全面紛争が自分の周囲で展開するなか、七月五日にスロヴャンスクから避難し、ドネツクへ撤退した。ギルキンを含め、反乱の指導者たちはプーチンが自分たちの独立努力を見捨てたとして、激しく批判しはじめた。これに応えてクレムリンは、一時的に「退役した」ロシア兵によって操作される重火器を送った——このなかにブク（Ｂｕｋ）地対空ミサイル・システムが少なくとも一基が含まれていた。ブクがウクライナ輸送機一機の撃墜に成功した翌日の七月一七日、操作手たちはマレーシア航空ボーイング

777型機を軍用機と取り違え、同機を撃墜。乗員乗客二九八人全員を死亡させた。

その航空機の残骸――折りたたみトレー、キャリーバッグ、機内雑誌、頭上荷物棚、それにシートベルト着用サイン、トイレのドア、通路運搬用飲み物トレー、毛布、ヘッドホン、コート、ジャンパーや靴――は三カ村にまたがって散らばっていた。航空機の残骸の間を歩くのは、わたしが戦争地域で過ごした二五年のなかで、もっとも恐ろしい経験の一つだった。欧米諸国は激怒した。クレムリンは、航空機はウクライナのジェット機によって撃墜されたのだと、臆面もなくうそをついた。ロシアの国営企業を国際市場での資金調達から締め出す、いちだんと厳しい制裁があとに続いた。だがそれも、プーチンが公式にはロシア軍を投入しないものの、ドンバスの叛徒たちをひそかに支援することを思いとどまるほど厳しくはなかった。

二〇一四年七月、ウクライナ軍と新たに宣言されたドネツク人民共和国（DNR）の叛徒たちは、ドネツクの東方約六五キロにあるサヴル墳丘の巨大なソ連戦争記念碑周辺で大激戦を戦った。一九四三年、ドネツ山脈のこの戦略高地――先史時代の埋葬地であることから「サヴルの墳墓」の名がある――は、ドイツ軍と前進してくる赤軍の間の壮絶な戦いの現場だった。一五万人以上のソ連兵がそこの集団墓地に埋葬されていた。彼らの犠牲は一九六三年に、等身大を超えるソ連兵のブロンズ像を配した高さ二七七メートルのコンクリート製オベリスクによって顕彰された。この記念碑がウクライナ軍機と叛徒の榴弾砲によって粉々に爆砕され、野原一面に広がるコンクリート片と家ほどの高さの歪んだ鉄筋のからまりを後に残した。泥んこになった塹壕の迷路が丘を下っていて、その迷路はところどころで固い地面に埋まって不気味に鈍く光る不発弾と、オレンジと黒の聖ゲオルギーの略綬《りゃくじゅ》を花綱状に飾った叛徒戦士たちの真新しい墓で途切れている。

ウクライナ軍はドネツク本市の郊外に攻め込み、建設されたばかりの最新式の空港とサッカー・スタジアムを破壊した。八月にはドネツク州博物館がロケット攻撃を受け、建物の一翼が破壊され、近くでミニバスに乗り込もうとしていた三人が殺された。博物館の中庭には、少なくとも三〇〇〇年前の古代スキタイの多産の偶像――どれも、ぶらぶらした乳房と、尖った帽子かおそらく髪型の、大きな尻の女性――がいくつも並んでいた。砲撃によって一つの像の首が落ち、そのほかの像は榴散弾を浴びせられて、風化した黒色の外皮の下の明るい砂岩が露出していた。あたかも像たちは血を流しているようだった。

DNRの非正規兵とロシアの志願兵が、自力ではウクライナ軍を制止できないことは明らかだった。決定的な敗北は身元を隠したロシア正規兵と砲兵隊によって加えられ、彼らは八月二四～二六日にイロヴァイスクでウクライナ軍を粉砕したのだった。プーチン自身がロシアは戦争の当事者ではないと主張しているときにも、ヨーロッパ諸国の指導者たちはポロシェンコに叛徒との休戦交渉を強くうながした。

その一方でドンバスの両共和国は、もはやウクライナの一部でもロシアの一部でもない戦後の中間状態の瓦礫のなかで、正常の装いを帯びはじめた。ドネツクとルハンスクの戦前人口の約三分の二が、ほとんどはウクライナへ逃避した。新たな行政機関は地元マフィアのボスたちと元共産党職員、それに宗教的狂信および過激民族主義の地元民とロシア人の奇妙な集まりから成っていた。

DNRの副国防大臣はフョードル・ベレジン。きちんと整えた白い口ひげに半月形の眼鏡をかけ、優しい笑みを浮かべた五〇代の伊達男だ。派手な聖ゲオルギーの略綬を肩で蝶結びにした粋なアメリカの軍服――裕福な反逆者の制服――を着ていた。カーネル・サンダース〔ケンタッキー・フライドチキンの創業者〕とカーツ大佐〔映画『地獄の黙示録』の主人公の元軍人〕の折衷のような風情だった。以前の人生では、ベレジンは作家であり、復興するロシアと退廃的なアメリカの間の壮大な戦いを描いた二二巻の未来軍事科学小説を書いていた。不気味にも、ベレジンの二〇〇九年の小説『二〇一〇年戦争：ウクライナ戦線』は、地対空ミサイルで吹き飛ばされる民間航空機を扱っていた。『第三次世界大戦：炎上する世界のとばぐちで』の広告文にはこうあった、「クリミアの武力紛争がヨーロッパ全域に拡大する危険が迫る！　ロシアはこうした重大な事態を座視していない。未来をかけた戦争の決定的な戦場――それはウクライナ戦線だ！」

ベレジンの見解のなかには、たとえば人類は複雑なコンピュータープログラムによって管理されるマトリクスのなかで生きているといった信念のように、風変わりなものがある。多少のちがいはあっても、プーチンの見解と一致するものもある。「第三次世界大戦は二〇〇一年九月一一日に始まったんだよ」。ベレジンはドネツクのハバナ・バナナ・ナイトクラブで、わたしにこう話した。そこはキューバ調の地下のバーで、オーナーが休暇で撮ったいささか安っぽいマチュピチュの拡大写真が風変わりに飾られていた。「帝国主義者たちはその攻撃を加えたのがCIAなのか、真のテロ組織なのかを捜査しなかった。それどころか帝国主義は、地球上の天然資源には限りがあり、それを獲得するためにはだれと戦争するかを気にしないことに決めた。その戦争がイラクで始まり、次にシリアとリビアに移り、今度は彼らはウクライナへ来たわけだ……。ロシアだけが対抗勢力だ。ロシアは言う、ノー！と。おそらく欧米はしまいには言うだろう、ＯＫ、われわれは独自の資源開発に集中し、他の人民のものをこれ以上盗まない、と(29)」

イデオロギーのスペクトルの対極に、ボリス・リトヴィノフがいた。反乱派の議会が自称するＤＮＲ最高会議の議長。リトヴィノフは反乱派の大方の指導者より一世代古い六〇歳で、モスクワのマルクス主義・レーニン主義高等専門学校とドネツク音楽院を卒業しており、音楽院ではダブルベースを学び、ジャズ・ロックバンドでベースギターを弾いた。炭鉱労働者として六カ月間働いたことも。彼からすると、反乱は改良された形での新たなソ連を取り戻す機会をドネツクにもたらしていた。「この二五年間、ウクライナのプロパガンダはソ連についての非常にマイナスなイメージを描いてきた」。午後一一時、まだドネツク行政ビルにある自分のデスクに座り、彼はわたしに語った。「彼らは粛清、飢餓を強調した。ところが、ソ連の社会的公正、第二次大戦における偉大な勝利、宇宙の征服、われわれの科学者と研究者の偉大さについては無視してしまった。われわれがつねに自信をもって明日に目を向けてきた姿勢を、忘れてしまった。われわれがDNRに求めるのはこれなんだ」

彼が見るロシアの偉大な使命は、卑小な民族主義とファシズムから世界を救うこと。「ロシア民族主義は存在しない」とリトヴィノフは言う。「むしろ、われわれは国際主義のことを話している。これが、われわれが革命を起こした基本的理由なんだ。ウクライナの以前の大統領はすべて……ウクライナ人のためにだけ統治した。ロシア語は差別された。歴史と記憶が変えられた。しかし、ドンバスおよびハリコフはちがう。われわれはキーウとちがって若い地域だ。われわれはわずか一五〇年前の産業革命期に基礎を築かれた。世界じゅうから人びとがここへやってきた。ソ連は国際的だった。だからDNRのわれわれは伝統と精神において国際主義者なんだ」

リトヴィノフは、新しい革命的共和国は「戦時共産主義」、すなわち民間産業企業と土地の国有化、そしてソ連型集団農場の創設を導入すべきだと考えていた。それが前にウクライナで試されたとき、うまく行かなかったではないかとわたしは思い切って指摘した。「もちろん、ホロドモールは遺憾なことだった」とリトヴィノフは言った。「しかし、われわれは過去のすべての成果を未来にもっていく必要がある！　われわれはゼロから始めつつあるんだ。ゼロ以下だよ！」[30]

第4章

明日はわたしのもの

いずれこの終わりなき見世物は終わる。
そうすればわれわれは報復する、容赦なく。
アレクサンドル・ドゥーギン(1)

絶頂期

二〇一四年のクリミア半島占領と二〇二〇年の新型コロナの感染爆発の間の六年間は、プーチンの人気と権力の絶頂期になった。その歳月はまた、個人と国家の自信が致命的に肥大化するもとになり、それが二〇二二年のウクライナ侵攻に直結することになるのである。

クリミア半島をロシアに回収したことで、プーチンの支持率は急騰し、ナショナリストや保守主義者だけでなく、驚くほど多くのリベラル知識人層をも巻き込む全国的な陶酔感を生んだ。プーチンの積年の敵であるアレクセイ・ナヴァリヌイまでが――プーチンのクリミア占領の手法には不同意ながら――、クリミアの人びとはロシアに加わる権利があると認めた。

たしかに、ウクライナの最終的な運命は未完のままだった。ロシアの後押しを受けたドンバスの叛徒たちは、ドネツク州の半分以下とルハンスク州の約三五パーセントの切り取りに成功したにすぎなかった。だが、ロシア正規軍が直接介入し、戦場でウクライナ軍と戦った二つのケース——二〇一四年八月のイロヴァイスクの戦いと、翌年夏のデバルツェヴェの戦い——は、ロシアの圧倒的な軍事的優位を証明しているように思われた。その数的・技術的優位は戦間期に、プーチンが軍に資金をそそいだために増大した。それとともに、全面的侵攻軍を投入する道を選択すれば次回はロシアが容易に勝つ、という確信が増大した。

だが決定的なことに新ロシア《ノヴォロシア》の夢、すなわちソ連崩壊によってウクライナに閉じ込められたロシア系住民を一つの大ロシアに連れもどすというプロジェクトは、当面は、クレムリンに近いとはいえまだプーチンの計画と思考の中核にはないロシア正教ナショナリスト・グループの頭の中だけにあった。「大ロシア」を武力で創出するというイデオロギーは、二〇一四〜二〇二二年の間に政治の周縁部から主流に、そしてついには政府の公式政策に移行する。その変容は主として、三人の主要イデオローグ——一人の哲学者と一人の億万長者、それに一人の修道僧——と、クレムリン内部にいる一握りの彼らの有力な仲間たちの仕事であった。

ファシスト哲学者：アレクサンドル・ドゥーギン

哲学教授アレクサンドル・ドゥーギンは一九八〇年代以降、ロシアが背負った自明の宿命は、欧米の自由主義とは完全に異なり、その正反対であるキリスト教正教の帝国国家としてである、と信じていた。人物としては、ドゥーギンの顎髭を生やしたいかつい顔と強烈な自信のために、彼はトルストイの小説に登場する老修道僧《スターレツ》の現代の生まれ変わりのようだった。だが彼の熱烈な教条主義——相手の胸を指でつつきながらマルティン・ハイデガーやカール・ハウスホーファーからの長い引用を浴びせかける――はいかにも、情報と知識、事実と真実を混合するかつてのソ連知識人の習慣にきわめて特徴的なものでもあった。同世代の多くの思想家のように、ドゥーギンは知的議論の装いのなかに、抜きがたい狂信と自信を隠していた。

ドゥーギンの経歴は、ソ連帝国崩壊期の知的大混乱からプーチン時代後期の失地回復主義へと変遷したロシアのイデオロギーの旅路を反映していた。ドゥーギンはアカデミックな哲学者として修練を積み、一九八〇年代には反共の体制批判派になった。ところが多くの体制批判派とは異なり、ロシアがリベラルな欧米型の民主主義国になるべきだとする考えを拒否した。それどころか、神秘的宗教性と対になったロシア民族ナショナリズムの構想を提唱し、それが彼の特異な種類のロシア型ファシズムの基礎になった。一九八八年、ドゥーギンは過激ナショナリズム・反ユダヤ主義のパーミャチ（「記憶」）と呼ばれる政治グループを創設。このグループは、神によって定められた神聖なロシア帝国が神なきボリシェヴィキのユダヤ人によって乗っ取られ、足場を掘り崩され、最終的に破壊されたと決めつけていた。ソ連崩壊後の政治がイデオロギー的に激しく混迷するなかで、ドゥーギンのあからさまな反ユダヤ主義は、新たに再建されたロシア連邦共産党の綱領の起草を手助けするさまたげにはならなかった。

一九九三年にもなると、ドゥーギンは急進的作家エドゥアルド・リモーノフに、新たなより行動的な革命運動への参加を説いており、彼らはそれを国家ボリシェヴィキ党（NBP《エヌベーベー》）と名づけた。NBPのシンボルは、赤地の真ん中の白い円に黒のハンマーと鎌を配していた――ロシア・ファシズムの新たな鉤十字だ。四年後、ドゥーギンは二編の主要論文を発表した。一つは『地政学の基礎』（ナチのユーラシア思想家カール・ハウスホーファーへの敬意を表す題名）。これはのちにロシア軍参謀本部軍事アカデミーの教科書として採用された[2]。もう一編は『国境なき赤きファシズム』で、これは非公式に、プーチン主義の最終局面のためのイデオロギー的青写真になる。ドゥーギンは、ロシアが腐敗した欧米型リベラル資本主義から一種の「国家資本主義」に移行し、今度はそれがロシアにおける「真正で、本物で、急進的に革命的で一貫した、ファシストのファシズム」に変わるのだと説明した。[3]

ドゥーギンの見解では、「ロシア・ファシズムは自然な国民保守主義と、真の変化への熱望の組み合わせである」。欧米の自由主義者によって押しつけられた腐敗から解放されれば、ロシアはその真の帝国的宿命を自由に追求するだろう。「われわれ保守主義者は強力で堅固な国家を望む。秩序と健全な家庭、肯定的な価値観、宗教と社会における教会の意義の強化を望む」とドゥーギンは二〇一二年に書いているが、このころにはすでに、クレムリンに協力しつつあった。「われわれには愛国的ラジオ・テレビ、愛国的専門家、愛国的クラブが必要である。国益を表現するメディアが必要なのである」[4]。彼はまた、インターネットを激しく非難し――「だれにもまったく無益であるなら、一つの現象を禁じる価値はある」――、「すべてのロシア正教徒に……イランおよび北朝鮮の例に倣って、善と悪の最終戦でロシア大統領の周りに団結する」よう呼びかけた。[5]

プーチンを取り巻くクレムリンの技術官僚たちのリベラルな経済政策には反対しながらも、ドゥーギンはプーチン個人を理想化した。「プーチンはあまねく存在し、プーチンはすべてであり、プーチンは絶対的であり、プーチンは不可欠だ」と彼は二〇〇七年、わたしに語った。[6] にもかかわらず、二〇一二年初めより前は、ドゥーギンは他の国家ボリシェヴィキ党員と同様、自分自身はクレムリンに対する急進的ナショナリスト反対派に属すると考えていた。だが、プーチンが三期目の大統領選に返り咲いたあと、大衆的抗議行動がモスクワとサンクトペテルブルクを揺さぶると、クレムリンの主任イデオローグであるヴラジスラフ・スルコーフは、ドゥーギンの激しい言辞がプーチンの新たなイデオロギー唱和の有益な一環になるにちがいないと判断した。ドゥーギンは、二〇一二年二月の親欧米抗議行動に対抗するためにスルコーフが音頭をとった「反オレンジ」大衆集会で演説するよう要請を受けた。

「グローバルなアメリカ帝国は世界のすべての国を自らの支配下に置こうと励んでいる」ドゥーギンは二〇一二年、クレムリン支持の群衆にこう語った。彼らの多くはスルコーフの「ナーシ」〔われら〕運動の元メンバーだった。

> 彼らは第五列を通して入ってくるが、彼らは第五列によって天然資源を奪い、諸国と人民、諸大陸に支配を及ぼすことができるようになると考えているのだ。彼らはこれまでアフガニスタン、イラク、リビアを侵略した。シリアとイランが日程に入っている。だが、彼らの目標はロシアだ。われわれは彼らがグローバルな悪の帝国を建設する途上にある最後の障害なのである。［モスクワの］ボロトナヤ広場と政府内部にいる彼らの代理人たちは、ロシアを弱体化し、われわれを完全な外国の支配下に置くことを可能にするため、あらゆることをしている。このもっとも深刻な脅威に抵抗するため、われわれは団結、結集しなければならない！　われわれはロシア人であることを思い出さなければならない！　われわれはロシアを偉大にするために、自らと他者の血の海を流してきた。だからロシアは偉大になるだろう！　でなければ、ロシアはまるで存在しなくなるだろう。ロシアがすべてだ！　ほかのすべては無である！[7]

二〇一二年には非常に過激に見えたドゥーギンの口に上った言明のすべてが、二〇二一年までに――しばしば一字一句――プーチンに採用されることになるのだ。

二〇一四年初めにもなると、ドゥーギンはおおむねクレムリンの支配からはまだ独立したかたちで、現実政治に深くかかわっていた。彼の主要な計画は、自分の急進的政策をウクライナの親モスクワ派諸団体に売り込むことだった。ドゥーギンが設立した「ロシア・ユーラシア青年連盟」のメンバー、オレグ・バスティヤーロフは二〇一四年三月、キーウの議会とその他政府建物の占拠を企てていた総勢二〇〇人の反マイダン・グループを訓練したとして、ウクライナ保安庁（SBU）に逮捕された。SBUが盗聴したスカイプの通話は、ドゥーギンがウクライナ南部および東部の分離主義者たちに指示を与えていることを示していた。ドゥーギンはまだ、クレムリンとはイデオロギー的に完全に同調してはいなかった。二〇一四年七月、ドンバスの分離主義者がウクライナ正規軍の攻撃を受けて後退した際、彼はイーゴリ・ギルキンとともに、プーチンが彼らを支援しなかったと激しく批判した。ドゥーギンによれば、クレムリンは彼が「第六列」と呼ぶグループ――忠誠を装いながら実は、あからさまに背信的でアメリカ贔屓の「第五列」の反対派活動家らと「同じアメリカのくずども」であるプーチン周辺の当局者たち――によって、ドンバスへの全面介入を思いとどまらされていた。[8][9]ドゥーギンを政治の主流に引き入れた人物、ヴラジスラフ・スルコーフは二〇二〇年になると、事実上、こうした秘密の裏切り者の一人として非難される立場に立つことになる。

二〇二二年八月、ドゥーギンはロシアを戦争に追い込むうえで果たした役割がもとで、悲劇的な報いを受ける。三〇歳の一人娘ダーリヤ・ドゥーギナが車爆弾で殺害されたのだ。ドゥーギンとロシアのテレビはダーリヤを「ロシアのために死んだ殉教者」として描き、ウクライナのSBUを非難した。[10]ウクライナは、攻撃はロシア連邦保安庁（FSB）による偽旗作戦だと主張した。だがしかし、ダーリヤが父親の思想に対する究極の代償を支払ったことは、だれしも疑わなかった。

キリスト教徒政商：コンスタンティン・マロフェーエフ

二〇一五年以降、ドゥーギンはメディアと政治に全国的に露出するために、もはやクレムリンの承認に頼る必要がなくなる。過激民族主義キリスト教右派が期待する新人、実業家のコンスタンティン・マロフェーエフは自ら《ツァーリグラードTV》〔ツァーリグラードは皇帝の都市の意味。本来はビザンチン帝国の首都コンスタンチノープルを指す〕と呼ぶ新しい民間全国テレビ局を立ち上げることを決断した。ドゥーギンが初代編集長兼イデオロギー指導員として雇われた。

ソ連帝国の崩壊時に成人になった世代のなかで、もっとも目端の利いた多くの人びとのように、マロフェーエフは資本家として財を成した。だが、金融と未公開株投資でつくった財産をヨットや愛人、ロンドンの不動産に活用するのではなく、自国を道徳的・政治的堕落から救うための復興運動への資金供給に使おうと決めた。

過激なロシア民族主義にいたるドゥーギンの道が知的なものだったとすれば、マロフェーエフのそれは、より精神的なものだった。ドゥーギンと違って、マロフェーエフは神権君主制と特殊創造説を熱心に信じていた。だが、両者に共通していたのは、正教にもとづく帝政の思想がまだ政治的傍流にあったとき、その信奉者になったことだ。二人の活発な奨励のもとで、プーチン側近の多くの重要メンバーが――そして彼らとともにクレムリンのイデオロギーそのものが――二人に歩み寄った。マロフェーエフの思想を早期に取り入れたクレムリンの側近グループの著名人としては、ロシア国有鉄道の総裁でプーチンの長年の仲間であるウラジーミル・ヤクーニン、ロシア通信相を務めたプーチンの大学時代の同級生イーゴリ・シチョゴレフ、それにもっとも決定的なこととして、ユーリー・コヴァリチュークがいた。これはプーチンと親しい仕事仲間で、サンクトペテルブルク時代からの個人的な友人である。
マロフェーエフが普通と異なる点は、古い世代のプーチンのKGB仲間の多くと違って、ロシア国境を越えた世界との付き合いに幅広い経験を有し、英語を流暢に話したことである。マロフェーエフは未公開株投資の日々に、フランス保険会社アクサや米国の投資ファンド、ポール・キャピタルを含む欧米企業と緊密に連携した。[11]だが、ドゥーギンが蔑む「グローバル・エリート」の一員にはならずに欧米政治の極右、すなわち米国の福音復興運動やフランスのマリーヌ・ルペン、オーストリアのハインツ＝クリスティアン・シュトラッヘらヨーロッパの極右政治家に引かれ、またそこから学んだ。

欧米の伝統主義的キリスト教右派とのつながりが、マロフェーエフが初めてクレムリンと公式に交流する基礎だった。プーチンのユーラシア経済連合はかつてのソ連帝国におけるロシアの指導力を回復する狙いがあった。だが、クレムリンの世論工作担当者たちはプーチンを「世界保守主義のニューリーダー」――クレムリンとつながるシンクタンク「戦略コミュニケーション・センター」による造語――として、イメージを刷新することによって、ロシアのソフトパワーを国外へさらに遠く放射しようともした。この構想は、一九二〇年代の共産主義インターナショナル〔コミンテルン〕の線に沿って、一種の保守インターナショナルを創出することだった。そしてコミンテルンのように、この新たな国際運動はモスクワを世界超保守主義の指導部に押し上げ、こうした力を欧米にいるロシアの敵の不安定化と弱体化に使う狙いがあった。

モスクワのプロパガンダ機構と新たにパリおよびワシントンにつくられたシンクタンクは、スコットランドとカタルーニャの民族主義者、米国の中絶反対派、英国のEU離脱《ブレグジット》活動家、ポーランド、フランス、イタリアの反移民運動、そして実に欧米のどの国であろうと既成支配層に反対するどの保守グループをも支援した。二〇一三年一二月のロシア国会での年次教書演説で、プーチンは世界じゅうの保守派に向け、ロシアは「われわれに善と悪の平等性を異議なく受け入れるよう要求する」リベラルな、欧米の、同性愛支持のプロパガンダの波に対抗して、「家族の価値」のために立ち上がる用意と意志があると請け合った。ロシアは「すべての国で数千年にわたって文明の精神的、道徳的基礎を築き上げてきた伝統的価値観を防衛する」と彼は約束した。

新進のイタリアのナショナリスト、マッテオ・サルヴィーニからフランス国民戦線〔現国民連合〕の指導者マリーヌ・ルペン、英国のナイジェル・ファラージまで、ヨーロッパじゅうの多くの人士や米国の解説者パット・ブキャナンが、プーチンの保守的メッセージのさまざまな要素を公然と支持する発言をした。キリスト教右派の政治勢力としての登場を告げたレーガン政権時代の「モラル・マジョリティー」運動の主導者の一人であるブキャナンは、承認を表明した。「欧米メディアの多くはプーチンを権威主義者、反動主義者、先祖返りとして退けるが、彼はアメリカ人以上にはっきりと未来を見ているのかもしれない」ブキャナンは二〇一四年のブログ投稿記事にこう書いた[12]。そしてマロフェーエフはその翌年、フォックス型のキリスト教ナショナリズムのTVネットワークをつくったとき、それを運営するために《フォックス・ニュース》の元ディレクター、ジャック・ハニックを雇ったのだ。

ドゥーギンと同様、マロフェーエフもクリミア併合に続くウクライナのロシア語地域の騒乱で、きわめて直接的な役割を果たした。本人の説明によると、彼の着想は神意によるものだった。二〇一四年一月下旬、マロフェーエフはロシア正教会のトップであるキリル総主教とともに、ロシアとウクライナ、ベラルーシを巡って古代キリスト教遺物を収集する旅をしていた。一行の航空機は氷交じりの暴風雨のため、セヴァストーポリに不時着した。そこに立ち寄る計画はなかったが、一〇万人の人びと――クリミアの人口の三分の一――が、遺物とともに祈るために出てきた。「すべての人びとの口から出たのは、セヴァストーポリが再びロシアの一部になりますように、という一つの祈りだった」とマロフェーエフは回想している。[13]「神のご意志だ」

将来のドンバス反乱の主要指導者二人は、かつてマロフェーエフに雇われていた。自称「ドネツク人民共和国」の首相になるアレクサンドル・ボロダイは、クリミアの親ロシア派新首相セルゲイ・アクショーノフの政治顧問として働くために辞める前、マロフェーエフのPR担当コンサルタントとして働いていた。イーゴリ・ギルキンもマロフェーエフのために働いたことがあった——もっとも、マロフェーエフはまだ「彼らに給料を払っていることも、われわれが同じ事業をしているということも」否定した。しかし、「人道援助」と主張して一〇〇万ドル近くをドンバスへ送ったことは認めた。それでもウクライナ内務省は二〇一四年七月、「違法武装グループ」に資金を提供したかどでマロフェーエフに対する刑事捜査に着手したと発表し、彼に「テロリストの資金源」の烙印を押した。[14]

聖戦の僧：チーホン大主教

《ツァーリグラードTV》の主要人物の一人で、クレムリンと正教ナショナリストを結ぶもう一つの重要な環は、チーホン大主教（本名ゲオルギー・シェフクノーフ）だった。僧職に加わる前の職業が脚本家だったチーホンは、一九九五〜二〇一八年の間、モスクワのスレテンスキー修道院の院長を務め、そこでロシア正教会最大の出版社と非常に人気のあるウェブサイトpravoslavie.ru.を立ち上げた〔サイト名のプラヴォスラヴィエは正教を意味する〕。クレムリンとつながる銀行家で連邦院〔上院〕議員のセルゲイ・プガチョフが、本人の説明によると、一九九〇年代後半にチーホンをプーチンに引き合わせたという。[15]チーホン自身は、プーチンがスレテンスキー修道院の「入口に現れた」としている。いずれにせよ、それが緊密で非常に公的な関係のはじまりだった。この僧はプーチンの国際的な旅に数回同行し、チーホンは大統領のドゥホヴニーク、すなわち懺悔聴聞僧になったとのうわさにつながった――チーホンはこれを否定も肯定もしていないが、「わたしはリシュリュー枢機卿ではない」と強調している[16]〔リシュリューはルイ一三世時代に宰相として辣腕をふるった聖職者〕。しかしチーホンは二〇〇九年にこう公然と祈っている、「ロシアを愛し、その幸福を願う者は、神のご意志によってロシアの首座に置かれたウラジーミルのために祈るばかりである」[17]。チーホンが使った両義をもつ表現は、ウラジーミル大公〔キエフ大公国をキリスト教化した大公〕とウラジーミル・プーチンを意図的に結びつけたものだった。その比較はプーチン自身が真面目に受け取ることになり、この一〇世紀の同名人物の像を、クレムリンの脇に建立する結果になった。

プーチン個人の精神的動機がなんであれ、チーホンとの関係はPR上も良い意味があった。ロシア正教会は――大統領と軍に続き――ロシアでもっとも信頼される組織の一つであり、チーホンは教会の最高の情報発信者の一人だった。彼は『帝国の倒壊―ビザンチンの教訓』と題する人気ドキュメンタリー映画を監督していたが、この作品はモスクワがローマ帝国の精神的後継者で、キリスト教的価値観の唯一の擁護者だとする数世紀来の主張を新たにしていた。彼の二〇一二年の自伝『世俗の聖人たちとその他の物語』は、『フィフティ・シェイズ・オブ・グレイ』〔英国の官能小説〕の翻訳本をも抜いて、その年のベストセラーになった。そして二〇一五年以降、マロフェーエフの《ツァーリグラードTV》を自分の情報発信機として、チーホンは全国的に名声を馳せる人物になった。

二〇一七年、チーホンはキリル総主教によって、一九一八年にエカチェリンブルクで行われた皇帝ニコライ二世と家族の処刑を調査する委員会の指導者に任命された。チーホンの結論は、殺害は「ボリシェヴィキの指揮官ヤコフ・ユロフスキーにとって特別な意味をもつ儀礼的殺害だった」というものだった。これが処刑隊指揮官のユダヤ人出自を指すことは見え透いていた[18]。二〇二二年の侵攻に先立つ時期、チーホンはウクライナがロシア正教の心の古里だとする考えを――そして、キリルが言う「ロシア民族と教会の結束に敵対」する「悪の勢力」をウクライナから一掃することがロシアの責務だとする考えを――声高に主唱した。チーホン自身の説明によると、彼は侵攻の前夜、この問題をプーチンと討議した。「わたしは［プーチンとの］討議にもとづいて、言うことができる。この作戦を不可欠にする死活的重要性のある理由、すなわちロシア国民にとって差し迫った危険があると彼が判断していなければ、彼がそれを企てることはなかっただろう」。チーホンは二〇二二年四月八日、自分の教区での説教で参拝者らにこう語った。「彼がそれを今ではなく、あとで行っていたら、ロシアは攻撃され、幾百万の犠牲者を出すリスクがあっただろう[19]」

ナショナリスト官僚：セルゲイ・グラジエフ

正教過激ナショナリスト右派をクレムリンに結びつけたもう一人の重要人物は、セルゲイ・グラジエフだった。エリツィン政権下で対外経済相を務めた経済学者で、科学アカデミー会員である。ドゥーギンと同様に、グラジエフはプーチン政権の初期の歳月、ナショナリスト反対派のメンバーだった。両者は二〇〇三年、国家院〔下院〕外交委員会のタカ派委員長ドミトリー・ロゴージンが率いる「祖国《ロージナ》」党の創立メンバーだった[20]。グラジエフは二〇〇四年の大統領選挙ではキリスト教的価値観と、近い外国でロシアの影響力を高め、米国の覇権に対抗することを綱領にして、プーチンに対抗して出馬さえした。

二〇一二年にもなると、すでに見たように、ヤヌコーヴィチをEU連合協定から引き離し、代わってユーラシア連合に加わるよう言いくるめる経済的側面の任務をプーチンが与えたのが、ソ連時代のウクライナに生まれたグラジエフだった。当時彼と働いたある政治顧問によると、グラジエフはクリミア併合とウクライナ分割を主唱するコンスタンティン・マロフェーエフの政策文書をクレムリンの高官たちに回覧するうえでも、重要な役割を果たした。グラジエフは「[クレムリンという]機関車の先頭を走っていた」とこの顧問は言う。「彼は限界を広げた。……彼は議題を設定したがったんだ[21]」

すでに触れたように、マイダンに続く大混乱のなかで、グラジエフはオデッサ、ハルキウなどの都市でのロシア支持の示威行動の指導にも、深くかかわっていた。二〇一七年にもなると、彼は次のように述べ、将来のクレムリンの強硬路線を再び予期しつつあった。「今日ウクライナは占領された領土であり……正当な権力がなく、話すべき相手がいず、政治的合意の履行に責任をもつ者がだれもいない」。グラジエフにとって、キーウ当局は「米国の侵略者の召使いにすぎず、彼らはウクライナにおける米国の利益に奉仕する[ための]資金を受け取っている米国大使館から、指示を受けているのだ[22]」。二〇一九年には、グラジエフに対するプーチンの評価の高まりとイデオロギー的近似性をさらに表して、彼はユーラシア経済連合の統合・マクロ経済担当の閣僚に昇進した。

灰色の枢機卿：ヴラジスラフ・スルコーフ

スルコーフはプーチンのクレムリンでそれまで働いたもっとも逆説的で魅力的な人物で、クレムリン側近グループの若手メンバーたちのポストモダン的な世慣れと、際限ないシニシズムの典型例だった。スルコーフはチェチェン人の父親とロシア人の母親の間に、一九六四年に北カフカースでアスランベク・ドゥダエフとして生まれた。父親が家族を捨てたあと、彼は一九六九年に母親の姓を取り、母親とともに中部ロシアのリャザンに移った。すでにプロの劇場監督になっていた一九九〇年代に、政商ミハイル・ホロドコフスキーに雇われ、彼の宣伝・広報部門の監督を任された。将来妻になる女性もホロドコフスキーに雇われていた。スルコーフはホロドコフスキーが二〇〇三年に詐欺で逮捕、投獄される前に、その卓越したPR技術を買われて、大統領府に引き抜かれた。

二〇〇三〜〇四年にトビリシとキーウで起きたカラー革命のあと、スルコーフは「主権民主主義」という用語――実際にはその逆のこと、すなわち民主主義を国家の手に引き渡すことをいう仰々しい概念――の考案に与った。スルコーフの青年運動「ナーシ」は、この組織がロシアの青年層を洗脳して、欧米青年層の傾向と価値観を憎悪するよう仕向けることに専念していることを隠すために、マネジメントと人格的成長を表現する流行《はやり》の業界用語を使った。エリツィン時代のロシアのイデオロギー的空白に、スルコーフは全ロシア人の希望と夢の大志を包み込むほど幅広い万能の国家イデオロギーをあざやかに作り出した。それは大祖国戦争の英雄譚や正教ナショナリズム、それにソ連時代への郷愁を寄せ集めて作られていて、ゲームおたくからおばあちゃんまで、だれもが支持できるロシアに対するポストモダン的な国民的自尊心を涵養することを狙っていた。スルコーフが自作小説『ほぼゼロ』（妻ナターリャ・ドゥボヴィツカヤにちなむナタン・ドゥボヴィツキーのペンネームで書かれ、主人公はソ連崩壊後のむき出しの資本主義ロシアで海賊版出版業者として繁盛する、詩を愛し銃を持ち歩く広報業界の専門家）で書いたように、新しいイデオロギーは「いつ何時でも悲劇か牧歌劇、あるいはどうとも取れるものを演じる用意のあるもの」だった。(23)

プーチン時代のロシアのメディア文化、すなわちピーター・ポメランツェフの忘れがたい言い回しが言う「何も真実ではなく、何でも可能」という陰謀理論を促す相対論的世界の形成に与ったのも、副首相に昇進したスルコーフだった。スルコーフは、彼自身のように一九九〇年代のリベラルなメディア界からクレムリンの軌道に入っていた新世代のTV局幹部と協力し合って働いた。もう一人の元リベラルTVプロデューサーでカルト映画監督、コンスタンティン・エルンストの指導のもと、ロシアの《第1チャンネル》はシルヴィオ・ベルルスコーニの満足感を与えるTVナショナリズムと、《フォックス・ニュース》の攻撃的党派性をまねた。スルコーフのヒーローは米国のラッパー、トゥパック・シャクールとビート詩人アレン・ギンズバーグで、二人の写真がクレムリンの彼のオフィスを飾っていた。スルコーフはロックバンド「アガタ・クリスティ」のために歌詞を書き、二〇一〇年と二〇一三年にロンドンスクール・オブ・エコノミクスでの活発な討論に顔を出した——その討論で彼は、ボロトナヤ広場の抗議参加者らはロシアの「創造的階級」であり、その意見には留意すべきだと認めた。だが、流暢に英語を話し、米国のカウンターカルチャーのヒーローたちを賞賛しながらも、スルコーフは欧米に傾くリベラルにはほど遠かった。プーチンは二〇一三年、ヤヌコーヴィチのEUとの危険ないちゃつきを頓挫させるクレムリンのキャンペーンで、グラジエフと協力してPR面の陣頭指揮をとらせるためにスルコーフを抜擢した。

スルコーフの仕事は、ウクライナが将来、反抗的で西側指向のバルト諸国ではなく、忠実でモスクワの統制を受けるベラルーシに似るようにすることだった。「ウクライナは存在しない、あるのはウクライナ性だけだ」とスルコーフは主張した。「それは一種特殊な心の病……。とても奇妙なことだが、わたしは『ウクライナ楽観主義者』だ。言い換えれば、ウクライナはまだ存在しない。しかし、時とともに「形を成すだろう」」。スルコーフが言おうとしたのは、ウクライナが欧米を後ろ盾にする「反ロシア」になりかねないまとまった独立国家になるのを防ぐには、まだ遅すぎることはないということだった。

マイダンの大災害は、政治技師およびPRの天才としてのスルコーフの名声にとって深刻な挫折になった。だがプーチンは彼に二度目のチャンスを与え、二〇一四年四月、ただちにウクライナ問題全般についての最高責任者に任命した。クリミアとドンバスの作戦行動のあと、スルコーフの困難な課題は、キーウに誕生した強固な反モスクワ政権に対し、ウクライナの西方への道を外部から頓挫させることだった。そこでクレムリンが選択した妨害戦術は、離反するドンバス両共和国を使って、キーウを低レベルの永久戦争のなかで身動きできなくし、離反共和国をキーウの支配下に取り戻すのかどうか、いかに取り戻すのかという果てしない議論によって、ウクライナの政治と国家としての存立を混乱させることだった。ヨーロッパの支持とプーチンによる陰の承認で、二〇一四年と一五年にポロシェンコが署名したミンスク合意1と2の底流にある考え方は、ドンバスを対抗勢力としてウクライナ内にとどめ、同国をNATOとEUに入れようとするいかなる試みに対しても足を引っ張ることだった。

プーチンはルハンスク、ドネツク両共和国の主権を承認することも、クリミアのようにロシアへ公式に編入することも拒み続けた。だがスルコーフ自身が二〇一五年に認めたように、ドンバスの両共和国は再びウクライナに合流するべきだとロシアが主張しているように思われたのは、まったくの二枚舌だった。両共和国がウクライナ政府の支配下に戻ることを「思い描くほど、わたしはたくましい想像力をもってはいない」とスルコーフは語った。「ドンバスはそんな屈辱に値せず、ウクライナはそんな栄誉に値しない」[24]

クレムリンのガス兵器

クリミア併合の結果、通貨ルーブルの価値は約四〇パーセント下落し、プーチンの側近グループと国有企業に個人的制裁が科されたが、欧米の連帯は、実現していれば本当に影響を与えていた可能性のある一点——エネルギー——で崩れてしまった。ロシアの天然ガスも石油も制裁パッケージには含まれなかった。にもかかわらず二〇一五年一月初め、ガスプロムはEUによる制裁が操業遅滞の原因だとして、パイプラインを通じたヨーロッパへの供給を半分に削減した。（ガスプロムは二〇二二年七月、またも技術的問題という見せかけの主張にもとづくまさに同じガス供給停止戦略を採用することで、ヨーロッパに対し、新たな、はるかに重大なガス戦争を始める。）

二〇一五年にはその戦略は奏功した。ドイツ首相アンゲラ・メルケルは米国の圧力に抗して、バルト海底を通ってロシアとドイツを直接結ぶ第二の主要パイプライン――ガスプロムの九七億ユーロの「ノルドストリーム2」――の建設協定に署名した。オランダは前の夏のマレーシア航空MH-17便の撃墜に激怒していたにもかかわらず、ロイヤル・ダッチ・シェルはノルドストリーム2に署名。ドイツのウニパーとヴィンターシャル、フランスのエンジーも同様だった。ヨーロッパはクリミア問題でプーチンを非難しているときにも、ロシアの天然ガスへの依存を高めたのだ。メルケルは同時に、離反するドンバス地域を――公式には依然としてウクライナ内にありながらも――自治統治体として事実上合法化する二つのミンスク合意に署名するよう、ポロシェンコに圧力をかけた。

ウクライナで起きる戦争の結果、両ノルドストリーム・パイプライン四本のうち三本が二〇二二年九月に、国籍も動機もいまだ不明の破壊工作者によって破壊されることになろうとは、二〇一五年にはだれも予測できなかっただろう。だが、当時クレムリンが引き出した結論は明白だった。一つは、ヨーロッパへのガス供給の削減は、欧米政治家の意識を驚くほど早く集中させたということ。二つ目は、ロシアの行動――無辜のヨーロッパ市民数百人の殺害まで含まれる――をめぐる彼らの道徳的罪の意識がどうであれ、ヨーロッパのガス需要はつねに道徳規範の問題を凌駕するだろうということである。プーチンの側近グループが二〇二二年のウクライナ侵攻を計画する際、同様に欧米の分裂と自己本位は変わらないだろうと想定したのは、至極論理的だったのだ。

シリア

二〇一五年、プーチンはさらに軍事的実績を伸ばした。今度は国際舞台でだ。シリアのバース党政権はイラクのイデオロギー的兄弟分と同様、数十年にわたってソ連のお得意先だった。ソ連が政治的、経済的に崩壊したことで、アフリカ、中東、中米およびカリブ地域のソ連の同盟諸国は干上がってしまった。だが、二〇一一年の民主化を求める「アラブの春」の結果、バッシャール・アル＝アサド政権が大がかりな反乱の攻撃にさらされると、潤沢な資金のあるロシア政府は、ソ連型のパワーブローカーとして国際舞台に復帰する好機を見た。プーチンはすでにシリア内戦の初めからアサドに武器と顧問団を供与しはじめていた。二〇一五年九月、シリア政府から反政府グループに対抗する航空支援の公式要請を受けると、クレムリンは倍賭けした。ラタキア近郊のフメイミム空軍基地に、約二三〇〇人の地上要員に支援された三六機の飛行中隊一個を配備すると、戦争の流れはたちまちアサド有利に変化した。

ロシアは米国と連合諸国も爆撃を加えていたイスラム原理主義勢力――「イラクとレヴァントのイスラム国」（ＩＳＩＬ）、「ヌスラ戦線」（シリアのアルカイダ）、「征服の軍隊」――に対する空爆から始めた。ロシアによる空爆によってＩＳＩＬが二〇一六年六月に砂漠の都市パルミラの放棄に追い込まれて二週間後、クレムリンの世論工作担当者たちは、世界的に著名な指揮者ヴァレリー・ゲルギエフとマリインスキー交響楽団による同市のローマ劇場でのコンサートをお膳立てした。ロシア兵や政府閣僚、ジャーナリストの聴衆を前に、ゲルギエフはバッハとプロコフィエフ、それにシチェドリンの曲を指揮した。中東の破壊された一地域にロシアが文化を取り戻すその光景は、一個の見事な政治劇だった。

ロシア軍機は「シリア国民連合」など米国が支援するグループとトルコ国境のクルド人グループを攻撃しはじめた。地上ではロシアの顧問団とワグネル・グループ——その活動は後段で詳細に論じる——の傭兵がアサド軍およびイラン革命防衛隊の軍とともに戦い、一方ではロシアの航空戦力がアレッポおよびイドリブに残っている反政府派の拠点を破壊した。米国政府とEU本部は、プーチンが事実上アサドのために戦争に勝ちつつあるとして厳しく批判したが、ワグネル軍に対する二、三度の空爆を別にすれば、プーチンの行動を阻止する手立てはなんら打たなかった。二〇一七年一二月、ロシアはフメイミムの空軍基地とタルトゥースにあるソ連時代の小規模な海軍基地が、恒久的な海外軍事基地になると発表した。

シリアはチェチェン、ジョージア、クリミアに次いでプーチンが勝利した四番目の戦争だった。さらに、ロシアは一世代のなかで初めて、自国の裏庭だけでなく世界にパワーを放射できる主要国際プレーヤーに再びなった。しかも米国とは異なり、中東での戦争に断固として勝てることを見せつけたのだ。欧米は大惨事と泥沼を予想していた。予期に反し、プーチンの改良された陸軍および航空戦力は、一兆ドルをかけた米国の対テロ戦争が失敗した地で、あきらかに成功を収めていた。

ロシアゲート

新たに自信をつけたロシアが、二〇一六年の米国大統領選挙の結果に影響を及ぼすという、これまでになく重大な一撃を試みることで、米国の支配に対する巻き返しを続けようと決めたことは驚くに当たらない。当初の目標は、まだ正式候補になっていないドナルド・トランプを支援するというより、ヒラリー・クリントンを傷つけることだった。彼女は「アラブの春」を、そしてのちにはオバマ政権の国務長官としてマイダンを、強力に支援し、クレムリンにとっては厄介者になっていた。FS

BとGRUが犯罪世界から採用したプログラマーたちを含む二つの異なるハッカー集団が、民主党全国大会に偽のeメールを大量に送りつける「フィッシング」攻撃を始めた。メールにはハッカーたちがメール記録に侵入できるようになる厄介な大量のマルウェアが含まれていた。こうしたハッキング行為の結果、特段信用を傷つけないにせよ厄介な大量のメールが作られ、それがのちに二〇一六年の投票の直前に発信されることになる。二〇一六年一一月の選挙自体に先駆けて、GRUのハッカーたちはまた、電子投票を制御しているオンライン・システムの一部に侵入した。

別の攻撃の一つは、プーチンの盟友で富豪のケータリング業者、エフゲニー・プリゴジン――彼はワグネル傭兵グループの創設と資金拠出にも与った――が私的に仕掛けたソーシャルメディアによるキャンペーンだった。プリゴジンはサンクトペテルブルクに偽情報拡散組織を立ち上げ、この組織が数百人の若いハッカーを雇って、ツイッターとフェイスブックの偽アカウントをつくり、クリントンを攻撃するスポンサー付きの捏造された投稿でソーシャルメディアを満たした。

米連邦捜査局（FBI）は早くも二〇一五年一一月、ロシアのハッキング行為に対する捜査を始め、ロシアによる選挙介入の全貌が明らかになると憤激が起きたけれども、クレムリンによる介入が実際の選挙結果を変えそうになったという証拠はない。だが、憤激そのものがプーチンの勝利だった。二〇一七年一月、国家情報長官室はFBIとCIA、国家安全保障局の活動を総括する機密解除された報告書を発表。同報告書はこう結論していた。「ウラジーミル・プーチン大統領は米国大統領選挙を標的にした……影響工作を命じた。ロシアの狙いは米国の民主的手続きに対する信頼を損ね、クリントン長官の名誉を毀損し、彼女の当選可能性と大統領就任の可能性を害することであった。われわれはさらに、プーチンとロシア政府が明らかにトランプ次期大統領を好むようになったと評価する。われわれはこうした判断に強い確信をいだいている[25]」。ロシアゲートのおかげでプーチンは、とりわけ米国メディアの目からは、「地域勢力《リージョナル・パワー》」（オバマの否定的な呼び方）から、敵国の首都のど真ん中に不和とヒステリーを植えつけることのできる危険な世界的黒幕になっていた。

ロシアゲートによるハッキングはロシア国家にとって「数百万ドル」の費用がかかったと、この時期にプーチンと定期的に会っていたあるロシア政府高官は言う。「しかし、その効果は、われわれが国防に支出していたはずの数百万ドルに劣らず強力であり……それはすばらしく効果的な作戦行動だった。典型的な柔道の技……敵に対してその弱みを利用するわけだ[26]」。プーチンの介入は実際には、トランプを当選させるうえで決定的ではなかった。だが米国メディアの一部は決定的だったと主張した――それがプーチンの思うつぼだったのだ。

二〇一六年一一月八日、モスクワのとあるバーで米国大統領選の夜に合わせたパーティーが開かれた。開票の結果、トランプが勝利に近づいていることが明らかになると、その祝賀会は騒がしくなった。一部国営テレビ局員を含む大勢の若いロシア人女性が、トランプ陣営の集会をまねて「ＵＳＡ！ＵＳＡ！」と連呼しはじめた。だれもがひどく酔っていた。その祝賀を睥睨していたのはプーチンとトランプ、それにロシアのナショナリスト右派にとってのもう一人の寵児マリーヌ・ルペンの英雄的な手描き肖像画だった。彼女の国民戦線は二〇一四年に、第一チェコ・ロシア銀行を含むクレムリンとつながりのある諸行から、一一〇〇万ユーロのローンを受け入れていた[27]。多くの米国人がパーティーに居合わせていて、ある者たちは伝統的な赤色の「アメリカを再び偉大に」の野球帽を、またある者たちは特別にあつらえた「ロシアを再び偉大に」の帽子をかぶっていた。ゲストのなかに《フォックス・ニュース》の元ディレクターで、今はマロフェーエフの《ツァーリグラードＴＶ》で働くジャック・ハニックがいた。ロシアのＴＶニュースカメラの群れが夜通しハニックを囲んでいた。

「クリントンはキリスト教徒だと言っているが、彼女の政策はすべて実はそうした立場から離れていっている」とハニックはカメラに向かって語った。米国は「その道徳的核と本質を失いつつある。……ロシアはキリスト教の方へ向かっている。アメリカはキリスト教から離れつつある」。米国司法省は二〇二二年、マロフェーエフのための仕事に絡んで、ハニックを米国による制裁違反と嘘の発言で訴追することになる。(28)

選挙の夜のパーティーを包んだその陶酔感は、クレムリンが自らの増大するパワーを自覚するうえで――そして、ロシアの一体性とイデオロギー的結束が、軟弱で致命的に分裂した欧米を打ち負かすと確信するうえで――、もう一つの節目になった。「世界はわれわれの道を歩んでいる、それは否定できないわ」とエカテリーナ・トカレワは言った。(29)《ロシア1》チャンネルの時事トークショー「60分」のプロデューサーで、彼女がその選挙の夜のパーティーにわたしを招いてくれたのだった。二〇一八年三月にソールズベリで起きた元GRUの亡命者セルゲイ・スクリパーリと彼の娘の毒殺未遂事件を含め、欧米に敵対するロシアの欧米でのその後の行動の根底にはすべて、向かうところ敵なしというこの感覚と、欧米の批判は浅薄だという確信があったのである。

威勢の幻影

実は、ロシアの新たな実力はおおむね幻想だった――あるいは、少なくともきわめて限定的なものだった。第一の幻想は、ロシアが二〇一四～一五年にイロヴァイスクとデバルツェヴェでウクライナ軍を破ったことにより、モスクワの圧倒的な軍事的優位が示されたというものだ。だが実はロシアは、それまで軽武装の叛徒を相手に戦って勝ってきたウクライナ軍に対し、破壊力のある砲兵隊をひそかに展開することによって、それら両方の会戦に勝ったのだった。モスクワの介入はナイフによる戦いに銃を持ち込むことだった――これは突然の、決定的なことではあっても、ロシアがウクライナに対する本格的戦闘で同じ成果を挙げられることを永続的に証明するものではなかった。

二〇一五年のエネルギーを梃子《てこ》にしたロシアの脅しは、滞っていたパイプライン「ノルドストリーム2」を促進するうえで圧倒的に効果的だったかもしれない。しかし同様に、それはヨーロッパがロシアの安価な天然ガスに依存する危険性について、欧米で大きな戦略論争を促しもした。ドイツの前首相ゲアハルト・シュレーダーと後継者のアンゲラ・メルケルは、ロシアをヨーロッパ経済に統合すればプーチンの侵略行為を激化させるのではなく、緩和する効果があると考えていた。他方、英米両国はそれに激しく反対した――そしてワシントンは、同プロジェクトに参加するいかなる西側企業にも制裁を科すと脅し、ガスプロム社はノルドストリーム2に自前で資金手当てせざるをえなくなった。このパイプラインは侵攻前にドイツ政府の創業認可を得ることがなく、二〇二二年九月二六日に謎めいた爆破で三億立方メートルのガスを大気中に放出する前でさえ、すでにバルト海底に沈む非常に高価な鉄くずと化していた。

シリアも、少数の最新型軍用機が独自の航空機をもたない敵を――とりわけその航空戦力が民間人の死傷者に配慮せずに用いられたとき――圧倒できることを示す好個の実例だった。しかしロシアは、イラクにおける米国とちがって、地上戦には加わらず、現体制を打倒するのではなく、支援するために介入したのだ。そのうえロシア軍は、なによりも米国が紛争から距離を置くことを選んだために戦争の形勢を変えることができたのだった。ロシアが二〇二二年にウクライナで思い知ることになるように、その航空戦力は比較的装備の整った空軍と最新の防空システムによって抵抗されると、たいして役立たなかった。

ロシアによる米国大統領選への介入の本当の規模と影響も、トランプ当選後の文化戦争のために過大に騒ぎ立てられた。プーチンに米国の民主主義を操作する悪魔のような力があるということが、トランプに反対するメディアの基本になった——これは外部からの悪意ある介入がなくても、米国の有権者は欺かれてトランプに投票することがあり得るということを受け入れがたいために、意識的あるいは無意識的にあおられた信条なのだ。だが実際には、トランプの勝利にも、英国のEU離脱の国民投票にも、マドリードからの独立の是非を問うカタルーニャ州の一方的住民投票にも、マリーヌ・ルペンの復活あるいは、プーチンの関与が示唆されたどの大々的な介入陰謀にも、クレムリンは決定的な役割を果たしてはいなかった。

ロシアの軍事・外交パワーの世界的復興は幻想だったかもしれない。だが、それは強力な幻想だった。大多数のロシア人の意見では、プーチンは屈辱の数十年のあと、ついに国家を立ち上がらせた功績があった。「クリミア効果」は、軍事的勝利がプーチンの人気を高めるための秘密の公式であることをクレムリンに教えていた。そして致命的なことに、クリミア効果のために、クリミア作戦行動を実行したタカ派は、その策略を将来より大規模に繰り返すことができると考えるに至ったのである。

裏切られたウクライナ

両ミンスク合意によって、ウクライナは分割よりも悪い状態に置かれていた。つまり、合意は同国を孤立状態にし、基本的に欧米に裏切られたかたちにしていたのだ。クリミア併合とドンバス戦争の際、そうした行動は受け入れ難い、ロシアは代償を払うことになるだろうと勇ましく話していたにもかかわらず、EUもオバマ政権も実際にはウクライナがロシアを押し返すのを助ける用意がなかった。ドイツがノルドストリーム2にゴーサインを出したことは、欧米の真の関心が奈辺にあるかを見せつけた。「基本的に［ウクライナ人は］非常に愛している欧米にだまされたんだよ」。国営テレビのある幹部（〝キリル・モロディ〟と呼んでおく）は二〇一五年、満足げにわたしにそう言った。「彼らはマイダンでEUの旗を振り、そこへヨーロッパがやってきて、OK、もう諦めなさい、われわれにはロシアのガスが必要だと言ったわけだ(30)」

ペトロ・ポロシェンコはむき出しのウクライナ民族主義と、NATO・EU加盟への努力および汚職に対する戦いの継続を公約する綱領で、二〇一四年五月の大統領選挙に勝利していた。実際には目標のすべてに失敗した。二〇一五年二月、ポロシェンコはウクライナの汚職を一掃するため、元ジョージア大統領ミヘイル・サーカシヴィリをオデッサ州知事として起用した。サーカシヴィリは一年後に辞任した。「この地域は腐敗した連中ばかりか、ウクライナの敵にまで引き渡されつつある」とサーカシヴィリは苦情を述べ、「オデッサの汚職一族」を支持しているとして、ポロシェンコ個人を非難した(31)。ポロシェンコ政権は汚名を負った前任者ヤヌコーヴィチと同じ汚職の因襲に陥っているようだった。

ウクライナで続く汚職はクレムリンの思うつぼだった。腐敗したウクライナは弱体なウクライナだった。「はっきり言って、彼ら[ウクライナのエリート層]はわれわれから授業を受ける必要がないよ」とモロディは冗談を言った。彼のテレビチャンネルはウクライナ政府の汚職の紆余曲折を詳細に報じていた。「もしラズピール[スキミング]とオトカート[賄賂]における世界レベルの上級セミナーを受けたければ、だれかウクライナの知事に聞けばいい(32)」。ロシアはウクライナのエリート層を脅して分断するとともに、ロシアとドンバス占領地域の両方での莫大なビジネス利益を通して政商たちをモスクワに結びつけるため、計画的な道具として汚職を組織的に使っていたのだ。

俳優と政商

「ウクライナのようなひどい政治家たちはどこにもいない」。ウクライナのある俳優兼脚本家が、ポロシェンコを取り巻く汚職についてこう述べた。「ロシアにも汚職はある……が、彼の地の政治家たちは今でもいくらかの核になる価値観――国家の観念――をもっている。これがロシアの政治家たちが信じる事柄であり、それは彼らのイデオロギーだ。ウクライナの政治家には価値観がない。彼らは権力の座にとどまる役に立つなら、なんでも約束するのだ[33]」。ウクライナ支配階級に広がるシニシズムは、国を無力にしているばかりか、実際にこの国がそもそも機能する国家になるのを妨げつつある。

その俳優はある田舎教師についてのテレビの風刺劇を書くことに決めた。政治腐敗に対するその教師の怒りの怒号が拡散し、はしなくも彼をウクライナ大統領の権力に押し上げるのだ。そのシリーズは『国民の奉仕者』と呼ばれることになる――そしてその主演俳優兼脚本家はおまけに、現実世界の政党をその同じ名前で登録することにした。彼は名前をヴォロディミル・ゼレンスキーといった。

ゼレンスキーは一人っ子で、ウクライナ中部の町クリヴィ・リーフでロシア語を話すユダヤ知識人の家庭で育った。父親オレクサンドルはコンピューター科学者で地元大学の工学教授、母親リーマはエンジニア。祖父セミョーンは第二次世界大戦でナチと戦った四人兄弟のうち、ただ一人生き残った――彼はのちに大佐の階級にまで昇進し、クリヴィ・リーフの警察署長になる。ゼレンスキーの曾祖父母はいずれも、ドイツ軍がこの町を破壊したときに虐殺された。他の多くのウクライナ・ユダヤ人に比べると、ゼレンスキー家は二〇世紀の恐怖を比較的無傷で生き延びた。だが、彼の生い立ちと家族史ゆえに、ゼレンスキーをファシストだとするプーチンのその後の主張は、いっそう奇怪で侮辱的だった。

学校でゼレンスキーはユーモアと興行の才を現し、友人たちとともにチームを結成。KVN、すなわち「滑稽と創意の人びとクラブ」として知られるアマチュア学生コメディーコンテストに出場した。ＫＶＮはソ連時代の大人気の伝統的催しである――そしてソ連崩壊を生き延びた催しであり、旧ソ連全土からチームが参加するモスクワでの最終選考は、全土にテレビ放送された。ゼレンスキーが育ったクリヴィ・リーフの地区名にちなんで、彼らは独演チームを「95区《クヴァルタール》」と名づけた。ゼレンスキーは地元大学の法学部を卒業すると、芸能界に入り、一連の人気コメディショーと、ロシアでも放映されるＫＶＮ戦で制作し、自ら出演した。二〇〇六年にはゼレンスキーと彼の相方は、ウクライナ版の「ストリクトリ・カム・ダンシング」〔英国のダンスコンテスト〕で優勝。二〇一〇年には、ゼレンスキーと彼の「95区」はクリミア半島フォロスにある国家別荘で催されたヤヌコーヴィチ大統領の六〇歳の誕生パーティーで、余興に雇われた。

ゼレンスキーのユーモアは猥褻で、欧米の基準からすると、とても政治的に正しくはなかった。もっとも有名な彼の寸劇の一つでは、彼が自分のペニスでピアノを弾くふりをし、もう一つでは、彼が運転手たちといちゃつくゲイの警官を演じた。彼のショーは強烈に政治的でもあった――そして、たいていはロシアとプーチン本人を標的にしていた。二〇一四年の春、彼は派手なピンクのドレスをまとって、情夫の帰宅が遅いことに怒るプーチンの愛人とされる体操選手アリーナ・カバエワに扮した。酔ったプーチンは、クリミアへの軍派遣についてショイグ国防相と協議していたために遅くなったと言い訳する。「うそおっしゃい！」とゼレンスキー演じるカバエワ、「わたしはロシアのテレビを見ているの。クリミアにはロシア兵はいないのよ！」。翌年、「95区」は『国民の奉仕者』の第一シリーズを打ち上げ、これはウクライナでもっとも人気のコメディショーになった。

素朴な理想主義者としての、少年のような微笑みと小柄、それに滑稽な役どころ。ゼレンスキーは過小評価されやすい人物だった。ロシアのプロパガンダとウクライナの政敵たちはゼレンスキーを、おどけ者、麻薬常習者、不真面目な素人と容赦なくあざけることになる。プーチンと彼の側近グループも、役割とそれを演じる人物を致命的に混同することになる。「政治をもてあそぶ厄介なチビのユダヤ人」というのが、二〇二一年のモロディのゼレンスキー評だった（彼が使った文句は仰天するほど人種差別的なヴャズキー・ジジョーノク〔粘着性のユダヤ野郎といった差別用語〕）。「彼はよくある政商の利益に奉仕する指人形だ(34)」。モロディはロシアの大手チャンネルを率い、二〇年以上にわたってクレムリンと緊密に協力してきた人物だ。

ゼレンスキーはたちまちウクライナでもっとも人気の俳優であるばかりか、同国最大でもっとも高収益のテレビプロダクション会社のトップになった。のちに大統領府長官になるアンドリイ・ボフダンは、ゼレンスキーの政治的可能性を最初に発見したのは自分だと主張した。ボフダンはかつてヴィクトル・ヤヌコーヴィチ政権に近かった——実際、二〇一三年一一月には、ユーラシア連合への加盟をめぐる対ロ交渉のためにサンクトペテルブルクへ飛んだ首相ミコラ・アザロフを団長とする代表団の一員だった(35)。ボフダンは、ウクライナのもっとも裕福な政商の一人であるイーホル・コロモイスキーの個人弁護士で上級顧問だった。コロモイスキーの三〇億ドルに上るビジネス帝国はウクライナとロシア、ルーマニア、それにスカンジナヴィアに広がり、合金鉄、金融、石油製品、航空路線、金属および石油、新聞および複数のテレビ局——「95区」のショーを放送する《1+1メディア・グループ》が含まれる——の持ち株を含んでいた(36)。コロモイスキーは手練れの政界生存者であり、最初はヤヌコーヴィチの地域党を支持し、その後マイダン支持に鞍替えした。二〇一四年二月末、マイダン後の暫定政府はコロモイスキーを彼の出身地ドニプロペトロフスク州の知事に任命した。

『国民の奉仕者』を現実の政治綱領に転換する可能性を見抜き、ボフダンは二〇一五年、ゼレンスキーがコロモイスキーの支持でドニプロペトロフスクのどこか地方の市長に立候補したらどうかと提案した。ゼレンスキーは断った——「95区」のあるメンバーによると、実際、ゼレンスキーは「彼らはわたしのショーを現実生活で実現したがっているんだ」と、同僚らに冗談を言った。[37]『国民の奉仕者』でくり返される話の筋は、ボンド映画に登場する悪役のような政商グループで、彼らは思いがけず大統領になった理想主義者の教師ヴァシーリ・ホロボロトコを買収できると信じているのだ。

ところがポロシェンコの大統領職がますます汚職と不満にまみれていくにつれ、ゼレンスキーの仲間内では、自分たちが本当に現実生活に芸術を模倣させることができると話し合うようになった。ウクライナの政治コメンテーター、セルヒイ・ルデンコによると、ボフダンはこの政商との協議のために、ジュネーヴとテルアヴィヴ――コロモイスキーがウクライナ国外に所有する二箇所の住居――への旅で、ゼレンスキーに同行した。ボフダンにはゼレンスキーに政界入りを促す個人的な意図もあった。ポロシェンコはボフダンを党の候補者名簿から外し、彼を刑事告訴していた。コロモイスキーにも、二〇一五年三月にドニプロペトロフスク州知事を解任されたことで、ポロシェンコに個人的な恨みがあった。ポロシェンコは次いで、コロモイスキーの子分を同国の石油パイプライン事業機関「ウクルトランスナフタ」の最高責任者の地位から解任。コロモイスキーは同社の本部を掌握して、政府が新たに任命した経営陣を追い出すため、自分の私設警備員らを派遣する結果になった。[38]

コロモイスキーのプリヴァート銀行も、ポロシェンコ政権とEU調査当局の両方からの法的攻撃にさらされつつあった。イタリア中央銀行が資金洗浄規制違反を発見したあと、ラトヴィアにあった現地子会社は閉鎖された。数十億ドルの長期低利貸付がコロモイスキーの経営幹部七人と部下二人に供与されていた。「同銀行の大がかりな組織的詐欺行為は少なくとも五五億ドルの損失を国家に与えた」と、ウクライナ中央銀行の元総裁の一人は述べた。この金額は個人の銀行預金総額の約三三パーセントに当たった。二〇一八年、プリヴァート銀行は国有化され、国際通貨基金（ＩＭＦ）からの五六億ドルの融資によって救済された。

破産と刑事訴追の可能性に直面し、コロモイスキーはウクライナを逃れ、二〇一九年まで戻らなかった。面目を失ったこの政商は「自分の大敵［ポロシェンコ］を倒して、自分の利益を守ってくれる候補者を探していた」と「95区」の情報筋は言う。「彼は［ゼレンスキーに］それを見つけたと考えた……彼はわれわれが、わが国のすべての売春婦みたいな政治家たちのように金で買えると考えたわけです[39]」

『国民の奉仕者』は毎週放映が続き、ゼレンスキーの政治思想――政治階級の腐敗とウクライナの政商が政治とメディアに及ぼす支配に対するあざけり――を披露する場になった。ゼレンスキーは二〇一八年の大晦日に大統領選への立候補を正式に表明した。「冗談ではありません」が、ラジオで放送され全国の掲示板に登場したスローガンだった[40]。

コロモイスキーが支配するテレビ局と新聞はゼレンスキーの立候補支持で結集した。だがゼレンスキーの選挙運動の決定的な瞬間は、彼がポロシェンコを生の討論に招いたときだった――テレビのスタジオではなく、キーウのサッカー場で大群衆を前にである。ゼレンスキーがポロシェンコに、討論に参加せよとビデオで挑戦したのは、お得意の政治劇だった。試合に備えるボクサーのように、ゼレンスキーがスタジアムの回廊を歩き、フィールドへ入り、次いで――度胸があるなら――そこで対決せよと劇的に敵に呼びかける様子が撮影された。討論本番では、ゼレンスキーは自然体だった。スポットライトを浴び、テレビカメラと観客が見守るなかでライブステージに立ち、軽やかに演じたのだ。ゼレンスキーがポロシェンコに見舞ったボディブローは、のちに彼を世界のマスコミの寵児にするような、格調高く感動的な文句だった。「わたしはあなたの対抗馬ではない」とゼレンスキーは大声で言い放った。「わたしはあなたに対する評決なのだ」

のちにゼレンスキーがルハンスク州知事に任じる野党政治家、セルヒイ・ハイダイによれば、ポロシェンコはこう考えていた。「有権者とは選挙のたびに約束されたことをすっかり忘れる浅薄な人間だ。だから選挙期間中、一定のうそを聞きたがる。選挙は一種のうそつき同士の競争だ。だから人びとはもっとも才能があり、もっとも大胆なうそつきに投票するのだ」と。[41]

おそらくポロシェンコは不適切なうそをついたか、あるいは人びとを十分説得するように話せなかったのだ。あるいは、もっと考えられることは、ウクライナ人がモスクワとの戦争と対立の歳月にうんざりし、ドンバスに平和をもたらしてウクライナのロシア語話者に対する差別をなくすというゼレンスキーの公約の方に引かれたのである。いずれにせよ二〇一九年四月二一日、ゼレンスキーはポロシェンコの二五パーセントに対して七三パーセントの票を獲得し、前例のない地滑り的勝利で選出された。

「彼はわれわれがこの二一世紀に属していることを示すことによって勝った。われわれは存在する。いま、ここに。独立して力強く」と、ゼレンスキーの報道官ユーリヤ・メンデルは指摘した。「われわれは別のあり方ができることを、ヴォロディミル・ゼレンスキーは示した。テーブルに席を占め、自信をもち、強力に、である」。[42] ルデンコの説明によれば、ゼレンスキーの勝利はもっと単純なこと——旧政治階級の腐敗に対する根本的な嫌気——によって支えられた。いずれにせよ八年間のうちに、ゼレンスキーは大統領ヤヌコーヴィチの誕生パーティーの余興の立場から、そしてテレビで架空の大統領を演じる立場から、現実生活の大統領になるまでになったのだった。

リアリティーTV

『国民の奉仕者』のシーズン1に、架空の新米大統領ヴァシーリ・ホロボロトコが両手に機関銃をもって議会に押し入り、自分の構想をことごとく挫折させてきた保守派を射殺する場面がある。現実のゼレンスキーは同様の線に沿ったことを試みた——もっとも、映画『スカーフェイス』型の機関銃を持たずにではあるが。彼はウクライナ保安庁（SBU）長官と国防相、検事総長、それに一連の官僚の即時辞任を要求した。ゼレンスキーの最初の内閣メンバーの大方は四〇歳以下で、ただ一人、老練の内相アルセン・アヴァーコフだけが前に閣僚経験があった。ゼレンスキーの第一首相オレクシイ・ホンチャルークは初登庁の日、ポロシャツとジーンズにスニーカーという身なりで、電動スクーターに乗ってやってきた。

ゼレンスキーの最初の問題は、破れたポロシェンコの党が依然支配的な議会だった。二〇一九年四月、国会はその残り期間が限られていることを知りながら、すべての公務員、兵士、医師、教員に仕事でウクライナ語のみを使うことを義務づける議論の多い法案を可決した。それは母語としてロシア語を話す同国の四〇パーセントの人びとにウクライナ語を強制しようとする多くの法律のうちの最後のものだった。ロシア語話者の一人がゼレンスキー自身だった。この法律はロシア語を話すウクライナ東部地域の内部と、外国からの厳しい批判をたちまち呼び起こした。それは何よりも、マイノリティー言語の話者の権利を保護するために起草されたヨーロッパ言語憲章に違反するからである。

同法をもっともあからさまに批判する人物の一人が、億万長者の政商ヴィクトル・メドヴェドチュークだった。「現政府の最大の戦略的誤りは、国民が異なる言語を話し、異なる宗教を信仰し、歴史に関する異なる見解をもっている国に、単一の民族帰属意識を構築しようとしていることだ」とメドヴェドチュークは二〇一九年、映画監督のオリヴァー・ストーンに語っている。「その［単一の］帰属意識がウクライナ全体の領域で確立されることは絶対ないだろう」[43]。この批判は公平ではない。ゼレンスキーはのちに、激しい論争の種になる政治問題としての言語問題をガス抜きするため、多大な努力をすることになり、ロシア語で数度の重要な政治演説をしている。この法律は自分の政府ではなく、レームダック化した議会が可決したものだ、と。ゼレンスキーが二〇一九年七月の抜き打ち総選挙を求めることによって、ただちに解散に動く議会である。

ゼレンスキーはその選挙で、自分の「国民の奉仕者」党が四五〇議席のうち約八〇議席を獲得すると期待していた[44]。それどころか同党は二五四議席を獲得した。ゼレンスキーは自らが考える現代的ウクライナの構想を実現するため、似た考えの人びとを、それも早く見つける必要があった。彼は「権力に縁故主義とお友達はノー！」のスローガンで選挙運動をしていた。それが実際には、子ども時代と大学時代の友人たち、「95区」の従業員と関係者、それに写真家、政党プランナー、有名なレストラン経営者、そしてテレビ局幹部らを議会と行政府の役職に急いで任命する結果となった。子ども時代の友人でビジネスパートナーがSBU長官になった。クヴァルタール・コンサートの元監督は、「95 区《クヴァルタール》」のライブショーを編成する仕事から、議会副議長兼ウクライナ国家安全保障・国防会議顧問になった。「95区」の弁護士アンドリイ・イェルマークはボフダンを継いで大統領府長官に、同社の元クリエイティブディレクター兼脚本家がその副長官になる。その他もろもろだ。「ポロシェンコ一家がゼレンスキー一家に取って代わられたのだ」とルデンコは指摘した。「あるいは、もっと正確には、『95区』スタジオにだ……。ゼレンスキーがいなければウクライナ政治にかかわることが絶対なかった人びとだ[45]」

ゼレンスキーの当選は、クレムリンでは複雑な気持ちで受けとめられた。一方では、ゼレンスキーは「道化師、麻薬常用者、お笑い種」と考えられたと、ロシアのTVプロデューサー、アンナ・ボンダレンコは言う。「彼ら［ボスたち］は、やつを思いっきりとっちめてやれと言ったんです。われわれは彼の……ハイヒールをはいて、ペニスでピアノを弾くとても滑稽なすべてのクリップをリプレイし、真面目に大統領らしく見えようとする彼と並べて、大いに楽しんだわ[46]」。ゼレンスキーの見た目の弱点は、彼をクレムリンの新たな影響工作のたやすい餌食にできた――そして、彼が和平のためにロシアとの協力を表明したことは、頑なに反モスクワだったポロシェンコの下ではあり得なかった機会を提供した。他方では、ゼレンスキーの当選は、ウクライナを奪取してロシアに対抗する道具として使おうとする米国が音頭を取る工作の最終段階とも見られた。「この仕事のために俳優が雇われたんだ」。連邦院〔上院〕国際問題委員会の委員オレグ・モロゾフは当時、わたしにこう話した。「ワシントンは反ロシア国家の創出という……いつもの計画をさらに突き進めるために手持ちの男を据えつけたんだ(47)」

経験に乏しいゼレンスキーの弱点を探ったのは、クレムリンだけではなかった。二〇一九年七月、ドナルド・トランプはゼレンスキーに電話して、一一月の来たる大統領選での競争相手の息子、ハンター・バイデンのウクライナでのビジネス活動を捜査するとともに、ウクライナの親ロ派政商が資金提供し二〇一六年選挙に介入したといううわさをトランプの協力者（元ニューヨーク市長ルディ・ジュリアーニ）が調査するのを助けるよう依頼した。（議論のあるところだが）逐語的記録は保存されていなかったものの、ホワイトハウスがのちに発表せざるを得なくなったその電話に関する公式声明は、トランプが米国による追加軍事援助はゼレンスキーの協力次第だと強くほのめかしたことを示唆している。

「世界のメディアはのちに、トランプが見返り取引をまとめようとしていたと主張した……。ウクライナは不運にも、その長年の友邦の犠牲に供されてしまった」と、ゼレンスキーの報道官ユーリヤ・メンデルは回想している。「自立と強さを国家イメージとするウクライナにとって、われわれの軍を支えるために援助を乞わなければならないというのはつらいことだった」。ゼレンスキー自身は困った立場に置かれた。「ハンターの父親ジョーは、まもなく次期大統領になるかもしれず、米国を敵にするのは絶対にわが国の利益にならなかった」とメンデルは続けた。米連邦議会が強要未遂でトランプを弾劾する公聴会を開いたあと、ゼレンスキー本人は「わたしは見返りの立場から大統領と話したことは決してない。それはわたしの流儀ではない。……われわれが物乞いのように見られては困る」と強調した。[48] ハンター・バイデンに関して不名誉なことは何も見つからず、米国の軍事支援四億ドルがウクライナに供与された。だが、ゼレンスキーが同盟国を脅そうとするトランプの試みの犠牲の役割を果たしたことで、彼の国際的立場は弱まってしまった。

新たに選ばれたゼレンスキーの国民の奉仕者たちは、メンデルの説明によれば、「狂ったプリンター」のように働き、毎週新たな法律をはき出した。だが、ルデンコによると、アンドリイ・ボフダンは「ゼレンスキーの勝利は自分自身のものだ」と信じていた。[49] ボフダンはゼレンスキーの大統領府長官に任命され、コロモイスキーの権益にとって脅威とみられる当局者らを取り除きはじめ、そのなかには検事総長とウクライナ国立銀行総裁がいた。ゼレンスキーの第一首相オレクシイ・ホンチャルークが国有電力会社に対するコロモイスキーの支配力を弱めようとすると、彼も解任された。

ゼレンスキーの就任一年目の終わりごろにもなると、彼の政権は初期の理想主義とは裏腹に、ゼレンスキー自身がかつてあれほど熱烈にののしっていた、おなじみの腐敗の泥沼に滑り込みつつあるようだった。二〇一九年一〇月、反汚職検事局は、不動産評価における不正手法を根絶する法案に反対投票した見返りに各自三万ドルを受け取ったとして、議会議員一四人が絡む刑事事件捜査に着手。このうち一一人は「国民の奉仕者」党の議員だった。容疑者のだれ一人として刑務所送りにはならず、国会議員の職を辞した者はだれもいなかった。もう一人の同党議員アレクサンドル・トルーヒンは、酔っ払い運転で衝突事故を起こしたが、刑務所行きを免れた。[50]

のちのロシアの侵攻に対する不屈の抵抗と照らし合わせると、皮肉なことに、ゼレンスキーは大統領任期の初期には、クレムリンと取引する用意がありすぎるとして、しばしば批判された。それは事実だった。ゼレンスキーは、ロシア－ウクライナ戦争を終わらせ、ロシアの支援を受けた分離主義運動の問題を解決するという選挙運動での中心的な約束を実行する決意だった。二〇一九年六月、彼は元大統領レオニード・クチマ――ロシアに長年のパイプをもつモスクワとの協議の練達者――を紛争解決のための三者連絡グループ〔ウクライナ、ロシアと欧州安保協力会議（OSCE）〕のウクライナ代表に任命した。クチマは七月、プーチンと初の電話会談を行い、ヨーロッパ諸国が仲介する新たな協議に入るよう促した。彼はまたロシア人戦争捕虜三五人と、ロシア側に囚われている同数の兵士および水兵――このなかには二〇一五年八月にテロ陰謀の容疑でロシアの法廷から禁固二〇年を言い渡された映画制作者、オレグ・センツォフが含まれていた――の交換を検討するようプーチンに要請した。

二〇一九年九月に最終的に合意された捕虜交換は、恒久的和平への重要な一歩になっていた可能性がある。ところが、ゼレンスキーを装うにせのロシアのツイッター・アカウントが、来たる捕虜交換のニュースを漏らしてしまった――これが引き金となって、ロシアは土壇場でもう一人加えることを要求した。すなわち、ウクライナ東部の分離主義派戦闘員で、二〇一四年七月に起きたロシア製ミサイルによるマレーシア航空機MH-17便の撃墜の重要証人、ウラジーミル・ツェマハである。この残虐行為の調査を主導していたオランダはゼレンスキーに、拒否するよう求めた。だが、ウクライナ指導者はわなにはまっていた――来たる捕虜交換のニュースが表に出てしまった以上、後へは引けなかったのだ[51]。ゼレンスキーがモスクワとの間で築こうとしてきた脆弱な和解は、ほとんど始まったばかりで潰えてしまった。

捕虜交換をめぐってプーチンが土壇場でかけた脅しは、「われわれが（クレムリンの）どんな種類の人間たちと交渉しているのかを、［ゼレンスキーが］自分自身がじかに、本当に理解した瞬間だった」。捕虜交換交渉にかかわったゼレンスキーの上級補佐官の一人は、こう回想している。[52]

それでもゼレンスキーはドンバスの離反派指導部と直接交渉し、先へ突き進んだ。二〇一五年の「ミンスク‐2」合意の要点は、離反派のルハンスク、ドネツク両共和国住民がウクライナの一部にとどまることを望むかどうかを問う住民投票を実施することだった。だが主要な膠着点は、そうした投票がキーウ当局ではなく離反行政府の手で実施されるのを、ポロシェンコ政権が認めてこなかったことだった。しかし二〇一九年一〇月、ゼレンスキーは分離主義派との予備的取り決めに達したと発表した。ウクライナ政府はロシアが記章をつけない兵を引き揚げる代わりに、ドンバスで行われる投票を尊重するというものだ。[53] 住民投票の形式は、二〇一六年に当時のドイツ外相フランク゠ヴァルター・シュタインマイアーによって作成されており、OSCEの中立公正な代表による投票管理を含んでいた。もしOSCEが投票を自由かつ公正と判断し、その結果がウクライナへの残留を支持するものであれば、両地域は特別な自治資格のもと、支配権がウクライナに戻されるというものだった。

ゼレンスキーはシュタインマイアー方式を承認し、両共和国とロシアも同様だった。余計なことに、占領下ドンバスの分離主義派メディアは、ゼレンスキーが合意に署名したのは「ウクライナに対するドネツク人民共和国とルハンスク人民共和国の勝利」だと誇らしげに書いた。[54] とはいえ、ゼレンスキーの新たな試みにもっとも熱心に反対したのは、ウクライナの強硬派民族主義者だった。数千人の抗議参加者が「降伏反対！」のスローガンのもと、キーウのマイダン広場に集まった。[55] さらに威嚇するように、ドンバスのルハンスクで戦っている「アゾフ大隊」を含め、いくつかのウクライナ民族主義民兵団が合意の受け入れを拒否した。極右「民族軍団」の指導者でアゾフ大隊第一司令官のアンドリイ・ビレツキーはゼレンスキーのことを、歴戦の兵を「軽視し」クレムリンのために活動していると非難した。[56] ゼレンスキーはビレッキーら民兵指導者たちと会い、未登録兵器の引き渡しと和平合意の受け入れを説得しようとした。彼らは拒否し、そのために住民投票の計画は破綻した――そしてそれとともに、ドンバスに平和をもたらすいかなる現実的機会も失われてしまったのである。

三年後になっても、二〇一九年一〇月に恒久和平の機会が失われたことは、ゼレンスキー政権の上級メンバーたちには依然としてきわめてデリケートな問題だった。ゼレンスキーの政敵たちは「彼は過激民族主義者の人質になっていると言ったが、正直なところそれには幾分かの真実があった」と大統領顧問の一人はこう認めた。「[ゼレンスキーは] 和平を実現するために選ばれた。しかし、必要な妥協をする用意のない武装分子が両方の側にいて……彼らは一センチでも譲るぐらいなら、戦う方を望んだのだ」。[57] クレムリンとのいかなる妥協にもかたくなに反対する民族主義者が起こしかねないマイダンの脅威は、和平を実現しようとする二〇一九年のゼレンスキーの試みをつぶしてしまった――そして、二〇二二年に始まった戦争の終局での、交渉による将来のどのような和平にとっても、大きな脅威であり続けるのである。

しかしながら、ミンスク－1と2の履行が実現する見通しはまったくなかったけれども、ゼレンスキーはドイツとフランスに対し、自分とプーチンの間の個人的和平協議を促してほしいと急かした。両指導者は二〇一九年一二月九日にパリで初めて、一度きりの顔合わせをした。会談の初っぱなからゼレンスキーは目に見えて緊張していた。協議に先立つ儀礼の写真撮影の際、ゼレンスキーはまちがってプーチンの席に着き、次いでジャーナリストたちに話しかけるために向き直り、協議に向けたウクライナ側の交渉方針書をうっかりカメラマンたちに見せてしまった。プーチンはいつもどおり遅れてやってきた。写真撮影が終わると、プーチンはゼレンスキーの方へ身を寄せた。「全員が去ったら交渉を始めよう」。ロシア大統領は、自分が仕切っていることを見せつけるために、分かりきったことを口にしてこう言った[58]。

公的には、ゼレンスキーは和平のための対話の再開を希望すると述べた。だが、一〇月の「降伏にノー」の抗議行動によって、国内ではゼレンスキーの妥協の余地がいかに限られているかが明らかになったことは、彼もプーチンも分かっていた。プーチンとしては、ウクライナ大統領が求める交渉再開をどこまでクレムリンに有利に利用できるかを試そうとしたのだ。

ゼレンスキーとプーチンの会談では、なんら政治的進展がなかった――ゼレンスキーがすでに一〇月に大幅に譲歩したものの、自国の民族主義者の反対によって挫折させられていたので、それは無理なことでもあった。プーチンの威圧的態度は助けにならなかった。「プーチンは命令の与え方は分かっていたが、交渉の仕方は分かっていなかった」とメンデルは回想している。「二〇年以上もの間、だれも彼に反論せず、だれも彼に悪い知らせをあえてもって行こうとしなかった。このことがプーチンを交渉下手にしてしまった。それどころか、彼は交渉するために強迫とさまざまな戦争道具しか使わなかったのである[59]」

しかし会談は、少なくとも停戦をもたらした。パリ首脳会談の前でも、ドンバスの支配線沿いに起きる散発的戦闘の死者数は、戦争初期の激しい戦闘の時期よりはるかに少なかった――ウクライナ軍参謀本部とルハンスク、ドネツク両共和国自身の報告によれば、二〇一七年には双方で六〇人が死亡、三〇八人が負傷した。二〇一八年には五一人が死亡、三〇四人が負傷。そして二〇一九年の死者は三六人、負傷者は一二九人だった[60]。パリでの交渉のあと、死者数は一桁に下がる――そして停戦は二〇二二年二月まで続いたのだ。

とはいえ、ゼレンスキーのウクライナはプーチンにとって問題になりつつあった。クレムリンがそれまで歴代キーウ政府を支配するために使っていた伝統的手法――天然ガス戦争、閣僚の買収、政商メディアの影響力の利用——は、ゼレンスキーがかつて自分の後援者だったコロモイスキーを含めた政商の権力の抑制に動いたために、もはや効かなくなりつつあった。もっとも致命的なのは、ゼレンスキーもNATOとの関係を強化し、加盟への道を促進しはじめたことだった。クレムリンから見れば、それはゼレンスキーがワシントンの傀儡であることの、さらなる証明だった。ウクライナを欧米の軍事的・政治的友邦の立場から、欧米同盟の完全に統合された一員に変えたいとするゼレンスキーの願いは、クレムリンが抱く究極的な不安だった。

第Ⅱ部
戦争への道

第5章
戦争への道

戦争はつねに部分的もしくは全面的な誤算である。
人は自分がいかに強いかを誤算し、
敵がいかに弱いかを誤算する。
人はそれがいかに容易か、
いかにコストが低いか、
いかに利益が大きいかを誤算するのである。
スティーヴン・コトキン(1)

クレムリンには多くの塔がある

二〇二二年にウクライナに侵攻するというクレムリンの決定に寄与したすべての要因が、数年さらには数十年かけて、出そろっていた。NATO拡大をめぐる不服と米国が支配する「一極世界」への反感は一九九〇年代以降、ロシアの政治論議の中心要素だった。クレムリンによるウクライナ分割の脅しは、ボリス・エリツィンがはるかにさかのぼる一九九一年秋、クリミアの地位を「再検討する」としてウクライナ最高会議を脅そうとして以来、続いていた。反ロシア「ファシスト」がキーウで権力を握るという空想は、すでに見たとおり、最初は二〇〇三年に親ロシア派のプロパガンダ屋たちが抱いた。ソ連の崩壊後、幾百万のロシア人が国境の向こう側に見捨てられたという欲求不満は、プーチンが二〇〇五年の議会演説で語った「地政学上の悲劇」だった。欧米が民主主義支持の運動を通してロシアを転覆、破壊するという妄執は、二〇〇三〜〇四年のカラー革命以来、クレムリンの内政の中心軸になっていた。戦争を告げる二〇二二年四月二四日朝のプーチンの好戦的な演説は、すべて彼の側近たちが長年言ってきたことばかりだった。

語りのなかには、それを逆さまにするといっそう意味がはっきりする場合がある。したがって、プーチンが二〇二二年にウクライナ全面侵攻を始めたのはなぜか？　ではなく、なぜそれをもっと早い時期に行わなかったのか？　を問うてみる価値はある。プーチンがウクライナのドンバスなどロシア語地域をそっくり軍事的に併合することは控えた二〇一四年と、そうすることを決めた二〇二二年の最終決定の間に、何が変化したのだろうか？

その答えは三組の要因に分けることができる。

プーチンの側近たちの頭にまずあったのは、ウクライナとロシアにおける欧米の影響が及ぼす危険が、二〇二一年の末までに看過できないほど脅威を与えるようになった——そして、ウクライナ政治に介入することによって影響をコントロールする試みはすべて失敗した——とする確信だった。

第二に、ロシア経済が実際にどう動いているかについてほとんど知識のない少数の国家保安委員会（KGB）出身者にとって、想定される侵攻のマイナス面は受け入れ可能と判断された。戦略的備蓄にある六五〇〇億ドルの軍費と、ヨーロッパのロシア天然ガスへの依存は、いずれも一〇年間にわたって慎重に構築されたもので、じゅうぶん欧米の抗議を乗り切り、沈黙させることができると評価されたのだ。

最後の要因は機会である。屈辱的なアフガニスタン撤退のあとの欧米の脆弱性、ヨーロッパの古参政治家としてのメルケル・ドイツ首相の引退、選挙をかかえたゼレンスキーの弱さ、それにロシア軍が改革されたことが一体となって、千載一遇の機会を提供しているように思われたのだ。いまや、忍び寄る数十年間の欧米の影響に劇的に終止符を打ち、ロシアを第一級の世界大国の地位にしっかり復帰させる時が来たのだった。攻撃しなければウクライナを欧米の手に譲り渡すことになる。そしてロシアを、生存のかかった迫り来る政治的・軍事的脅威に致命的にさらすことになるのだ。

戦争の背景にある戦略的思考とはそのようなものだった。だが、クレムリンの政策は抽象的な戦略的要因だけにもとづいて決まるわけではない。それは人間によって決まる――プーチンのロシアのように、がっちり凝り固まった閉鎖的な指導部をもつ体制の場合、開戦の決定はプーチン本人に個人的に直接接することができる少数グループの男たちによって下される。この側近幹部の何人かは一九七〇年代以来の、プーチンの同僚で親しい友人だった。二〇〇〇年以降、全員がプーチン政権でさまざまな上級ポストに就いていた。

それらの歳月、プーチンの歴代政府は異議を唱える声、相容れない利害や構想を取り込んでいた。ロシア語の言い回しでは、「クレムリンには多くの塔がある」のだ。流行のさまざまな思想が登場しては、消えていった――そのなかには、ロシアを技術超大国に改造することや、米国との関係をリセットして世界の保守派のイデオロギー的指導性を握ることから、「忠実な」リベラル系野党とメディアを積極的につくり出して支持することまで含まれていた。ところが二〇二〇年の初めごろにもなると、こうしたすべての構想を支えていた最後の独創的な頭脳――予想される惨事を見抜き、プーチンと側近グループであるシロヴィキ（権力者たち）を戦争への道から遠ざけることもできていた人びと――は、去っていた。ただ一つの塔だけが残り、その塔にはプーチンの最古参の、もっとも信頼され、そして――ロシアとウクライナにとっては悲劇的に――もっともタカ派的で妄想的な仲間たちが入っていた。戦争は不可避であり望ましくもあるとする破滅的な集団思考にとらわれない人間には、居場所は残っていなかったのだ。

ボブ・ウッドワードが米国の二〇〇一～〇三年のイラク戦争への道を語る『攻撃計画』〔邦訳、日本経済新聞社〕で見事に証明したように、集団思考に免疫性のある政治体制はない。進んだ民主主義国であっても、政府官僚機構には――とりわけ情報機関には――指導者の先入観に合った事実を見つけ出そうとする固有の傾向がある。だが二〇二〇年には、ロシアの政治体制は、インターネットを使うことさえなかったソ連時代のKGBで鍛えられた男たちが指導する老人支配であり、とくに脆弱だった。「皇帝《ツァーリ》に悪い知らせをもっていきたい者はだれもいない」。二〇一六年まで大統領府で働いた元当局者は、こう話した。「〔公式の〕路線ははっきりしており……〔顧問や諸組織間の〕競争は、だれがツァーリの計画の達成にいちばん熱心になれるかなんだ」[2]

二〇二二年のウクライナ侵攻は第一に、それを計画し推し進めた者たちの頭の中では、差し迫る欧米からの戦略的脅威からロシアを救うための先制攻撃だった。だが、ロシアの未来のための――そして、己の権力がプーチンの大統領任期の終了後も生き残るようにしたいと望む強力な一族の未来のための――戦いでもあった。彼らの仕事は、将来、欧米に扇動されたボロトナヤ広場型の抗議行動ができないようなロシアをつくることだった。同じ理由から、二〇二〇年八月のアレクセイ・ナヴァリヌイの暗殺未遂とウクライナ侵攻はすべて、外国の干渉からロシアを守り、それによって自らの権力と資産を守るという、ただ一つの包括的な戦略課題の一環だったのだ。

ニコライ・パトルシェフは二〇〇〇年に連邦保安庁（FSB）長官に任命されてまもなく、この治安機関をロシアの「現代的新貴族階級」と形容した。「貴族階級」に当たるロシア語はドヴォリャンストヴォ。文字どおりにはドボール（宮廷）の構成員を意味し、そこでは寵遇と権力の唯一の出所はツァーリ自身だ。二〇年後、パトルシェフらすべてのシロヴィキは、前近代的廷臣の執行機能ばかりか、王朝の機能も遂行していたのだ。

新しい貴族階級の子どもは、その生まれによって閣僚や大手国営企業のトップに任命された。例えばパトルシェフの息子ドミトリーは、金融業で働いたあと二〇一八年に農業相に任命された。アレクサンドル・ボルトニコフの息子デニスは、ロシア第二の金融機関、VTB銀行の副社長だ。元首相ミハイル・フラトコフの息子――FSBアカデミーで、ボルトニコフの下の息子アンドレイのクラスメート――は、巨大天然ガス会社ガスプロムの石油取引子会社であるガスプロム・ネフチの上級役員。彼らは互いに王朝内の婚姻をして、今度はプーチン期貴族階級の三番目の青年層をもうけ、彼らもまたロシアとそのなかにあるすべてを相続することを期待するのだ。プーチンは統治の初めに、自分にあえて歯向かうエリツィン時代のビジネス寡頭制の要素を一掃し、資産を没収していた。だが、自分にだけ忠実な治安官僚による新たな寡頭制をつくり出してもいたのだ。

後期プーチン主義のイデオロギーは、それを引っ張る男たちを鍛えた組織――ブレジネフ期のKGB――のイデオロギーだった。詩人で批評家ドミトリー・ブイコフの表現によれば、「治安機関はつねに過去に奉仕してきた。彼らの主たる任務は時間の経過を止めることなんだ。未来は彼らの方へ、彼らに対抗して進んでいるので、彼らは絶えず新しいものの徴候を探している。……彼らは自らが廃されるのを防ぐため、もてる権力のかぎりなんでもするんだ」[3]。ところが、あらゆる老人支配体制がいだく存在にかかわる不安は、新しい世代が不可避的に彼らと彼らの価値観に挑戦することにある。「保守することは創造的ではない。お金を永遠に保守すること、あるいは未来に対する不安を永遠に保守することはできないんだ」[4]

一九世紀後半、ロシアの皇帝たちは迫り来る近代が及ぼす同様の生存上の脅威に直面して、「正教、専制、民族性」という――ユダヤ人というかたちで社会の内部に忌まわしい「他者」の神話をつくり出すことによって支えられた――抽象概念をバックに、社会を統合した。ソヴィエト連邦はその社会的保守主義とは裏腹に、逆説的なことだが、未来の受容に基礎をおいていた。それはうわべは、来たるべき明るい集団的な共産主義世界の名において国民に犠牲を要求する国家だった。ところが、プーチンの泥棒政治的独裁政治を支えるために復活させられた帝政時代の古い手法は、神を信じず、ネットに精通し、当然ながら資本主義的で相互につながった若いロシア人には、訴えるものがほとんどない。中国もしくはソ連とちがって、ロシアには高度に発達した統治体と党構造も、強力で長い歴史のある集団的繁栄の国家イデオロギーも、その元に団結できるような宇宙開発における抜きん出た業績や、世界をあっと言わせる都市と技術の発展もなかった。

プーチンのシロヴィキも――アレクサンドル・ドゥーギンのような超保守派の哲学者たちでさえも――、こういう言葉では表現しないだろうが、救国戦争は近代世界による侵食を止め、ロシアを欧米から徹底的に遮断する唯一の強力な力だった。キューバ・ミサイル危機での最後の危機的対決の際、米国とロシアの指導者たちはいずれも、第二次世界大戦の兵役経験者であり、個人的体験から生まれた戦争に対する深い嫌悪を共有していた。対照的に、プーチンの世代は大祖国戦争には間に合わなかったけれども、悪の勢力に対する正義の戦争を戦うことから生まれる団結と高潔性、浄化についての英雄的で映画のような神話を滋養にして育った。戦争は、快楽と繁栄を利己的に追求することではなく、愛国心と犠牲にもとづく新しいロシアをつくり出す。とりわけ、それは指導する権力者たちを必要とするようなロシアをつくり出すのだ。「戦時にはIKEAのことも新車を買うことも考えはしないものだ」とテレビ局幹部のモロディは言う。「戦時には勝利のこと、そして敵から国を救っている指導者たちのことを考える……平時には、生活がもっとよくなる可能性を考える。戦争のときは、すべてがもっと悪くなる可能性を考えるんだ(5)」

時計の針を未来に戻し、彼らが異議を受けずに永久に支配できるような孤立した、反動的なロシアをつくるために、故意に戦争を利用するというはっきりした邪《よこしま》な計画があったわけではない。逆に、二〇二二年にロシアを戦争に導いた男たちは、欧米によるロシアの戦略空間への容赦ない侵食に対応するには、ほかに選択肢はないと強調した。そのうえプーチンとパトルシェフは、自分たちは何物も取っておらず、ただ本来ロシア自身の所有であるものを取り戻しているだけだと主張するようになる。しかし実際には、この戦争は若いロシアに対する老いたロシアの、ソ連後のポストモダンな現実主義的資本家たちに対するソ連時代の偏執的考え方をもつ陰謀理論家たちの、最終的勝利を表していた。

権力者たち

四人の男たち——このうち三人はFSBの元あるいは現長官——がロシアを戦争に導くうえで決定的な役割を演じることになる。プーチン本人とニコライ・パトルシェフ、アレクサンドル・ボルトニコフ、それにセルゲイ・ショイグである。最後の三人のうち、主として政治を動かすのはパトルシェフとボルトニコフで、ショイグは時としてためらいを見せる執行者だった。これより少し広い個人的な親友のグループがあって、これは全員がKGB勤務を通じるか、あるいは一九九〇年代にサンクトペテルブルクの実業界と政府のエリートが住んでいた会員厳選の別荘協働組合「オーゼロ」〔湖〕の会員資格を通じてプーチンとつながり、賛同の声を上げる合唱隊を形成していた。だが、クレムリンのペスコフ報道官に近い情報筋によると、彼らは侵攻の完全な詳細と規模を知り得る立場になかった。プーチンの個人的親友がつくるこの二番目の輪には富豪のユーリー・コヴァリチューク、連邦対外情報庁長官セルゲイ・ナルイシュキン、プーチンの元護衛で国家警備隊長官ヴィクトル・ゾロトフ、元KGB将校で国営石油大手ロスネフチを率いるイーゴリ・セーチン、元大統領府長官で元KG

Bのセルゲイ・イワノフ、プーチンの東独時代のKGBの元同僚で、国有技術企業ロステックを率いるセルゲイ・チェメゾフ、それに富豪の石油商アルカジー・ローテンブルグがいた。

重要な執行役を果たした高官はほかにもいるが、プーチンの親友の最側近グループが下す意思決定には発言権をもたず、プーチンの個人的な友人ではなかった。忠実な執行役のこのグループには、外相セルゲイ・ラヴロフ、近い外国との関係を担当するFSB上級大将のセルゲイ・ベセダ、離反したドンバス両共和国の現地でクレムリンを代表するドミトリー・コザークがいた。

パトルシェフ

プーチンの統治二〇年間にわたって、クレムリンの「灰色の枢機卿」の称号は、数人の著名な人物に与えられてきた。有名なのはイデオローグのヴラジスラフ・スルコーフとロスネフチ会長イーゴリ・セーチンである。だがこの称号がぴったり当てはまるのは、一九九〇年代末からこの方、プーチンの側近グループのなかで一貫してただ一人のもっとも重要で有力な人物、ニコライ・パトルシェフだった。

大方のクレムリンの高級エリートと同じく、パトルシェフはプーチンより一年早い一九五一年にレニングラード〔現サンクトペテルブルク〕で生まれた。ソ連海軍将校の息子として、レニングラード造船高等専門学校で学び、一九七五年にKGBに採用される前の短期間、海軍技官として働いた。対照的にプーチンは、秘密警察にスカウトされることはなかったが、本人の説明によると、自ら進んでKGBに数回応募し、ついに採用された[6]。二人の若い将校はレニングラードのKGBで出会った。だが、二人のうちエリートはプーチンではなく、パトルシェフの方だった。パトルシェフはミンスクのKGB学校に、のちにはモスクワのKGB高等学校に通い、そのあとレニングラードKGBの誉れ高い反密輸・反汚職部隊に加わった。プーチンのキャリア軌道ははるかに地味だった。一九八八年に配属された東独ドレスデンのKGB支局は、社会主義友好国の田舎のポストだ。「エリートたちは資本主義国に配属されるか、もしくは経済犯罪を担当したんだ」一九八〇年代にロンドンの諜報拠点で働いた元KGB上級大将は、こう回想する。「ドレスデンは僻地だった。［プーチンは］ネズミ色の蛾、何者でもなかった。KGBでの彼のキャリアは完全に二流だったね」。「一九八〇年代のKGBで有望新人の一人は、プーチンじゃなくパトルシェフだった[7]」

　KGBが一九九〇年にプーチンを退役させたとき、かれはまだ三八歳の少佐《マイオール》だった。中佐《ポドポルコヴニク》への昇任——それとともに、重く響くポルコヴニク〔大佐〕の称号——は、わずかに高い年金を請求できるようにするための、退職前の慣例だった。対照的に、パトルシェフはソ連崩壊後も秘密警察に残ってロシア北部カレリア共和国の保安相を、さらに一九九四年以降は新たに命名されたモスクワの連邦防諜庁（FSK）国内治安局長を務めた。プーチンは一九九七年三月にサンクトペテルブルクの市長室からモスクワの大統領府へ採用されたとき、レニングラード時代の同僚たちを忘れなかった。この年五月、プーチンは大統領府第一副長官に昇進。そしてクレムリンの管理総局長の職を引き継いでもらうため、以前の同僚パトルシェフを呼んだ。

　二人の役割はこのころまでに逆転しており、年下で階級の低いプーチンがいまや上司だった。一九九八年七月にFSB長官に再び昇任したとき、プーチンはすぐにパトルシェフを自分の補佐で威信のある（そして実入りのある）経済保安局長として呼んだ。プーチンのめざましい昇進——大統領府長官アレクサンドル・ヴォローシンと政商ボリス・ベレゾフスキーの後ろ盾による——は、安全保障会議書記への昇進によって続き、FSB長官のポストはパトルシェフに明け渡した。プーチンは一九九九年八月、エリツィン政権の首相に——そして後継候補に——抜擢された。プーチンを大統領代行として職務を引き渡す、とエリツィンが突然発表した一九九九年の大晦日、パトルシェフとプーチンはロシア兵の士気を鼓舞するため、夫人たちを伴ってチェチェンへ飛び、戦闘地域の上空をヘリコプターで飛びながらシャンパンを飲んだ。[8] 二〇〇〇年三月、プーチンは旧友パトルシェフを国家最高の武勇勲位「ロシアの英雄」にした。

二〇〇〇年の選挙で大統領に選出されたあと、プーチンがKGBの古参グループに言った冗談のとおり、「権力の最上階層を奪取する特別作戦は成功した」。[9] その年一二月、パトルシェフは治安機関がロシアの「新貴族階級」であるという、あの見解を述べた。元FSB高官がクレムリンで大半を占めることを説明して、パトルシェフは『コムソモーリスカヤ・プラウダ』紙に、「ロシアの行政管理集団を『新たな血』によってよみがえらせる死活的な要求」があると語った。「軟弱な夢想家ではなく、国際と国内の情勢展開、生じつつある矛盾と脅威を理解する強靭な現実主義者によって、だ」と。[10] パトルシェフは時をおかずに敵に戦いを仕掛け、二〇〇六年にロンドンで起きた元FSBの内部告発者で亡命者、オレクサンドル・リトヴィネンコの毒殺で中心的な役割を果たした。「FSBによるリトヴィネンコ氏殺害工作は、おそらくパトルシェフ氏と、プーチン大統領にも承認されていた」。殺害に関する英国の公的調査はそう結論している。

プーチンは二〇〇八年、パトルシェフを安全保障会議書記の職に任命した。パトルシェフがプーチンの前職を引き継ぐのは、一〇年間で五度目だった。パトルシェフはますます自己主張を強める外交政策と、抑圧的な国内治安実施で重要な役割を果たすことになる。キーウのマイダン革命の結果、米国にとっては「ロシアが存在しないことが非常に望ましいのだ」とするパトルシェフの信念は、東ヨーロッパにおける一段と積極的な影響工作――二〇一六年一〇月にモンテネグロで起きたFSBを後ろ盾とするクーデター未遂など――となって現れた。

パトルシェフは、ロシアのメディアと大衆にクレムリンの公式政策を解いて説明する権限を与えられ、プーチンの側近グループのなかではつねにいちばん口数が多く、目立つメンバーだった。それはプーチンが個人として彼においた信頼と、彼が先輩であることを示す明確なしるしだった。

パトルシェフは多くのインタビューで、驚くほどの偏執性ばかりか、いくらかの尋常でない陰謀理論を信じるかまえをあらわにした。例えば二〇一五年に、パトルシャフはこう言った。「アメリカ人はわれわれが［われわれの］天然資源を不法、不当に支配していると考えている。なぜならば、彼らの見方では、われわれがそれを然るべく使っていないというのだ」。この主張の裏づけとして、パトルシェフは米国の元国務長官マデレーン・オルブライトを引用。彼女が「極東もシベリアもロシアのものではない」と言明した、と主張した。事実としては、オルブライトはそんなことは言っていなかった。その引用はFSBに雇われた霊能力者が出どころで、彼はトランス状態にあるとき、オルブライトの心を読んだと主張したのだった。[11] 二〇二二年四月、パトルシェフは「ウクライナを逃れた犯罪集団」が「ウクライナから連れ出した孤児を売る手広いビジネスにたずさわっている」と主張した。孤児売買は欧米諸政府によってわざと教唆されている、とパトルシェフは主張した。これらの同じ政府はまた、ひそかに「ヨーロッパの患者への秘密移植手術のために、ウクライナ国民のなかの社会的弱者の人体臓器を売買する闇市場を復活させた」と。[12]

二〇二〇年六月、パトルシェフは長い、ぎょっとするようなインタビューを行い、二年足らずのちのウクライナ侵攻の根拠となる世界観を大まかに述べた。パトルシェフによると、「わが国の社会・政治状況を不安定化させようとする」欧米の努力が激しくなっている。「いわゆる民主主義プログラムと欧米諸国の利益にかなうプロジェクトを実行するため、外国の非営利非政府組織（NGO）とそれに依存した国内の公共組織の広範なネットワークが作られつつある」とパトルシェフは説明した。

「欧米は［ロシアの］一部野党を結束させ、金銭的に支援し……連邦と地域レベルでロシアの選挙に干渉している」。パトルシェフは「われわれの手元にある資料」を引用し、表明した。米国を後ろ盾にしたロシア国内の破壊分子どもは

民族主義と分離主義の感情を刺激するために……彼らの作業を激化させることが予想される。われわれの国家体制の基礎を成すロシアの精神的、道徳的、文化的、歴史的価値観を侵食し、わが国市民の間にあるオール・ロシアの帰属意識を減退させるために、ロシアに対する情報圧力を強化する措置が計画されている。彼らの主たる任務は、ロシア社会を分裂させ、彼らの利益になる価値観と発展モデルを押しつけ、大衆の意識を操作することなのだ。

ロシアの国家体制に対してワシントンが進めている攻撃にかかわる機関として、彼は具体的に米国務省、米国のさまざまな市民社会NGOとジョージ・ソロスのオープン・ソサエティー協会を名指しした。二〇一五～一九年の間に、ロシアの団体および個人が「ロシアに対する破壊活動」の資金として、四〇億ルーブル（約四〇〇〇万ポンド）を受け取ったとも主張した。

パトルシェフにとって、欧米を後ろ盾にロシアでカラー革命が起きる脅威は現実的で差し迫っており、増大しつつあるのだった。米国の策謀は「ソ連崩壊後に大人になり、したがってソヴィエト連邦についての個人的経験や真の知識がない者たち」の新たな世代に依存しているのだ、と彼は内心を吐露するように主張した。パトルシェフの計算では、この世代は二〇三六年までには「自然に」ロシアの上級管理者になる。とはいえ、グルジア〔ジョージア〕とウクライナの経験は「ロシアに敵対する……エリートの形成過程は、人為的に加速され得る」[13]ことを示している、と彼は指摘した。言い換えれば、

米国のプロパガンダに対してもっとも無防備なソ連後世代が徐々に増えていくのは、ロシアの国家安全保障への直接の脅威だというのだ。そして「その脅威を無害化し」、「反国家プロセスの展開に対抗する」決定的な行動を取ることは、時間との競争であるだけでなく、ロシアの実存そのものの問題なのであった。

パトルシェフが二〇二〇年六月に『論拠と事実』紙に語っているときにも、ボルトニコフFSB長官の命令にもとづくFSB工作員のチームが、ロシア国内にいるもっとも危険な米国の代理人とシロヴィキがみなす人物、反対派指導者アレクセイ・ナヴァリヌイに反撃する準備をしていた。ナヴァリヌイが地方選挙で与党「統一ロシア」の現職たちを落選させかねない電子投票構想への支持者集めに全国を巡っていた際、工作員たちが一年中、彼をつけ回していたことを、飛行記録が示していた。二〇二〇年八月一九日、あるチームがシベリアのトムスクで彼のホテルの部屋に押し入り、彼ら自身の説明によれば、引き出しにあったナヴァリヌイのパンツの縫い目に神経ガス「ノヴィチョク」を塗った。翌日、ナヴァリヌイはモスクワへ戻る機内で昏睡状態に陥り、パイロットがオムスクに緊急着陸して彼の命を救わなければ、死んでいるところだった。

FSBにとっては不都合なことに、ナヴァリヌイは毒殺を切り抜けた――だが二〇二〇年一二月、好都合なことに自発的にモスクワに戻り、直ちに逮捕されて、まもなく詐欺罪で有罪判決を受けた。反対派の有力指導者を無事獄中に入れ、パトルシェフはウクライナ問題の恒久的解決の立案に進んだ。二〇二一年五月に発表され、パトルシェフが統括したロシアの安全保障戦略の更新版では、ロシアは「ロシア連邦の主権および領土保全を脅かす非友好的行動を阻止または回避する」ために、「強力な手法」を用いることがはっきり認められた。言い換えれば、ロシア国境の外での軍事力行使が事実上、事前認可されたのだった。それは来たる侵攻のための法的青写真だった。

ボルトニコフ

アレクサンドル・ボルトニコフは一九五一年にウラルのペルミに生まれ、レニングラード鉄道技師高等専門学校で学んだあと、一九七五年にレニングラードKGBに採用された。そこで初めてプーチンと出会った。パトルシェフと同様、彼はKGBとその後身の連邦防諜庁（FSK）・連邦保安庁（FSB）にとどまり、二〇〇三年六月にサンクトペテルブルク・レニングラード州FSBの長官に昇進した。一年後、パトルシェフの以前のポストであるFSB経済保安局——「K局」として知られる——の局長の空きを埋めるためモスクワへ呼ばれ、同庁の副長官になった。無害に響く名称とは裏腹に、実はK局はロシア秘密警察のなかでもっとも強力で恐れられた部門の一つだ。独立系のモスクワの雑誌『ノーヴォエ・ヴレーミャ』の調査によれば、ボルトニコフは当時FSB長官だったパトルシェフに、ロンドンでオレクサンドル・リトヴィネンコを毒殺する二〇〇六年の工作を監督する任務を与えられた。[14]

パトルシェフが二〇〇八年に安全保障会議に異動すると、ボルトニコフはすぐ後に続き、FSB長官として年来の庇護者の仕事に就いた——今も保持しているポストだ。さまざまな国際的投資計画で、FSBの現職および元職員と働いたモスクワのある金融コンサルタントによると、FSBは「ロシア最大のビジネス構造体」になっていた。「人びとを投獄する権力はお金を生む」と、このコンサルタントは物理の基本法則を説明するかのように平然と語った。[15]「そしてお金は、それを正当な人間に上納し、貪欲にならなければ、権力を維持する役に立つ」。事業をFSBとその仲間に渡さなければ、捜査し投獄すると実業家たちを脅すことで、あらゆるレベルの職員が悪名をはせた——レイデルストヴォ、すなわちロシア式の企業乗っ取りとして知られるやり方だ。

家具スーパーのチェーン「トリ・キタ」や、携帯電話の小売り販売網「エヴロセット」の大々的な敵対的買収など、一連のスキャンダルはロシア紙の一面を飾り、クレムリンを当惑させた。ボルトニコフはFSBが「ジェルジンスキー〔秘密警察の創設者〕が意図したように、もう一度ロシア国家の剣と盾になる」ことを望んでいる、とこのコンサルタントは指摘した。ボルトニコフ自身は「〔国家治安職員が〕泥棒で汚い実業家であることに我慢できず」、反体制的グループを探し出し、「外国の代理人」、ジャーナリスト、人権活動家、それにクレムリンの歴史観に異議を申し立てる歴史家たちを除去した熱心な若手職員に報い、昇進させることを忘れなかった。「彼は祖国を害する人間が好きじゃなかったんだ」と、二〇〇八〜二〇一五年の間にボルトニコフと数回会ったこの情報筋は語った。[16]

　ボルトニコフは信頼できる容赦ない攻撃犬だった。FSBをソ連時代のような攻撃的な政治的異端審問機関に変え、同庁の名声を復活させることに努めた。二〇一七年のソヴィエト秘密警察の創設一〇〇周年に、ボルトニコフは『ロシースカヤ・ガゼータ』紙に対し、一九三〇年代にスターリンが行った粛清刑事裁判の「かなりの部分」に「客観的な面があった」ことを、公文書史料は示していると述べた。しかし、彼は政治的治安ばかりでなく、現実の国家安全保障問題にも大真面目だった。二〇一八年には対外情報庁長官セルゲイ・ナルイシュキン、ロシア軍参謀本部情報総局長官イーゴリ・コーロボフを伴ってワシントンへ旅し、「イスラム国」戦士がシリアからロシアと中央アジアへ戻ることの脅威について、マイク・ポンペオCIA長官と協議した。彼の忠勤に報いてプーチンは二〇一九年、ボルトニコフを「ロシアの英雄」にし、ロシアで最高の軍階級である陸軍大将に任命。同国の秘密警察長官をショイグ国防相と同等の地位にした。

ショイグ

生い立ちでも気性でも、セルゲイ・ショイグはプーチン側近グループの変わり種だった。プーチンと彼の旧友の大方は地味な家柄の出で、自らの社会的・職業的出世はもっぱらKGBでの勤務のおかげだった。他方、ショイグはモンゴル国境にあるトゥヴァ共和国の地方党エリートの家庭に生まれた。民族的にはトゥヴァ人の父親は新聞編集長で地方の党書記に昇進、ロシア人の母親はトゥヴァの地方人民代議員会議の議員だった。

父親の党コネクションのおかげで、ショイグ——職業訓練上は土木技師——は一九九〇年、ロシア・ソヴィエト社会主義連邦の国家建築・建設委員会副議長に任命され、委員会では党の希望の星ボリス・エリツィンと同格だった。ソ連の諸機関が崩壊しつつあった翌年、新たに選出されたロシア連邦大統領エリツィンは、ショイグを「ロシア救援部隊」の長に任命した。これは元ソ連国防省民間防衛軍に代えて創設された組織だ。この部隊はのちに非常事態省に改称されたが、最終的には消火活動、災害対応、それに民間防衛活動を担当するようになった準軍事組織である。少将となったショイグは一九九二年、ロシアを後ろ盾にするアフガニスタン大統領モハンマド・ナジブラをカブールから退避させる失敗に終わった試みを統括した。翌年、一九九三年の一〇月クーデター未遂の際、ショイグは民間防衛の備蓄兵器をエリツィンの支持者に配布する任務を委ねられた。一九九九年、エリツィンは政権を支持する統一党指導者の一人にし、人命救助者としてのショイグの人気と評判を高め、同党は首相プーチンの大統領職への昇任を支持した。ショイグはその政治的貢献が認められ、「ロシアの英雄」の称号を与えられた。

ショイグは閣僚としても政治家としても、有能で信頼できる人物であることを証明していたが、重要なことに、自分自身はいささかも政治的野心をもっていないようだった。プーチンはロシアの荒野での乗馬、狩猟、射撃という共通の趣味をとおしてショイグと親密な友人関係を結んだ。経歴を一貫してオフィスで過ごした小柄でひ弱な都会っ子のプーチンにとって、ショイグがもつ野性的で男らしく、荒々しいシベリアとの深いつながりは、大きな魅力があった。プーチンが上半身裸で馬に乗る有名な二〇一七年の写真は、ショイグの出身地トゥヴァへの釣り旅行の際に撮られたものだ。個人としてもショイグは、官僚権力の出世階段を長く這い上がってきたプーチンを取り巻くデスク仕事だけの権謀術数家たちとは異なる種類の男だった。「セリョージャ〔セルゲイ〕はとても率直で正直なやつなんだ」と、ショイグと狩猟の趣味をともにするエリツィン時代の上級官僚の一人は言う。「彼は策士じゃない。彼の場合は言葉と行動がちがっていない。……彼はプーチンが聞きたがることを耳に入れるようなやつじゃない[17]」

　二〇一二年一一月、プーチンは注目を浴びた一連のスキャンダルを受け、国防相アナトリー・セルデュコフを解任した。スキャンダルには私営企業が払う税金を詐取するという、セルデュコフが高級税務官僚だった時代にさかのぼる企みが含まれていた。そうした詐欺の一つは、内部告発をした法律家セルゲイ・マグニツキーが二〇〇七年に逮捕され、獄死する結果になっていた。これは関係したとされる当局者に対する、米国とEUによる初の制裁につながった。プーチンを取り巻くシロヴィキのコアの「サンクトペテルブルク・グループ」は、仲間内の一人をセルデュコフの後釜に据え、それによって、すでに元KGB閥が牛耳る各省の権力網にロシア軍を取り込もうと根回しした。ところがプーチンはショイグを選んだ——その理由は、証明済みのショイグのきまじめな能力、プーチン本人に対する個人的な忠誠、それに競い合う閥のバランスを取るためだった。

　ショイグは時をおかずに、セルデュコフの税務省時代の取り巻きを国防省の高位ポストから解任、代わりに軍将校を任命した。ショイグはＦＳＢ時代のボルトニコフと同様、ロシアの権力省庁は閣僚や将軍連のドル箱ではなく、第一に祖国防衛のためにあると考えていた。彼はまた、それまで徴集兵が大半だった軍に職業軍人数を増やす改革と、自動車化歩兵の新たな作戦運用部隊である大隊戦術グループ（ＢＴＧｓ）の増設を加速した。また、ロシアの「近い外国」での紛争への速やかな介入を容易にするため、「特殊作戦行動部隊司令部」を創設した。ショイグの下でロシア軍は、莫大な金を吸い上げており、二〇二〇年にもなるとロシアの国内総生産（ＧＤＰ）の七パーセント（ＮＡＴＯ諸国は二パーセント以下）という、大戦争に備えた高度な組織的即応状態に入りつつあったのである。

二〇二〇年：プレート変動

ウクライナ攻撃が理論上の可能性から現実の蓋然性に変わった時機は、二つの出来事に挟まれていた。二〇二〇年の初めにクレムリンが、ウクライナの西側向き進路を変える努力がことごとく挫折したと悟った時と、ウクライナが二〇二一年三月のバルト海を含むＮＡＴＯ大規模軍事演習に参加することを、ゼレンスキーが決めた時だ。

二〇一九年一二月のプーチンとゼレンスキーのパリ会談は停戦を生んでいたが、クレムリン内では、ドンバスの疑似国家は望んでいた目標の達成に失敗したとの認識も生んだ。ドンバスの政治指導部は驚くほど腐敗していて、制御不可能であることが分かった。二〇一四年以降、ルハンスク、ドネツク両共和国の地元当局者数十人が汚職疑惑の泥沼のなかで解雇されたり、横死したりしていた。[18] 軍事の前線では数年間の低強度紛争は、クレムリンの願望どおりウクライナを分裂させ、弱らせるのではなく、実はウクライナの国家体制を強化していた。さらに重要なこととして、二〇一九年一〇月の「妥協にノー」を掲げる小規模マイダンでゼレンスキーが屈辱を味わった結果、離反共和国がクレムリンの意図どおり半独立地域として、ウクライナに再加入することはないこともはっきりしていた。

この失敗は、二〇一三年以来クレムリンでウクライナ現地を担当した人物、ヴラジスラフ・スルコーフのせいにされた。スルコーフは二〇〇三年以来、クレムリンのイデオロギー政策の中心にいたかもしれないが、決して本当に仲間内になったことはなかった。彼はプーチンに信頼されるクレムリン・シロヴィキの旧世代より若く、はるかに頭が切れ、国際感覚があって、シニカルだった。クレムリン、大統領府、FSBと軍の間の派閥争いを数年にわたり首尾良く切り抜けたあと、スルコーフは二〇二〇年二月、ついに渡り綱から転落した。[19]

スルコーフにキャリアを失わせた本当の致命的な誤算は、ウクライナをめぐるものではなく、プーチン後のロシアの見通しについて公然と協議しようと決断したことだった。二〇二〇年二月初めに『ネザヴィーシマヤ・ガゼータ』紙に掲載された「プーチンの久しい国家」と題するエッセーで、スルコーフはプーチンの退陣後も「ロシアは長年、依然としてプーチンの国家になるだろう」と慎重に強調。そして、プーチン主義は「未来のイデオロギー」であると論じた。[20]スルコーフからプーチン本人へのメッセージは、プーチンが創出したとされる安定はその創設者の引退後も生き延びるので、政権移行を恐れる必要はないということだった。プーチン周辺のエリートたちへのメッセージは、病める指導者たちが死ぬまで職務に留めおかれた共産主義末期の惨事を繰り返す理由は、彼らにもないということだった。むしろ、秩序ある権力移行はいつもと変わらない状況を意味し、彼らの競合する権力基盤と利益の微妙なバランスを維持するというのだ。そしてスルコーフはロシア国民に対し、国民の利益は指導者たちのそれと同じだと論じ、それだから「主権民主主義」のつややかな外観は切れ目なく続くだろう、と請け合った。

スルコーフは正しかったかもしれない。仮にもっと現実主義的で、想像力があり、それほど妄想的ではない人びとがプーチンの側近グループにいたなら、スルコーフの提案とはまさに正反対の結論を引き出した可能性だったかもしれない。だがシロヴィキは、スルコーフの提案とはまさに正反対の結論を引き出した。彼らは安定よりもむしろ、パトルシェフやボルトニコフのような男たちに深くとりついていた、欧米による容赦ない破壊活動に対して致命的に傷つきやすいプーチン後のロシアを見たのだ。スルコーフが不用意に指摘してしまったように、プーチン統治の終わりは近づきつつあった。彼が重病を患っているかどうかは、後段でさらに詳しく論じる。しかし、プーチンが二〇二二年一〇月に七〇歳になるという基本的事実は残った。おそらく米国の指導者なら若いけれども、ロシア人男性の平均寿命をすでに三年オーバーしていた。プーチンがいかに健康か、あるいはそうでないにせよ、永久に生きることはできない。レオニード・ブレジネフは――明らかに愛煙家で大食漢だったが――一八年間政権にとどまったあと、七六歳の誕生日の一カ月前に死んだ。五年かそこらでプーチンはレームダックになる。権力をもつ男たちにとって、それは欧米の侵略に対する決定的な解決を見出す時間がなくなりつつあることを意味した。そしてそれは、ウクライナ問題を決定的に片づけることを意味したのである。

スルコーフは二〇二〇年二月、ウクライナ政策をめぐる「不一致」を理由に挙げ、辞任した。「言うなれば文脈が変わったのだ」と彼は語った。[21] ドンバス問題責任者の地位は、ウクライナ生まれのドミトリー・コザークに取って代わられた。かつて司法改革や厄介な北カフカースのような行政管理問題に取り組んだ折り紙付きの紛争処理人だ。

スルコーフが去ったことで、ウクライナにおけるクレムリンの政策は衝突の方向へ着実に漂流しはじめた。しかしスルコーフの退場は、クレムリンに残ったトップ政策決定者たちが、スルコーフのテレビ放送産業によって生成された神話を本気にする者たちだけになる節目という深い意味で、重要でもあった。「主権民主主義」は、現実とイデオロギーの間の基本的にシニカルな取引関係を基礎にしていた。スルコーフの世界では、正教の反啓蒙主義をソヴィエト愛国精神および被害者文化とともに一括りにし、それを体裁のよい高価値製品のかたちで包装して、公衆に供することができた。毎年の「ナーシ」の夏期キャンプでは、ナショナリズムは自己啓発、内なる愛国者を発見する旅としてパッケージ化されていた。クレムリンの主要イデオローグとしての長い在任期間中、スルコーフは有権者たちを喜ばせ続ける演出をお膳立てした。だが決定的なことに、主要な諸決定は目端のきく技術官僚的な現実主義者たちの手に握られていた。プーチンの個人的な友人で、長く在任した財務相アレクセイ・クドリンのようなプロの経営者が、手堅いマクロ経済政策を監督した。だが、二〇二〇年の初めごろにもなると、そうしたテクノクラートの最後の人びと——例えば首相ミハイル・ミシュスチン——は、政策決定の輪から遠く外れ、厳密に管理者のポストに追いやられていた。

本当のところ、二〇年間にわたってシロヴィキと競い合ったクレムリン内部の「リベラルたち」のだれも、実は特段にリベラルではなく、まして親欧米派ではなかった。だが、クドリン、スルコーフ、それに元首相セルゲイ・キリエンコとドミトリー・メドヴェージェフといった人物たちは、少なくとも目に見えてソ連後のタイプだった。シロヴィキとちがって、こうした技術官僚は、かつてジョージH．W．ブッシュの側近の一人が皮肉を込めて形容した「現実に根ざしたコミュニティー」のメンバーだった。いわゆる「リベラル」に共通する特質は、ソ連崩壊以後のロシアの繁栄は欧米の金融、投資、貿易および経済システム——それに欧米の技術とノウハウ——への参加のうえに築かれてきたという認識にあった。三〇年経ってもロシアは依然として、他の世界が購入したがるようなモノは何一つ製造することを学んでいなかった（武器は別だが、それとてコンピューターチップの輸入に依存していた）。携帯電話のルーターからウェブサーバー、シーメンス社製の高速列車のエンジン、それにボーイング社とエアバス社製航空機まで、ロシアを動かしているものはすべて、欧米が考案、製造したものだ。二〇一四年のあとでも、輸入依存を脱却しようとする国を挙げての努力によっても、純ロシア製の携帯電話、ラップトップ、あるいはコンピューター処理チップさえ製造できなかった。旅客機は言うまでもない。

しかし二〇二〇年初めにもなると、側近グループに残っているのは技術官僚ではなく、ソ連時代の夢想家と偏執者たちばかりだった――せいぜい、彼らが四五年間にわたる仕事関係で自分への忠誠を証明してきたという理由で、プーチンが信頼する人間たちである。クレムリンの精神は閉じつつあった。そして、その閉鎖性を物理的現実に変えることになる希有な出来事が起きたのは、この重大な瞬間だった。二〇二〇年一月三一日、シベリアの二人の中国市民が危険な新型ウイルスに陽性と診断されたのだ。

塹壕の心理

新型コロナはロシアを猛烈に襲った。公式には、パンデミックは全国で三一万人近い死者を出した。これは世界で九番目の死亡率だ。だが、本当の数値ははるかに高かったかもしれない。政府の人口統計は、ロシアの人口が二〇二〇年一〇月～二〇二一年九月の間に九九万七〇〇〇人減少したことを示している。平時としてはかつてなかった最大の減少だ。

二〇二〇年三月初旬、プーチンは当初その危険を小さく見ようとし、次いで公衆の面前から姿を消した。三月三〇日以降、モスクワ市民に特定の日だけ街区ごとの外出を許可するといった厳しい隔離措置の導入は、モスクワ市長セルゲイ・ソビャーニンら地方指導者に任された。ロシア全土で学校、劇場、美術館、それに国境が閉ざされた。
四月にパンデミックが勢いを増すと、プーチンはモスクワ郊外のノヴォ‐オガリョヴォにある普段の公邸から、モスクワとサンクトペテルブルク間にあるヴァルダイ湖に近い大統領邸に引きこもった。クレムリン記者団で一〇年以上働くある記者によると、少数の公式写真家と撮影技師のグループが執事および秘書スタッフとともに、ノヴォ‐オガリョヴォの職員棟で自己隔離し、毎日検査を受けるよう要請された。[22]「［大統領は］二、三日すれば戻ってくるとだれもが思った」と、今もクレムリンで働くその記者は回想した。「外部の者はだれも公邸のどこへも近寄れなかった」。ところがプーチンは五月九日までモスクワに戻ることがなく、その時も極端なコロナ対策措置の下での短期間であり、公的記念行事〔対独戦勝記念日〕が中止されたあと、アレクサンドロフスキー庭園で永遠の火〔無名戦士の墓〕に献花するためだった。
ノヴォ‐オガリョヴォとヴァルダイでは、スタッフおよび訪問者のための隔離施設の建設と、最新の検査機材の購入に約八五〇〇万ドルが使われた。[23]プーチンに面会に来る者はだれでも、現場で少なくとも一週間の厳格な個人的隔離を守るよう要請された。東京五輪大会から戻ったばかりのメダリストたちは、大統領に面会する前に一週間の隔離生活をしなければならないと告げられた――そのうえ、互いの交流を禁じられた。「一つの部屋に七日間座っていなければならないなんて、まだ信じられない」と、体操選手のアンゲリーナ・メリニコワはソーシャルメディアに書いた。[24]
モスクワでは二〇二〇年六月九日、公式にロックダウンが解除された。レストランは六月二三日に営業を再開し、翌日、延期されていた戦勝記念日の軍事パレードが赤の広場で挙行された。ロシアのメディアは、パンデミックは制御されていると伝え、当時の欧米メディアに見られた人騒がせな昼夜ぶっ通しの報道をおおむね避けた。新型コロナによる死者数も当局の圧力の下で、コロナの現状ではなくコロナ死者の報道に関する厳しい基準にしたがって、少なく改竄された。結果として、ロシア人の約五〇パーセントが新型コロナを「心配していない」と言明していることが、レヴァダ・センターの世論調査で示された（もっとも、ロシア的諦観にかかわる見解表明として、コロナで死んだ人をだれか知っているとする答えも二七パーセントに上った）。ロシア人の六一パーセント強は、新型コロナは生物兵器だと思うとも述べた。

しかしながら、プーチンはロックダウン環境に居続けた。二年後も、ウイルスに対して偏執的なまでに、極度に警戒し続けることになる。二〇二二年二月、フランスのエマニュエル・マクロン大統領はプーチンとの会談にモスクワに着いた際、ロシアの新型コロナ検査を受けるようにというクレムリンの要請を断った。マクロンに随行した二人の情報筋によると、フランスの安全保障問題顧問らは、ロシア側にDNAを採取させないよう大統領に進言していた[25]。（プーチン自身は何年もの間、外遊の際にはケミカルトイレを持参し、自分のDNAについて、同様に用心していた）。結果として、マクロンとプーチンはクレムリンでの会談で、少なくとも六メートルはある巨大な白テーブルの両端に座り、ソーシャルメディア上での皮肉なコメントを大いにかき立てた。

なぜプーチンは新型コロナをそれほど恐れたのだろうか？　あるオープンソースの調査グループによる説明は、プーチンがある慢性病を患っていることを示唆していた。二〇二二年四月、調査ジャーナリズムのサイトProyekt.mediaは、二〇一六〜二〇二〇年の間の、最高のがん専門医師たちの飛行機移動と、プーチンが公衆の前から姿を消した時期にもとづく詳細な研究を発表した。二〇一九年以降、プーチンはすべての旅行に九人をくだらない専属医師を伴っていた——そして医療チームの長は、大統領府の副長官に任命されていた。プーチンと時を共にした医師たちのなかに、中央臨床病院の神経外科医チームと、成人の甲状腺がんを専門とする著名な腫瘍学者エフゲニー・シロヴァノフがおり、彼は三六回にわたる旅行で、プーチンと一六六日を過ごしていた。Proyektのチームは、プーチンは二〇二〇年九月にがんの手術を受けた可能性があると示唆した。[26] その時以来の彼のむくんだ表情は、がん治療に使われるステロイド剤が原因だとも。米国の映画監督オリヴァー・ストーンは二〇一五〜二〇一九年の間、プーチンに何度もインタビューしているのだが、彼は二〇二二年五月、プーチンは「このがんを患っていた」が、「克服したと思う」と強調した。[27]

しかし、本書のためにインタビューした情報筋のだれ一人として、プーチンがロックダウンの間もその後も、慢性病をわずらっていることを確認できなかった。「プーチンは病気じゃない」と、ロックダウンの間にプーチンのテレビ出演をコーディネートしたモロディィは話した。「わたしは何十時間も編集前のビデオを見た。彼はいつになく体調がよかった。……。しかし、つねに健康にはとても気をつかってきたんだ」。[28] 二〇二二年七月、ウィリアム・バーンズCIA長官も、言われているようなプーチンの病気の証拠は見つかっていないと述べた――さらに、プーチンは「まったく健康すぎるよ」と平然とジョークを飛ばした。[29]

ロックダウン期間中のクレムリンの振る舞いも、プーチンの死期が近いとの憶測を裏切っている。逆に、プーチンに六年の大統領任期二期を再び可能にする（同時に同性婚を憲法で禁じ、憲法を国際法の上位に置く）憲法改正パッケージに対する国民投票が、新型コロナのために遅れて、二〇二〇年七月一日に実施されたのだ。スルコーフが二月の論文で提案したコースとは正反対だった。プーチンの側近グループは権力移行を準備するどころか、彼が終身職にとどまるための政治的基盤を整えつつあるようだった。

プーチンの個人的接触はつねに内輪に絞られており、何年もの間、せいぜい三十数人の側近たちの小グループに限られていた。二〇二〇年と二一年のほとんどの期間、ロシアの最上級高官の大多数は大統領を、ビデオリンクを通してしか見ていなかった。プーチンとの対面を認められたのは、もっとも親しい個人的な友人と仲間だけだった。大統領に会うたびに自分のスケジュールから隔離に一週間も割ける人は、ほとんどいなかった。

『コメルサント』紙の元政治編集者、ミハイル・ズイガリによると、プーチンは新型コロナを防ぐ塹壕の「隠遁と忌避」のなかで、「イデオローグと追従者」に取り巻かれ、「ウクライナに対するロシアの支配が回復されなければならないという深い信念」を育んだ。[30] あるいはCIAのバーンズが二〇二二年四月に表現したように、「ロシアに対する掌握を強めるにつれて、プーチンのリスク欲求は大きくなった。顧問たちの輪は狭くなり、その小さな輪のなかで彼の判断、あるいは、ロシアの影響圏を回復することが自分の宿命だとする神秘に近い彼の信念に疑問を差しはさむことは、昇進にはつながらなかった。衰える諸国は少なくとも勃興する諸国と同じように破壊的であることを、プーチンは日ごとに例証しているのだ[31]」。

二年にわたって隔離状態にあって、プーチンは二〇二一年七月に発表されるロシアとウクライナに関する論文に結実する歴史理論化作業への長年の熱意を高じさせた。テレビ局幹部のモロディによると、この論文は「完全に［プーチンの］独自の仕事であり……もちろん顧問たちには相談したけれども、それは本当に大量の研究と深い思考の所産だった」。その深い思考プロセスにおける彼の同伴者は、自分のビジネスを中断してプーチンの新型コロナ世界で過ごす用意のあった古くからの親友、ユーリー・コヴァリチュークだった。

コヴァリチューク

パトルシェフがプーチンのもっとも有力なシロヴィキ仲間で盟友だったとすれば、ユーリー・コヴァリチュークはビジネス界出身のもっとも有力な友人だった。プーチンにとってパトルシェフは年長で、評価の高い元上司――同時に共有する青年時代のKGBとのもっとも親しいつながり――だった。コヴァリチュークはプーチンの経歴のうち、異なる活動舞台――プーチンがサンクトペテルブルク市長アナトリー・サプチャクの相談役として、巧みに切り抜けた実業界、共産党、それに組織犯罪の利害の絡み合い――での友人だった。クレムリンの「権力階層」の上部にとどまっている元首相の長年の友人で同僚の、あるロシア政府当局者――〝セルゲイ・ルイジー〟と呼んでおく――によると、パトルシェフはプーチンにとって「KGBの廉直」と、執念深くて「警戒的な愛国心」の「典型」だった。プーチンとコヴァリチュークの関係は、同じように緊密ではあっても、異なっていた。コヴァリチュークは「あまり上流ではない世界の男」、プーチンが自分と近親のビジネス利益の「下世話な問題」を任せる人物だった、とルイジーは言う[32]。

ソ連が分解しはじめたとき、コヴァリチュークはレニングラードのヨッフェ研究所の物理学者だった。一九九〇年、ソ連共産党レニングラード地方委員会は党資金の貯蔵場所として新しい銀行を設立していた。彼らはそれをロシヤ銀行《バンク・ロシヤ》と呼んだ――中央銀行であるロシア銀行《バンク・ロシィ》とはキリル文字ただ一つの違いだ〔中央銀行の方はロシアの国名が格変化している。訳語としては便宜上「ヤ」と「ア」で区別〕。一九九一年八月のクーデター未遂のあと、エリツィンが共産党の活動を禁じたとき、ロシヤ銀行も活動を停止させられた。コヴァリチュークとフルセンコ研究所（ヨッフェ研究所の商業姉妹組織）外国部の長だったKGBからの出向将校、ウラジーミル・ヤクーニンら同研究所の共産党員グループは、同銀行の支配権を握って共産党の凍結資産を有効に使おうとした。ヤクーニンの説明によると、ロシヤ銀行を乗っ取る動機は利得ではなく、「何か前向きなことをする」という願望だった。この自称銀行家たちは「イデオロギー的親近感」を共有しており、「それは全面的な大混乱が近づいているという事実にあった[33]」。ヤクーニンは、当時はサンクトペテルブルク副市長になっていた以前のＫＧＢの同僚、プーチンに訴え、彼に物理学者の仲間コヴァリチュークを紹介した。彼らは一緒になって、元共産党の裏金を新生ロシアでもっとも成功した銀行の一つとして立て直すのに一役かった。ヤクーニンは回想記で、ロシヤ銀行の創設者たちを「キブツ」と形容した――そして、プーチン自身は株主ではなかったものの、たちまちそのキブツの中心メンバーの一人になった。プーチンが出世したおかげで、キブツのメンバーたちはロシアのもっとも裕福でもっとも権力をもつ人間の地位に上ることになる――プーチンの子ども時代の友人アルカジーとボリスのローテンブルグ兄弟、それにプーチンと将来の妻リュドミラを引き合わせたチェロ奏者、セルゲイ・ロルドゥーギンとともどもに。(34)

一九九〇年代の初め、コヴァリチュークはレニングラード州プリオゼルスキー地区のソロヴョフカに、広大な田舎の邸宅を購入した。サンクトペテルブルクに近いコムソモリスコエ湖の東岸に位置する。まもなく同市エリート層の中心メンバーたちも近くの不動産を購入する。プーチン、ヤクーニン、アンドレイとセルゲイのフルセンコ兄弟（その名称の研究所の設立者たち）、ヴィクトル・ミャーチン、コヴァリチュークの兄弟ミハイル、ウラジーミル・スミルノフ、ニコライ・シャマーロフらの面々だ。一九九六年一一月、彼らは隣り合った別荘を「オーゼロ」（湖）と呼ぶ協働組合の下で、一つの私有居住区に統合した。

プーチンがモスクワの大統領府に入った一九九七年ごろには、ロシヤ銀行はサンクトペテルブルクの最高収益を上げる銀行の一つになっていた。ヤクーニンは政府機関との協調を担当、コヴァリチュークは株主勧誘を担当した。コヴァリチュークは悪名高いタンボフ－マルイシェフ組織犯罪グループのボスの一人――後段でさらに触れる――を、株主として引き入れた。(35)

一九九九年にもなると、プーチンは首相に任命されており、後継候補としてエリツィン一門の真剣な検討対象になっていた。大晦日のエリツィン辞任と三月のプーチン大統領選出の間の二〇〇〇年の冬、エリツィンの娘タチヤーナ・ジヤチェンコと夫ヴァレンティン・ユマーシェフは、プーチン自身の親しい仕事仲間――プーチン本人とコヴァリチューク、フルセンコ兄弟、そして中でもヤクーニン――との食事に、オーゼロ居住区を訪れた。エリツィンの側近はカツレツとワインを賞味しながらプーチンの親しい仕事仲間と知り合った。ユマーシェフが認めたところでは、招待は「プーチン一門」の方から来た。だが、もっと象徴的なのは、オーゼロ会合が一つの大門閥からもう一つの大門閥への権力の移譲を表していたことだ[36]。

二〇〇八年、かつてコヴァリチュークのロシヤ銀行株主候補だったゲンナジー・ペトロフらタンボフ・ギャングの主要メンバーが、恐喝容疑でスペインで逮捕され、有罪判決を受けた。スペイン検察官にとっての重要証人は元FSB将校オレクサンドル・リトヴィネンコだったのだが、タンボフ・ギャング捜査がまだ進んでいる間に、彼は二〇〇六年一一月、パトルシェフの命令によってロンドンで毒殺された[37]。ブルガリア検察庁の別の捜査によると、一〇億ポンド以上――麻薬密輸、売春、みかじめ料から上がるタンボフ・ギャングの収益の一部――が、ブルガリアとエストニアの銀行を通して資金洗浄されていた[38][39]。

だがそのころには、コヴァリチュークはサンクトペテルブルク実業界の怪しげな世界から足を洗っていた。二〇〇八年五月、『フォーブス・ロシア』は彼を、推定資産一九億ドルと株式三〇・四パーセントを保有するロシヤ銀行の最大株主として、ロシアで五三番目の長者として登録した。ロシヤ銀行の莫大な収益の一部は、モスクワ、サンクトペテルブルク、その他地方の無数の顧客からの公共料金の徴収業務を請け負う政府との契約から来ていた。徴収の責任を負う官製企業「インテルRAO」は、二〇〇九年からコヴァリチュークの息子ボリスが最高経営責任者だった[40]。

上げ潮はすべてのボートを浮かばせる。コヴァリチュークのサンクトペテルブルクの子分数人は国家の有力ポストに昇進した――将来首相になるセルゲイ・キリエンコ、サンクトペテルブルク市長になったアレクサンドル・ベグローフ、それにロシヤ銀行の元雇員でベグローフの副市長になったリュボーフ・ソヴェルシャエワらだ。[41] コヴァリチュークは『イズヴェスチヤ』紙、《ＳＴＳメディア》などメディアの持ち株を取得した。コヴァリチューク一家の長年の友人で、ロシヤ銀行が使っている広告会社ミハイロフ＆パートナーズの創業者セルゲイ・ミハイロフは、タス通信社の社長になった。同社は二〇一四年、コヴァリチュークの銀行から三億五〇〇〇万ルーブルの与信枠を受けた。コヴァリチュークの息子ボリスは、「イノプラクティカ財団」の評議員会入りした。これは実業家と国営企業トップの会合を円滑化するために設立された組織で、プーチンの娘カテリーナ・チーホノワがトップを務めていた。二〇一三年、チーホノワはオーゼロ協同組合内部でキリル・シャマーロフと一種の王朝婚をした。これはプーチンの古くからの隣人ニコライ・シャマーロフの息子で、彼もロシヤ銀行の株九・六パーセントを保有していた。コヴァリチュークはレニングラード州イゴラにある自分のスキーリゾートで結婚式のホストを務め、そこでは当然、プーチンが主賓だった。[42]

コヴァリチュークはまた、プーチン閥の非公式メンバーに資金手当をすることもできた。「リラックス」と呼ばれるペーパーカンパニーを通して、ロシヤ銀行株をプーチンの愛人とされる女性（そして彼の三番目の非嫡出の娘の母親）スヴェトラーナ・クリヴォノギフに与えたのが、その一つだ。[43] 二〇一四年、米国政府はコヴァリチュークがプーチンを含む多くのロシア政府高官の「個人銀行家」であるとして、彼個人に制裁を科した。

二〇一六年のパナマ文書のリークによって、コヴァリチュークが特別に創設されたサンダルウッド・コンチネンタルと呼ばれるオフショア事業体へ、少なくとも一〇億ドルを送金していたことが曝露された。リークされた金融サービス会社モサック・フォンセカの記録によると、これらの資金はキプロスにある国営のロシア商業銀行（ＲＣＢ）その他の国営銀行からの莫大な無担保借り入れが出所だった。また、ＲＣＢから獲得された現金の一部はロシア国内で極端な高金利で再貸し付けされ、その結果生じる収益はスイスの複数の秘密口座に吸い上げられていた。[44] パナマ文書はまた、コヴァリチュークのオフショア保有資産と、プーチンの旧友のチェロ奏者ロルドゥーギンが所有する事業体に支払われた数億ドルを関連づけているようだった。[45]

だが、コヴァリチュークの関心事は国際金融だけではなかった。ミハイル・ズイガリに話した事業仲間らによると、コヴァリチュークは以前から一九三〇年代のロシア・ファシズムの哲学者、イワン・イリインの神秘主義的な民族主義的著作に惹かれていた。コヴァリチュークはまた、本人自身の説明によると、もう一つ重要なスキルを持っていた——ボスに悪い知らせを絶対伝えないことだ。「わたしの立場に立ってみなさいよ」。ズイガリの著作 *'All the Kremlin's Men'*〔『クレムリンのすべての面々』〕で述べられているところでは、コヴァリチュークのある友人はズイガリにこう語った。「もしわたしが［財務相］クドリンのやったように、プーチンが聞きたくないことを耳に入れて彼を苛立たせたら、どうなる？わたしは［大統領の］『身体』に近づきにくくなる。自分を罰するはめになるだろう。どうしてそんなことをするかね[46]？」。

プーチンがロックダウンのなかで、ロシアの宿命とロシア－ウクライナ関係に関する長い歴史論文のリサーチと執筆をしているとき、コヴァリチュークはヴァルダイの公邸で、ほとんどの時間を彼のそばで過ごした。大統領と銀行家がそろって座っているところで、来たる戦争の哲学についてのあのイデオロギー的宣言書は生まれたのである。[47]

第6章 本気かこけおどしか

この悲しい時代の重荷に、
われわれは耐えねばならない
ウィリアム・シェークスピア、『リア王』

軌道離脱

二〇二〇年一月、クレムリンのウクライナ問題統括として、ヴラジスラフ・スルコーフに代えてドミトリー・コザークが任命されたことは、モスクワのドンバス政策の決定的な転換を表していた。すでに見たとおり、ウクライナの西方への動きを抑えるブレーキとしてドンバスの離反共和国を使うスルコーフの政策は失敗していた。二〇一九年一二月のパリで、プーチンはゼレンスキーを読み切ったと考えた。プーチンは「ゼレンスキーは弱く、［欧米の］傀儡だ」と確信していた、とラヴロフ外相と親しいある同僚は回想する。同時にプーチンは、ゼレンスキーをもはや相手にできない男、「NATOの利害の度しがたい奉仕者……彼と話す意味はない、ワシントンにいる彼の主人だけが相手だ」と見るようにもなった。[1] クレムリンに残された道は、ドンバスの両共和国の独立か、もしくはロシアへの併合の地ならしをすることだった。

二〇一九年末～二〇二二年二月の間、ロシアはルハンスク、ドネツク両共和国の住民に六五万以上の国内パスポートを発行した。ゼレンスキーは、東部ウクライナの「パスポート化」を「併合への一歩」だとして非難した。[2] 対抗してゼレンスキーは、ウクライナのNATO加盟運動を促進しはじめる。続く二年間、ロシアがゼレンスキーにNATOから離れるよう圧力を強めれば強めるほど、ゼレンスキーは自国をロシアの侵略から守るため、NATOによる安全保障をさらに強く求めた。戦争に直結することになる致命的なエスカレートの力学が、すでに始まっていた。

クレムリンにとってウクライナのNATO加盟が危険で、極度に挑発的であることは、二〇〇八年のブカレスト首脳会議以来、欧米ではよく認識されていた。

二〇〇八年から二〇一四年のクリミア併合までの間、NATOは——そしてヤヌコーヴィチ政権は——、奇妙な妥協的解決を追求した。ヤヌコーヴィチは、合同演習の実施を含め「国別年間計画」の枠内でNATOと協力し続けた。だが彼の政府は、ウクライナ－NATOの協力は「ロシアとの戦略的パートナーシップの発展を排除するものではない」と主張した。[3] 二〇一〇年六月、ウクライナ国会は「欧州・大西洋安全保障への統合とNATO加盟」を、国家安全保障戦略から除外する法律を可決した。事実上、国会はウクライナが非同盟国であると宣言したのだ。[4]

振り返って見ると、二〇一〇年の中立法は、モスクワとキーウの関係を決定的に安定させる、逃された大きなチャンスだった。だが、それを壊したのはクレムリンの貪欲だった。ロシアはNATOに加盟しないというヤヌコーヴィチの公約に満足せず、より多くのこと、すなわち、EUの連合協定も拒否するというさらなる公約を要求したのだ。それは侵略に譲歩する危険についての、ウィンストン・チャーチルの警告を典型的に例証するものだった。「宥和する者は、最後には自分が食われることを予期しながら、ワニに餌を与えるのである」[5]。ヤヌコーヴィチはウクライナの中立宣言という劇的な措置を取った――それでもなおクレムリンは、宥められることがなく、より多くを要求し続けたのである。二〇二〇～二二年に同じ圧力に直面したとき、ゼレンスキーは二〇一〇年の教訓を忘れていなかった。

マイダン革命とクリミア併合の直後でも、ウクライナの暫定政権はNATOに加盟しないという失脚した前大統領ヤヌコーヴィチの公約を守った[6]。だが再び、クレムリンは強く出過ぎてしまった。二〇一四年八月にもなると、ロシア正規兵がドンパスで活動するなか、新大統領ペトロ・ポロシェンコは進路を転換、ウクライナが再び加盟に力を入れることを確認した[7]。二〇一四年一二月二三日、国会は非同盟の地位を破棄。数日後、ポロシェンコはNATO加盟の是非を問う国民投票の実施を約束した(これは実現しなかった)。ロシアはドンバスの小さくて不安定な二つの離反共和国を獲得していた――だがその過程で、ウクライナの中立を永久につぶし、キーウを再びNATO加盟への進路に引き戻してしまった。

その後五年間、ウクライナ軍とNATO諸国軍の協力が強化された――ウクライナ将兵数千人が欧米の相手方と並んで訓練したり、将校が英米両国の参謀大学で学んだり、NATOのさまざまな訓練に定期的に参加したりしたのだ。二〇一九年の大統領選挙で新たな挑戦者ゼレンスキーと向き合う準備をするなかで、ポロシェンコはウクライナとNATOとの関係にいちだんと力を入れる。二〇一九年二月、ウクライナ国会はNATOおよびEUに加盟するとの意思を、三八五票中三三四票の多数によって憲法に正式に書き入れた[8]。

就任の一年目、ゼレンスキーはロシアを挑発するのを控えようとし、ルハンスク、ドネツク両共和国で住民投票を実施することでミンスク-2合意を履行しようと、むなしい努力をした。パリで行われたノルマンディー方式〔ロシア、ウクライナに独仏を加えた協議。ノルマンディー上陸作戦七〇周年を機に初めて開かれたことから〕でのプーチン－ゼレンスキー首脳会談は、「何かを救い、信頼を回復する――あるいは、一部の人がそう期待した――最後のチャンスだった」。その場にいたゼレンスキーの上級顧問はそう述べる。「それは根拠のない希望だった」。二人は再び会うことばかりか、お互いを信頼することもなくなるのである。

　ゼレンスキーはＮＡＴＯにウクライナの加盟を再び前向きに検討させようと、組織的運動を始めた。二〇二〇年六月、ＮＡＴＯの「パートナー相互運用機会強化プログラム」に参加することで、その道に沿ってさらに歩を進めた。これはウクライナのソ連時代の兵器、指令・管制・通信システムをＮＡＴＯの世界標準に合った新たなものに入れ替えることをいう専門用語だ。すでに二〇二〇年九月には、ゼレンスキーは「ＮＡＴＯ加盟を目標にしたＮＡＴＯとの明確なパートナーシップの発展」を定めた新たな国家安全保障戦略を承認した(9)。

　一カ月後、ゼレンスキーはロンドンでボリス・ジョンソン英首相に会い、加盟プロセスの最終段階、すなわち公式の「加盟行動計画」（ＭＡＰ）を強く主張した(10)。その時期、毎日ジョンソンに会っていたダウニング街のある高官によると、「ボリスはウクライナを［ＮＡＴＯに］入れることに懸命だった。……フランスとドイツはプーチンの前ですくむのをやめる時だ、と彼は考えていた」(11)。ジョンソンはまた、二〇一八年にソールズベリで起きたＧＲＵ亡命者セルゲイ・スクリパーリと娘に対する神経ガスを使った殺害未遂に対し、クレムリンになんとか一矢報いたいと考えていた。二人のＧＲＵの覆面工作員によるその工作の結果、化粧瓶に隠して捨てられていた毒を拾い上げた無辜の英国人が命を落としていた。ソールズベリ、それに二〇〇六年のロンドンでのリトヴィネンコ毒殺のあと、ジョンソンはＮＡＴＯ拡大を控えてクレムリンを有和し続けるような気分ではなかった。ジョンソンがヨーロッパの同盟諸国とワシントンのバイデン政権の双方に根回しした「直接の結果」として、ウクライナとジョージアを含めて「門戸開放政策」に戻る問題が、二〇二一年六月にブリュッセルで予定される次のNATO首脳会議の議題に載せられた、とこの側近は指摘する。[12]

クレムリンは不吉な前兆を見ていた。ゼレンスキーはすでに最終的な選択をしている。NATOは、主要国が二〇〇八年にブカレストでジョージアとウクライナに対するMAPを拒否することにつながった不安を忘れてしまったようだ。今回は、NATOがウクライナの加盟承認へ向けた最後の、決定的な一歩を踏み出す非常に現実的な危険があった。

プーチンの側近グループにとって、戦争は米国の攻撃からロシアを守るという問題だった。ウクライナはかつての二超大国の利害が直接ぶつかる戦場——プーチンの最側近グループが想像する超大国間の千年紀の戦争の場——にすぎなかった。「ウクライナは存在しない」。プーチンの元ボディーガードで、今では強力な国家親衛隊を率いるヴィクトル・ゾロトフは、ジャーナリストのアレクセイ・ヴェネディクトフにこう言っている。「それは米国とロシアの国境なのだ[13]」

ウクライナのNATO加盟を阻止すること——あるいは、より具体的にはNATOがウクライナの領域にその戦力とミサイルを配備するのを阻止すること——が、ロシア帝国の復興という抽象的な将来像よりはるかに重要な動機だった。しかしその事実は、危険で異論の多い一つの疑問につながる。それは、NATOがロシアの侵攻を挑発したことを意味するのだろうか——つまり、違った政策を追求していれば、NATOは侵攻を止めることができていたことを意味するのだろうか?

もっとも容易に答える方法は、反事実的なことを仮定することだ。ロシアの侵攻を回避するために、NATOは何が出来ていただろうか? 二〇〇八年のブダペストのNATO首脳会議が——会議後に運命を決する覚書を出し、ジョージアおよびウクライナが将来のいつか最終的に加盟するというあいまいな表現の公約をしたことで——転換点になったのだろうか? ジョージアのNATOへの道をつぶすことはたしかに、プーチンがジョージアに侵攻し、その後南オセチアとアブハジアの独立を承認する主な動機の一つだった。その侵攻は、ロシアの権益が軽視されることはないというプーチンのシグナルだった。だがそれは、ますます多数のウクライナ人がロシアの侵攻を恐れはじめ、NATO新加盟諸国がかつてのソ連の属国仲間の加盟支持に積極的に結集する引き金でもあった。プーチンの悲劇は――主人公が自らの転落の仕掛け人になるギリシア悲劇における文字どおり意味で――、彼の動きがことごとく、まさに彼がいちばん恐れること（脅えた近隣諸国がNATOの腕のなかへ逃げ込むこと）を促進し、進行を早めたことだ。ジョージア侵攻とクリミア併合からシリアにおける戦争まで、彼の侵略的動きはことごとく、NATO加盟諸国の拡大決意と、そうした近隣諸国の加盟衝動の両方を強める働きをしただけなのだ。

ジョージア以後、NATO－ロシア関係は致命的なエスカレートの環に陥り、NATOがどんな妥協をしても、それは弱さを示す致命的な徴候と侵略への報酬として見られたことだろう。

反事実的なことを続ければ、NATOはどの地点でなら立ち止まることができただろうか？　NATO主要国のドイツとフランスはすでに、早くも二〇〇八年に、地政学的配慮――具体的には、ロシアを怒らせないこと――が、NATO加盟を希求するジョージアとウクライナの主体性と希望に優先すると決めていた。それに法的事実の点として、どちらの国も当時は加盟できなかっただろう――そして、いまなお法的には加盟できないのだ。というのは、両国とも沿ドニエストル（ウクライナの場合）、アブハジアおよび南オセチア（ジョージアの場合）との間で未解決の領土係争を抱えているからで、それはNATO自体の憲章により、加盟への絶対的障害なのである。

そのことはもう一つの疑問を引き起こす。もしウクライナとジョージアの加盟が法的に不可能なら、なぜNATOは、国内に軍事教官を展開し大規模合同軍事演習を行うところまで、トビリシおよびとくにキーウとかかわり続けたのだろうか？　その答えは悲劇的な問題を引きずっている。NATOは、軍事的連帯を示せばロシアの侵攻を思いとどまらせると考えていた。だがモスクワにとって、まさにそんな象徴的な軍事的関与の示威が、非常に挑発的だったのだ。二〇〇八～二〇二二年の間、双方は互いに聞く耳をもたない対話のエスカレートから抜け出せず、それがNATOとロシアの関係を危機点にまで至らせることになるのである。

ダークプリンスの没落

二〇二〇年八月、ベラルーシのルカシェンコ大統領は、公式数字八〇・二三パーセントという信じがたい得票率で、わずか九・九パーセントの親欧米派の対立候補スヴャトラーナ・ツィハノウスカヤを破って再選された。大抗議行動がミンスクばかりか全国で起き、数万人の若者が警察の路上防塞をものともせずに街頭へ繰り出した。抗議参加者の一部はミンスク中心部にバリケードを築きはじめた。この危機の最高潮時、ルカシェンコは軍の戦闘服を着てカラシニコフ銃を手に、ヘリコプターで大群衆の回りを旋回する様子が映像に撮られた。結局、ルカシェンコの大がかりな実力行使が勝ち、少なくとも二万人が拘束された。EUと国連人権高等弁務官による一連のぞっとするような報告によれば、男女両方の被拘留者に対する性的攻撃を含め、少なくとも四五〇人がひどい拷問を受け、数千人が組織的に殴打され、最多で二〇人が殺されるか、痕跡を残さずに消えた。[14] プーチンとクレムリンにいる仲間の治安官僚にとって、この激化する抗議行動は、ちょっかいを出す欧米が彼の盟友を倒すためにもう一つのマイダン革命〔ユーロマイダン〕を企てようとしている徴候として受け取られた。プーチンと同じく、ルカシェンコは国内のメディアを完全に支配し、二〇年にわたって、大統領個人に全権力を集中する治安警察国家と政治体制を築いていた。ところが彼は、プーチンが欧米のもっとも陰険で油断ならない兵器と見るもの、ピープルパワーによってあやうく倒されそうになったのだ。「ユーロマイダン」と「ベロマイダン」に続き、モスクワのマイダンは起こさせまいとプーチンは決意していた。

キーウとモスクワを不可逆的に戦争の道へ追い込むとどめの一撃は、ゼレンスキーがついに、プーチンの旧友でウクライナ政治の〝ダークプリンス〟、ヴィクトル・メドヴェドチュークに断固として対抗する決意をしたことだった。

ウクライナの政商のだれもが当然のこととして、政治的生き残りにずば抜けて長けていた。政商たちをボンド映画流の狡猾な悪漢グループとして皮肉に描いた『国民の奉仕者』の描写には、一つ深遠な真実があった。ウクライナの金属、天然ガス、鉱業、電気通信、穀物、肥料、海運業を支配する大物たちは選挙のたびに、自分が目に掛けた政治家を昇進させ、政治上・商売上の敵を破壊するために計略を使い、猛然と駆け引きをした。テレビ局やインターネットのポータル、そして新聞が彼らの兵器だった。メディア企業の持ち株はどの政商にとっても、中世の貴族――その封建的地域支配と政商の権力基盤はそっくりだった――にとっての甲冑と剣と同じように、生き残るために欠かせなかった。

メドヴェドチュークはほかの多くの政商たちと同じく、国家と自分の事業の二股をかけながら、二〇年間にわたってさまざまな政府で勤務していた。彼の権力基盤は、彼が目を掛けるヤヌコーヴィチと同じように、ロシア語地域の南部と東部であり、彼の綱領は同地域の権利を擁護することだった。プーチンとの個人的な近さのおかげで、メドヴェドチュークはドンバスの占領地域からウクライナへの石炭・液化天然ガス輸入に対する独占権を握っていた。彼の妻オクサーナ・マルチェンコの名前で登録された数十の会社が、クリミアとルハンスク、ドネツク両共和国で登記されていた。彼はまた、石炭をロシアへ売り、ロシア占領下の領域からウクライナへ通じる一〇〇〇キロメートル以上の石油パイプラインを支配していた。だが、明らかな利益相反にもかかわらず、メドヴェドチュークはディーゼル燃料を全ウクライナ軍へ供給する利潤の大きい独占権契約を保持してもいた。[15]

二〇一九年にゼレンスキーが大統領に選出されたあとの一時期、メドヴェドチュークはこの精力的な若い大統領の同盟者になる可能性があるように思われた。ゼレンスキー自身がロシア語話者で、大多数がロシア語を話す町で育っており、二〇年間にわたってウクライナの政治家たちに取り憑いてきたおなじみの文化戦争を、なんとしても終わらせたいと思っていた。ゼレンスキーの目標は「ロシアからロシア語に関する要求を取り除き」、「ウクライナでのロシア語使用を政治問題化することをやめる」ことだった。[16]

しかしゼレンスキーは、彼の報道官ユーリヤ・メンデルがいう「外来種」の政商の権力を、なんとしても解体したいとも思っていた。[17]そのうえ、二〇二〇年初め以降、メドヴェドチュークの持ち株メディア企業は、ロシア―ウクライナ文化戦争の鎮静化に実際の関心をまったくもっていないことが明確になった。キーウ政権は執念深くて、人種差別主義で、「ジェノサイドを犯している」とするクレムリンの語りにとっては、和解は危険だった。プーチンが二〇二一年一二月に毎年恒例の記者会見で語ったところでは、「ロシア嫌悪はジェノサイドへの最初の一歩だ。ドンバスで何が起きているかは、みなさんもわたしも知っている。それはまちがいなくジェノサイドによく似ている」のだった。[18]

パンデミックの間、ゼレンスキーは大量のロシア製ワクチン「スプートニク」を提供しようというプーチンの申し出を――それに、ワクチンをウクライナで製造する無料ライセンスの申し出を――断った。その政治的決断はまちがいなく多くのウクライナ人の命を奪った。その恨みは、とくにロシア語地域の東部で高まった。怒りはメドヴェドチュークのメディアによる容赦ない攻撃によって、激しくかき立てられた。二〇二一年末ともなると、ゼレンスキーの支持率はわずか三九パーセントにまで落ちていた。ウクライナではロシアのテレビ・チャンネルは禁じられていたけれども、親ロ派ブロガー、親ロ派新聞、そして親ロ派政党「野党プラットフォーム－生活のために」（OPZZh）によるメドヴェドチュークのネットワークが、ロシアのクレムリン・メディアによって繰り出される背後からの攻撃的テーマを、規則的に焼き直した。ソーシャルメディアのボットの広大なネットワークが、東部ウクライナのロシア人は差別を受け、離反ドンバスの平和的住民がウクライナ軍の絶え間ない攻撃にさらされているとするメッセージを増幅した。[19]

二〇二一年二月二日、メドヴェドチューク関連のテレビ三局──《112ウクライナ》、《ニュース・ワン》、《ZIK》──が国家安全諸法上の理由で、ウクライナ国家安全保障・国防会議の命令により閉鎖された。正当な法手続きなしに野党メディアを閉鎖するのは、あからさまに非民主的で、ゼレンスキーにとってはきわめてリスクのある措置だった。その措置はウクライナのロシア語話者を標的にしたものではないとして安心させるため、ゼレンスキーはロシア語で全国向けテレビ演説を行った。「ロシア語による果てしないうその流れが、とくに最近、国民の耳に注がれています」とゼレンスキーは述べた。「わたしはこうしたうそをロシア語で……ある党とある国によれば、「ウクライナで」厳しく抑圧されてきたという言語で、暴きます。あまりにもひどく〝抑圧〟されてきたという、その同じロシア語の〝防衛者たち〟に対してわれわれを防衛しているところの……われわれの前線の軍の多くの人に話されている言語であります」[20]

数日後、国家安全保障・国防会議は、メドヴェドチュークと妻および彼の仲間タラス・コザークに対し、追って科料が決まるまで彼らの資産、金融事業、それに自家用航空機の使用を禁止した。三人ともウクライナとロシアの両方のパスポート保持者だった──それ自体、ウクライナの法に違反していた。その後まもなく、メドヴェドチュークが支配している石油パイプラインも、国有に戻す目的で制裁対象になった。一年後に戦争が勃発すると、メドヴェドチュークは自宅に軟禁され、逃亡し、数週間の逃亡のあと再び拘束されて、ウクライナ軍の軍服姿で手錠をかけられ、テレビカメラの前を屈辱的に歩かされることになる。

しかし、メドヴェドチュークを倒すことによって、ゼレンスキーはウクライナの政商たちばかりか、クレムリンそのものにも挑戦状を突きつけていた。その知らせを聞くと、プーチンは「激怒し、屈辱を感じ、「ゼレンスキーによる」私有財産および報道の自由の完全無視に憤慨した」とモロディは回想している。[21] クレムリンのメディア装置はゼレンスキー非難で過熱した。そこで、初めて、ロシア軍も全面侵攻に向けた最終リハーサルに着手した。

武力威嚇から武力行使へ

メドヴェドチュークのテレビ局が閉鎖されて二週間後、ロシア国防省は「大規模演習」のため、ロシア－ウクライナ国境への空挺部隊の展開を発表した。二〇二一年三月三日、ドネツク人民共和国の前方展開部隊は、ウクライナ軍陣地に対し「破壊のための先制砲撃」を使う権限を与えられた。二年前のパリ首脳会議での停戦以来、最初の重大事態の拡大だった。[22]

三月一六日、NATOは「ディフェンダー・ヨーロッパ　2021」の名で知られる長らく計画されてきた一連の軍事演習をはじめた。一二カ国の訓練地域三〇カ所以上でほぼ同時に行われる作戦行動と、二七カ国の兵士二万八〇〇〇人を含み、それはNATOが過去数十年間に大陸で実施してきた最大の軍事演習の一つだった。[23] 予想どおりクレムリンは怒りを表明し、独自の大がかりな部隊展開を実施した。三月末にもなると、ウクライナ陸軍最高司令官のルスラン・ホムチャク大将は、ロシアはクリミアとロシア－ウクライナ国境沿いに少なくとも六万七〇〇〇人、東部ウクライナのなかに少なくとも二〇〇〇人の軍事顧問と教官を動員した、と見積もった[24]。さらに多くのロシア軍部隊がベラルーシに派遣された。軍事顧問たちは、シベリアと極東を含めロシア全土から重軍事装備と部隊が輸送されるのを突き止めた。上陸用舟艇や砲艇などカスピ船隊の艦船が、表向きは黒海艦隊との合同演習のため、ヴォルガ－ドン運河を通って黒海へ移された[25]。

　のちにおなじみになるやり方で、クレムリンのペスコフ報道官は「ロシアはウクライナにとって脅威ではない。ロシア軍の動きを懸念すべきではない」と公然と言明。軍部隊の増強は完全にロシア自身の「国家安全保障」の問題だと強調した[26]。そして、ロシアと欧米の間で続く聞く耳をもたない者同士の対話の例に漏れず、二〇二一年春のこの武力で威嚇する大がかりな配備は、クレムリンが意図していた効果とは正反対の効果を生んだのだ。

　二〇二一年六月にブリュッセルで開かれたＮＡＴＯ首脳会議では、ウクライナ向けの「加盟行動計画《メンバーシップ・アクション・プラン》」は合意されなかった――もっとも、ロシアに友好的なトルコでさえ、公式に支持を表明し、そのための勢いは紛れもなく大きくなりつつあったが。だが、ＮＡＴＯ同盟はウクライナの最終的な加盟を支持するかつてなく力強い声明を――このプロセスに干渉するなというロシアに対する明確な警告とともに――発した。「どの国も自らの道を選択する」とＮＡＴＯ事務総長イェンス・ストルテンベルグは述べた。「ウクライナが同盟の加盟国になることを希望するかどうかを決めるのは、ウクライナとＮＡＴＯ加盟の三〇カ国だ。ウクライナが加盟国になるべきかどうかについて、ロシアに発言権はない。……彼らは近隣諸国の決定を拒否できない。われわれは大国が小国をどう扱うかを決める権益圏の時代に戻るつもりはない[27]」。一週間後、その点を強調して、ＮＡＴＯは黒海で暗号名「海風《シー・ブリーズ》２０２１」の合同海軍演習を始めた。

どの戦争への道も、多くの引き返し不能点によって区切られている。それらの大方は、あとで振り返って初めて見えるものだ。だが、二〇二一年夏の二つの出来事から、プーチンを取り巻くタカ派は、NATOによる侵食問題への軍事的解決へ動くしか選択肢はない、と確信した。最初の出来事は、二〇二一年春のロシアの大規模な軍事的増強――第二次世界大戦の終結以来、ヨーロッパで最大――が、NATO指導者たちにいささかの疑念、恐怖、あるいは警告も植えつけられなかったことだった。

二〇二一年七月のプーチンの歴史エッセーの発表には、前月のNATO首脳会議への直接の反応という意図があった。それは、ロシア国民ばかりかクレムリンのエリートに向け、ウクライナのロシア人を抑圧から救うことが新たな公式路線だという明確なシグナルの役割を果たした。それは武器を取れという呼びかけだった。ヴァージニア州ラングレーの米国中央情報局（CIA）本部では、そのエッセーはクレムリンの思考の新たな危険な局面だとして、ただちに警鐘が鳴らされた。

ほんの数週間前、バイデンとプーチンは六月一六日にジュネーヴで首脳会談を行い、会談は「建設的」だったと、両者は宣言していた。ジュネーヴでは、ロシアが数カ月後にヨーロッパを大きな戦争に突き落とす計画をしているという感触はまったくなかった。だが、プーチンのエッセーは「大いにわれわれの注意を引いた」と、国家安全保障問題担当のジェイク・サリヴァン大統領補佐官はのちに回想している。「われわれはここで何が起きているのか、彼の最終目的は何なのかを検討しはじめた。彼はどこまで押そうとしているのか？」[28]

次いで、二番目の引き金が引かれた――惨憺たる米国のアフガニスタン撤収である。アフガン新政府の支援と国家治安部隊の創設に数十億ドル費やしたにもかかわらず、大急ぎで行われた米国の撤収から数週間のうちに、どちらも崩壊した。モスクワでは、カブール空港の大混乱はあけすけな喜びをもって迎えられた。それは何よりも、ロシア自身が一九九〇年代に、カブール傀儡政権のはるかに緩慢にではあるが同様の崩壊を経験していたからである。

クレムリンにとって、カブールの瓦解はあることを意味した――ジョー・バイデンは軍事指導者として完全に信用を失ったということである。情報源のルイジーによると、クレムリンの高官たちはアフガニスタンを「天の恵み、青天の霹靂……」と見た。「突然、米国は全世界の前で辱められたのだ」。ブリュッセルのNATO首脳会議と「海風2021」演習がシロヴィキに、欧米の拡張を止めるにはウクライナ侵攻しかないと確信させたとすれば、二〇二一年八月にカブールがタリバンの手に陥落したのは、米国の弱さを示した瞬間であり、それは自分たちの一撃を加える絶好の機会だったのだ。

ルイジーによると、二〇二一年の真夏までには、プーチンの友人と顧問から成る最側近グループの間の意見の「臨界質量」は、「決定的な軍事的打撃」を与える必要があるということでまとまっていた。[29]そのタイミングはまたとなく好都合、プーチンが生きている間には再現されそうもない好機だと判断された――バイデンは罰を受け、欧米は依然としてコロナウイルスによるパンデミックと格闘しており、ヨーロッパの事実上のリーダーであるメルケルは間もなく引退。フランス大統領は再起する右翼相手の再選の戦いに直面し、英国はEU離脱後の意思決定からの排除にもがいているのだ。ロシアの時に慎重、時に攻撃的な数十年のエネルギー政策は、ヨーロッパのガスプロムへの依存を、天然ガス輸入のほぼ四〇パーセントまで高めていた。長年の慎重なマクロ経済政策によって、ロシア経済がいかなる制裁も乗り切れる六五〇〇億ドルの軍事費が積み上がっていた。「時は到来していた」。旧友の元首相との会話を説明して、ルイジーはこう回想した。「それははっきりしていた[30]」

ウクライナに対するその打撃は、厳密にはどんな形を取るのか。ドンバスにジョージア型の二つのミニ国家をつくるのか、クリミア型の併合か、それともゼレンスキー政権を完全に破壊して傀儡の親モスクワ政権を植えつけるのか――それは決定されないままだった。しかし、ルイジーによると、二〇二一年の晩夏までには、侵攻が必要になったとの「原則としての決定」はすでにシロヴィキのトップ、パトルシェフとボルトニコフによって下されていた。残るは、必要な戦力を集め、ロシアの究極の意思決定者であるプーチン本人に作戦行動の開始を説得することだった。(31)

九月には、計画されたロシアとベラルーシとの合同演習が、新たな軍事的増強の見えすいた口実になった。ただしこの度は、ロシア全土から対ウクライナ国境と黒海に集められる戦力はいちだんと強力になる。この度は、武力で威嚇するのではなかった。武力が行使されようとしていた。

スパイ戦争

プーチンの軍がウクライナ国境に沿って部隊を増強しはじめ、連邦保安庁（FSB）がキーウに傀儡政府を据え付けるための計画を立てていた二〇二一年九月と一〇月を通して、ロシア軍ないし治安機関の明らかに非常に高い地位の数人が、CIAに連絡をとっていた。当然の理由から、その単数あるいは複数の情報源はこれまで、しっかり隠されてきた。だが、「多数の情報提供源」が、ロシアの「軍および治安」機構内部の「作戦運用から意思決定レベル」の筋であることを、英国のある高位の安全保障当局者が確認した。(32) ハッキング、通信傍受および衛星画像を通して収集された信号情報と組み合わされて、ロシアによる大規模攻勢の本格的な計画についての詳細な諜報イメージがまとまりつつあった。

一〇月初めごろにもなると、米国のサリヴァン大統領補佐官はバイデン大統領に、緊急情報説明のために最高位の軍・情報当局者を大統領執務室へ招集するよう要請するほど警戒していた。バイデンとカマラ・ハリス副大統領は暖炉前の安楽椅子に腰掛け、ブリンケン国務長官とロイド・オースティン国防長官、マーク・A・ミリー統合参謀本部議長、ウィリアム・バーンズCIA長官、それにアヴリル・ヘインズ国家情報長官がコーヒーテーブルを囲むソファに座った。ミリーは大統領執務机の上に乗せられた複数の大判地図を示しながら、増強ロシア軍の配置と部隊が狙うウクライナ国内の標的を説明した[33]。

ミレーはプーチンの計画を「非常に詳しく」説明したと、ハリスはのちに『ワシントン・ポスト』紙に語る。ロシアの戦略は、ドニエプル川の両側の戦闘群によってキーウを北から攻撃することだった。一方の戦闘群はウクライナのチェルニーヒウ市を通って首都の東部へ進出し、もう一方はベラルーシから、廃棄されたチェルノブイリ原発を越えて前進するのだ。キーウ自体は特殊任務部隊《スペツナズ》によって三、四日で制圧される手はずだった。同部隊はゼレンスキーの居所を見つけ、必要なら殺害して、同市を封鎖する任務をおび、一方でFSBが親クレムリンの傀儡政府を据え付けるのだ。攻撃は、戦車が春の雪解けで一帯を走行できなくなる前、冬場に計画されていた。「彼らは多数の方向から同時に、ウクライナに重大な戦略的攻撃を実行する計画であると、われわれは評価する」。ミレーはこう述べ、その電撃戦計画をクレムリン版の「衝撃と畏怖」だと形容した[34]。なによりも米国の安全保障の最高幹部たちは、今回のプーチンの軍増強は春の部隊配備とちがって、単に威圧外交としての演習ではなく、本格的な攻撃計画であることを確信した。重大なことに、それは時間のかかる戦争というより、軍に支えられたクーデター計画だった。

その一〇月の情報説明会合で、バイデンは三つの決定を下した。攻撃に対する欧米の対応は被害甚大なものになることを詳しく説明して、プーチンを思いとどまらせること。警告を真剣に受け取るようNATO同盟諸国を説得すること。そして、ウクライナに対し、全面侵攻に備えるよう警告し、支援することである。だが、直接の軍事衝突に巻き込まれるのをいかに回避するかという基本的な難問は残った。ミレーが『ワシントン・ポスト』紙に明らかにしたホワイトハウス会合の状況説明メモによると、基本的な問題は、並々ならない核能力を備えた国に対し、「第三次世界大戦を起こすことなく」、「いかにしてルールにもとづく国際秩序を支持し、守らせるか？」だった。ミレーは考えられる回答を四つ提案した。「第一、米軍およびNATOとロシアの物理的戦争は起こさない。第二、戦争をウクライナの地理的境界線内に封じ込める。第三、NATOの結束を強化、維持する。第四、ウクライナを力づけ、戦う手段を与える」[35]

バーンズCIA長官は駐ロ大使を務めたことがあり、バイデン政権ではだれよりもプーチンと直《じか》の接触があった。バーンズはロシアとその指導者をとてもよく知っていた——そして、モスクワ駐在の期間中、わたしの妻の実家の別荘で開かれるコンサートにしばしば客として来ていた。プーチンの性格の主たる特質は「不安と腹立ちの交じったもの」だと、バーンズはジョージア戦争の直後、わたしに話した。「恨みを抱えているんだ」[36]。一一月初め、バイデンはモスクワへ飛んで自分の率直なメッセージを個人的に伝えさせるために、バーンズを派遣した。バーンズはプーチンの外交顧問（元駐米大使）のユーリー・ウシャコフにクレムリンで会った。プーチン本人は新型コロナで隔離生活を送っていたソチ郊外の邸から、電話で会談に加わった。プーチンはNATOの拡大とロシアの安全保障にとっての脅威、それにキーウ政府の違法性について、おなじみの不満をとうとうと述べ立てた。

プーチンは「ゼレンスキーを指導者として軽んじていた」と、バーンズは回想している。CIA長官が米国の諜報が収集した迫り来る侵攻の詳細を突きつけると、プーチンは「とても平然とし」、その諜報の正確さをあえて否定しなかった。バーンズは、ロシアがウクライナを攻撃した場合、ロシアが払うことになる巨大な代償を詳しく列挙したバイデンからの書簡を残した。バーンズはパトルシェフ安保会議書記にも会ったが、彼はプーチンの主張をほぼ逐語的に繰り返した。バーンズは、プーチンの最側近グループは一つの〝エコー・チェンバー〟になってしまっているという印象をもって、モスクワを離れた――もっとも、実際の侵攻開始についての最終決定はまだ下されていず、外交の小さな窓口が機能する余地はあるとも考えた。「わたしの懸念レベルは下がらずに、高まりました」。バーンズはバイデンにそう復命した。[37]

バイデンとブリンケン、そしてヘインズはNATO同盟諸国に、差し迫る侵攻に関する警告を真剣に受け取らせるのに等しく苦労した。バイデンは一〇月下旬に開かれたローマでのG20首脳会議の際の私的会合で、まず英仏独の三カ国首脳に情報を伝えた。二週間後、ヘインズ国家情報長官がブリュッセルで開かれたNATOの北大西洋理事会で、全三〇カ国に警告を伝えた。英国とポーランド、それにバルト諸国は納得したが、そのほかのNATO加盟国の反応は懐疑的なものだった。ヘインズがブリュッセルで行った説明を直接知るダウニング街のある側近によると、「大方［のヨーロッパ人］は、プーチンが侵攻に十分な部隊を展開していないと考えており……彼らは彼がなぜ自国の経済をだめにするようなリスクを冒すのか、とも尋ねた」。それに、もっと根深い拒否があった。侵攻が近いと騒ぎ立てるのは、かつてロシア帝国とソ連帝国の一部であったNATO諸国であり、彼らが、ロシアの帝国的野望について「狼が来たと叫ぶ」のは、よくあることだったのだ。それに、近年のアフガンの治安部隊についての見通しの誤りや、古くはイラクが大量破壊兵器を保有しているという二〇〇三年の米国による「神に誓っての保証」にさかのぼる、米国の情報評価に対する長年の不信感があった、とダウニング街のこの当局者は回想する。北大西洋理事会会合の際、英国のある当局者がヘインズを支持して起立し、理事会メンバーの一同に「彼女は正しいよ！」と言った。その割り込み発言は「あのイギリス人とアメリカ人がまたやってるよ、といったような……ちょっとした軽蔑の目で」受けとめられた[38]。もう一つの問題は、この初期段階では米国が当初、ロシア国内の情報源を危うくすることを恐れ、NATO同盟諸国とも運用上の詳細を共有することに慎重だったことだ。

おそらく奇妙なことに、いちばん説得するのが難しいのは、ウクライナ人自身だった。ブリンケン国務長官は二〇二一年一一月初め、グラスゴーで開かれた気候変動に関するサミットで、ゼレンスキーに初めて警告した。「われわれは互いから六〇センチほど離れて、二人きりだった」とブリンケンはのちに回想している。「だれかに彼らの国が侵略されようとしていると思うと伝えるのは」現実離れした感じがするので、それは「難しい話し合い」だった。ゼレンスキーは「真剣で、慎重、冷静」だったが、結局は懐疑的で、実際の侵攻が始まる数時間前まで、それは変わらなかった[39]。二週間後、ウクライナ外相ドミトロ・クレバと大統領府長官アンドリイ・イェルマークが、さらに詳しい状況説明のためにワシントンへ行った。「諸君、塹壕を掘りたまえ！」。ある国務省高官はこう言って二人を迎えた、とクレバは回想している。「わたしは真剣だ。塹壕を掘りたまえ。……諸君は攻撃されるだろう。大規模な攻撃だ。だから諸君はそれに備えなければいけない」。クレバはプーチンの侵攻計画で米国が知っていることについて、さらに具体的な詳細をその高官に求めたが、「何もなかった」と『ワシントン・ポスト』紙に語った[40]。

ウクライナ政府がなぜ最後の瞬間まで侵攻の現実を信じないままだったのかについて、米国とウクライナの語り方は大きく異なっている。キーウの当局者たちの主張では、プーチンの軍部隊増強が、まさにヨーロッパのNATO同盟諸国に揺さぶりをかけ、天然ガス供給を維持するためにロシアと妥協するようウクライナに圧力をかけさせる狙いの、単なるもう一つの軍事的《ヘヴィー・メタル》強制外交ではないことを納得させる証拠を、米国は提供しなかった。「われわれはこの種のロシアの心理作戦を何度も見てきた」。元議員でイェルマークの補佐官、セルヒイ・レシュチェンコは言う。「われわれはもう八年もロシアと戦争しているんだ[41]」。そのうえ、ゼレンスキーは、戦争のうわさがパニックを引き起こし、それがウクライナ経済を麻痺させて、首都からだけではなく、ロシアとの戦いに必要になる若者の大量脱出の引き金を引くことを恐れた。ゼレンスキー自身にとって、優先事項はNATOを宥めて、ウクライナ軍が欠いている攻撃用重兵器を供与してもらうことだった。『いいかね、侵攻があるかもしれないよ』なら、百万回でも言える。いいだろう、侵攻はあるかもしれない。すると、われわれに航空機をくれるのだろうか？」とゼレンスキーは二〇二二年七月に回想している。「われわれに防空手段をくれるのだろうか？『ああ、諸君はNATO加盟国じゃないからな』、ああいいだろう、それじゃわれわれは何を話しているのか[42]？」

米国側としては、脅威を過小評価するキーウ自身の主張がヨーロッパのNATO諸国――なかでもフランスとドイツ――の間に懐疑論を醸成していることに、ますます苛立っていた。だが実は、ウクライナがパニックの結果を恐れるほどには、警告を信じていないことが問題だった。二〇二一年一二月三日、ウクライナ国防相オレクシイ・レズニコフは議会で、二〇二二年一月末までにロシアによる「大規模な事態拡大」が起きる可能性について語った[43]。だが、侵攻三カ月前にキーウで広まっていた見方は、来たる戦争はドンバスでの作戦行動か、あるいはせいぜいドンバスとクリミアをつなぐ土地奪取に限定されるだろうというものだった。バンコヴァ通りのキーウ政府総合庁舎にいる意思決定者たちにとって、ウクライナの首都への直接攻撃は、空想的な意見にとどまったのだ。

マクロンとドイツ新首相オラフ・ショルツ――彼は長年クレムリンと交渉してきた――も、プーチンが自国の経済的利益をそれほどひどく損ねるほど理性を欠くということが信じ難かった。独仏両国はトップレベルのEU－ロシア首脳会談を提案したが、ロシアへの疑念が強いNATO加盟諸国によって阻止されてしまった。会談はプーチンの攻撃的姿勢への危険な譲歩とみられたのだ。

ヨーロッパ各国首都の見解を変えようとして、一二月、プーチンの計画に関する新たな情報が入るとほぼ直ちに、細部ではないにせよ、その要旨を公に共有するという、尋常ではない政治的決定がワシントンで下された。ホワイトハウスは、クレムリンによってゼレンスキーの後継候補者に定められたウクライナ人政治家の名簿と、ロシアの侵攻後に暗殺もしくは逮捕の対象に指定されたウクライナ全主要都市の政治家、活動家、ジャーナリストの「殺害リスト」をあわせて、公表した。情報を公表するというこの決定は、部分的にはプーチンの侵攻計画を阻止する試みだった——だが、英国の情報筋によると、「プーチンに彼の船が水漏れしていること……そして水漏れする船は沈みがちなことを見せつける」試みでもあった。[44]

完全待機態勢

ラヴロフ外相に近い筋によると、本格的侵攻に必要な最後の二つの軍事的要素は二〇二一年一二月一日ごろ、モスクワで開かれたロシア参謀本部の重要会議で正式に実行に移された。[45] 一つ目の要素は、追加軍部隊への最終的な動員命令だった——とくに、かねて二月に計画されていた合同軍事演習に間に合わせて、ロシア東部（旧極東）軍管区の本部を中国・満州に近いハバロフスクからベラルーシへ移すことだった。東部管区の第5、第29、第35、および第36諸兵科連合軍、第76親衛航空強襲師団、第98親衛空挺師団、それに太平洋艦隊の第155海兵旅団が、一万五〇〇〇人以上の兵士と軍事物資をシベリアの六〇〇〇キロメートルにわたって列車で輸送するという大がかりな兵站上の難業を始めた。[46] もう一つの強力なシベリア部隊であるノヴォシビルスク駐屯の第41諸兵科連合軍は、すでにロシアのベルゴロド州に再配置されていた。ウクライナ北部と北東部へのこの大規模攻撃力の増強の標的は、キーウとハルキウの二つ以外にありえなかった。

太平洋艦隊の駆逐艦〈アドミラル・トリブーツ〉と対艦ミサイル巡洋艦〈ヴァリャーグ〉（皮肉にも、一九八三年の就役時にはもともと〈赤いウクライナ〉と命名された）にも、ウラジオストクの母港から地中海へ可及的速やかに回航せよとの命令が出された。それは方向は逆だが、軍事的屈辱と革命に終わった一九〇四年のロシア帝国バルチック艦隊の、日本海への配備の再現だった。ラジオ《モスクワのこだま》の編集長アレクセイ・ヴェネディクトフにとって、その戦争への道は「長たらしいプロセスで、数多くの諸々のプロセスを含んでいた」。だが、重要な転換点は一二月の〈アドミラル・トリブーツ〉とシベリア諸師団の再配置だった。そのような大がかりな動員は「極端に金のかかる行動だ」とヴェネディクトフは回想している。彼は最高位の軍事情報筋に、これはただの武力の誇示なのかどうか尋ねた。「ノー《ニェト》」と彼らは彼に断言した。「これは直接的な威嚇だ[47]」

隠密戦争も同時に行動に移された。ロシアの軍情報部に関係する「ワグネル・グループ」——この戦争での役割は後段で詳しく検討する——に近い情報筋によると、構成員たちは南部ロシアの基地へ戻れとの緊急命令を受けた[48]。現地で彼らは、小グループを編成し、民間人を装ってキーウへ向かえとの命令を受けた。一部はウクライナ人とベラルーシ人だった。同グループのロシア人構成員は偽のウクライナのパスポートを渡された。彼らの任務は、ゼレンスキー本人を含め、リストにある三〇人を超えるウクライナ政府・治安当局者を殺害する暗殺部隊を編成することだった。

モスクワ中心部ルビャンカ広場のFSB本部では、セルゲイ・ベセダの作戦情報局第九部の工作員によって慎重に手なずけられ、買収されたウクライナ人の地元公務員、政治家、治安当局者のネットワークも動員された。ウクライナの情報当局者によると、近い外国に対するモスクワの支配を拡大することを特定任務とするこの部隊は、二〇一九～二〇二一年の間に機関員が三〇人から一六〇人に増えていた。ベセダの新設の局は他部門から新人を引き寄せるために、特別賞与とモスクワのミチュリンスキー大通りにあるFSBの訓練学校近くの建物に無料住居を提供した。加入してくる機関員はウクライナに担当地域を割り当てられ、使える対敵協力者と無害化すべき敵のリストを作成する任務を与えられた[49]。

ウクライナの上級官公吏はロシアの諜報機関から、寝返りに同意すれば金銭と将来の親モスクワ行政府での高い地位を提供するという勧誘電話を受けた。ヤヌコーヴィチ政権で副首相を務めたクリヴィ・リーフの地域党有力メンバーであるオレクサンドル・ヴィクルは、ドネツク人民共和国の元内相から電話を受けた。「あなたは賢い人だ、状況があらかじめ決まっていることは分かっている」と、分離主義者の元閣僚はヴィクルに言った。「『クリヴィ・リーフ』市の名で署名した書簡、ロシアに対する愛と友情の宣言を送ってほしい、そうすればあなたは新しいウクライナで大物になるだろう[50]」。本人の説明によると、ヴィクルは「この男に行くべき場所を教えてやった、非常に無作法に」。同じく親モスクワの政治家として知られているハルキウ市長イーホル・テレホフも接触を受け、彼も協力を断った。「人道的破局を許すな」、「民族主義者があなたを隠れ蓑にするのを許すな」といったテキストメッセージを受け取った官公吏もいた[51]。

テレホフのように、FSBの甘言と現金を拒絶したウクライナ当局者もいた。だが、多くの者が誘惑に負けた。そのなかにはウクライナ国家安全保障会議の元副書記、ウラジーミル・シフコヴィチがおり、彼は「影響工作を実行するため、ロシアの情報関係者のネットワーク」に協力しているとして、一月に米財務省に制裁を科された。その後のウクライナの捜査によると、シフコヴィチはウクライナ保安庁（SBU）長官イワン・バカノフ（ゼレンスキーの子ども時代の友人）の子分、オレグ・

クリニチを引き込んだ。クリニチが七月に反逆罪で逮捕されたあと、検察当局は、シフコヴィチが早くも二〇一九年に、FSBにとって「工作上の関心」のあるSBUの機密内部資料を盗む仕事をクリニチに与えたと申し立てた。起訴状はまた、ロシアの侵攻前夜、クリニチはクリミアのロシア人勢力による攻撃開始が数時間後に迫っていると警告する情報の拡散を「意図的に」妨げたとも指摘した。（クリニチの逮捕後、治安機関から裏切り者をまさに排除するために就任していたバカノフは、激怒したゼレンスキーによって解任された）。三番目のロシアのスパイ、アンドリイ・ナウーモフはSBUの防諜部門を支配するところだった。セルビア当局によると、ナウーモフは七月に七〇万ドル以上相当の現金と宝石をもってセルビアで逮捕された。占領されたヘルソンの行政は、かつてSBUで働いていた元KGB将校オレクサンドル・コルベッツに引き継がれることになる。ウクライナ内務省によると、総計すると、ウクライナは偵察、破壊工作の活動でロシアを助けた疑いで八〇〇人以上を拘束し、ほかにFSBと接触していた疑いのある国会議員、治安当局者、既成支配層の有力者ら数百人の捜査にも着手した。(52)

最後のチャンス

軍事的準備がフル回転しているにもかかわらず、ラヴロフは外交作業をする最後のチャンスを与えられた。このロシア外相は、プーチンの側近グループ内の大勢はすでに戦争を固く決意していることを重々承知していた――もっとも、ラヴロフ自身はその計画がキーウ攻撃を含むことを、まさに作戦前夜まで知ることはないのだが。「プーチンが戦争を回避するわれわれの最後の望みだ」。ラヴロフは一二月下旬、大学時代の旧友にこう吐露した。(53)ボスを取り巻くシロヴィキはちがっても、ボス自身はまだ、崖っぷちから一歩下がるよう説得できるかもしれないというかいくらかの希望を、ラヴロフはまだもち続けていた。しかし、その勢いはあまりにも大きいため、ラヴロフは欧米からなんらかの真に劇的で、率直に言えば非現実的な譲歩を取りつけなければならない。ラヴロフが個人的に招集した作業グループは一二月の第一週と二週を通して、これが平和へのまさに最後のチャンスになると分かっている一連の要求をまとめた[54]。

二〇二一年一二月一七日に公表されたこの最後通牒のような要求は、ひどく度外れていた。ロシアは、NATOが旧ソ連ブロック諸国にミサイル、重兵器、あるいは大型基地を配備しないと約束することによって、一九九七年以前の境界線へ事実上引き揚げることを要求していた〔一九九七年の首脳会議でチェコ、ポーランド、ハンガリーとの加盟交渉入りが決定した〕。その時期、ジョンソン英首相と毎日話していたある高官筋によると、当惑した外務省当局者から見て、ロシアの要求は「ロシア－NATO外交をいささかでも経験した者にとっては」、「まるで意味をなさなかった」。「それはまったく政策文書として読めず……NATOが同意できるものは何一つなかった」。その文書は「空想的」だった[55]。

致命的にも、英国の高級外交官たちは――ウクライナを含め、世界じゅうの多くの政府と同じく――まさに誤った結論を引き出してしまった。ラヴロフの極端な要求は、実は、クレムリンのタカ派が妥協の考えからいかに離れてしまったかを示す徴候だったのだ。ところが英国は、クレムリンの異様に強硬な立場はプーチンがはるかに少ないところで手を打つ用意があること――値引き交渉が可能なふっかけ――を示すサインだと解釈した。ダウニング街は、プーチンには「戦争の『用意』があり、その戦争のための計画を整えている」とする英国防省と米国国防総省の警告を完全に信じていた、とダウニング街のその情報筋は振り返った。「われわれは彼に［戦争を］思いとどまらせるチャンスが、実際以上にあると考えてしまっただけのことだ[56]」

プーチンの詳細な戦争計画は、CIAにとっては秘密ではなかったかもしれないが、ロシア軍の最上級司令官たち以外には、そしてまちがいなくその兵士たちには、知らされなかった。ロシア人戦争捕虜と軍関係者の身内の証言はすべて、一つの細部で一致している。すなわち、軍部隊増強の本当の目的は動員命令の数時間前まで、下級将校にも兵士にも明かされなかったのだ。侵攻計画の全容も、プーチンの親友の最側近グループ以外には秘密にされた。惨憺たる結果になる侵攻で、ただ一つ真に印象的な運用の詳細は、おそらく、傭兵の暗殺者に支援された電撃的攻撃でウクライナ政府を破壊するというプーチンの計画の核心の周囲にめぐらされたその無情なまでに効果的な守秘体制だった。

してみると、豊富な人脈をもつロシア・エリート層の多くと欧米指導者がいずれも、プーチンは歴史的なスケールのこけおどしをやり遂げようとしているのだと信じ続けたのは、さほど驚きではない。ある情報筋は、侵攻の数日前、政商ミハイル・フリードマンの「治安機関の最上層にいる友人たち」が、本格的戦争になる「危険はない」と彼に誓って言った、とフリードマン自身から保証されたという。[57] 戦争の前段階では、実は、人脈の広さと、戦争の現実についての確信の間には逆の関係があった。事実、プーチンのペスコフ報道官が戦争四日目の私的ランチの際に認めたところでは、プーチンの国家安全保障会議メンバーの大半が、来たるキーウとハルキウへの攻撃についてようやく知らされたのは、運命を決する二月二一日の会合のあとだったのだ。[58]

二〇二二年一月一九日、バイデン大統領は、自分の「推測」ではロシアはウクライナに「侵入するだろう」が、プーチンは「重大かつ高価な代償」を払うことになり、「それを後悔するだろう」と述べた。だがバイデンは、ロシア軍による「小規模な侵入」なら自分と同盟諸国が実行すると脅してきた厳しい対応を促さないかもしれないとほのめかし、それがなければ力強かった自分のメッセージに、致命的なすきを残してしまった。[59] それは、ワシントンが示唆したかったほどNATOが結束していないことを不吉にもほのめかしていた。

一月初め以降、在キーウ米国大使館の非基幹スタッフは疎開。まもなく残りのスタッフもあとに続き、ウクライナ西部の都市リヴィウと隣国ポーランドへ急いで立ち退いた。緊張を緩和する土壇場の努力として、一月二一日、ウェンディ・シャーマン国務副長官が外交団を率いてジュネーヴへ行き、ロシア側のセルゲイ・リャブコフ外務次官と会談した。シャーマンはラヴロフの一二月の要求を拒否。代わりにロシア国境近くへの軍およびミサイル配備に関する協定のような信頼醸成措置を提案した。米国提案の隠された意味は、ロシアが本当に非軍事的解決について真剣なのかどうかを試すことだった。答えはノーだった。「［ロシアが］実際に外交を展開するのではなく、外交のふりをしていることが、たちまち明らかになった」と、当時、国家安全保障会議の報道官だったエミリー・ホーンは回想している。「彼らはそれさえあまり真剣にやっていなかった」と。(60)

その後まもなく、シャーマンの上司ブリンケン国務長官が、同じくジュネーヴでラヴロフと会談した。雰囲気はその日の天気と同じように冷え切っていた。実りのない一時間半の公式会談が終わった。ブリンケンは私的な話し合いのために、ラヴロフを誘って脇の小会議室へ入った。「セルゲイ、君たちが本当にしようとしているのはなんだ？」とブリンケンは尋ねた。これはすべてロシアの安全保障上の懸念の問題なのか、それとも、ウクライナは母なるロシアの不可分の一部であり、これまでつねにそうだったという、プーチンのほとんど神学的な信念の問題なのか？　ラヴロフは答えずに退出した。(61)

米国は戦争不可避の感触を強め、NATOの前線諸国を強化するために兵を動員した。第173空挺旅団の落下傘兵がバルト諸国に配備され、他のイタリア駐屯米軍部隊がルーマニアとブルガリア、ハンガリーに移された。二月半ばまでにヨーロッパにおける米軍のプレゼンスは七万四〇〇〇人から一〇万人に増え、戦闘飛行中隊四個が一二個に、そしてこの地域の海上戦闘艦船が五隻から二六隻に増加した。ワシントンはまた、キーウへの軍事援助の供給を——ほとんどはロシアの攻撃速度を落とすための防衛用の携帯型対戦車兵器のかたちで——強化した。「あれほどの規模のロシアの攻撃が起きたら、それを［ウクライナ人が］うまく撃退できるとは、実はだれも思わなかった」とそのダウニング街の高官は認めた。(62)

　それでもヨーロッパ諸国は、ロシアを説得する努力をするべきだと主張した。二月一一日、ベン・ウォレス英国防相はモスクワのショイグを訪問。ウォレスはショイグから、ロシアとウクライナは「すべて同じわれわれの国の一部」だ、それが証拠に自分の母親はウクライナ生まれだと告げられた。ショイグはウォレスの制裁の脅しを受け流し、ロシア人は「ほかのだれより苦しみに耐えられる」と請け合った。だがこのロシア人は、わが国にはいかなる侵攻計画もないとにべもなく否定し、「ウォレスに向かってぬけぬけとウソをつくばかりだった」と、ダウニング街のその高官は回想した。(63)

　二月一六日、民間人をウクライナによる砲撃の拡大から守るためとして、ドネツク、ルハンスクの両共和国からの避難が始まり、これはロシア国営テレビで大々的に報じられた。クレムリンが支配する国営テレビは、両共和国に対するウクライナの攻勢が迫っているとのうわさを広めはじめた。二日後、ロシア国家院《ドゥーマ》〔下院〕は、両共和国をキーウ軍による侵略から「守る」ため、主権国家として承認するようプーチンに訴えた。上空から見える巨大な「V」、「Z」それに「O」——それぞれ異なる戦闘群を示す文字——が書かれたロシアの装甲車両の写真が、ソーシャルメディア上をめぐり始めた。米国情報機関は、大量の医療用品や移動式火葬場までがウクライナ国境へ向かっているとの報告を共有した。米国が、落下傘兵をキーウ近郊のホストメリ空港へ運ぶ用意のととのった完全警戒態勢のロシア輸送機五機に関する「より具体的な情報」をウクライナ側に伝えると、クレバ外相でさえ、差し迫る攻撃の現実味をついに確信した。(64)

プーチンの戦争マシーンがトップギアに入ったときでも、フランスのマクロン大統領は土壇場の仲裁を試みて、二月二〇日にプーチンに電話し、「ヨーロッパの安全保障構造」を協議するためバイデン大統領とのジュネーヴでの首脳会談を提案した。プーチンの答えはあいまいだった。「あなたにはまったく率直に申し上げますが、わたしはアイスホッケーをしたかったのです、ただ今体育館にいるものですから」。《フランス2》テレビで放映された会話のビデオ録画によると、プーチンはマクロンにこう言った。「しかし、ご安心ください、わたしは自分の練習を始める前に、まず顧問たちに電話しましょう」。マクロンはプーチンに礼を言い、受話器を置くと喜んで笑い声を上げた。マクロンの外交顧問エマニュエル・ボンヌは勝ち誇って小躍りした。(65)

フランス指導部の祝賀は短命に終わる。マクロンとの会話――そしておそらく、練習とアイスホッケー試合――のあとの翌朝、プーチンはロシア国家安全保障会議の臨時会合のため、モスクワへ飛んだ。

ツァーリと宮廷

二月二一日の安全保障会議会合は多くの点で際立っていた。クレムリンの聖エカテリーナの間の情景は、その威儀と壮麗さで無類だった――容易ならざる歴史的な何かが起きていることを示す明らかなシグナルだ。クレムリン内のけばけばしく修復されたいくつかの宏壮なセレモニーの間は、集結したロシアの政治・文化エリートが毎年恒例のプーチンの年次教書演説を聴いて拍手喝采するさまざまな追従の光景によって、ロシアのテレビ視聴者にはおなじみだった。この度は、そのクレムリンの間は満席ではなく、白色の巨大なテーブルに着いた大統領本人と、彼から異様な距離をおいて座る安保会議メンバーのほかにはだれもいなかった。そして会合が進むにつれ、放送の内容もますます普段とはちがったものになった。へりくだった閣僚たちがプーチンにうやうやしく報告する光景が、ロシアのテレビの看板商品だ。プーチンが時折、政商や高官たちに儀式的に恥をかかせるのもそうである。ところが、ロシアの公衆は初めて、自分たちの国の安全保障関係者全員が最高指導者への儀式的な公の服従――そして彼による虐待――のために集められた、身の凍るような光景を目にしたのだ。

ソ連時代には、党政治局内部の権力関係の変化をほのめかす唯一の公開の場面は、ソ連の長老支配者たちが毎年恒例のメーデー行進のためにレーニン廟の屋上に並ぶ序列だった。プーチンの体制ははるかに興味深いものを提供してくれた。ロシアの新たな政治局がドンバス両共和国の独立承認の可能性について自分の「意見」を述べ、続いてそれにプーチン自身が応答する一時間の光景である。その光景はまちがいなく入念に演出されていた。だがそれは――クレムリンの世論工作担当者たちが意図しなかった点も含めて――示唆に富んでもいた。

その光景は心理戦で始まった。ペスコフが二月二八日にランチを共にした情報筋に打ち明けたところでは、安保会議の全メンバーが、その会合は生中継されると――偽って――教えられていた[66]。それはウソだった。会合は実際に放映される数時間前に行われたことを参加者たちの腕時計の時間が示していることに、慧眼の記者たちは気づいた。会合では、マーク・ガレオッティ教授が「リア王がジェームズ・ボンドのエルンスト・スタヴロ・ブロフェルド〔ボンド・シリーズの悪役〕と面会する」と表現する儀式が続いた[67]。安保会議のメンバーは一人ずつ起立し、ドンバスの両共和国が独立国家として認められるべきかどうかについて、本音を語るよりも、プーチンに同意できる点を数え上げた。

超タカ派のパトルシェフとボルトニコフが話しぶりに明らかに自信をもち、ウソと終末論的幻想の点で極端だった。FSB長官のボルトニコフは、ドンバスの民間人に対する「ジェノサイド的な」攻撃を含め、ウクライナの挑発だとする異常なリストを急いで読んだ。安保会議書記のパトルシェフは、紛争は「目的がロシアの破壊にある」欧米主要国の陰謀によって駆り立てられていると主張した。ショイグ国防相は、すでに見たとおり二〇一四年二月二一日の（非公開だが）同様の会合では、クリミア侵攻にもっとも慎重だったのだが、彼は奇妙にも、ウクライナが核再軍備を計画しているとする少々変わった考えを強調した。

連邦院〔上院〕議長ヴァレンティナ・マトヴィエンコは、ウクライナのロシア語話者に対する諸々の侵害を引き合いに出し、「ジェノサイド」を暗示する別の表現をもって、支持の合掌を先導した。安全保障会議副書記のメドヴェージェフは、二〇〇八〜二〇一一年の間、プーチンから大統領の代役に任命された元リベラルだが、プーチンの側近グループに残ろうと死に物狂いで努力するなかで、タカ派に衣替えしていた。彼はロシア国民が戦争の手段によってドンバスの子どもたちを守るようやかましく要求していると、当時の世論調査を無視して主張し、その子どもたちのことを考えるよう全員に訴えた。内相ウラジーミル・コロコルツェフは、ロシアは二〇一五年の支配線に沿って両共和国の境界線を承認するだけでなく、その境界線を、マリウポリを含めドネツク、ルハンスク両州全体に広げるべきだと論じ、一段とタカ派的な姿勢をとった。

だが、とくに興味深い反応が出たのは、展開しつつある事態にもっとも不安なプーチン内閣のメンバーたちからだ。このグループには、世界のなかでのロシアの立場、その経済、そしてウクライナ現地の真の状況をいちばんよく知る人びとが含まれていた。

ラヴロフ外相は練達の外交官らしく、ただ言葉を濁し、両共和国の承認を認めるかどうかについては回答を避けた。ミシュスチン首相はラヴロフのポーカーフェイスを保つことができず、とくに侵攻がまねく経済的帰結について安保会議に警告しようとして、プーチンに発言をさえぎられたとき、はっきりと不安で不機嫌そうに見えた。脅えたミシュスチンはたちまち公式路線に従った――とはいえ、自分が先頭に立っている国家政治・経済復興プロジェクトが目の前で崩れつつあることを、はっきり悟ったにちがいない。

会議ホールのなかでウクライナにおける実際の事態と状況をもっとも詳しく知る二人の人物が、もっとも厳しい試練を受けた。両共和国およびクリミアとの関係に関するクレムリンの責任者、ドミトリー・コザークはウクライナ育ちだった。キーウはミンスク－2合意で定められた条件で両共和国を再統合する用意がないと認める冗漫な説明をしたあと、コザークはドンバス両共和国の将来について、本質的な議論をしようとした。だがプーチンは二度も発言をさえぎった。

その見世物はクレムリンの廷臣のなかから一人の犠牲を要求した。プーチンが選んだのは対外情報庁のナルイシュキン長官だった。出席していた全員のうち、ナルイシュキンはウクライナの社会と支配層におけるロシアの影響工作の成功度合いについて、おそらくもっとも情報をもっていた。コザークやミシュスチンとちがって、ナルイシュキンは実際に議論しようとも、ましてプーチンの決定に反論しようともしなかった。ところが彼はセリフをとちってしまい、両共和国の承認に対する支持を、二義性をほのめかすロシア語の未来形で表現した。「君は支持するだろうなのか、支持しているなのか」とプーチンは吠えた。「はっきり言いたまえ、セルゲイ・エフゲーニエヴィチ」。ナルイシュキンは狼狽した生徒のように演壇上で震え、「それらをロシアに統合すること」を支持すると返答した。これも誤りだった。「それはわれわれが議論していることじゃない！」。プーチンはピシャリと言った。「それらの独立を承認することを支持するのか、しないのか？」。

プーチンは二〇年間にわたって彼独特の直截的で、広く理解できる意思伝達方法──ボスと部下の関係の言葉──で、自分の公式メッセージを明確にしていた。その言葉のもっとも表層部分では、ドンバス両共和国の承認はロシアのトップ政治家の集団的かつ全会一致の意見として、正しくかつ適切だとのシグナルを送っていた。潜在意識としては、とはいえ同じくはっきりと、だれが側近グループにいて、だれが合唱隊にいて、だれが端にいるのかも示していた。そして何よりも、だれが究極のボスなのか、を。

しかしプーチンは、はるかに深遠なこと、究極的には来たる戦争にとってはるかに重要なことを示唆してもいた。プーチンの取り巻きのうち、もっとも思い違いし、もっともイデオロギー的に駆り立てられた者たちは内側にいて、現実世界についてもっとも詳細で物証にもとづく知識をそなえた者たちは、外側にいた。実際、実はプーチンは安全保障会議会合でリア王のように、自分の関心があるのは討論ではなく、承認の儀式を公に誇示することだということを示したのだ。二〇一四年のクリミア併合が賢明かどうかについてショイグが抱いたような不安は、もはや考えられなかった。プーチンの宮廷の性格と権力ダイナミズムが変わったことを、これほど明確にしめすものはあり得なかった。プーチン自身も変わっていた。今にも大祖国戦争を始めようとする国家の指導者になっていたのである。

第7章 破壊命令《クライ・ハヴォク》

いかなる作戦プランも
敵主力との最初の接触を確実に越えることはない。
ヘルムート・フォン・モルトケ将軍

キーウ

モスクワ時間の午前六時（キーウでは午前五時）直前、事前に収録したプーチンのメッセージがすべてのロシア国営テレビで放送された。プーチンはウクライナの「非軍事化と非ナチ化」を達成するため、ウクライナ東部で「特別軍事作戦」を開始したと発表した。プーチンは視聴者に、ロシアにはウクライナ領土を占領する「いかなる計画もない」、自分は「ウクライナ諸民族の自決権を支持する」と請け合った。[1] 数分後、キーウとハルキウその他十数のウクライナの都市が、巡航ミサイル〈カリブル〉と〈キンジャル〉、それに飛来する砲弾の光芒で照らし出された。マーク・ミリー大将が前年一〇月に予測していた「衝撃と畏怖」の電撃戦争が始まっていた――そしてこれも彼が予測したように、攻撃の矛先はキーウの政府に対する武装クーデターだった。

キーウの瀟洒なポジール地区のアパート最上階で、芸術家イリヤ・チチカンはサイレンの音を聞き、バルコニーに出た。市の西方にあるホストメリ空港の方角に、「これまで見たこともない巨大な花火ショー……」が見えた。「ハリウッド映画のようだった」と彼は回想する。「目の前で本当に起きていることが信じがたかった。くそっ、と思ったね。あのクレイジーなやつがやりやがった[2]」

キーウの南一五キロメートル、コンチャ－ザスパの大統領公邸で、ヴォロディミル・ゼレンスキーは午前四時半ごろ、ロシアの軍動員のニュースで目を覚まされていた。爆撃が始まると、彼と妻オレーナは子どものオレクサンドラ（一七）とキリロ（九）を起こしに行った。「やかましかった」とゼレンスキーは回想している。公邸の北東に当たるホストメリにロシアのミサイルが降り注ぐなか、「あちこちで爆発が起きた[3]」。オレーナと子どもたちは一九世紀の商人屋敷前の砂利の車道を急いで横切り、西ウクライナの安全な地方へ避難する車に飛び込んだ。一週間後、ロシアのミサイルの断片が公邸玄関のすぐ外側に着弾する（「外れ！」。セルギイ・ニキフォロフ報道官は挑戦的なユーモアを込めてツイートし、そのユーモアはその後ゼレンスキー政府による情報伝達の特徴になる）。セルヒイ・レシュチェンコ補佐官によると、その後戦争初期の数週間、ゼレンスキーと妻子の会話は電話だけになる[4]。

ゼレンスキーは白シャツにブルーのスーツという普段の仕事着で、厳重に警護された車列をつくって、キーウ中心部にある政府庁舎街の三角地帯、あるいは革命前の名前にちなんで「バンコヴァ」として知られる封鎖された道路へ運ばれた。過去数日から数週間、三角地帯は「ハリネズミ型」対戦車路上防塞と、進入路を守るため大急ぎで建造されたコンクリート製トーチカで無計画に要塞化されていた。派手な装飾の大統領府自体の中は、すべてのドアと窓の内外に砂袋が積み上げられ、オフィスは大急ぎでスタッフと警備員のための宿舎に変えられていた。内部のドアをブロックするため、重いデスクや書類棚が使われていた――これらは数ヵ月間そのまま残ることになる間に合わせの要塞だった。ゼレンスキーと軍・文民の高官らは地下深くにあるソ連時代の、狭苦しくはあっても安全な場所に集まった。それはアルセナリナヤ駅でキーウ地下鉄システムにつながるトンネルを含む広大な構造物だ。キーウの一般市民もこれに倣い、五〇〇以上の巨大な防空壕のネットワークと、冷戦下で建造されクリミア併合後に市当局が改装した六〇〇〇ヵ所の地下室へ下りた。(5)

ゼレンスキーが出た最初の公式電話の一つはバイデン大統領からで、バイデンは全面的支持を申し出た。一方で、ほかの米国当局者はゼレンスキーと家族をキーウから疎開させようと申し出た。翌日、AP通信は米国の情報当局高官の話として、ゼレンスキーの返答は「戦いはここにある。わたしが必要としているのは、乗せてもらうことではなく弾薬だ」だったと伝えた。(6) 当時、ゼレンスキーと一緒にいた側近たちは、彼が実際にこの文句を口にしたか疑っているが、それは戦争の初めの混乱した数時間についての、二つの重要な事柄をたしかに反映していた。つまり、ゼレンスキーの楽観的な抵抗姿勢と、キーウはロシアの猛攻にたちまち陥落するだろうという、NATO諸国の間にあった確信である。ベルリン駐在のウクライナ大使によると、ドイツのクリスティアン・リンドナー財務相は当初、支援と兵器を求めるゼレンスキーの緊急アピールを拒絶さえし、ゼレンスキーに、キーウ陥落までに「あなたには数時間しかありませんよ」と言ったという。(7)

友好国の明らかな敗北主義的姿勢にもかかわらず、ウクライナ大統領は「冷静、ほかのわれわれより冷静だった」と補佐官の一人は回想している。「彼は、自分の居場所は自らの首都で、人びととともにあることだと確信していた」。この補佐官は二月二四日の早朝、個人のラップトップと充電器だけで着替えは入れない肩掛けバッグをもって、徒歩で三角地帯へ急いだのだった。彼はオフィスに三週間とどまり、間に合わせの宿舎で護衛と一緒に寝た。(8)

バイデンとの電話のあと、ゼレンスキーは自分のスマートフォンで国民向けのビデオ演説を収録した。「おはようございます、ウクライナ人のみなさん、けさプーチン大統領はドンバスでの特別軍事作戦を発表しました」と彼は述べた。「われわれは働いています。軍は働いています。パニックを起こさないでください。われわれは強力です。われわれはあらゆる用意ができています。われわれはだれであれ打ち破ります。なぜなら、われわれはウクライナだからです」。ゼレンスキーはウクライナ語からロシア語に切り替え、直接ロシア国民に話しかけた。「ウクライナ国民とウクライナ政府は平和を望んでいます」と彼は述べた。「しかし、もし攻撃にさらされれば……あなた方はわれわれの背中ではなく、顔を見ることになるでしょう」

午前の半ばごろには、この時はまだきれいにヒゲを剃り、暗い色の上着を着て、ゼレンスキーは大統領宮殿の公務用演台から公式の演説を、今度は世界の聴衆に向けて行った。「ロシアは卑怯で自滅的なやり方でウクライナを攻撃しました、ナチ・ドイツがやったようにです」と彼は話した。「決定されつつあるのはわが国の未来ばかりではなく、ヨーロッパが今後どのように生きるかでもあります」。ゼレンスキーは一八～六〇歳のすべてのウクライナ人の総動員を命じ、彼らは国を離れることも禁じられた。[9] 二日後には、ウクライナの領土防衛軍は非常に多くの志願者を抱えたため、彼らを帰していた。[10] 市民防衛部隊はキーウじゅうのアパートビルの中庭で、すべての健常な男子に兵器を配りはじめ、最終的に銃一万八〇〇〇丁、火炎瓶数十万個を渡した。[11] イリヤ・チチカンのアーティストの友人二人は、彼のスタジオでの徹夜パーティーを抜け出し、カラシニコフ銃と大口径ピストルを持って戻ってきた。[12]

諸々の出来事を直接知るゼレンスキー・チームの情報筋によると、戦争初日の明け方前から、大統領の安全保障チームは数人の「外国人」顧問によって補強され、そのなかには少なくとも三人の米情報機関当局者がいた[13]。ゼレンスキーと最高顧問たちは、移動を追跡されにくくするため、米国から安全な衛星携帯電話を提供された。ゼレンスキーはまた、ダークブルーのシャツを着替え、記章のないオリーブグリーンのウクライナ軍のフリース素材のトップスと、軍の戦闘服ズボンとブーツを身につけた。ゼレンスキーのその後の国民に向けた——またヨーロッパおよび英国の議会、米国議会、カンヌ映画祭、その他世界への数十のビデオアピールに向けた——演説を特徴づけるトレードマークになる、形式張らない戦争指導者スタイルである。

「このスタイルはスタイリストかPR関係者が作ったと人びとは言っている。そうじゃなかった」とこの顧問は言う。「それはヴォロディミル・オレクサンドロヴィチ［ゼレンスキー］自身、彼ひとりで決めたことだ。彼は自分たちの国を守っている一般のウクライナ人との連帯を示したかったんだ。だれもが一夜にして兵士になっていた、大統領も含めてね[14]」。わたしが七月にキーウでゼレンスキーに会ったころには、彼は非常に印象的な姿をしていた。意志堅固で、話しぶりは力強く、トレードマークだった少年のような笑みはとうになくなっていた。

戦争の二日目、二月二五日の夜、ゼレンスキーはヒゲを剃らず、険しい表情をして、新しいミリタリールックでテレビに登場した。「わたしたちには今日、何が聞こえるでしょう？　ミサイルの破裂音、戦闘や航空機の轟音ばかりではありません」とゼレンスキーは語った。その態度は際立って力強く、戦前のあの人のよい人格をいっそう抑えていた。「これは新たな鉄のカーテンが下り、ロシアを文明世界から遮断している音です。われわれの任務は、その新たな鉄のカーテンをウクライナの上に下ろさないことなのです」

実のところ、侵攻初期の日々に見られたゼレンスキーの果敢な態度は虚勢の域を出なかった。ロシアの圧力が勢いを増すなか、ウクライナ軍は現場ではたいてい、手ひどく打ち負かされていた。後段でさらに詳しく見るように、南方ではロシア軍部隊はクリミアから、ほぼ抵抗を受けずに殺到し、数時間のうちにノヴァカホフカでドニエプル川の戦略的に重要なダムに到達、これを奪取した。キーウとウクライナ中部はいまや黒海への河川によるアクセスを絶たれた。ほかのロシア軍はクリミアとドンバスの両共和国をつなごうとして、マリウポリ方面へ東進していた。CIAのロシア人情報提供者が正確に予測したとおり、キーウを両脇から包囲するため、ロシア軍機甲部隊の巨大な車列がロシア国境から移動しつつあって、クレムリンの軍はすでに北東国境の都市、ハルキウとスーミの郊外にいた。東方では、ロシアが野戦病院とミサイル発射装置の補給基地を設営している様子と、トラックの巨大な隊列が、使えるあらゆる鉄道始点で荷物を積んでいる様子を衛星がとらえていた。[15] 二〇一四年から塹壕でしっかり防備を固めたドネツクの真向かいのウクライナ軍だけが、前線を持ちこたえていた——とはいえ、ロシア軍はたちまちルハンスク周辺の北ドンバスの支配線に押し寄せた。

いちばん不吉なこととして、キーウ郊外のホストメリ空港への電撃的空挺攻撃が、戦略的に重要なこの空港の奪取に成功していた。空輸装甲車両に乗ったロシア軍特殊部隊は、首都の西郊を移動しつつあり、中心街にある三角地帯の政府庁舎区域から四キロメートルの勝利大通りで銃撃戦が起きていた。ウクライナ軍はキーウに入る重要な橋梁をダイナマイトで爆破し、少数の隘路の防衛に集中できるようになった。ウクライナ軍工兵隊はまた、侵略軍が補給線を強化するのを防ぐため、ハルキウおよびスーミ両州でロシアとウクライナの鉄道網の連結を、すべて破壊した。

展開する大惨事のさなか、わずかに希望の徴候があった。解放された地元住民から花と微笑みで迎えられると考えていたロシア軍は、たちまち誤解に気づいた。戦争初期の日々、ウクライナのソーシャルメディアはロシア兵を厳しくののしり、さっさと帰りやがれとはっきり言う民間人のクリップで溢れた。とてつもなく勇敢な人も酩酊した人もいるが、ほぼすべてロシア語話者だ。ウクライナ海兵部隊がオデッサ近くの蛇島の小駐屯地から、彼らに降伏を勧告していたロシア黒海艦隊の旗艦であるミサイル重巡洋艦〈モスクワ〉へ宛てた無線メッセージのために、初期の国民的英雄になった。「ロシア軍艦め、さっさとうせろ!」。砲撃を受け、捕虜になる前に彼らは挑戦的にこんな信号を送ったのだ。数日のうちに、ウクライナじゅうの自動車道路標識の行き先表示が――自治体発行の公用文字体で――「ナ・フイ」、つまり「うせやがれ」の言葉に置き換えられていた。

一方、ロシア軍は安全措置がとられていないアナログの無線通信にほぼ全面的に頼っていたため、アマチュア無線愛好家やアノニマスといったハッカー組織がたちまち、敵の無線周波をうまくブロックし、監視した。ウクライナ軍に志願していたアマチュアのドローン愛好家グループ「アヴィアラズヴェトカ」〔航空偵察〕は、前進するロシア軍機甲部隊を追跡するため、破壊的な小型の商用ドローンの群れを放った。そして、もっとも重要なこととして、のちに思いがけず決定的と分かる三つの重要兵器が戦場デビューを果たした。すなわち、ミサイル搭載のトルコ製無人戦闘機〈バイラクタルTB-2〉一四二機から成る飛行隊と、スウェーデンと英国の共同開発によるNLAW、および米国製〈ジャヴェリン〉の携行式対戦車ミサイルだ。

侵攻の三日目、キーウ西郊で激しい戦闘が行われるなか、ロシア国家院《ドゥーマ》〔下院〕議長、ヴャチェスラフ・ヴォロジンが自分のテレグラムで、こう主張した。「ゼレンスキーはあわててキーウを逃れた。彼は昨日すでにウクライナの首都にいなかった。取り巻きとともにリヴォフ〔リヴィウ〕へ逃げ……〔そして〕目下ネオナチの保護下にある」⑯

その夜――二月二六日土曜日――、ゼレンスキーは自分と側近たちが全員、軍の戦闘服姿でバンコヴァ通りの大統領府を出て、戦術装備をした少数の護衛を伴い、道路を歩くところを映像に収めた。キーウ中央のフレシチャーティク並木通りのわずか五〇メートル上手にあたるその場所は、見紛いようもなかった。「みなさん、おはようございます」とゼレンスキーは話した。「わたしはみなさんに知っていただきたい、われわれはまだ首都に、自分の家にいます。大統領党の党首がここにいます。大統領府長官がここにいます。首相［デニス・シュミハル］がここにいます。［ミハイロ］ポドリャク（大統領府長官顧問）がここにいます。大統領がここにいます。われわれ全員がここにいます。われわれの兵士たちがここにいます。市民たちがここにいます。われわれ全員がここにいて、わが国の独立とわが国を守っているのであり、その状況は続くでしょう。英雄たちに栄光あれ、ウクライナに栄光あれ(17)」

キーウの繁華街を歩くのは計算済みのリスクだった。これより早い午後の時間に、キーウ当局はロシアの破壊工作者がいないか市内を徹底検査するために厳格な三六時間の外出禁止令を出し、表へ出たらクレムリンのスパイと見られ、「一掃される」危険があると警告していた。ゼレンスキーの警護チームは、キーウに配置された三組ものロシア人暗殺者が彼を追っているとの情報を受け取っていた。

一月にキーウへ密かに配置されたワグネルの傭兵四〇〇人――ほとんどはロシア軍特殊部隊の退役兵――は、主要な暗殺標的のリストを渡されており、それにはゼレンスキー、首相、閣僚、いずれもボクシングのヘビー級元世界チャンピオンのキーウ市長ヴィタリイ・クリチコと弟ウラジーミルが含まれていた。ワグネル・チームは一人の殺害ごとに高額の賞金を約束され、携帯電話の信号を通して標的の動きを追いながら、それまで六週間過ごしていた。これはワグネルに近い情報筋が、北および中部アフリカにいる同グルのメンバーの間にパイプを作っていた英国のジャーナリスト、マンヴィーン・ラナに語ったことだ(18)。

ワグネル兵たちが受けた命令は、標的が暗殺され次第、制服のロシア特殊部隊スペツナズが同市に到着するのを待って、キーウから出る回廊を確保することだった。傭兵たちはまた、ゼレンスキーと交渉していることを示すためプーチンが殺害を見合わせたがっていると教えられてもいた。たしかにゼレンスキーは二月二七日日曜日、ロシア・チームとの会談にベラルーシ国境へ代表団を派遣することに同意したが、モスクワの本気度を疑っていた。

ワグネル・グループの上級メンバーに近い情報筋がラナに語ったところでは、ワグネルの指揮官らはキーウの部下たちに、合意は達成されないだろう、その努力はたんに「煙幕」だと断言した。だが、計画されたキーウ攻撃が北郊と西郊で止まってしまったことから、傭兵たちは、作戦を前に進めて目に見える勝利を確保せよという、モスクワからの激しい圧力にさらされた。ウクライナの情報機関はのちに、複数のワグネル・チームがゼレンスキー暗殺を試みたが、待ち伏せによって殺害される結果になったと報告している。ラナの情報源によると、現場のワグネル兵たちはウクライナが彼らの動きをきわめて正確に予測していたことに「警戒心を抱き」、ゼレンスキーの警護チームの諜報の正確さを「不気味」と呼んだ。

ワグネルの殺し屋たちに加え、彼らの知らないところで、別のチェチェン人暗殺者グループもゼレンスキーを追っていた。ゼレンスキーが外を歩き回った数時間後、ウクライナ特殊部隊はチェチェン人グループがゼレンスキーに到達する前に、キーウ郊外で彼らを「排除した」。ウクライナ国家安全保障・国防会議書記のオレクシイ・ダニーロフはウクライナのテレビに、彼らの居場所に関する内報はロシア情報機関の内部から来たと述べた。「われわれがこの血なまぐさい戦争に参加したくないFSBから情報を受け取ったことはたしかだ」とダニーロフは述べた。「そしてこのおかげで、わが国の大統領を排除するためにここへやってきた精鋭の「チェチェン人」グループは殲滅されたのだ」ウクライナ内務省によると、このチェチェン人暗殺部隊はそれまで、乗っ取った救急車でキーウ市内を走り回っており、「一部は射殺され、一部は拘束された」[19]。

ホストメリ空港、キーウ

戦争初日の最初の数時間、ロシア軍の優先事項は、すばやく制空権を確保するために航空基地の破壊に重点をおき、ウクライナの軍事インフラを麻痺させることだった。戦闘の初日、全国一一カ所の軍用空港がロシア軍に空爆され、ウクライナの多数のヘリコプターと航空機が地上で破壊された。弾薬庫も標的になった。幸いウクライナ軍は侵攻までの日々に、大砲、兵器、航空機を可能な限り広く分散させ、ロシアの最初の空襲の被害を部分的に無効化した。

ロシアのもっとも重要な単一の戦略目標はキーウのホストメリ空港だった。同空港の支配権を握って空の橋を構築すれば、首都への素早い空挺攻撃が可能になり、政府を排除し、プーチンが数日ないし数時間以内に勝利を宣言することができる。ホストメリは二四日の夜明けからロシア軍機による激しい攻撃を受けた。正午にはMi-8大型兵員輸送ヘリとKa-52攻撃ヘリを含むロシア軍ヘリコプターの大部隊が、空港へ最初の大胆な着陸を試みた。

ベラルーシ-ウクライナ国境の辺鄙な平原でヘリコプターに乗り込んだロシアの第31親衛航空強襲旅団の落下傘兵数百人は、戦闘に行くとは夢にも思わなかった。西ベラルーシでの演習に展開するのだと聞かされていたのだ。ところが、部隊が空を飛ぶと、上級士官たちが部下の兵士たちに、実はウクライナとの戦争になっているのだと告げた。ヘリコプターはグロドノに向かうのではなく、南に方向転換し、ウクライナの領域に入り、ベラルーシ国境からホストメリまで六六キロメートルを高速で低空飛行した。

「落下傘兵たちはべらぼうに驚いていた」。のちにウクライナ軍の捕虜になった落下傘兵、ニキータ・ポノマリョフはこう話した。「とくに空で銃撃を受けることを考えて、みんな真っ青になった」[20]。防空陣からの小型武器での激しい射撃を浴びながら、ポノマリョフと僚友たちはヘリコプターのファストロープでホストメリ空港のエプロンに降り立ち、滑走路と格納庫、空港ビルに散開した。最初の攻撃の際、ウクライナ側はロシア空軍の最新型武装ヘリKa-52二機を含め、ヘリコプター七機を携行型地対空ミサイルMANPADで撃墜したと報告した。ロシア落下傘兵は滑走路を押さえていたものの、銃火が非常に激しいため、攻撃軍の主力を乗せたIL-76輸送機一八機はアプローチを中止し、基地に戻った。第31親衛航空強襲旅団の生き残った兵士たちは、激しい銃火のなかをヘリで空輸された数台の装甲車両に守られて、空港の周縁部に塹壕を掘らなければならなかった[21]。

ホストメリはきわめて重要な戦略目標だったので、ロシア軍は地上で立ち往生した兵を増強するため二月二四日の午後遅く、部隊を再編成し、もう一度落下傘兵を降下させようと試みた。ウクライナ空軍によると、今回はロシア軍はIL-76二機——一機はウクライナのSu-27戦闘機が撃墜——を失い、乗っていた精鋭の空挺兵三〇〇人近くが死んだ[22]。

「雷鳴の轟き《サンダー・ラン》」とは、まず制空権を握る前に空港を襲撃することを指す米空挺部隊の用語である。それは二〇〇三年四月の「イラクの自由」作戦の際、米第101空挺師団と第173空挺旅団の場合は機能した。ホストメリのロシア軍の場合には機能しなかった。航空戦力におけるロシアの圧倒的優位——ウクライナ軍の航空機九八機とヘリ一一二機に対し、戦闘機一五一一機と戦闘ヘリ一五四三機——にもかかわらず、ロシア空軍が敵を打ち負かし制空権を確立できなかったことは、ホストメリ攻撃にとって致命的だった。そして、戦争が進むにつれ、それが重大な戦略的弱点になる[23]。

二月二五日の夜が明けると、ホストメリの空気には「不吉な感じ」があった、とポノマリョフは振り返った。精鋭自動車化歩兵のウクライナ第4即応旅団が、空港奪還の任務を帯びて、未明に所定位置についていた。夜明けになると、夜のうちに運び込まれていたウクライナ軍砲兵部隊の砲弾がビルに当たりはじめ、二時間の近距離集中砲火の間に、ロシア軍落下傘兵数十人を殺し、大量の装備を破壊した。「何も残っていなかった、「戦車の」砲塔さえも」とポノマリョフは話した。「その日を生き延びた者はほとんどいなかった」[24]

ホストメリで死んだ最初のロシア人の一人は、タタールスタン共和国の小都市、ニジネカムスク出身のイリヌル・シブガトゥリン軍曹（三一）だった。侵攻開始から六日後に故郷の町で、正規の軍葬の礼によって行われたシブガトゥリンの葬儀は、その戦争で初めての公式な軍葬にもなった。数百人が参列した。シブガトゥリンは「人の魂を喜ばせる優しい子」だったと、彼の元先生はVコンタクテに投稿したコメントで述べた。損耗人員数が増えるにつれ、ロシアじゅうの地元当局がたちまち、そのように公に哀悼を表明すると士気にかかわると気づいた。まもなく、正規の軍葬の礼は上級士官だけのものになる。

包囲された第31親衛航空強襲旅団の士官たちは部下に、追加装備と増強兵員は二四時間以内に到着すると告げた。何も来なかった。「三日経ってもまだ、われわれだけだった」とポノマリョフは話した[25]。ウクライナの情報機関によると、部隊が二月二七日に撤退を試みる命令を受けた時までに、ホストメリでは第31旅団の最大五〇〇人の落下傘兵が殺され、同数の兵が負傷していた。これは指揮官であるセルゲイ・カラショフ大佐とアレクセイ・オソーキン少佐を含め、強襲部隊の四分の一だ。空港が奪還されたあと撮られた写真には、ロシア兵の死体が舗道と塹壕に散らばり、燃える戦車のうえに横たわっている様子が写っていた。世界最大の航空機であるアントノフ航空の巨大なＡｎ−２２５一機が、ポノマリョフら数十人が捕虜になる、空港奪還のための最後の強襲の際、ウクライナ軍の砲撃によって破壊された[26]。

さらに北では、ロシア軍の二つの巨大な隊列が苦境に陥りつつあった。一つはベラルーシ国境のチェルノブイリ立ち入り禁止区域を通ってキーウに向かう隊列、もう一つはチェルニーヒウ州を通ってドニエプル川東岸を下る隊列である。この前進部隊は国境から首都方面へ、ほぼ切れ目のない六〇キロメートルにおよぶ隊列をつくっていた。戦争の三日目にもなると、この隊列は故障、燃料不足、それにキーウのベッドタウンにおける予想外に激しい抵抗のために、ほぼ停止してしまっていた。それらベッドタウンの名――ブチャ、イルピン、モティジン――はやがて、ロシアの残忍性を表す代名詞になる。

これらの隊列はまもなく、携行式対戦車ミサイルNLAWと〈ジャヴェリン〉、それに低空をゆっくり飛ぶ長射程のドローン〈バイラクタル〉を装備したウクライナ軍の小グループによる攻撃の、格好の標的になった。そうしたグループの一つは、数年前から「戦闘クラブ」をつくって領土防衛軍に登録していたキーウの専門職業人――弁護士、エンジニア、会計士、カフェのオーナーを含む――による非正規部隊のかたちをしていた。ドミトロ・〝リシイ〟（あだ名で「はげ」を意味する仮名）は四二歳の元銀行員の暗号通貨ディーラーで、オンラインゲーム愛好家。「模擬戦闘ゲームみたいに、銃を持って森を走り回って、少し体を鍛え」たかったのと、「長引く中年の危機を抱えているため」もあって、二〇二二年に登録手続きをした[27]。（リシイは上腕二頭筋を隆起させる漫画のコサックをプリントしたフード付きスウェットシャツを着たがっしりした人物だが、ロシアのヴォロネジに親類がいるのでフルネームは使わないでほしいと言った。）

だが侵攻二日目、リシイが最初のロシア軍戦車を見たとき、戦争ゲームは大真面目になった。彼の部隊員は二月二四日に、あらかじめ決められていたキーウ北西ザリッシャ国立公園にあるピクニック客に人気の駐車場の合流場所へ、自分の車で行っていた。「戦闘クラブ」のメンバーは制服と軍のカラシニコフ銃、ヘルメットを支給されていたが、防弾チョッキはなかった――金のある者は自前で買っていた。グループの少なくとも数人は、携帯電話にライブ映像を送るカメラ搭載の小型商用ドローンも買っていた(「われわれは基本、自称ブルジョアのテクノロジーおたく連中だ」と彼は冗談を言った)。彼らは二〇~三〇人のウクライナ軍正規兵と一緒に軍用トラックに乗った。正規兵は「チューバを入れて運ぶような」大きなプラスチックケースにNLAW対戦車ミサイルの補充を持ってきていた。(28) 小隊規模のグループは、地元の内報者を恐れて、目立たないように努めながら納屋で一夜を過ごした――だが、村人たちはすぐに感づいた。「高級たばこの臭いだったにちがいない」とリシイは笑った。彼はロスマンズを喫《す》っていたのだ。地元民が彼らに食べ物や自家製密造ウオツカ、ピクルス、それに豚肉脂の燻製を持ってきた。正規兵の中尉は食べ物を受け取ったが、密造酒は返した。翌二月二五日午前の半ばまでに、近くに砲撃音が聞こえた。その士官は旧式の無線機で本部を呼び出すことができず、そこで自分の携帯電話をかけた。ロシア軍の隊列が行く手にはだかっている、と彼は教えられた。「ラジエボシット、タク　モジチェ」(交戦せよ、そしてできるかぎりぶちのめせ)が、リシイの覚えている命令の主旨だった。(29)

小型ドローンの群れが舞い上がり、たちまち約二キロメートル先に、急速に接近してくる敵を発見した。ロシア軍の隊列はT-72戦車に先導され、少なくとも二〇両のBMP-2装甲兵員輸送車が、さらにほかの戦車を間に挟んで続いていた。「戦闘クラブ」の半ば文民の隊員は、降りた歩兵がいれば交戦するために、カラシニコフ銃を手に道路脇の森林の一角に沿って展開した――だが、だれもいなかった。機甲部隊の隊列は掩護なしに前進した。「彼らはまるでパレードか何かに行くようだった」。

数カ月後、リシイはキーウのカフェで初めての銃撃戦を回想して、こう話した。最初のNLAW攻撃は「雷鳴、でも非常に、非常に短い雷鳴」のようで、ミサイルの下向きに発射される弾頭が三番目の

ＢＭＰの最弱部分に、上から直角に命中した。その装甲兵員輸送車の弾薬が「爆竹がはぜるように」爆発しはじめた。後部ハッチがぱっと開いた、「だが、だれも出てこなかった……そのＢＭＰは焼き上がるのが早すぎたんだな[30]」

少し経って、数百メートル離れたところから発射されたもう一つのＮＬＡＷが戦車に命中し、はるかに大きな爆発を起こした。米国の主力戦闘戦車とちがって、Ｔ‐72の弾薬は自動装塡装置に使いやすくするため、すべて回転式砲塔の内側の周囲に格納してある。そのＮＬＡＷの直撃によって弾薬が爆発し、砲塔が「まるで映画みたいに樹上はるか高く、くるくる回って吹っ飛んだ」とリシイは振り返った。「これが僕の最初のペロペロキャンディーだった」——内部爆発で吹き飛ばされたあとの主砲と、くっついた砲塔がペロペロキャンディーのような格好をしてることを揶揄するウクライナ軍の俗語だ。生き残ったロシア軍の車輌は無差別に発砲しはじめ、彼らの周囲の下生えに大口径の機関銃火を浴びせた。それと、さらに接近してくる一機のヘリコプターの音で、リシイと戦友たちは近くのほとんど凍った河床に隠れようと、あわてて走った。「わたしは顔を下にして水のなかに伏せて、ひどい風邪を引きそうだった。……そうなっていたらあまり英雄的なことじゃなかっただろうね[31]」

その後の二週間、村々の家で不自由な生活を送り、時には豚小屋や馬小屋で寝ながら、「戦闘クラブ」はいくつかのウクライナ軍部隊と仲間になっていた。いちばん危険なところは、ロシア人の略奪グループを避けることで、彼らもウクライナ非正規兵と同じように、店や家庭から食べ物をあさっていた。リシイはロシアの装甲車両に一一発が見事命中したのを自分の目で目撃した、と言い張った。ただ一つ残念なのは、三月二日にロシアのヘリコプターからのミサイル攻撃で、二人の僚友が殺されたことだ——それに、「あのクソ野郎たちに報復するために、ＮＬＡＷを撃たせてもらえなかったことだ[32]」という。

スーミ

二月二四日午後、第4親衛カンテミロフスカヤ戦車師団所属のヴァディム・シシマリンの部隊は、ハルキウの北西二〇キロメートルの、ベルゴロド州コジンカ村近くでウクライナ国境を越えた。シシマリンがロシア国外に出たのは初めてだった。しかし、国境の両側の風景と建物はほとんど見分けがつかなかった。村の平屋の木造家屋やソ連時代の五階建ての成型コンクリート板の建物、そしてウクライナ北部とロシア中南部に広がる平らで肥沃な黒土地帯なのだ。

ウクライナのスーミ州に入る巨大な隊列は、まもなく停止してしまった。シシマリンの部隊は二四日と二五日のほとんどを停止したまま「道路の真ん中で、再編成と装備への燃料補給に」費やした、と彼はのちにキーウの裁判所で証言した。[33] 二月二六日午後までに、シシマリンの第13機甲連隊はちょうどポルタヴァ州の手前、スーミ州の西端の小都市コミシまで進んでいた。ウクライナのなかを九一キロメートル進むのに二日かかっていた。平時なら車でわずか二時間の距離だ。連隊はコミシの外れの森のそばで直角陣形に整列し、塹壕を掘って防御を固めた。

深夜の歩兵襲撃の危険を避けるため、ロシア軍工兵が野営地の外周に沿って雑音発生装置につないだ仕掛け線を敷設した。兵士たちは野営地から三〇～三五メートル以上移動しないよう警告された。その用心は致命的な結果になった。コミシでの二日目の夜、一人の兵士――シシマリンの僚友で兵卒のイワン・マルティソフによると、「おそらく徴集兵」――が仕掛け線を踏んづけた。哨戒任務についていたほかのロシア兵たちが自動機関銃を雨あられと浴びせかけ、自分たちのその僚友を負傷させた。戦争開始から五日、移動より停止に長い時間を費やし、しかも敵と本格的に交戦することもないまま、シシマリンの小隊は指揮官を含め四人の負傷者を出していた。[34]

連隊の指揮官は負傷兵をロシアの軍病院へ退避させるよう命じた。二月二八日の朝、車輌四台の隊列――MBP-2歩兵戦闘車二台と、負傷兵を乗せたカマズ社製トラック、それに二台の燃料補給車――が整列してコミシ野営地を出て、ロシア方面へ引き返した。シシマリン軍曹は隊列の護衛の一人として任務を命じられた。

負傷兵を伴った隊列はコミシとチュパヒフカの村々を通過した。シシマリンとほかの兵士たちは携帯電話を取り上げられており、周囲の写真も動画も撮ることができなかった。ところが士官たちは自分の携帯電話をもったままだった。ムルマンスク生まれの二四歳の中尉ミハイル・シャラーエフは、シシマリンと同型のBMP-2に乗って、ウクライナへの旅程を時々ビデオ日記につけていた。シャラーエフが四月三日にウクライナ軍の捕虜になると、彼の携帯電話の映像が映像作家ミハイル・トカーチの手に渡り、トカーチはそれを、ロシア側から出たものとして、侵攻を描くリアルタイムの前線ドキュメンタリーに編集した[35]。

シャラーエフは自分の部隊――第42親衛自動車化狙撃師団第70大隊所属――が、ルハンスク州南部の砲撃を受けた村々をガラガラ音を立てて進む様子を撮影していた。歩兵戦闘車両内の閉所恐怖症と緊張がはっきりわかる。エンジンの轟音が大きいため、乗り組み隊員たちは互いに聞こえるために叫ばなければならなかった。車輛が道路の轍にのしかかると、指揮官席の右の機関銃給弾ベルトがチリンチリンと音を立てた。外界への唯一の視界は、防弾ガラスでできた一連の狭いすき間だけだ。車輌の底部にいる六人の兵士には外がまったく見えない。この経験は、わたしがロシア軍のBMPの後部に乗ってチェチェンのシャトイまで行って知ったように、すし詰めの暑いブリキ缶に入って、道路を蹴飛ばされるのに似ている[36]。

ビデオでは、シャラーエフの車両の後を走っていた一両のMBP-2が直撃を受けている。彼の隊列は三時間にわたって銃砲火にさらされる。そのMBPの機関銃は故障する。「こいつはひでえ。やつらはわれわれをぶちのめしていやがる」と彼は叫ぶ。「ここからさっさと抜け出さなきゃ」。次にシャラーエフがビデオのスイッチを入れたときには、彼は徒歩で、彼の装甲車両の残骸が遠くで黒煙を吹き上げている。彼は携帯電話カメラを向けて、目の前の村の通りに横たわるゴミ袋大の黒焦げの肉を写す。「だれかの肉だ」とシャラーエフの当惑した声が言う。「だれかが吹き飛ばされたんだ」[37]

スーミ州に戻ったシシマリンの隊列は、ロシアへの帰路一〇〇キロメートルのうちの四分の一を戻ったところで、彼らもまた同様の運命に出遭った。グリンチェンコヴォ村の外れで、先導車輛のMBP-2が、携行式対戦車ミサイルの直撃を受けたのだ。ウクライナ軍第93機械化旅団の兵士による猛攻撃にさらされ、シシマリンと約一五人の生存兵は数人の負傷兵を、残っているBMPに乗せ、このBMPは方向転換してコミシ方向へ向かった。シシマリンと五体健全な兵士は徒歩で後に続いた。

グリンチェンコヴォに至る路上には、三カ月後もこの戦闘の痕跡を見ることができた。「むかつく臭いがBMPのさびたフレームから漂ってくる。その下には焦げたヘルメットと、それが何なのかを想像したくない何かの、干からびて腐った断片――人体の一部――がある」BBCロシア語放送の記者、スビャトスラフ・ホメンコとニーナ・ナザロワは書いた。「カマズ製トラックの後部残骸には、焦げた金属マグや『ビーフ・ソーセージ』『豚肉入り蕎麦粥』のラベルがかろうじて見える焦げたアルミニウムの箱が見える。ちぎれた防弾チョッキが溝のなかにある」。道路脇には、二個のさびた鉄の破片でつくった粗末な十字架が、地元の村人たちが撤退する戦友たちに見捨てられたロシア人戦死者「九人か一〇人」を埋葬した場所を示している。[38]

約一キロメートル下ったところで、同じく徒歩で逃げていたシシマリンら兵士たちは、灰色のフォルクスワーゲンが一台近づいてくるのを見た。ロシア兵たちは発砲しはじめ、前輪タイヤの一つを吹き飛ばした。運転手は車を飛び出し、溝に避難した。車は損傷を受けていたが、まだ動いており、兵士たちはこれで部隊がいる安全な場所へ戻れるかもしれなかった。逃亡するロシア兵のうち五人が殺到した——マケーエフ准尉がハンドルを握り、記章のない迷彩服姿の一人の男がその隣の助手席に座った。シシマリンはこの男を前に見たことがなかったが、その振る舞いからすると将校だと思った。数時間後にその男が殺されると、イワン・クファコーフ名の銀行カードが彼のポケットのなかに見つかる——だがその後、彼の階級と部隊が確認されることはなかった。[39]

シシマリン自身は運転手の後ろの後部座席に、僚友のイワン・マルティソフと一緒に座っていた。これはモルドヴィアのパラピノ村出身の二〇歳の兵卒で、陸軍で三カ月間軍務に就いたあと、数週間前に契約兵《コントラクトニク》として登録したばかりだった。カリーニン上級中尉は車の開いたトランクに乗った。一行は破裂したタイヤの大きなバタバタ音をたてながら、チュパヒフカ村の方に向かって出発した。

その村の表通りに面したアレクサンドル・シェリーポフと妻カテリーナの白色煉瓦の平屋は、赤い金属フェンスと青色の門で囲まれている。庭にはチューリップが育っている。彼らはいつも複数の雌牛とガチョウにアヒルを飼っていたが、苦労が多すぎると考え、ロシア軍の侵攻の時期には、動物は一羽のアヒルだけだった。カテリーナ・シェリーポワはベラルーシのゴメリ出身で、三〇年間幼稚園の先生として働いていた。彼女は一九八〇年代に、ある結婚式で夫に出会った。アレクサンドルは軍隊に入り、クリミアのKGBの国境警備隊で勤務。勤務が終わったあとは第一級のトラクター運転手として働いていた。「彼はブルドーザー、クレーン、収穫コンバインと、どんな機械設備でも動かせた」と彼女は回想している。「彼はとても親切だった。隣人たちは彼をとても愛していた。だれかが助けを求めるといつも、彼は自分がしている仕事をやめて駆けつけたものです」。夫妻には二人の子どもがいた。息子と、八歳でがんのために亡くなった娘だ。[40]

戦争の初日、近くの町アフティルカが爆撃された。まもなくロシア機甲部隊の隊列がチュパヒフカを通って移動し、シェリーポフ夫妻は自宅の地下室に避難した。地下室のない隣人たちが夫妻に合流した。カテリーナは地下室で寝たが、アレクサンドルは上の階にとどまって妻と家と隣人たちを守る方を取った。ある夜、彼は八〇〇両のロシア軍車輌が家の前を通過するのを数えた。

戦争四日目になる二月二七日から二八日にかけての夜、ウクライナ軍が村の外れでロシア軍の戦車一両を破壊した。カテリーナが朝、地下室から上がって朝食をこしらえている間、夫の方は彼が言う「夜勤」のあと一眠りした。朝食のあと、アレクサンドルは「砲弾の穴をちょっと見に」行ってくると妻に言った。彼女は行かせたくなかった。「彼には上着を渡しませんでした」。二カ月後、カテリーナはキーウの法廷でこう証言した。「わたしは『どうしてそこへ行くの?』と言いました。すると彼は『行ってすぐ戻ってくるさ』と言ったのです。彼は自転車に乗って出て行きました」。彼はウィンドブレーカーとニットの帽子を身につけていた。(41)

アレクサンドルは燃え尽きた戦車に見とれる数人の村人に加わり、その後、家の方向へ自転車ペダルをこいだ。ほとんど家に近づいたとき、これもチュパヒフカのトラクター運転手である友人が、彼のプッシュボタン式の古いサムスンの携帯に電話をかけてきた。彼は立ち止まると自転車を降り、電話に出た。最近敷かれたアスファルトを破裂したタイヤでうるさくバタバタたたきながら、一台の灰色のフォルクワーゲンがグリンチェンコヴォ方面から近づいた。ハンドルを握るマケーエフ准尉と、記章をつけていない将校らしきイワン・クファコーフが、道路脇に立って電話で話しているシェリーポフに気づいた。マケーエフはシシマリン軍曹の方を向いて、「あの男はわれわれの場所を「ウクライナ」軍に伝えている可能性があると言って、ヴァディムに撃つよう命じた」とイワン・マルティソフは振り返った。ヴァディムは命令に従わなかった。次いでクファコーフ――マルティソフもシシマリンも、以前彼に会ったことも見たこともなかった――が「命令に従わなければならない、なぜならもし従わなければわれわれは軍に引き渡される可能性があり、仲間に助けを求めることができなくなるんだ、と命令口調で叫びはじめた」

フォルクスワーゲンはシェリーポフのすぐ近くまで近づいていた。シシマリンは自分の自動ライフルを持ち上げて三、四発発射。そのうち一発がシェリーポフの頭に当たり、彼を即死させた。「彼を殺したくはなかった」とシシマリンはのちに釈明している。「彼ら［指揮官たち］がわたしにかまわないでくれるようにするために撃ったのです[42]」

カテリーナ・シェリーポワは両手に空のバケツを持って庭の井戸へ行く途中で、その銃声を聞いた。通りに飛び出しながら夫の番号をダイヤルしはじめた。走って行くそのフォルクスワーゲンと、カラシニコフ銃を手に、後部座席に座っている痩せた童顔のロシア兵が目に入った。恐怖で門を激しく叩いて、彼女は五分間じっとし、そのあと思い切って再び外に出た。夫のアレクサンドルは舗道の血だまりのなかに倒れていた。「わたしは悲鳴を上げだした」と彼女は振り返った。「大声で悲鳴を上げたのです[43]」

フォルクスワーゲンの車内では、射撃命令を与えたその将校は、それまで戦闘で一発も撃ったことのなかったシシマリンを安心させた。「心配するな、そのことを考えるな」と彼は言った。「いちばん大事なのはわれわれ自身を救うことだ」。数分後、彼らは白のラーダ・サマーラに出くわし、それを停車させ、運転手に銃を突きつけて出るように命じ、その車を盗んだ。今回はカリーニン上級中尉が車内に、マケーエフがトランクに入った。クファコーフが運転していた。「何が起きたんだ？」とその将校は詰問した。「なぜ君は民間人を撃つ決断をしたんだ？」。釈明を最後まで聴くと、中尉は全員に、兵器に安全装置をかけ今後民間人を撃ってはならないと命じた[44]。

盗まれた車の所有者は、地元の落下傘部隊の軍医だった。彼は七キロメートル離れた次の村、ペレルグの友人たちに電話し、逃亡ロシア兵を満載した車がそちらへ向かっていると警告した。腕利きハンターぞろいの三人の男がライフルを取り、大あわてで近くの橋での見よう見まねの待ち伏せを仕掛けに急いだ。「われわれが彼らを近くへ引き寄せると、中に制服を着た連中がいるのが見えた」とハンターのアレクサンドル・イワホネンコは振り返っている。甥の兵士は二〇一四年八月にウクライナ軍がイロヴァイスクから撤退する際に殺されていた。イワホネンコは狙いを定めて、五〇メートルの射程から運転手に二発発射、イワン・クファコーフの頭に致命傷を負わせた。車は道路を外れ、池に突っ込んだ。乗員たちは車から這い出て反撃し、逃亡しはじめた。三人のハンターは手動式遊底のライフル銃しかもっておらず、彼らを見逃した。彼らはクファコーフの身体に複数枚の銀行カードと「コンドームが詰まった複数のポケット」を見つけた、とイワホネンコは回想している。「とんでもない解放者だ[45]」

四人の生存者は沼や葦原、野原をよろめきながら歩き、途中で手投げ弾や予備の弾倉を捨てた。カリーニン中尉は足を傷つけたが、引きずりながら歩いた。彼らはオレノフスコエ村の外れの豚小屋近くに番小屋を見つけた。ニコライ・ヤリズコ（六二）が夕暮れ時に小屋へ戻ると、四人の兵士が自分に銃を向けていた。一人は傷ついた足をしてベンチに横たわっていた。彼らは食べ物を要求したが、彼は何ももっていなかった。カリーニンは「兄弟」と呼ぶ僚友に電話をかけ続けた。もう一人の将校と思われるこの僚友は、四人を救出するために戦車か装甲兵員輸送車を送ると、くり返し約束した。翌日一日じゅう、何も現れなかった。救援隊が攻撃を受けたとカリーニンの「兄弟」は報告した。連隊の副隊長は姿を消し、連隊司令官もいなくなってしまった、と。

救援を待つ間、ロシア兵たちは捕虜のヤリズコ——彼らは敬意をこめて「お父さん」と呼んだ——

とおしゃべりをした。「中尉はわたしにこう言うんだ、『君たちのここはなんて村なんだ？　煉瓦の家に舗装道路。君たちはこれを村と呼べるのか？』」。ヤリズコはこう振り返った。ヤリズコの上の息子は二〇一五年にドンバスで戦い、下の息子は前線にいた。「わたしは言ったね、そうだ、それは村だ、わたしたちの基準からすれば見捨てられた村だけど、と。わたしたちがこんないい暮らしをしていることが、彼らには驚きだったんだ[46]」

疲れ切ったロシア兵たちは、投降すべきだろうかと「お父さん」に尋ねた。だが、村にはハンターたちがいると教えられて、射殺されるのを恐れ投降しないことに決めた。彼らは怖がるあまり小屋を離れることができず、隣接する豚小屋へ用足しに行った。むなしく救援を待つ間、夜には交代で見張りに立った。ところが二日目の午前二時、シシマリンは見張り中に眠り込んでしまった。ヤリズコはテーブル上の自分の電話を取り、懐中電灯を持って素早く夜の闇のなかへそっと抜け出した。

警察はヤリズコの電話に出なかったので、彼は地元ハンターたちを呼び集めた。しかし、彼らが一団となって小屋へ戻ってみると、ロシア兵はすでに逃亡していた。ロシア兵は夜を徹して歩き、明け方にとうとうコミシにたどり着いた。だが四人は部隊に戻るよりも、投降することに決めた。「わたしは戦いたくなかった。われわれの兵士たちが捕虜になった場所に着いたとき、隊に戻る理由はないと思った」とシシマリンは説明した。「投降して生き続ける必要があると考えた[47]」

ロシア兵たちは地元民のリンチに遭うのを恐れ、村の中心部に着くまで川床沿いにそっと歩いた。広場へ入ると、武器を置いて両手を上げた。村人たちは彼らをなじったけれども、傷つけることはなかった。シシマリンと三人の僚友はウクライナ軍第93機械化旅団の捕虜になった。シシマリンはウクライナにいた五日間のうちに、身近の僚友一一人を失い、ロシア軍車輌二台が破壊されるのを目にし、二台の車を乗っ取り、武器を持たない民間人を一人殺していたのであった。

ノヴァカホフカ

二月二四日の夜明け前、ラリーサ・ナゴルスカヤは自宅の上空を引き裂くロケット弾と巡航ミサイルの音で目を覚まされた。その激しい集中砲火はクリミアからだと彼女は推測した。ノヴァカホフカには一発も落ちなかったが、ウクライナの奥深くにある標的に向け、北へ飛んでいった[48]。

南へ七〇キロメートルのところでは、ロシア軍がクリミアとロシアを結ぶペレコープ地峡を渡るE97ハイウェーに殺到しつつあった。わずか五キロメートル幅のこの狭い地峡は、地上からの侵攻に対する難攻不落の防衛拠点にできるはずだった。ところがペレコープのウクライナ防衛側はほとんど抵抗しなかった。東へ数キロメートルのチョンハルでクリミアをウクライナにつなぐ二番目のハイウェーは、侵攻の際には爆破される予定の狭い橋をまたいでいた。だがその橋は――裏切りか臆病さのために――手つかずのままだった。

戦争初日の正午までには、ロシアの三色旗がすでにカホフカ・ダムの上に翻っていた。ロシア軍部隊は非常に速く北上したため、地元当局と警察は不意を突かれた。最初に到着したロシア軍戦車たちは、さる一二月に地元のある当局者の指示で伐採されていた小さな森の位置に陣取った。「彼らはすべて計画させていたのです」とラリーサは言った。「わたしたちは裏切られたのです。[チョンハル]橋には地雷が敷設されていなかった。[ロシアは]ここに仲間、対敵協力者をもっていたのです[49]」。彼女の疑念はのちに、ウクライナ保安庁（SBU）ヘルソン支局長がロシア軍の襲来時、部下に守備位置の放棄を命じたとして起訴されたときに裏づけられた[50]。

ノヴァカホフカは一発の銃弾も発射されることなく占領された。だが午後に民間人が北方へ逃げようとするなか、数台の車がロシア軍に狙撃された――ラリーサの近所に住む家族の三世代が殺された。彼女の夫セルヒイは食料の買い出しに行きたがったが、彼女はとめた。彼は彼女よりロシア軍に捕縛されるリスクがずっと高かったのだ。ラリーサは地元の小さなスーパーマーケットでパニック買いする大勢の隣人たちに、自ら加わった。ロシア軍の装甲兵員輸送車が一台、外に止まり、覆面をした数人のロシア兵が店に入ってきた。「だれもひと言も言えなかった」とラリーサは回想した。「彼らは銃を持っていました。全員がただ固まってしまったのです」。兵士たちは両手いっぱいに食べ物——ほとんどはビスケット、チョコレート、カップ麺——を勝手に取り、ひと言も言わずに立ち去った。

　地元のウクライナ人警察官は全員、すぐに逮捕された——離反ドンバス諸州に対するウクライナの「反テロ作戦」に参加したすべての戦争経験者も同じだ。「彼らは人びとのリストと住所をもっていたのです」とラリーサ。占領軍はまた、地元テレビと携帯電話の送信装置を切って、ノヴァカホフカ住民のニュースへのアクセスを絶ち、外界と連絡できなくした。地元の薬局一店にまだ機能しているWi－Fiがあり、人びとは親族にメッセージを送るため店の外に集まった。夕方近く、拡声器を付けたトラック数台が通りを巡回し、人びとに帰宅を命じ、厳しい夜間外出禁止を通告した。

「わたしたちは数人の隣人と一緒に家のなかでじっとしていた」とラリーサは振り返る。「逃げようとした人たちは車のなかで射殺されたという噂を、だれもが聞いていました。みんな怖かったのです[51]」

　ロシア軍はクリミアからウクライナ南部の草原地帯に入る北方への突進で、もっとも成功を収めた。ドイツ国防軍《ヴェールマハト》が一九四一年夏に気づいたように、ほとんど森のない平らで開けた国は、機甲部隊の移動が容易で、防衛側には自然の遮蔽物がほとんどない。ロシア軍の狙いは二つあった。一つは、アゾフ海岸に沿ってメリトポリ、マリウポリ経由で東へ突進し、ドネツク人民共和国への陸の回廊を築くこと。二つ目は、西進してヘルソンとミコライウ、それにウクライナの主要港オデッサを占領し、これによってウクライナを黒海から完全に切り離すことだ。

ロシア軍は二月二八日に州都ヘルソンを包囲した。地元市長との三日間の交渉の末、軽武装のウクライナ側の守備隊が撤退し、翌日、ロシア軍が進駐した。プーチンの軍事プランナーたちは、ウクライナのロシア語都市が戦うことなく陥落し、地元住民はロシア人を解放者として歓迎するだろうと予測していた。結局、主要都市ではヘルソンとメリトポリだけが、激しい戦いなしに陥落する。しかし、いずれの都市でもロシア軍が歓迎されることはなかった。

ロシア軍はヘルソンを越えて、広いドニエプル川に架かるまだ無傷の複数の橋を渡った。自動車化歩兵部隊が北西へ進撃し、エネルホダル市を占領した。これは、合わせてウクライナの電力の半分以上を供給する一五の原子力発電所のうちの一つがある場所だ。ロシア軍はまた、オデッサを前にした最後の主要都市ミコライウ方面へ西進した。三月初めの日々に前進が速度を速めるにつれ、少なくともこの戦域ではクレムリンの電撃戦作戦が的中しつつあるように思われた。

ミコライウの北八五キロメートルの小都市ヴォズネセンスクが、ロシア軍の一つの主要目標になった。南ブーフ川に架かるヴォズネセンスクの橋を占領すれば、侵攻軍はミコライウの側面を回り込み、オデッサとウクライナのその他地域を結ぶ主要ハイウェーに向けて北進し、約二八キロメートル北のユジノウクラインスクにあるもう一つの主要原発を攻撃することができるようになるのだ。「もし彼らがユジノウクラインスクを占領していたら、ウクライナ南部全体を切り離していただろう」とヴァディム・ドンブロフスキーは話した。この地域のウクライナ軍特殊部隊偵察グループの指揮官で、ほとんどがロシア語を話すヴォズネセンスクの住民三万五〇〇〇人の一人だ。(52)

ヴォズネセンスクを防衛していたのはウクライナ正規軍の小兵力で、それを数カ月にわたって全国で地方の志願兵を募集し、武装と訓練をほどこしてきた領土防衛軍の数百人が支援していた。彼らには戦車はなかったが、携行式ロケット弾と米国から供給された対戦車ミサイル〈ジャヴェリン〉があった。火力支援のために砲兵部隊が川の西岸に配置された。ロシア軍が接近すると、軍工兵が南ブーフ川に架かる鉄橋と、支流であるメルトヴォヴォド川に架かる小さな橋を爆破した。それによってロシア軍の攻撃は、唯一渡河が可能な場所――ブーフ川に架かる主要道路橋――の方へ集中させられた。

ヘルソン陥落の翌日三月二日の朝、ロシア軍の多連装ロケット砲〈グラード〉と大砲が無誘導ミサイルと砲弾をヴォズネセンスク中心部に発射しはじめた。市営プールが破壊され、アパートブロック数カ所が被弾した。Mi-8ヘリコプターが町の南西の森林に覆われた尾根の背後にロシア軍の航空強襲部隊を降下させる一方、機甲部隊の隊列が南東から迫った。元不動産デベロッパーのヴォズネセンスク市長、エヴヘニイ・ヴェリチコ（三二）によると、ロシア軍の隊列は地元の対敵協力者、ヒョンデ自動車のSUVに乗る女によって裏通りに沿って導かれていた。

ロシア兵と戦車は近くのラコヴェ村に入った。兵士たちは地元住民に立ち去るよう命じ、装甲車両を村の家々の間に止め、一つの屋根の上に狙撃兵の拠点を作った。「あんたはどこか行くところあるのか？」。兵士の一人が三人の子の母親ナターリャ・ホルチューク（二五）に聞いた。「この場所は攻撃を受けるだろう」。自分の家族は地下室に隠れることができる、と彼女は答えた。「地下室では役に立たないだろう」と彼は彼女に言った。ホルチュークと大方の隣人たちは貴重品を隠して逃げた。(53)

ロシア兵たちは防壁用の砂を詰める袋を探して納屋をあさり回り、煙幕を作るために干し草を燃やし、食べ物を要求した。一両の装甲兵員輸送車BMPを伴った五両の戦車が、ヴォズネセンスクの戦略的橋梁を見渡す小麦畑へやってきて、畑の端にある建物のなかにいた、カラシニコフ銃で武装したウクライナ領土防衛軍の志願兵の小グループに向けて発砲しはじめた。銃器で圧倒された彼らは、BMPの三〇ミリ機関銃による犠牲者を出したあと、撤退した。ウラル自動車製の二台のトラックに乗った別のロシア兵たちが整列して、一二〇ミリ迫撃砲の弾薬を荷下ろししはじめたとき、ウクライナ側の砲撃が始まり、侵略者たちは撤退に追い込まれた。

三月二日の夜までに、ロシア軍は翌日に橋を強襲する位置についていた。だがヴォズネセンスクの民間人たちも強襲が始まる前に、バイバーのメッセージアプリ上に、敵の座標をウクライナの砲兵隊に電話で知らせる用意ができていた。砂利運搬会社のオーナー、ミコラ・ルデンコは、土砂降りの雨と夜陰にまぎれて、自分の郷土防衛部隊がその日早くに放棄せざるを得なかった位置まで匍匐前進した。彼ら志願兵たちはバイバーを使って、ウクライナ砲兵隊の着弾位置を修正した。「だれもが協力した」とルデンコは言う。「だれもが情報を共有したんだ」。小麦畑にいたロシア軍戦車五両のうち三両が直撃弾を受けた。生き残った戦車兵たちは車輛を捨て、慌てて複数の装甲兵員輸送車BTPに飛び乗るか、徒歩で逃亡し、少なくとも二両の主力戦闘戦車と大量の弾薬を無傷のまま残した。

ヴォズネセンスクの別の場所では、〈ジャヴェリン〉で武装したウクライナ軍部隊がロシア機甲部隊に同様の大損害を加えていた。翌三月三日が経過するうちにロシア軍は、クリミア駐屯の第126海兵旅団からの増援部隊が途中で激しい砲撃を浴び、来る見込みがないことを知った。指揮官たちは撤退命令を出した――だが、その前に手の届く至近距離の標的、ラコヴェ村そのものを無差別に砲撃した。砲撃は村の診療所の新しい屋根を破壊した。

ウクライナ軍によると、ヴォズネセンスクを襲撃したロシア軍大隊戦術グループは、戦車と装甲兵員輸送車四三両のうち約三〇両と、複数の多連装ロケット砲、トラック、それに対空ミサイルで撃墜されたMi-24攻撃ヘリコプター一機を失った。約一五のロシア軍車輛が動く状態か修理可能な状態で放棄されていた。この戦争が続く間に、逃亡するロシア兵たちのためにロシアは、たいへん皮肉なことに、外国からウクライナ軍に渡る装甲車両の最大の供給源になるのである。

人的損害も同様に壊滅的だった。総計で約一〇〇人のロシア兵がヴォズネセンスクで死んだ——その攻撃部隊のざっと四分の一だ。一部の死体は撤退するロシア兵によって回収されるか、車輛のなかで焼けた。だがほとんどの死体は彼らが倒れた場所に残され、村人たちの手で埋葬されるか、冷酷な皮肉をこめて「積荷200」のマークをつけた市のバンによって集められた。これはソ連軍のアフガニスタン時代の死体を指すコード名だ。地元の葬儀屋ミハイロ・ソクレンコによると、一部の死体にはわなが仕掛けられていた。彼はロシア兵の死体回収に地域をめぐる際、ウクライナ軍工兵を一人同伴した。「ここで起きていることを彼らに悟らせるために、わたしは時々、これらの死体を飛行機に乗せてモスクワの上に落とせればなあ、と思うんだ」とソクレンコは話した[54]。

二日間の戦闘のあとに戻ると、ラコヴェの村人たちは自宅がかき回されているのを目にした。食器棚とクロゼットはまだ略奪で大きく開けられたまま、そして床にはロシア軍の糧食や半分食べられたピクルスの瓶、それに地元住民の地下貯蔵庫から略奪された貯蔵食料が散乱していた。「毛布やナイフ・フォーク類がすべてなくなっていた。ラード、ミルク、チーズもなくなっていた」とナターリヤ・ホルチューク。「彼らは料理する時間がないのでジャガイモは取らなかったのです[55]」

二日間にわたるヴォズネセンスクの戦いは、オデッサへ向けたロシア軍の最大の前進範囲——そして南部戦線におけるロシアの電撃戦の終焉——を示すものになった。ロシア軍部隊はミコライウ周辺からも、ドニエプル川下流の西岸沿いの長さ約一二〇キロメートル、幅二〇キロメートルの支配線まで押し戻された。

戦争の第一週が終わるころには、プーチンの四つの基本的誤信が明らかになっていた。一つ、ウクライナ人が侵略者を解放者として歓迎することはなかった。二つ、ウクライナ軍は異例の、そして破滅的なまでに死に物狂いの方法で戦う用意があったばかりか、その能力と意志があった。三つ、ウクライナの指導者ヴォロディミル・ゼレンスキーは麻薬にいかれた道化師ではなく、真面目で人を鼓舞する戦時指導者だった。四つ、プーチンが大金をつぎ込み、大いに自分のプライドをかけた自慢の軍は、あきれるほど目的に適していないことが分かってしまった。ロシア軍は第二次世界大戦時代の機甲戦術と融通の利かない攻撃計画、そして頭でっかちの指揮構造によって、二一世紀において二〇世紀の戦争を戦おうとしていたのだ――そして、プーチンの治安官僚たちが彼に対し、期待するよう自信をもって言っていた電撃的勝利を収めることに、完全に失敗したのである。

第III部

戦禍の下で

第8章 崩れゆく絆

わたしたちが文明世界と共有していると思っていたものは、
すべて借り物だったのです。
モスクワの文芸誌編集者ヴァルヴァラ・バビツカヤ(1)
二〇二二年二月

抵抗と抑圧

戦争の初めの日々、ロシア全土で抗議行動が燃え上がった。とくにサンクトペテルブルクでは二月二六日夜、数千人がネフスキー大通りのショッピングセンター「ゴスチーヌイ・ドヴォール」〔市場館〕前に集まった。小群衆がモスクワのロジェストヴェンスキー大通りを行進した。だが、どの抗議行動も一般にデモ参加者の数倍という圧倒的な警察の出動に出迎えられた。モスクワのクレムリンから数百メートルのプーシキン広場では、フェンスが広場の中央部を遮断した。オートバイ型のヘルメットに軍用の都市迷彩服と防弾チョッキという特殊機動隊OMONの三点セットが、チェスのコマのように舗道に沿って五メートルおきに配置された。数十人の若者がおずおずと集まり、三、四人のグループになってしゃべり、タバコをふかしていた。六人かそれ以上が集まるとたちまち制服警官が駆けつけ、身分証をチェックし、バッグのなかをくまなく調べた。

「ここに出てくる人はだれもが死の願望をもっている」と、映像作家アレクサンドル（二〇）は言った。「それは勇気じゃない。狂気だ。われわれはみんな命を捨てるリスクを冒しているんだ」[2]

当局の抑圧装置は二〇年間にわたって、高度に洗練されるまでに磨きをかけられていた。ロシアの警察は頭を割ったり群衆に催涙ガスを浴びせたりするより、親しく近づき、抗議に参加する若者を、いつまでも続ければ生活を破壊する恐れのある合法を装ったコンベヤーに乗せるのがいつものやり方だった。「無認可集会への参加」で初めて逮捕されると、罰金二万ルーブル（一二〇ポンド）を科され、前歴がつく。自白に署名すると罰金はその場で申し渡される。署名を拒む容疑者は数週間勾留され、裁判所の審問を待つ――いずれにしても有罪判決が下される可能性は九九・五パーセントだ。二度目の逮捕に対しては、罰則は一五日間の投獄――これは警察が、集会を組織した罪（その場合は三カ月になりかねない）に問わなかったときのことだ。

「わたしたち捕まってしまった」。映画学生アーシャ（二〇）は戦争の三日目、わたしの一九歳の息子ニキータにメッセージを送ってきた。「わたしたちは護送車に乗っている。悪いニュース：逮捕歴二、三回の仲間とここにいる。お手上げよ、みんな」[3]

モスクワの抗議行動で仲間たちをつなぐために立ち上げられたワッツアップ・グループのどの若い活動家も、アーシャがどうしてそんなに不安になっているのかを、ただちに理解した。警察はあまり多くの抗議参加者を逮捕したものだから、個別の犯罪簿を書く労さえとらなかった――たんに、それぞれの警察バンにいる全員に同じ犯罪簿を書いたのだ。通常は、それぞれの集団のなかのもっとも頑強な抗議参加者を捕らえるために、罪状がでっち上げられるのだ。「彼らはわたしたちが宣誓したと言っている。ひどい。彼らはわたしたちの指紋を採ったし、携帯電話をチェックしている」。アーシャは数時間後、グループにこう伝え、警察に詰めている当直のFSB係官が見つける前に、ワッツアップとテレグラムのアプリを消去するつもりだと予告した。

アーシャと友人のヤーシャは結局、午前五時に釈放された。翌日、この二人の学生は友人のアパートでぼんやり力なく座り、その経験のためにひどくしおれていた。「僕がもう一つの集会に行ったら、僕を国外に出すと父は言ってる」と、ヤーシャ（二一）は暗い笑みを浮かべて話した。「けれど、父がそうしたくても、僕は罰金を払い終えるまでロシアを離れられない。それに、それには少なくとも二カ月かかるんだ[4]」

われわれの会話は、さらに悪いニュースでさえぎられた。ゴーゴレフスキー大通りで行われた公の祈禱集会の近くで、もう一人の友人が警察に捕まったのだった。彼は抗議行動で過去五年間に三回、有罪判決を受けていた。「われわれはリャザンの警察部へ連行された」と、逮捕されたその友人は書いた。つまり、囚人たちは手続きのために、モスクワから東へ三時間の町へ連れていかれたのだ。「われわれは食べ物と水なしでまだトラックのなかにいる。弁護士は署の玄関口で三時間待っている。警察はなかで、われわれをどんな罪状で告発するか決めているところだ」。告発についてのそんな恣意的な決定で、勾留者の刑期が数カ月か数年かが決まるのだ。彼は自分の特殊な隔離勾留形態を指す隠語を使い、ため息をついて結んだ。「彼らはわれわれを『要塞』に閉じ込めた[5]」。翌日、その抗議参加者の女性弁護士から知らせが入った。反逆罪よりもたんなる「組織した罪」によって彼の刑を軽くした、とはいえ、それでも三カ月間の投獄を食らうことになると。

短期間での戦勝の見通しが急速にしぼむにつれ、侵攻五日目にもなると、ロシア国防省はロシア兵数百人がウクライナで死亡したことを認めざるを得なかった。同時に当局は、異議表示に対する圧力を強めた。長らくクレムリンに容認されてきた自由言論の砦、ラジオ局《モスクワのこだま《エホ・モスクヴィ》》は、編集長ドミトリー・ムラートフが二〇二〇年のノーベル平和賞を受賞した『ノーヴァヤ・ガゼータ』紙とともに閉鎖された。リガを本拠とするニュース・プラットフォーム《メドゥーザ》は、そのオンラインサービスが大方のロシア人ユーザーには制限され、インターネットテレビ《ドシチ》〔雨〕も警察に踏み込まれ、閉鎖された。

反プーチンの解説や抗議行動の準備によく使われるフェイスブック、ツイッター、インスタグラムといったプラットフォームは、「過激主義」を拡散しているとして遮断された。非常に口うるさいオンラインの声のなかには、投稿を理由に刑事訴追されることを恐れて沈黙するものがあった。率直に声を出す人びともいた。非常に裕福で権力のある一部の男たちの子女がそうで、彼らは「小者たち」が自らの見解ゆえにこうむりかねないような結果から自分は守られている、と明らかに考えていた。当時サッカークラブ「チェルシー」のオーナーだったロマン・アブラモヴィチの娘、ソフィヤ・アブラモヴィチは五万人のインスタグラムのフォロワーに、「クレムリンのプロパガンダのうちもっとも大きくて、成功したウソは、ほとんどのロシア人がプーチンを支持しているということだ」と話した。クレムリンのペスコフ報道官の娘エリザヴェータ・ペスコワ（二四）はインスタグラムに「戦争反対」を投稿し、エリツィンの孫娘マリヤ・ユマーシェワ（一九）もウクライナ支持の投稿をした。プーチンの政治面での恩師であるアナトリー・サプチャクの娘で、今はテレビ司会者で野党政治家のクセーニヤ・サプチャクも、和平を強く促した。「わたしを含め、ウクライナと真の軋轢があると考えている人はだれもいない」とサプチャクはインスタグラムに書いた。「次は何か、少なくとも今日の終わりなき日はどのように終わるのだろう？　それは予測できない。確実にわかっているのは、人びとが死んでいるということだ」。数日後、サプチャクは娘と一緒にトルコへ向かった。

当局は異議表示を罰するだけでなく決定的に抑止するほど十分過酷な、新たな法的手段を急いで作り上げた。戦争の第一週目の終わり、国家院《ドゥーマ》〔下院〕は「市民を防衛し国際平和と安全を支持するための軍事的配備に関する明らかに誤った情報の、公開討論の場での流布について」という、急ぎ起草されたカフカ的タイトルの新法を可決した。新法は、戦争に関する「誤報」の流布を禁固一五年と定めていた――そして明らかに、「公開討論の場」にソーシャルメディアを含めていた。その結果、国家院が「国防省の公式発表に反すること」と定義した、戦争に関するいかなる「誤った」事柄でもあえて投稿する者は、だれであれ直ちに犯罪者になった。罰に該当する「虚偽」の一つは、侵攻のことを「特別軍事作戦」という公式呼称ではなく「戦争」と呼ぶことだった。

同法はとくに政治活動家、ブロガー、ジャーナリストを抑え込む狙いがあった。ロシア法務省は、国家の「信用を傷つけること」を「否定的見解」と定義する一方、「事実の表明」が「誤った情報の流布」とみなされる警察官・検察官向けの特別指針を作成した。戦争の初めの六カ月が終わるころには、ロシアの人権グループ「ＯＶＤ－インフォ」は、「虚偽法」として知られるようになる同法違反で、一万七五〇〇件の逮捕と二〇〇件以上の起訴を記録していた。[6] プーチンが二〇二二年九月二一日に部分動員を発表したあと、それまで静かだったダゲスタンとシベリア東部を含め、少なくとも三二の都市で新たな抗議の波が起き、この集計にさらに二三〇〇件が加わることになる。新法の下で投獄された著名な活動家、ウラジーミル・カラ＝ムルザは「二〇七条三項を……それに基づいて体制批判派が投獄された悪名高いスターリン時代の刑法典第五八条と、ブレジネフ刑法典七〇条および一九〇条に酷似したもの」と呼んだ。[7]

クレムリンのプロパガンダ屋は大まじめで同意した。同法は「純粋スターリン主義への」移行を示すものだよ、と国営メディアで働くある有名なテレビ司会者は、皮肉に笑って宣《のたま》わった。「しかしわわれわれは目下戦争をしている。必要なのはいくらかのスターリン主義じゃないか？　スターリンはわれわれをベルリンへ導いたんだ、そうだろ？」[8]

悲しい事実は、彼の悪意あるジョークがロシア人のかなり多数の好戦的気分を代表していることだった。権威主義的体制下の世論調査を理解することには、特別な難しさがあり、このことは後段でさらに詳しく考察する。だが、二月二八日、国営の全ロシア世論調査センターによる調査は、六八パーセントのロシア人が戦争に対する強い支持か穏やかな是認を表明し、反対はわずか二六パーセントであることを示した。六カ月後の二〇二二年八月、同センターは公式調査の結果、プーチンに対するロシア国民の信頼度は――少なくとも公式には――八一・二パーセントに増えたことがわかったと報告した。[9]

その無条件の支持は、プーチンが九月に動員を発表するまで続く。動員発表は、それまで戦争を無視してきた幾百万のロシア人にとって戦争を身近なものにし、世論を根本的に変えた。九月二二～二八日に独立系世論調査機関、レヴァダ・センターが実施した調査では、ロシア人の四七パーセントが動員に「不安、懸念もしくは恐怖」を、一三パーセントが「怒り」を感じ、二三パーセントが「ロシアに誇り」を感じていることが明らかになった。

プロパガンダ

テレビニュースはクレムリンの支配と誘導の主たる手段だった――ロシアの勝利には「戦場の全軍」と同じく重要なのだ、とTV局幹部のモロディは言う。[10] 戦争の初めのころは約八六パーセントのロシア人が国営テレビを視聴していた。そして七〇パーセントのロシア人が、クレムリン製のテレビニュースが主なニュース源だと話した。[11] 独立系のロスミル世論調査センターによると、六カ月後、その数値は三分の一だけ低下する。それでも、テレビはロシア国家と国民の心をつなぐへその緒であることに変わりなかった。

すでに見たように、二月二四日に先立つ数週間から数カ月、クレムリンのメディアには侵攻の徴候はまったくなかった。ところが、そのロスタイムを埋め合わせるかのように、戦争の最初の数週間、国営の《第1チャンネル》《ロシア-1》それに《NTV》は、NATOや欧米、ウクライナの「ファシスト」と「挑発者」を非難する怒った語り手たちが次々に登場する最長六時間の連続政治トークショーを流した。《ロシア-1》の人気政治トークショー「60分」の共同キャスター、エフゲニー・ポポフは、ロシアのメディアは欧米メディアより良くも悪くもないと言い張った。「われわれは［欧米の］あなた方がロシアのすべてのテレビ・チャンネルへのアクセスを止めたことを知っている」と、ポポフはわたしに言った。「あなた方がロシアの見解を嫌っているのは、その受け入れを拒むからだ……。その代わりに、あなた方はウクライナのプロパガンダを放送しているが、それはいんちきの上にいんちきを重ねたものでしかない[12]」

ズボフスキー大通りでは、テレビニュースのプロデューサー、アンナ・ボンダレンコが二月二四日朝以降、ダブルの編集シフトをこなしていた。彼女の局の上司たちは指示を受けていた――ロシア人を侵攻支持に結集し、紛争を扇動している欧米に対する憤りを煽れと。

同時にクレムリンは、実際の戦いの映像は控えるよう命じていた。侵攻の最初の五日間、《第1チャンネル》の夜のニュース「ヴレーミャ」〔時〕は戦闘の映像をまったく放送せず、ウクライナでの「限定的軍事作戦」の進展について話す政治家たちを引用するのをよしとし、ソ連時代へ超現実的に先祖返りするかのように、あらかじめ撮影されたプーチンの技術プラント訪問の映像らしきもの――テレビ業界ではコンセルヴィ（缶詰製品）として知られる慣行――を見せた。

そのうちクレムリンの報道陣は、比較的最近のプーチンの映像を流しはじめ、それはほぼ毎晩、ニュースのトップに現れた。プーチンははれぼったく、こわばり、老けて見え、演説では基本的な文法上の誤りをおかした（もっとも、戦争が進むにつれプーチンは逆説的なことに、さらに怒って現実とのつながりを失いながらも、より健康で自信にあふれて見えるようになる）。ボンダレンコは欲求不満だった。「この製品はひどい」。整然たる軍隊の進軍と笑顔の兵士たちを撮ったロシア国防省提供のビデオがどっと集まると、彼女は毒づいた。彼女の最新式のスタジオには当然、AP通信やロイター通信、AFP通信からの配信があり、そのなかにはロシア軍の戦車や航空機、ヘリコプターが爆発して派手な火の玉になるところを映した魅力的な多くの映像があった。だが新法の下では、そうした映像はいかなる事情があっても、ロシアのテレビでは放映できなかった。戦争初期の段階の「提供ニュースはただのくずだった」とボンダレンコは振り返った。「われわれはみなと同じように、それと気づかずだまされていた[13]」

ロシアのテレビは外国人の前線レポーターたち、すなわちロシア・メディアのスターになった英米の雑多なビデオ・ブロガーたちの証言にも大きく依存していた。クレムリンの語りを支持する外国人の声は、ロシア人レポーターより本質的に信頼できるようだという想定があった。グレアム・フィリップスはウクライナと次いでドネツクに引っ越す前は、英国の公務員だったが、ドネツクで二〇二二年に美しい一七歳の地元女性と結婚した。自称「世界でいちばん誠実なジャーナリスト」[14]であるフィリップスは、戦争前はクレムリン支持のオルタナ右翼界で人気のビデオ・ブロガーだった。侵攻後、彼はロシアおよびドネツク人民共和国の軍のゲストとして、占領下のウクライナを巡り、捕まった複数の英国人を含む戦争捕虜たちにインタビューした。結果として英国政府は、ジュネーヴ条約違反としてフィリップスに制裁を科した[15]。住民から転じてビデオ・ブロガーになったもう一人が、ラッセル・ボナー・ベントレイ三世、通称〝同志テキサス〟。二〇一五年にドネツク人民共和国のヴォストーク旅団に志願した元樹木医だ[16]。同志テキサスのビデオの一つには、革の上着と毛沢東帽子を身につけ、ドネツクでロシア軍戦車の列の前に立つ彼が映っている。「ウクライナの非ナチ化戦士および解放者とともに前線にいるテキサスです」と彼がアナウンスする。「これらの仲間たちはウクライナのすべての善き人びとを救い、解放しようとしています。そして悪き連中は？ ドカーン！ やつらをやっつけろ[17]」。イラクにおける国連の元兵器査察官のスコット・リッターは、二〇一一年にオンラインで、一五歳の少女のふりをした警察官に露出行為をして逮捕されたあと、クレムリンが資金を出すニュース専門局《RT》（元《ロシア・トゥデー》）に名前を登録された。リッターは反戦運動における著名人物としてしばしば《RT》に出演し、戦争を始めた責任を「ウクライナ人ナチス」に押しつけた[18]。

その正確さはいかがわしいにもかかわらず、ロシアはウクライナによる東部ウクライナのロシア語話者の「ジェノサイド」に対する防衛戦争を戦っているのだとするクレムリンのメッセージは、執拗で、ますます巧みに宣伝され、多くのロシア人を納得させることに成功した。わたしの二、三の友人と義理の両親は、指導者とその無謬性へのカルトのような入れ込みようによって、わたしを驚かせた。「われわれはこの戦争を望んでいなかった、これはすべてNATOが始めたことだ」と、元軍のパイロットで建築家のオレグ（五五）は言った。どこからニュースを得ているのかとわたしは彼に尋ねた。「君たち欧米のプロパガンダからじゃない、それは確かだ。ウクライナのニュース動画がフェイクだってことは、BBCさえ証明している」。国を去ろうとしているわれわれ共通の友人たちについては、「彼らの幸運を祈るよ。ロシアに住んでいればロシアを信じるものだ。そうでないなら……どうしてロシアは彼らを必要とするだろう？」と彼は言う[19]。オレグは、欧米のブランド品や外国での休暇がなくても自分はハッピーなのだと言い張った。自分はそれなしに育った、それを手にして老いるつもりはない、と。

「もしだれかが彼らの妻を殴っているのを見たら、本当の男は素通りしたりはしない」。モスクワのタクシー運転手ヴラジスラフは、テレビでよく使われる比喩的表現でこう言った。「なかに割り込んで助けなければいけない。ウクライナの兄弟たちがこれらチビのファシストどもを取り除く手助けをするのは、われわれの義務だよ[20]」。これにには、車に乗っていたロシア人の元ラジオ司会者が反論した。「へぇー。それじゃわれわれは隣人の家に行って、彼の妻をわれわれでレイプし、彼を殺して、彼の家は全部われわれのものだったと言うわけだ」。息子がロシア軍で兵役に就いている母親たちのなかにさえ、プーチンの戦争を熱心に支持している人たちがいた。「祖国を守るのは男の義務です」とヴィクトリヤ・トルチャク(四四)は言った。モスクワの店員で、夫はチェチェンで軍務に就いた落下傘兵、一九歳の息子は目下兵役中だ。「そして、わたしたちを守ってくれる男たちを産むのが女の義務なんです[21]」

欧米の解説者たちの間には、ロシア人はただクレムリンのプロパガンダにだまされてきたがために戦争を支持しているとか、ロシア人が真実にアクセスできさえすれば、彼らは自由になれるという広く受け入れられた語りがあった。これはそのとおりだ。しかしそれは、はるかに重要な真実の一部でしかない。たしかに《BBC》、《CNN》といった外国のニュースサイトはロシアでは遮断されており、欧米のほとんどのソーシャルメディアも同様だった。だが、それらにアクセスするのは、ラップトップか携帯電話上に仮想私設ネットワーク(VPN)をインストールするために必要な二、三回のクリックの問題だ——とても簡単なので、モスクワに住むテクノロジー恐怖症のわたしの義母でも、なんとかそれが出来た。

真実へのアクセスの問題ではなかった。真実というものは、それを聞きたくなければ、人を自由にすることはない。事実、わたしが知る欧米に数十年間住んだことのある何人かのロシア人も、真実を聞くことを拒み、安心できる「偏見のない」——換言すれば親ロシア的な——ニュースを見つけるために、ツイッターやユーチューブ、テレグラムの隔絶された空間に閉じこもった。

たしかに、多くのロシア人がクレムリンのプロパガンダにだまされていた。だが彼らは、信じたいがゆえに、それを信じたのだ。プーチンのプロパガンダは同意に、自分たちが進んでその一部になりたい輝かしい語りを信じようとする国民の自発的意思に、依拠していた。そしてそのプロパガンダに効果があったのは、それがロシア国民のもっとも深い先入観と不安を利用すると同時に、それを醸成したからであった。先入観と不安とは、外国による侵略の不安。欧米化された若者たちと彼らの非伝統的な熱狂に対する軽蔑。敵対する世界と自分自身の失敗からの保護を熱望する気持ち。長年の貧困と屈辱に対する見返りへの期待。ロシア人が欧米の落ちた偶像よりも強く、より結束し、より断固として、より公正で、総じて偉大なことを証明することによって、欧米的なものすべてに対する奴隷的な賞賛から金輪際抜け出したいという願望だ。

欧米のニュース消費者は、ウクライナを征服しようとするロシアの残忍な軍事行動についての、徹底的でしばしばショッキングな報道にどっぷり浸り、当然ながら恐怖、敵意、憎しみを感じていた。対照的に、クレムリンに認可されたニュースのロシアのテレビ視聴者・読者は、ウクライナの「ファシスト集団」に対する自国軍隊の英雄的な前進と、ドンバスの民間人に対するウクライナの「ジェノサイド的な」攻撃についての同様に恐ろしい映像を、日々新たに与えられていた。ロシアの若者たちはファシストのくびきから「われわれの国民」を救うためにウクライナで戦い、死んでいるのだと聞くのは――そして信じるのは――慰めになり、納得できることであり、誇りの源だった。自分たちの国は、ロシアの占領下で生きるよりも逃げようとする人びとを「解放する」という名のもとに、何万人も殺した、いわれのない戦争をしている――そんな反対の語りでは、そうはいかない。ロシア人は大方の人間と同じく、自分たちに屈辱を与える物語ではなく、正しさを証明する物語を信じる方を選んだのだ。ただちに手に入るもう一つの語りがないことは、その選択をいっそう容易にするばかりだった。もしクレムリンのニュースが唯一のニュースであるなら――そして知り合いのだれもが受け取っている唯一のニュースであるなら――自分の国は、そして自分自身の身は、より住みやすい場になるのである。

さらに、ロシアの国営テレビには、プロパガンダをする側と受け手側の双方が互いに了解している一連のルールをともなった、パフォーマンス上の儀式としての強い要素があった。「ロシアの人びとはつねに自国の政治の観客だった」と、詩人で批評家のドミトリー・ブイコフは指摘している。「それは劇場に似ていて……今日のロシア人は自分に期待されていることをしている。時には喝采し、時には不満の口笛を吹く。しかし、本当に信じることを求められてはいない。舞台上の男がハムレット王子ではなく、ローレンス・オリヴィエであることはだれもがわかっている。舞台上で起きていることが実際に本当であるとは、だれも信じていない。テレビのトークショーで言われていることを、だれかが信じるとあなたは思うだろうか? だが［侵攻後］その劇場はサーカスのようになりつつある。人びとは愚かではない。彼らは眺めて、ぎこちなく笑い、そして演技者たちがどうヘマをするか見ているのだ[22]」

この儀式と自己欺瞞という同じ複雑な問題は、全体主義国家の世論調査に当てはまる。本書ではここまでに多くの世論調査が引用され、後段でも引用されている。それらが疑わしいのは、ロシア人が自分の本心を話すことでまねく結果を恐れているためというより、彼らが述べる意見が往々にして、自分に期待されていると彼らが考えていることか、あるいは彼らが真実であってほしいと願っている事柄だからである。

二〇一八年七月の世論調査が好個の例で、八〇パーセントのロシア人が、セルゲイとユーリヤのスクリパーリ親子はロシア人暗殺者ではなく英国秘密警察によって、ソールズベリの自宅で毒を盛られたと思うと申し立てた。あるいは二〇二二年三月の世論調査は、七〇パーセント以上のロシア人が戦争を挑発した責任をNATOに押しつけ、ほぼ同数の人が、ウクライナ政府とそのユダヤ人指導者ゼレンスキーは文字どおりのナチスだと考えていることを示していた。

こうした調査は、ロシア人が比類なくだまされやすいとか、愚かだということを示しているのだろうか？　わたしはそうは考えない。ロシア人の回答者たちが、英国がスクリパーリ親子に毒を盛ったとか、ゼレンスキーがヒトラーの弟子だと思うと申し立てるとき、大方の人びとは自分の心底にある考えを表明するよりも、自分が——舞台上の男は本当にハムレットだとする——公式説明を受け入れるという合図を送っていたのではないか、とわたしは思うのだ。あるいは、言い換えれば、彼らの回答は事実上、公式説明がたまたまどんなものであろうと、それに同意するということだったのだ。なぜなら、そうした生き方の方がたやすく、より慰めになり、孤独感が小さいのだ。それに真実は、ロシアでは、往々にして気が滅入るものなのだから。

その意味で、この戦争は二つのロシアを鋭く対立させていた。一つのロシアは、都会的で、教育があって、インターネットに精通し、比較的裕福——経済の破綻によって失うものがもっとも多く、輸入品や外国での休暇、そして中流のヨーロッパ式ライフスタイルがなくて寂しく思う人びとである。だがもっと重要なこととして、その少数派のロシア人は、批判的に考え、世界と自国について自分自身の結論を引き出すことに慣れた人びとだ。もう一つのロシア、はるかに大きなロシアは、物質的財貨より愛国心を高く評価し、テレビニュースにもとづく輝かしい、満足感を与えてくれる世界観を信じ、自分を混乱させたり不安にしたりしそうなもう一つの真実を探求することに関心のないロシアだ。何よりもその多数派のロシア人は、自分たちを導き、自分たちに代わって考え、自分たちを周囲の敵から守ってくれるクレムリンのあの賢者を信頼していた。その深い信念を変えるためには、戦場での否定しがたい敗北か、あるいは自分たちの息子、兄弟、夫が意思に反してウクライナの戦いに送られる現実の可能性といった、劇的な何かが必要になるのである。

制裁

クレムリンは侵攻後の経済制裁に備えてきていた――実は、制裁とエネルギー価格の暴落を乗り切ることが、財務省と中央銀行が六五〇〇億ドルの戦略的軍事費備蓄を数十年にわたって慎重に積み上げてきた背景にある二つの戦略目標だった。ロシアが二〇一四年のクリミア併合の経済的余波を容易に切り抜けたのは、こうした備蓄のおかげだった。そしてとくに、欧米の臆病な制裁対応のおかげだった。声高な抗議が高まっても、実際の経済的影響はほとんどないという同じことが二〇二二年にも起きるだろう、プーチンの側近グループがこう想定したのは理由のないことではなかった。

だが今回は、本当にちがっていた。戦争の初めの五カ月間に、欧米諸国政府はロシアのほとんどの銀行を国際銀行間通信協会（ＳＷＩＦＴ）から締め出し、ロシアの国家資産およびロシア企業の欧米子会社の資産の半分以上を凍結。ヨーロッパにある裕福なロシア人数万人の不動産、ヨット、現金資産を差し押さえて凍結する。だが、なかでももっとも驚くべき破壊的な制裁は、プーチン政権とビジネスを続ける企業に対するソーシャルメディアとオンライン上の――ゼレンスキーと彼のチームによる――組織的な批判にさらされ、一三〇〇以上の欧米企業がまとまってロシアからの撤退を決めたことだった。それはクレムリンを当惑させ、その虚を突く動きだった。

「彼らはこれほど多くの制裁を予想していなかった」とラジオ局《モスクワのこだま《エホ・モスクヴィ》》のアレクセイ・ヴェネディクトフは語った。「口座の凍結、旅行のキャンセル、アエロフロート航空のような国営企業に対する規制といった、政府による制裁を予想していたのはたしかだと思う。大組織に対するもの［制裁］だ。しかし、民間企業による制裁は……。フォードが去り、ルノーが閉めた。『何が起きたんだ？』と［クレムリンの高官たちは］聞いた。これは数千の職だ」。ロシア企業のおいしい仕事をもらっていた欧米政治家たち――例えば二〇二二年一二月に石油化学企業シブルの重役として雇われたフランスの元首相、フランソワ・フィヨン――でさえ、「この仕事を彼に個人的に提供したプーチンとは親しい知り合いであるにもかかわらず、荷物をまとめて去った」。ヴェネディクトフによると、このフランス元首相の同僚たちは「驚き」、「『どうして辞めたんだ、フィヨン？』と尋ねた。フィヨンは『どうしてもとどまってはいられない』と答えた[23]」。

ロシア人が預金を引き出すために行列をつくるなか、現金が最初に底を突き、侵攻開始から数時間のうちにモスクワの銀行ATMと両替所から消えた。ルーブルの価値は当初、戦争開始前に比べて四〇パーセント暴落した（もっとも、中央銀行が介入し取引を制限すると、まもなく持ち直し、戦争開始前の水準を超えさえするのだが）。いくつかのATMでは、一日の現金引き出し量が三ポンド以下まで縮んだ。ロシア政府が一九九八年に債務不履行に陥って以来はじめて、入手困難な現金ハードカレンシーの事実上の闇市場が現れ、モスクワの新アルバート通り外れの両替所では一ユーロ＝一四五ルーブルの公式交換レートに対し、三〇〇ユーロの値をつけた。ソ連時代への先祖返りは外貨の闇市場だけではなかった。中部ヴォルガ地方のカザンでは、地元検察局が砂糖を高騰価格で売っているところを見つかった複数の「砂糖投機屋」を逮捕した。輸入電子機器の価格が高騰する前に買おうとして消費者が詰めかけ、店の棚が空っぽになった。

次いで、銀行カードがすべての国際取引で使えなくなった。SWIFTの銀行間国際送信システムがロシア諸銀行の八〇パーセントの接続を絶つと、外国航空会社から必死でチケットを買おうとする人びとは、自分のカードが無効になっているのに気づき、外国にいるロシア人は立ち往生してしまった。「わたしが［ラトヴィアの］リガに口座を開くべきだと友人たちが言ったとき、わたしは彼らを笑いました」とスヴェトラーナ・テレホワ（三八）は話した。モスクワの家具輸入業のマネージャーで、彼女はスベルバンクとVTB銀行発行のカードがどちらもホテルの部屋代の支払いに使えず、ミラノで立ち往生してしまったのだ。「わたしは、あなたたちは被害妄想よ、わたしたちは一つにつながった世界に住んでいるんですよと彼らに言っていたのです」。スヴェトラーナの会社もイタリアのサプライヤーに支払いができず、この先の注文ができなくなった。「わたしたちのビジネスはおしまい。わたしは失業です[24]」

アップル・ペイは戦争第一週の終わりに機能を停止し、地下鉄やタクシー・アプリでの支払いを止めてしまった。多くの西側銀行がロシアの銀行との資金移動を止めた――それに、どっちみちクレムリンはハードカレンシーの歯止めの利かない流出を避けるため、海外への送金を制限し、ロシア人の国内貯蓄を封じ込める犠牲を払ってルーブルを安定させた。

しかし、本当に効き目があったのは、諸国家ではなく民間企業の力だった。イケア、ザラ、マクドナルド、スターバックス、H&M、ユニクロ、その他数百の大衆的小売店が閉店した。高級ブランドがあとに続いた。かつてはモスクワの洗練と富を象徴していたグッチ、シャネル、LMVH、プラダ、その他数十の店舗が空っぽになった。マイクロソフトとソフトウェアのアドビはアップデートするのをやめた。ネットフリックスはロシア人のアカウントを打ち切った。IBM、サムスン、ティックトック、エアービアンドビー、ブッキング.com、ボーイング、フォード、フォルクスワーゲン、ゼネラルモーターズ、コカコーラ、それにペプシはすべて引き揚げた。初めは原則として残る企業があった。世界じゅうの顧客からのオンラインによる厳しい反発を受けてやっと撤退した企業もあり、企業の意思決定に対するソーシャルメディアの力をまざまざと見せつけるかたちになった。

制裁の経済的・政治的影響の全容については、最終章でさらに詳しく考察する。だが、戦争の最初の六カ月が終わるころには、国際的企業の撤退は約五〇〇万人の職を脅かしていた。外国製テクノロジーと部品、なかでもコンピューター処理用チップの輸入に対する制裁はロシアの自動車、製造業、航空、ハイテクおよび国防の各産業を麻痺させた(25)。

とはいえ、戦時ロシアのことでもっとも人目を引くのは、日常生活がまったく普段どおりのままだったこと、制裁の影響が比較的目に見えなかったことだ。九月までには、モスクワのアルバート通りのマクドナルドとスターバックスは地元のそっくりな店に替わっていた。シャッターを下ろしたH&Mとザラは、ベラルーシの服飾メーカーが作った在庫品を売る店に替わった。モスクワでコーヒー輸入業を営む友人は、戦争の初期の数週間、ポーランド－ベラルーシ国境で商品を降ろし、ロシアのトラックに積み直すという出費を余儀なくされた。だがまもなく、彼の通関業者はもっと合理化された解決法を見つけた。ただトラックのナンバープレートを交換し、運転手を替えるのだ。実際、六月にもなるとロシア政府は制裁潰しの「並行輸入」策を事実上合法化し、モスクワの高級スーパーマーケットの棚をスイスのグリュイエールチーズやイタリアのパルメザンチーズでいっぱいにし続けるのである。無数のロシア人にとっては、ロシアは自前の豊富な資源で生き延びるという、クレムリンのプロパガンダ屋とプーチン本人の保証を信じることは非常に簡単だった。「これを困難だと感じている人もいることはわかっている」ロシアのテレビ司会者ウラジーミル・ソロヴィヨフは、イタリア当局がコモ湖畔の自分の別荘を差し押さえた制裁に抗議しながら、こう言った。「われわれはすべて克服するだろう、すべてに耐えるだろう。われわれは自国の経済を初めから立て直す。独立した銀行制度と製造業および工業だ。われわれは自力に頼るだろう[26]」

文化とスポーツの制裁が金融制裁に続き、再びクレムリンに衝撃を与えた。世界的に有名な音楽家たちが、欧米での公演から外された。そして、熱心なスポーツファンのプーチンはロシアのスポーツ選手が国際競技から排除されたことに、とくに憤慨した。例えば、世界陸上競技連盟から「当分の間」科された全面出場禁止がそれだ。

「突然、運動選手たちが締め出された」。プーチンと親交のある人物の言葉として、ヴェネディクトフはプーチンの反応をこう述べた。「バイアスロン！　狂ってる、なぜバイアスロンなんだ？　運動選手たちがどれだけ厳しい練習をしているか、われわれは知っている。彼らには悲劇だ。……そしてワールドカップを楽しみにしているすべての「サッカー」ファンは？　なんてことだ！」

ヴァレリー・ゲルギエフは、存命しているロシアのもっとも偉大な指揮者で、プーチンのもっとも尊敬する親友だが、ミュンヘン市長から「プーチンを非難しなければ、あなたはミュンヘン・フィルを首になります」と伝えられた、とヴェネディクトフは回顧している。「ゲルギエフはプーチンを非難せず、「ソプラノ歌手のアンナ・」ネトレプコとともに首になったんだ」。ヴェネディクトフの説明によれば、プーチンは個人的に屈辱を受けた。「偉大なヴァレリー・ゲルギエフに触るとは、ミュンヘン市長は何様なんだ？　恥を知れ！　彼はシラミだらけの子犬みたいにフィルを追い出された。プーチンの友人がだぞ！[27]」

ゲルギエフおよびネトレプコの解雇と、ボリショイ・バレエのロンドン巡業の中止に対応して、ロシアの国営メディアはロシア文化全体が攻撃されていると主張しはじめた。モスクワ中心部の電光掲示板は、「チェーホフがヨーロッパで中止になった」と伝えた。実はこの時点では、ロンドンではモスクワ本家より多い、少なくとも四つのチェーホフ劇が公演中だった。それでも、このクレムリンの侵攻に対する世界の反応が、二〇一四年のそれとは桁違いであることははっきりしていた。そして、同意しないロシア人に対するクレムリンの姿勢も、ソ連崩壊以後に見られた何よりも攻撃的だった。

大脱出：ロシア人

安定した中流のヨーロッパ式生活を営んでいると考えていた多数のロシア人にとって、ウクライナ侵攻のあと、世界が壊れた。モスクワのある文芸誌の編集者ヴァルヴァラ・バビツカヤにとっては、「わたしたちが通った粋なバー、ヨーロッパで過ごした休暇、混乱した国のなかであっても正常な生活が送れるという考え――それはすべて幻想だったのです。……わたしたちが文明世界と共有していると思っていたものはすべて借り物であることに、わたしたちはわずか数日のうちに気づいたのです。それは決してわたしたちのものではなかった。決してロシアのものではなかった。そしていま、それが取り上げられたのです[28]」

三月五日、プーチンは戦争を支持しない「第五列の」ロシア人を非難し、彼らを「裏切り者」と糾弾する攻撃的な演説を行った。野党活動家たちは自宅の玄関口に白い「Z」印が塗りたくられているのを発見した。ロシア軍戦車につけられ戦争のシンボルになっていた戦闘の印だ。同時にロシアのソーシャルメディアには、戦争反対の隣人に窓を割られた「Z」印をつけた車の写真があふれた。

かつては滑稽だった古いジョークがある。「モスクワのテーマ・レストランのテーマは実際はみんな同じ。そのテーマとは、『ここはモスクワではない』」。だが突然、ロシアによる侵攻が進み、文明生活の装飾が新たな制裁のたびに剝がれ落ちるなかで、この表現は悲しいものになった。「15キッチン&バー」のむき出しの煉瓦壁、落書き装飾、粋な技巧を凝らした電灯は、ポジャルスキー小路にあるこのわたしの地元バーを、以前はブルックリンの出店のように感じさせたものだ。いまやこの場所は日ごとに遠ざかる、後退していく欧米化した世界を指すあざけりのように思われた。

以前は高度につながっていた生活の断片が消えるにつれ、多数の裕福なモスクワ市民が大急ぎで国を離れようとしはじめた。戦争の七日目、わたしはディナーのため午前二時に、レストラン「モロコ」で旧友の一人に会った。アレクセイは酔って、背を屈めて壁際の革張りソファに座っていた。携帯電話に夢中になり、わたしが到着したことに気づかなかった。『時計仕掛けのオレンジ』に出てくる邪悪なギャングたちのたまり場と同じ名前をもってはいるが、「モロコ」は実際はニューヨークとパリのバルタザール料理店へのオマージュだった。趣味の良い暖かいランプの光が、豪華な黒い柱と磨かれた真鍮のうえにきらめいていた。アレクセイは顔を上げ、歪んだ笑みを浮かべて電話を振りかざした。彼はジョージアの首都トビリシの不動産リストを調べていたのだった。

ジョージアはのんびりして、ビザ不要で、ロシア語が通じる旧ソ連の国。数年前から自主的に亡命するモスクワのジャーナリストや芸術家、作家、映画および劇場関係者にとっての行き先に選ばれていた。トビリシは突然——戦争初期の日々には、すべてのことが下方へ急降下するように突然起きていたのだ——、もはやライフスタイルの選択ではなく、政治的抑圧の暗い波に対する「ノアの箱船」になった。だが、トビリシは避難するロシア人ですでに過密になっていて、反発が強まりつつあった。同地に三年間住んだことのある画廊オーナーの友人、マーヤ・コルネンコは、地元の人びと、とくに知識人層はたちまち恨むようになったと警告した。「自分たちはプーチンが「二〇〇八年に」侵攻したとき、立ち上がって国を守った、と彼らは言うんです」とコルネンコ。「どうしてあなた方は国内で体制と戦わずに逃げているのか？ と[29]」。ロシア人難民の流入によって家賃が急騰し、仕事はほとんどなかった。多くのジョージア人家主がロシア人に貸すのを断った。

アレクセイの選択肢は尽きはじめていた。その日の早い時間に、彼がネットフリックスで取り組んできたあるTVドラマ・プロジェクトが、撮影から一週間で突然中止された。SWIFTはアレクセイの銀行を外界から遮断し、彼のルーブル預金をプツンと閉じてしまっていた。憤っていようといまいと、トビリシはモスクワよりは好ましい。「このロシアでのわたしの生活は終わった」と彼は言う。ロシア人がしばしば自分たちをのみ込んだ厄災のことを話す時の、あの淡々とした口調だ。「この場所が北朝鮮になるとき、固執することを空想しはしないよ。なぜかって？ わたしは世界市民であることに慣れている。あちら側で会おう[30]」

アレクセイのように教育を受け、国際感覚のあるおびただしい数のロシア人が厳しい選択に直面した。未来のために国を捨てるのか、抑圧的な世界に順応するのか、それとも外国での不確かな未来のために国を捨てるのか、である。爆撃から命からがら逃げ出す無数のウクライナ人の苦境は、まちがいなくもっと厳しい。彼らには生死がかかっている。だが、結局ロシアを捨てた推定五〇万人のロシア人もまた、プーチン体制からの難民だった。

「ゲリラ兵。炎上する戦車。列車のプラットホームに押し寄せる人びと。国外移住。これは映画じゃないって言ってくれませんか？」。美術館の学芸員アンナ・カチュルコフスカヤ（四七）は、暗いニュースばかりを検索して何時間もへたり込んでいたバーの椅子で、苦しそうに背筋を伸ばした。「何がないのがいちばん寂しいか、わかります？ 過去じゃない。それは二週間前にありました。もはやもつことがない未来が懐かしいんです。クレムリンのあのバカが、わたしの未来を盗んでしまったんです」[31]。しかし、ある意味でアンナはキーウの友人たちをうらやましがった。「彼らには希望がある。世界は彼らの側についている。ヨーロッパは彼らを歓迎しています」。黄色と青のウクライナ国旗を振る世界じゅうの抗議参加者の海の写真に目を通しながら、彼女は言った。「戦争が終われば、彼らは自由なヨーロッパの国へ帰るでしょう。けれどロシア人は？　だれもがロシア人を憎んでいる。大方のロシア人までが、わたしたちのような体制に反対する人間を憎んでいるんです[32]」

大脱出は速度を速めた。しかし、国外への航空便まで減るなか、ロシア人がビザなしで行けるところの数も減った。大方の中流モスクワ市民は当然のことながら、パスポートにヨーロッパのシェンゲン・ビザをもつのが普通だった。だがEUは二年間、新型コロナのために旅行者ビザを発行していなかった。米国大使館は、二〇一七年にクレムリンがロシア人の大使館スタッフを解雇させたため、さらに長くビザを発行していなかった。モスクワの友人たちはフェイスブックで情報を交換した――アクセスが遮断されて、より安全なテレグラム・アプリに乗り換えるまでは。トルコへはロシア人はビザなしで行けた。アルメニア、ジョージア、カザフスタンも同じだった。モスクワの知識人のうち、先を見る目がある人びとは、先祖の家系か結婚によってイスラエルのパスポートを取得しており、一部の人びとにとってはイスラエルが選択肢の一つになっていた。最近、妻を通じてイスラエルのパスポートを取得していたレストラン経営者の友人は、ユダヤ人が数万人単位でソ連を逃れた一九八〇年代の、ソ連の古いジョークを口にした。「ユダヤ人の妻はいまや一種のパスポートだよ」。そう彼は言って、苦笑いを浮かべた[33]。

「息子さんをモスクワから出しなさい、今すぐ！」。文芸誌編集者をしている旧友ヴァルヴァラ・バビツカヤは、わたしの知り合いのなかでは、いつもはいちばんのんびり屋の一人だった。いまや彼女はヒステリーに近かった。「彼は一九歳でしょ」と彼女は叫んだ。「彼はロシアのパスポートでここにいます。大学にはいない。徴兵事務所に出頭しないと、法に違反していることになるのよ。どこが分からないの?」[34]

わたしの息子ニキータはある有名なモスクワの劇場で、すばらしい若手俳優チームのところでギャップ・イヤーを過ごし、楽しくやっていた。ロシア最高の演劇祭「黄金のマスク」を共同制作するために雇われたばかりだった。ニキータと仲間たちは彼の祖父母の食堂を、スモーリヌイ学院にあったレーニンとトロツキーの作戦本部の現代版に変えており、長いテーブルにはいくつかのハードディスク・ドライブやこぼれる灰皿、マックブックたち、それに何本かのワインのボトルが積み上がっていた。「僕らはロシア人だ、大災害はお手の物だ」と二〇歳のヤーシャは冗談を言った。鉛筆のように細い粋な口ひげが自慢の学生映画監督だ。「僕らは物事をなんとか解決するさ」[35]

翌日、ヤーシャは逮捕された。彼と女友達はゴーゴレフスキー大通りの抗議行動のそばに立っていたのだった。重武装の特殊機動隊OMONが近寄ってきたとき、その少女は大急ぎで逃げた。大失敗だよ、とニキータは次の夜わたしに説明した。できれば一歩も下がらず、ただの通行人のように警官たちに向かってぼんやりと笑うことだ。もし本当に通行人だったら、なおさらだよ。息子は——恣意的な逮捕を防ぐために重要な、都会のカモフラージュである上着にネクタイ姿で——彼らを解放するため、事案処理センターで五時間過ごした。「警官はこんなことをしなければならないのが嫌なんだ」と彼は報告した。「彼らも人間なんだ」。彼らが本来はまともな人間だから嫌がるのか、それとも怠け者で腐敗していて、できれば何もしない方がいいのかな?とわたしは質問した。ニキータは顔をしかめた。

出発の時が来た。ロシアの航空機はヨーロッパ、カナダ、米国の空域から締め出されており、トルコはモスクワからの便を今も受け入れている数少ない行き先の一つだった。イスタンブールまでの片道切符は一七〇〇ポンドだった。しかし奇跡的にも、わたしは忘れていたマイル特典に気がついた。さらに奇跡的なことに、トルコ航空はまだ特典航空券を発行していた。わたしたちは予約を入れた。ニキータとわたしが出国しようとしているという噂が広まった。友人たちが現金を国外に持ち出してほしいと頼んできた。旧友が雇っているベビーシッターは、ユーロの分厚い札束をもってやってきた。下の息子のローマでの学校授業料は、可能なうちにスベルバンクの預金を必死に引き出したテレビ・プロデューサーの女友達が二年分を前払いしてくれた。わたしが国外在住ロシア人の親戚や友人にハードカレンシーを渡していると——そして、なんとしても金を国外に持ち出したい人びとから現金を集めていると——、わたしのモスクワのアパートは即席の銀行になった。一万ドル以上の現金を国外に持ち出すのは違法だったので、まもなく人びとにお引き取り願うしかなくなった。

　ディズニー、ワーナー・ブラザーズ、ソニーなどハリウッドの大手スタジオはロシアでの映画公開をやめた。（おそらく）皮肉な反応として、アルバート広場にあったわたしたちの地元映画館は、カルト映画『兄弟《ブラート》』『兄弟2』を上映しはじめた。絶望的で暴力に満ち、貧困に打ちひしがれた一九九〇年代と、ソ連崩壊後の大混乱を逃れてニューヨークへ行くロシア人たちを描いた映画だ。これらの映画は二週間前には時代劇だった。それが突然、近未来からのドキュメンタリー映画に見えた。

　ヴァルヴァラ・バビツカヤは最後の晩餐を作れなかった。数日前に抗議行動で逮捕され、一二〇ポンドの罰金を科され、犯罪歴を付けられたのだ。賢明にも彼女は、警官がうようよしている通りから離れている方を選んだ。「わたしの中庭を散歩できるわ」と彼女は提案した。アレクセイとちがって——そして、モスクワの大方の知識人と同じく——、ヴァルヴァラは余分なユーロの詰まった封筒をもっていなかった。イスタンブールへのチケットを買うと、いまや価値の下がった彼女のルーブル給与の五カ月分になった。彼女はあきらめていた――どっちみち「世界のどこかでだれがわたしを待ってる?」。ヴァルヴァラはユダヤ人だが、イスラエルのパスポートを申請するほどまめでも、あるいはそれほど被害妄想的でも、なかった。「わたしはロシア人になるしかないでしょう」と彼女は皮肉な冗談を言った。「母国とあの英雄的なクソみたいなことすべてのために苦しむことに慣れるしかないってことね[36]」

ヴヌコヴォ空港はたった一つのチェックイン・スタンドのほかはがらんとしていて、そこでは二〇〇人の乗客が子どもや巨大な荷物の山、それに非常に多くの犬と一緒に列を作っていた。これがモスクワから出る最後の便の一つになるとはだれも思っていなかったので、パニックはまったくなかった。われわれの前でチェックインしていた男性が親切にも、自分は「しばらくかかるかもしれない」ので、隣りのカウンターへ行くよう勧めてくれた。彼は台車に大きなバッグ三個をもち、通路脇にさらに一七個を高く積み上げていた。「わたしのオフィス用品です」と彼は説明した。「リガに設置するんです[37]」。野党活動家らがFSBに何時間も尋問され、犯罪になるメッセージがないか携帯電話を調べられたといった話があったが、ニキータとわたしはパスポート・コントロールと税関をスムーズに通過した。

われわれが出発ラウンジで待っていると、ある友人の息子から、モスクワ発テルアヴィヴ行きのアエロフロート便がロシア南部のソチに着陸させられたというニュースが飛び込んできた。同機が飛行している間に、リース会社が契約を破棄したのだった。その日、ロシア運輸省はロシアの航空会社がリースしているすべての航空機を「国有化」すること――すなわち盗むこと――をほのめかした。プーチンの「統一ロシア」党は、ロシアから引き揚げるすべての西側企業の資産を国有化する計画を提案した。数時間以内にすべてのフライトとフェリーがキャンセルされ、ようやく一ヵ月後、暫定的にごく限られた便によって再開される。二〇二二年三月と四月のほとんどは、まるで一九一七年のように、列車だけがまだ走っていた。

イスタンブールの街頭はロシア人だらけだった。ロシア屋上正教会と一九二〇年に白軍の最終的崩壊から逃れた数千人の亡命者の避難所になった巡礼用宿泊所のすぐ脇にある、カラコイ地区の魚介レストランでのディナーの間、われわれはだれが出国し、だれが立ち往生したかについて、ロシア人の友人たちとニュースを交換した。そのレストランの火打ち石でできた中世の壁は、こうしたことをすべて以前にも聞いていた。何年も前、わたしはニコライ二世のぼろぼろの肖像の下で死の床にあった高齢のロシア人男性にインタビューしたことがあった。彼は打ち捨てられた屋上教会の下の屋根裏部屋に住んでいた。アトス山〔キリシアのアトス半島にある東方正教会の聖地〕へ向かうロシア人巡礼たちのために、カラコイ地区に建てられた数ヵ所の屋上宿泊所の一つだ。彼の父親は丘を上がったところにあったロシア帝国大使館の管理人をしており、彼はそこで一九一五年に生まれた。五歳のとき、英国とフランス船舶数百隻がピョートル・ヴランゲリ将軍の敗残白軍の難民を満載して、ボスポラス海峡を埋め尽くすのを大使館の庭から眺めた。今日の亡命者の流入はそれより規模が小さく、命がけでもなかった。だが、自国から冷たくて敵対的な世界へ追放されたという感覚は同じだった。

わたしはテフィの日記を読んだ。テフィはボリシェヴィキ革命のあと、キーウへ逃れたサンクトペテルブルクのユーモア作家、ナジェージダ・ロフヴィツカヤの筆名だ。戦争の運命が、風に舞う無効になった紙幣のように彼女をコンスタンティノープルへ、次いでパリへと運んだ。彼女は、元大佐たちがタクシー運転手に成り果て、元貴婦人たちがジプシーの服装をしてカフェでお茶を給仕し、旧体制のあらゆる漂流者が以前の生活様式の虚飾に驚くほど執着した、郷愁と貧困の過酷な生活を描いている。「彼らの目はどんよりし、力のない手はだらりと下がり、そして魂がしぼむ……われわれは何も信じず、何も欲せず、死んでいて何も待たない。われわれはボリシェヴィキによる死を恐れ、この地で死を生きることを選んだのだ」とテフィは書いている。亡命は「裕福な家の誕生パーティーの席にいる貧しい親類」の身に似ている。

ロシア人が国を捨てる一方で、すでにヨーロッパにいた人びとは反感に出遭った。わたしの次男のガールフレンド（一七）は、ローマの街頭に立って母親と電話でロシア語を話していて、顔をピシャリと叩かれた。長年ロンドンに住んでいた年配のロシア人女性は、セントジョンズウッドで暴言を吐かれた。作家のミハイル・ズイガリ（彼は「外国の代理人」のレッテルを張られたあとベルリンへ逃れていた）のような著名な反プーチン活動家やジャーナリストでさえ、所有者がロシア人だという理由だけで、地元ヨーロッパの銀行口座を閉鎖された。

八月までにエストニアとリトアニア、ラトヴィア、それにポーランドがロシア人への旅行者シェンゲン・ビザの発行を全面停止しようとした。EUは不公正な集団処罰になるとの理由で、そうするのをためらった――だがそれでも、モスクワとのビザ簡便化協定を破棄し、ビザ申請手続きをはるかに長くかかる複雑なものにした。いずれにしても、夏の終わりごろまでに、ロシアのパスポート保持者九九万八〇八五人がウクライナ侵攻以来、国を去ったことを公式数字が示した。その半数は二度と戻らなかった。だがそれは、EU域内に入ったウクライナ人七七〇万人（もっとも、このうち四七〇万人は八月末までに帰国した）とロシアへ逃れた一〇〇万人以上に比べると、物の数ではなかった。[38][39]

大脱出：ウクライナ人

侵攻の初めの日々、キーウとハルキウ、そしてオデッサから南および西へ向かう幹線道路は大交通渋滞で埋まった。多くの主要ハイウェー、特に北と北西へ向かうハイウェーは、砲撃の恐れと、ロシア軍の攻撃に備えて射界を確保しておくために、ウクライナ軍によって封鎖された。キーウでドニエプル川とイルピン川に架かる橋は、ロシア軍の前進を遮断するために、二つを残してすべてウクライナ工兵によってダイナマイト爆破されていた。

美術館学芸員で美術評論家のマリヤ・フロムチェンコは、キーウ東部のアパートビルの地下室で二日間過ごしたあと、自家用車に飛び乗って逃げた数千人のうちの一人だ。危険を冒して自分の七階のアパートまで行った際、ロシア軍のミサイルが自宅の真上の空を切り裂いていくのが見えた。フロムチェンコと夫と二人の継子は、古いトヨタ・ランドクルーザーに枕や羽毛掛け布団、缶詰食品、電子機器の山（「もっとも、リモコンを全部忘れた」と彼女は回想している）、それに家族の写真アルバムを積み込んだ。愛情を込めて集めたアンティークのウクライナ刺繍入り農民服のコレクションと、家族の愛犬は置いていくしかなかった。犬は手術を受けたばかりで、世話をしてもらうために隣人に預けた。しかし二匹の猫は連れて、南へ向かうヴィンニツァへの迂回ルート上の、ゆっくり進む車列に合流した。[40] フロムチェンコの夫は自分がもつイスラエル市民権で国を離れることもできたが、彼女の友人の多くは苦しい決断に直面した。夫を残して逃げるか、それともゼレンスキーの総動員命令によって六〇歳以下のすべての男が国を離れることを禁止されていたので、とどまるかである。

家族が脱出するのに五日かかった。神経質なウクライナ兵たちは破壊工作者とロシアのスパイを警戒し、すべての車を止めてなかを調べ、身分証をチェックした。ベラツェルクヴァ近くのトラックサービスエリアで、彼らは、遠くの村を通ったとき銃を突きつけられて現金と宝石、電子機器を強奪されたという家族と出会った。しかし車は取られずに残っていて、村人たちが方角を教えてくれた。「それは悪夢でした。もっとも、たいていの人は親切で、わたしたちは迎え入れられ、食べ物を与えられたのです」とフロムチェンコは話した。ルーマニア国境では、越えるのに二〇時間待った。だが、いったんEU域内に入ると、よく組織された温かいもてなしで迎えられた。ヨーロッパじゅうのボランティアや救援組織が、多くは自発的にすでに到着し、温かい食べ物と宿泊所をあてがい、提供されるヨーロッパじゅうの宿泊施設を教えてくれた。

EUは素早く対応し、ウクライナ人に認められたシェンゲン域内での通常九〇日間のビザなし滞在を、働く権利とあわせて自動的に三年間に延長した。英国では『デイリー・メール』紙が出したウクライナ難民のためのアピールで、一カ月経たないうちに八〇〇万ポンドが集まった。フロムチェンコは国境のルーマニア側にとどまることに決め、やってくる難民を収容する広い家を借りた。これは数週間のうちに友人や有志によるクラウドファンディングで資金を集めたプロジェクトだ。

わたしの妻と息子が、プーチン体制からのロシア人亡命者組織「ウクライナ支持のロシア人たち」のボランティアとして働くために、ポーランドのプシェミスルに着いたころには、受け入れ準備は印象的だった。米国の慈善団体「ワールド・セントラル・キッチン」は、新たに到着する人びとに焼きたてのピザ、サラダ、スープを提供するために巨大な配膳テントを立てていた。ポーランド国境の外れにある使われなくなったテスコのスーパーストアは、一五〇〇人を収用できる格納庫風の巨大な寄宿舎に転換されていた。この元スーパーマーケットの小売りエリアは、数十のブースがある一種の貿易見本市型のスペースになっていて、世界中の政府と慈善団体が無料の鉄道・航空チケットと、ポルトガル、スイス、カナダ、その他十数カ国の「里親」家族のもとでの宿泊を提供した。ナポリの二人の警官は長い終末休暇を取り、同僚たちが資金を出した人道支援物資を満載したミニバスをポーランドまで運転した——そして、八人の難民をナポリへ連れて帰った。

プシェミスル駅では、一日十数本の列車が最大三〇〇〇人の難民を運んできた。ほとんどは女性と子ども、それに膨大な数のペットだ。多くの人は何日間もの道路の旅で疲労困憊し、混乱していた。多くの人が必死の形相でさらにワルシャワやベルリンへ行くと言い張った。両方の都市とも実際は難民に圧倒されており、難民はほとんど巨大なテント村と会議センターに収容されていた。息子のニキータは——「ウクライナ支持のロシア人たち」の上着を着て、赤の縞を抜いた白・青・白のロシア国旗を持って——一日に一〇〇〇人以上の難民に声を掛け、旅を打ち切ってテスコ・難民センターへ行って今後の亡命生活に適した段取りを見つけるよう説得した。難民のほとんどは東部ウクライナのロシア語話者で、ロシアの自称保護者による「解放」から逃げてきていた。一部少数の人は当初、ロシア人に助けられることに反感をもったが、「ウクライナ支持のロシア人たち」がクレムリンのPR行為ではなく、自らもプーチンによって追放された一般ロシア人の組織だと聞いて、安心した。ほぼすべての難民が、安全になり次第、母国に帰ると断言した。

ポーランドのプシェミスルやその他ハンガリー、スロヴァキア、ルーマニアへの国境地点にたどり着いた難民は幸運だった。数十万人のウクライナ人が戦争に不意に襲われ、ロシア軍が設定した人道回廊を通って逃げ、ロシアに避難せざるを得なかった。

マリウポリでは、教師のラリーサ・ボイコと一一歳の娘ダーリヤは戦争の初日、砲撃とロケット弾攻撃を逃れ、八年前に防空壕に改造されていた彼らの建物の地下に避難した。断固としたウクライナの抵抗により、ロシア軍の襲撃が残酷な大砲戦に変わると、ラリーサとダーリヤは頭上で進行する自分たちの町の崩壊にすくみ上がった。地下室の住人六〇人は年配の退役軍人「ボーリャおじさん」に組織されていて、おじさんは二段ベッドを割り当て、アパートや地元商店から——のちには砲撃を物ともせずマリウポリの近隣地区に食料を配って回る市当局のトラックから——食料を取ってくる当番表を作った。二日目に停電し、シェルターの人びとはソ連時代の臭い灯油ランプを使わざるを得なくなった。地元のモバイルインターネットも切れたが、三階まで上る勇気がある人なら、弱い電話信号がまだ見つかった。包囲攻撃が始まって一週間、シェルターのトイレが壊れ、だれもが暗くなるまで待って、外に飛び出て用を足さなければならなかった。

「わたしたちは中庭に煉瓦で組み立てた間に合わせのかまどで料理しました」。ローマの安全圏に着き、娘とともにわが家に滞在して、ボイコは振り返った。「二人の年金生活者、男性と女性ですが、心臓発作で亡くなりました。……砲撃の合間に中庭に埋葬しなければならなかったのです」。肉親が近くのアゾフスターリ製鉄所を防衛しているという数人の女性が、そこのシェルターの方が安全だと聞き、地下を捨ててアゾフスターリへ行く危険を冒した。ボイコは彼らからの頼りを二度と聞くことがなかった。

地下室で汚れて、寒く、空腹の三週間が経って、赤十字の胸当てを着けたウクライナ市民防衛隊のボランティアが現れ、マリウポリ市当局が民間人を避難させるための人道回廊の開設でロシア軍と合意した、と発表した。シェルターの住人のなかには、占領されていないウクライナへ行けるようになるまでか、あるいはウクライナ軍が解放してくれるまで待ちたがる人びともいた。だがボイコはなんとしても離れたかった。翌朝、砲撃は止んでおり、彼女と二〇人余りの住人は指定された合流場所へ向かって、瓦礫の散乱したいくつかの道路と中庭をゆっくり進んだ。「わたしの故郷は戦争映画のようだった」と彼女は回想した。「死の臭いがしました」。数台の市当局のミニバスはいつまでも待った。だが、無線機をもった指揮官は「ロシア軍が再び砲撃している」と説明し、避難を中止してしまった。彼は食料を渡し、指示を待つために全員をシェルターへ送り返した。「その待ち時間が最悪でしたね。［シェルターのなかへ］下りて戻るのは耐え難かった」と彼女は振り返った。

三度目の試みで、ボイコと娘はついにマリウポリを離れ、ドネツク郊外の元寄宿学校へ連れて行かれ、そこで缶詰肉入りのソバ粥を与えられ、シャワーを浴びるのを許された。ボイコはほとんどのマリウポリ住民と同じように、ネイティヴのロシア語話者なのに、ロシア人スタッフは「わたしたちがナチズムか何かに感染しているかのように、疑いの目で扱いました」。翌日、一行はバラバラにされ、まだドネツク人民共和国内にあった別々の「濾過キャンプ」へ連れて行かれた。五時間待ったあと、ボイコの携帯電話が調べられ、彼女はFSBの人間とおぼしき複数の私服のロシア人に尋問された。「彼らはわたしの電話にあるすべての連絡相手がだれなのか、わたしの「元」夫は何をしていたか、アゾフの人間かあるいは当局者、または政治的に活発な『ファシスト』を知らないか、と聞きました」

ボイコは幸運だった。彼女の尋問はわずか二〇分続いただけで、彼女とダーリヤは別のバスに乗せられた。今度はロストフ・ナ・ドヌーまでの長旅で、そこで彼らは新しい服と小遣い、それに寄宿舎のベッドを与えられた。次の一〇日間をかけ、母と娘は一連の列車とバスでモスクワへ、次いでサンクトペテルブルクへ、次いでカリーニングラードへ、そしてとうとうポーランドに着いた。ポーランドでは、ある難民組織がヴェネツィアの近くに住んでいる学校時代の友人と連絡を取り、ローマ行きの航空券を彼女に買い与え、ヴェネツィアへの最後の旅程で彼女を助けるボランティアを手配してくれた。「わたしはとても幸運でした」とボイコは言った。悪夢のような脱出行にもかかわらず、彼女はなんとか優雅さと落ち着きを保っていた。「わたしたちは脱出したのです。アゾフスターリへは行かなかった。わたしたちはとても幸せです[41]」

第9章 超えた限度

われわれはいつもロシアの軍隊が世界第二位だと思っていた。
今じゃ彼らの軍隊はウクライナで第二位だとわかっている。
ウクライナ兵士たちのジョーク

交渉

大統領宮殿の地下にある軍事指揮センターのデスクから、ゼレンスキーはウクライナ軍が戦っている戦闘に劣らず軍事的に重要な攻勢に乗り出した――世界各国の政府に支援を訴える個人的できわめて感情的なアピールである。「あなた方が生きたわたしを見るのは、これが最後かもしれない」。ゼレンスキーはヨーロッパの首脳らに向けた最初のビデオ通話でこう述べ、ウクライナの母親たちは「わが子がヨーロッパ的価値観を追求して死ぬのを眺める」ことになるだろうと語った。彼らは孤独に、あるいは無駄に死ぬのだろうか？ と。(1) 戦争の初期の数週間、ゼレンスキーはほぼすべての世界の指導者に語りかけ、世界じゅうの議会で演説した。「われわれは対応を求めます。世界からの対応を。テロルに対する対応を」と彼は米国連邦議会に語った。英国議会に対しては、ウィンストン・チャーチルをまねた。「われわれは諦めない、そして負けない」と。[2] ゼレンスキーは鼓舞と心理的脅しを同等に使い、練達のコミュニケーターとしての才能を見せた。「この壁を取り壊してください」。ゼレンスキーはプーチンがヨーロッパを再び分断しようとしているという主張の裏づけとして、ソ連にベルリンの壁を解体するよう要求したレーガン米大統領を引用し、ドイツ首相オラフ・ショルツにこう語った。そしてベルリンの国会議員たちに対し、「この戦争後に自らを恥じることがない」よう、あなた方は歩を踏み出さなければならないと述べた。ドイツが歴史的恥辱を感じているかもしれない以前の諸々の戦争を、はっきり意識したものだった。

当初はクレムリンが予想したとおり、欧米は、美辞麗句は多いものの、具体的な支援が足りなかった。とくに重火器、装甲車両、そしてゼレンスキーが必死になって求めたウクライナ上空に飛行禁止空域を設定するためのNATOの介入が足りなかった。最初の日々、ロシア軍の圧倒的な戦力がたちまちウクライナの防御を粉砕するにちがいないという考えは、キーウの大統領地下センターの内側でも強かった。キーウ防衛に使えるのは、ウクライナで唯一の（第72）機械化旅団しかなく、司令官たちは首都周辺の訓練センターから使える戦車をすべて集め、間に合わせの複数大隊を編成するしかなかった。もし前進するロシアの大規模戦車部隊が都心部に向けてキーウ郊外を突破したら、それに立ち向かうには明らかに不十分だった。「軍事を理解している者たちは［ゼレンスキーのところへ］行って、『われわれはもたないだろう』と言った」と、ゼレンスキーの顧問オレクシイ・アレストヴィチは『ワシントン・ポスト』紙に語った。「単純な問題は、われわれの友好諸国がすべて、われわれには厳しいことになるだろう、われわれが成功するチャンスはほぼゼロだと言っていることだ」。国家安全保障・国防会議書記オレクシイ・ダニーロフは侵攻の初日、ゼレンスキーにこう話した。「最初の日々には、たいした支援は受けられないだろう、彼らはわれわれの国防能力を調べるだろうから。……彼らは大量の兵器がロシアの手に落ちては困ると思っているのかもしれない」[3]

だが、ロシア軍が突破することはなかった。ホストメリ空港での最初のつまずきは、NATOの訓練を受け、NATOから供与された対戦車兵器を備えたウクライナ軍部隊の予想外に激しい抵抗とあいまって、北からのロシア軍の前進に大損害を与えた。ゼレンスキーの感動的な訴えに対する国際世論の大きな反応は、ヨーロッパ諸国の首都の政治的雰囲気を変えはじめた。ドイツは当初、キーウ支援に防弾チョッキとヘルメットのほかは命に関わるようなものは何も送ろうとせず、メディアの大きな反発をまねいた。三月三日ごろにもなると、ドイツ経済省は地対空ミサイル（SAM）二七〇〇発のかたちで、強力な兵器の供与を承認した。[4]

同時に、ゼレンスキーはただちにロシアとの和平交渉を試みようと動いた。戦争の二日目に彼が最初に行った提案は、ウクライナ政府は「中立の地位について協議することを恐れない」というものだった。[5] プーチンも速やかな和平取引を交渉する用意があると言明し、中国の習近平国家主席に「ロシアはウクライナと高級レベルの交渉をすることをいとわない」と述べた。[6] 二月二七日、ロシアとウクライナの代表団はベラルーシのゴメリで顔を合わせた。プーチンの条件は元文化相ウラジーミル・メディンスキーによって伝えられた。よく知られた強硬派ナショナリストだが二流の役職であり、彼の地位の低さはウクライナに対する計算ずくの侮辱のようだった。プーチンは侵攻を終わらせる条件として、ウクライナの中立と「非ナチ化」および「非軍事化」、それにクリミアをロシア領と認めることを要求した。[7] トルコのエルドアン大統領が仲介し、ウクライナ外相クレバとロシア外相ラヴロフによるアンタルヤでのもう一つの協議も、意味のある打開点なしに終わった。[8] しかし戦争のこの初期段階で、ゼレンスキーはそれでも、二月二四日以降に奪取された土地の引き渡しは別としても、少なくともクレムリンの要求の一つ、ウクライナがNATO加盟への道を放棄する点については、依然として交渉の余地があることをはっきりさせた。

ゼレンスキーは三月一五日、ウクライナが「今すぐ」NATOに加盟することはない、と認めた。「それは真実であり、認識されなければならない」と。その代わりとして、彼は自国に——国民投票を条件に——中立、非核の地位を提案した。[9] プーチンのペスコフ報道官は、交渉が「進展している」と認めながらも、いずれも小規模軍隊をもつ非同盟国であるオーストリアやスウェーデンの線に沿ったウクライナの「非軍事化」を要求した。ウクライナの交渉担当者ミハイロ・ポドリャクは別のプランで対抗した。すなわち、ヨーロッパ主要諸国の協調によって保証されたウクライナの中立、ウクライナのロシア語話者の権利の正式明記、二月二四日の境界線へのロシア軍の撤退、クリミアとドンバスの係争領土の問題を後日まで事実上棚上げする——である。[10]

今から思えば、これはプーチンにとってはすばらしい取引になっていただろう——彼は素早い勝利を宣言し、心待ちにされていた五月九日の戦勝記念日に間に合わせて、新たに自立したドネツクおよびルハンスクはウクライナからの攻撃に対して安全だと、高らかに宣言することができたはずなのだ。ところがプーチンは、いつものように、自らの力を過大評価し、依然として軍事的勝利を確信しているようだった。実は、アンタルヤでの三月中旬の和平提案は、ゼレンスキーがそれまでに行ったもっとも大幅な譲歩ということになるのだ。そうした最初の数週間、ゼレンスキーは「背水の陣で」交渉していたのであり、「ロシア軍はキーウ中央から半時間のところにいた」と、彼の上級顧問の一人は振り返った。「われわれはどの程度の支援をNATOから期待できるのか確信がなかった」。ゼレンスキーは「多数の無辜の命を救うために」事実上、「LDNR〔ルハンスク、ドネツク両人民共和国〕とクリミアを手放す用意」があったという。[11] その弱腰は二度と繰り返されることがなくなる。四月のうちに英国のジョンソン首相、次いでその他ヨーロッパの首脳らがキーウを訪れ、軍事支援を保証する。そしてもっとも重要なのは、米国も重火器の最初の供給を届け始めたことだった。八月にもなると、ゼレンスキーは戦場での成功と膨大なNATOの軍事支援に気を強くし、クリミア半島の喪失を認める考えをくつがえすだけでなく、クリミアのウクライナへの返還を要求するようになる。彼はまた、ロシアが維持する半島を定期的に爆撃しつつあった。九月にもなると、プーチンが部分的に占領したヘルソン、ザポリージャ、ルハンスク、ドネツクの諸州を公式に併合したあと、ゼレンスキーはNATOの早期加盟を公式に申請しただけでなく――ロシアがプーチン以外の大統領になるなら――ロシアと交渉する用意がある、と宣言した。

NATOが当初支援をためらったことと、プーチンの戦略上の貪欲の両方を説明する理由は、ウクライナの抵抗能力に関する疑念よりも深いところにあった。戦争の三日目、プーチンはロシアの戦略核戦力を「特別予防体制」に置くと発表し、世界に衝撃を与えた。そしてウクライナ侵攻に干渉しないよう諸外国に警告し、介入は「経験したことのない結果」をまねきかねないと述べたのである。

核とMiG

欧米がウクライナに干渉した場合、プーチンは本当に核攻撃を計画していたのだろうか、あるいは、ただのはったりだったのだろうか？　だれにも確かなことはわからなかった。ロンドンではその威嚇をどこまで深刻に受けとめるかを協議するため、ジョンソン首相が軍の高級司令官たちをホワイトホールの安全な内閣府ブリーフィングルームA（略称COBRA）へ招集した。この会議を直接知るダウニング街の高官によると、将官たちは戦略攻撃の威嚇を「明らかに自殺的」として退ける一方、プーチンが戦術核を使う可能性の方は真剣に受けとめられた。[12]この時期、フランスのマクロン大統領と定期的に話していたある上級顧問によると、パリではマクロンの顧問たちがほぼ同じ結論に達した。また、もしプーチンが戦術核を使うようなら、フランスはNATOに対し「核にはよらないが、圧倒的な通常兵器による対応」をNATOに要求することで、ひそかに合意した。[13]

二〇二二年二月四日、北京での首脳会談で、習近平とプーチンは協力の「禁止領域のない」「無制限の友好」を表明した。両首脳は冷戦時代の同盟に勝る新たな中ロ戦略パートナーシップを宣言した。[14] 中国のトップレベルの政治・軍事指導部と注目すべき緊密な関係をもつある情報筋によると、北京はロシアの軍事作戦計画を知っていた。だが、ロシア側は来たる軍事作戦を「失われたロシアの州を回復し、歴史的国境内のロシアを統一する限定的作戦」と説明した。その語りは台湾をめぐる中国自身の語りと一致した――もっとも、ロシアの作戦行動が二〇二〇年二月二〇日に閉幕する北京の冬季五輪を妨げてはならないことが確認された。

この情報筋によれば、いちばん重要なこととして、「無制限の友好」への秘密附属文書のなかに、ロシアが中国に何十年も要請し、これまで獲得できなかった相互安全保障があった。NATOの条約第五条のように、北京とモスクワは外国による領土侵犯があった場合、そうした侵犯の原因に関して特別な条件が満たされれば、互いに軍事的に支援することを約していた。中国の主張によって挿入されたそのきわめて慎重で先見性のある但し書きは、最近戦時に併合された領土を事実上除外し、かくしてウクライナの併合領土への攻撃に対応するいかなる義務からも、北京を解放していた。[15]

ロシアの軍事作戦の規模に――とくに、厳秘とされラヴロフ外相さえ二月二一日になっても知らなかったキーウへの電撃攻撃に――北京は仰天した。中国は公式にはプーチンを外交的に支持し、紛争を挑発したのはNATOだと非難したが、プーチンは限度を超えてしまっており、ドンバスでの限定的作戦なら回避できた欧米による統一戦線を誘発してしまうことについて、深い懸念があった。二月二七日にプーチンが行った核使用まで発展する脅しは、中国を含め世界を警戒させた。北京にとっての主要な優先事項は、ロシアとNATOの対立が「いささかでも核使用に発展するのを回避することと、停戦の実現を助けること」だったと、人民解放軍指導者たちと定期的に個人的接触のあるこの情報筋は話した。いまやプーチンは――北京から見れば実に向こう見ずかつ危険なことに――、紛争の初っぱなで、彼のもっとも危険なカードを不用意に切ってしまったのであった。

そこで数日後、ソ連時代のMiG《ミグ》29戦闘機全機をウクライナに供与するというポーランド政府の申し入れによって、さらに事態が発展する恐れが生じると、中国は懸念を強めた。実のところ、ポーランドのMiG戦闘機が戦場で大きな違いをもたらす可能性はほとんどなかった。二〇二二年三月の最初の週末、ウクライナ空軍は戦闘機約五〇機のストックを使って一日に約五～一〇波の航空攻撃を行い、オープンソースの情報サイト「オリックス」によると、ロシアが侵攻を始めて以来、せいぜい七機しか失っていなかった。ロシア軍はこれと対照的に、一日に延べ約二〇〇機を出撃させたが、地上配備の防空システムを避けるため、自軍航空機を主としてロシアの領空にとどめていた(16)。

ポーランドが保有する二六～三三機のMiG29戦闘機は、一九八〇年代に東ドイツ空軍向けに製造され、二〇〇三年に一ポンドという形ばかりの金額でワルシャワに売却されていた。同じMiG29を二〇機保有していたルーマニアは、何年も前に退役させていた(17)。それでも、NATO加盟国がどんな種類であれジェット戦闘機をキーウに提供することは、必ずしも作戦上の重要性はないとはいえ、NATOによる直接の紛争関与に向かう重要で象徴的な一歩を意味した。当初、ワシントンは前向きだった。ところが一日後の三月九日、国防総省は突然立場を転換し、ポーランドの提案は「擁護できない」と表明した。

何がワシントンの考えを変えたのだろうか？　それは部分的には、英国に拠点を置き、ヨーロッパの元首脳たちが加わる「東西戦略研究所」が主導し、最終的に中国が承認した緊急かつ極秘の非公式ルートによる提案だった。核待機態勢に関する二月二七日のプーチン宣言以来、中国人民解放軍は（外交あるいは政治ルートとは別の）軍対軍のルートを通して、合同軍事演習や軍事調達協議をめぐり個人的に接触してきたロシアの高級将官たちに働きかけていた。北京の狙いは、たとえ核使用の政治的決定があっても、ロシア軍はロシア領土への攻撃によって挑発された場合にしか核を使用しないという、長年の核軍事ドクトリンを守るように仕向けることにあった。

ポーランドのMiG譲渡が報じられると、信頼できるある非公式ルートが――トランプ政権時代の相互接触の低下を考えると、異例なことだが――ワシントンと人民解放軍の間に開かれた。米国がMiG譲渡を阻止するなら、中国は作戦行動レベルでのプーチンの核の脅しを和らげるために全力を尽くすことに、北京は同意した。「それは効き目があった」と、その中国筋は詳細説明抜きで述べた。

三月初めの、この私的な非公式ルートの提案はこれまで報じられてこなかったが、米国が戦争の期間を通してウクライナへの重兵器の供与について、基本的に慎重な姿勢を維持しているという事実は、ワシントンが中国の懸念を十分認識していること――その懸念はヨーロッパの多くの主要国に共有されていること――を、事実上裏づけている。資金と軍事ハードウェア――誘導弾の発射が可能なNATO標準の一五五ミリ砲と高機動多連装ロケットシステム（HIMARS）を含む――の供給が劇的に増えているにもかかわらず、NATOは攻撃機、ヘリコプター、NATO標準の戦車、長距離戦術ミサイルおよび巡航ミサイルの供与を控えた。

「航空機供与は一歩行き過ぎていると［米国は］判断したわけだ」[18]

同時に、モスクワに対する中国の支持は同様に、慎重なままだった。北京は外交と情報面での支援は提供したが、重要な軍事的協力は除外しており、ロシアはイランからドローンを購入し、コンピューター・チップのために家庭電気製品の部品を取り外し、発展途上世界の軍需顧客からヘリコプターやミサイル、ミサイル防衛システムを買い戻そうとせざるを得なくなった。英国のウォレス国防相が五月に述べたところでは、ウクライナへの軍事支援として買い上げるソ連製ハードウェアを求めて、世界を巡ってきた英軍当局者たちは何度も「再補給品を……探すロシア人に出くわした」という[19]。

しかしながら、モスクワとの和解を見出そうとするウクライナの試みについての語りを――そして、キーウの重兵器装備に向けた欧米の姿勢を――本当に変えたのは、戦場で変化する現実だった。戦争一カ月が終わるころには、ロシア軍はヘルソン、メリトポリ、それにアゾフ海の港市ベルジャンスクの南部三都市を戦闘なしに占領していた。ロシア軍はマリウポリを包囲し、二〇〇〇年にチェチェンの首都グロズヌイを吹き飛ばしたように、同市が瓦礫になるまで爆撃するのに余念がなかった。だが、キーウとハルキウ周辺ではウクライナ側の一カ月に及ぶ激しい抵抗は、ロシア軍の前進を血まみれの足踏み状態に追い込んでいた。ロシア軍は多数の死者を出し、砲兵部隊と破壊力のある対戦車兵器で武装した機動小グループの両方による激しい反撃にさらされて、民間人に対する報復の悪循環でもって応えた。

ブチャ

キーウの北西二〇キロメートルの小都市ブチャとイルピンは、ロシア帝国とソ連の時代には密生した松林と曲がりくねる川たちの間に配された裕福な別荘村だった。ソ連はいくつかのサナトリウムと作家の保養地を建設していた。ボリス・パステルナークは一九三〇年代の詩に書いている。「イルペーニ――それは人々と夏についての記憶　自由についての　奴隷状態からの逃亡についての……」〔工藤正廣訳『全抒情詩集』未知谷、イルペーニはイルピンのロシア語表記〕[20]。

数キロメートル南のホストメリ空港をめぐる戦闘が吹き荒れていた二月二七日、ロシア軍部隊がブチャに入った。その隊列はウクライナ軍の待ち伏せに遭った。砲火と地元非正規兵が投げる火炎瓶がブチャのヴォクザリナ通りと近隣の村々で、一〇〇台近いロシア軍車両を破壊した。数カ月後、この地域のほとんどの道端にはまだ、破壊された大量の戦車や、携帯糧食の缶、それに鋼鉄の椅子で生きたまま焼死したロシア兵の脊髄が散乱していた。

四日後、ロシア軍はブチャから算を乱して撤退していた。三月三日、ウクライナ兵のグループが黄色と青のウクライナ国旗を市役所上に掲げた。ウクライナ領土防衛軍の地元志願兵――ほとんどは非武装――が、自宅の地下倉庫から現れ、この小さな町の周囲に作った間に合わせの検問所を引き受けた。ショッピングセンター「エピツェントルK」のイリーナ・フィリキナら従業員は、戦争は終わったと思った。[21]「わたしたちはとてもほっとしました」と、エピツェントル・ビルの在庫管理部で働くガリーナ・スミルノワは回想した。「仕事に就いていた女子たちは、わたしたちは軽くて済んだ、男たちが占領者を押し出してくれた、と口をそろえました[22]」

彼女らはひどく間違っていた。三月三日の夜までに、ロシア軍第64独立親衛機械化歩兵旅団の別部隊が町を再占領した。町にはまだ燃え尽きたロシア軍の装甲車両数十台や、侵攻の初めの日々に逃げようとして蜂の巣にされた民間人の車の残骸が散らばっていた。ロシア軍戦車の隊列が、降りた兵士たちに両脇を挟まれるかたちで、ブチャの通りを一つずつ進んだ。領土防衛隊のウクライナ人志願兵は銃砲装備で圧倒され、どこであれできるところへ避難した。ロシア兵は一軒ごとに家を調べ、志願兵を一網打尽にし、数十人の地元民と一緒にヤブルンスカ通りのオフィスビルの駐車場へ押し込んだ。いくらかの有無を言わせない尋問のあと、九人の領土防衛隊員のうち八人が即座に処刑された。ただ一人生き残った隊員は、ロシア軍のために内通者として行動し、ほかの仲間たちの身元を教えることに同意していた[23]。

イリーナ・フィリキナはヤブルンスカ通りに住んでいた。ほんの数日前の、侵攻の前夜、彼女は美容インストラクター、アナスタシヤ・スバチェワから新しいマニキュアを施してもらっていた。自分の新しいマニキュアにはヴァレンタイン・デー向けに鮮紅色を選び、「自分を愛しはじめたので、指にハート」を画いたのです、とスバチェワは《CNN》に話した[24]。近くのイルピンに住むフィリキナの二人の娘は、戦争が始まった夜明けにポーランド行きのバスに乗っていた。だがフィリキナ自身はあとに残って、洞窟のようなエピツェントルに避難した人々とブチャを短期間再占領したウクライナ兵たちのために、料理のボランティアをすることにした。

二度目のロシアの占領から二日経った三月五日にもなると、フィリキナは急いで去る時だ、と悟った。ロシア軍は通りで民間人を無差別に撃っていた。ヤブルンスカ通りのオフィス駐車場にあった八人の死体は、そのオフィスビルと近くのガラス工場を基地として接収したロシア軍が捨てるごみに埋もれて、腐るにまかされていた[25]。地元住民の絶え間ない車列が、人びとをエピツェントルから、前線をまたいでウクライナが保持している領域までの危険な旅に連れ出していた。だが、フィリキナの乗る余地はなかった。二六歳の上の娘オリガ・シチルークは、その日は黒の自転車で帰宅しないよう、母親に電話で懇願し、まだ動いている郊外通勤列車で脱出してみるよう促した。「そこは安全じゃないと、わたしは言ったのです」とオリガは回想した。ポーランドで他のウクライナ難民支援のボランティアをする児童心理学者だ。「ロシアは村全体を占領してしまったわ――彼らは住民を殺しているのよ」。フィリキナは返答した、「オリガ、お前は自分の母親を知らないの？　山を動かせるんだよ！」[26]

フィリキナはその日は家に帰らなかった。ウクライナ軍のドローン映像が、彼女が死んだ明らかな瞬間をとらえた。その映像では、一人の女性が黒色の自転車を押してデプタツカ通りの角を曲がり、ヤブロンスカ通りに入る様子が写っている。ロシア軍の一台の装甲兵員輸送車が重機関銃を四発発射し、自転車の人を倒した。その通りで撮影されたのちのビデオには、明るい色のズボンに青色の上着を着た女性の死体が、倒れた電信柱と燃え尽きた複数の車の残骸のそばに、黒の自転車と並んで手足を伸ばして倒れているのが写っていた。片足はつぶれていた。片方の腕は横にあった。フィリキナの同僚たちは彼女が殺されたことをウクライナ軍に伝え、娘オリガはその日遅くに、母親が射殺されたことを知らせる電話を受けた。ロシアの戦車一両が近くに陣取っているので、彼女の遺体を回収することはできないと軍は言った。最初、オリガはその知らせが信じられなかった。「［母は］地下に隠れただけだと、勝手に思ったのです」とオリガは言った。「母は占領者を見て、どこかに隠れて待っているんだと」[27]

再度の協議がイスタンブールで進行していた三月二九日、ロシア国防省はキーウおよびチェルニーヒウ戦線における「軍事活動の劇的削減」を発表した。ロシアの交渉担当者メディンスキーは、これは「停戦と同等ではない」と強調した。米国防総省もロシアは「本当の撤退ではなく、部隊再配置」を行っているものと考えた。[28]彼らは間違っていた。ロシア軍部隊は三月三一日にブチャから――それにキーウおよびチェルニーヒウ州の全域から――撤退し、ロシア国境へ向かい続けた。四月一日までに、キーウ占領に送られたロシア軍三万人の兵力は完全に撤退し、戦場に数百人の自軍戦死者と燃え尽きた数百両の戦車および装甲車両を残していた。彼らは殺害された民間人数百人の死体もあとに残し、ブチャとイルピン、それに近くのモティジンはロシアの戦争犯罪と同義語になるのだ。

四月三日にフィリキナの遺体の写真を撮ったのは、ロイター通信のカメラマンたちだった。それとはっきり分かる鮮紅色のマニキュア液がついた曲がった左手が、上着の青い袖からのぞき、一本の指にはハートのモチーフがあった。オリガはその写真を見たとき、「母は殺されたのだと分かりました。……背骨を折られたような感覚があった。わたしは横になり、どうしようもなく泣きました[29]」。

少なくともほかに二〇人の民間人の遺体が、埋葬されないままヤブロンスカ通りに横たわっていた。ブチャだけで、合わせて約四五八体が路上で見つかり、集団墓地に埋葬されることになる[30]。犠牲者のうち四〇〇人以上が処刑式の銃撃や拷問、棍棒による殴打で殺されていた。ロシアはウクライナがブチャで偽旗作戦を画策していると非難し、国営テレビは、写真とビデオは演出されたものだと非難し、激しく攻撃した。バイデンはブチャでロシア兵が犯した戦争犯罪について、プーチンを裁判にかけるよう要求した[31]。ゼレンスキーは四月四日、防弾チョッキを身につけ、ジャーナリストに囲まれて虐殺現場を巡った。顔は蒼白く、懸命に感情を抑えようとした。「その日［ゼレンスキーは］二〇歳老けたと、わたしは思った」と側近の一人は述べた。「キーウに戻ると彼は泣き崩れた。取り乱していて……非常に感情的な人間なんだ。なかなか自制できなかったんだ[32]」

ゼレンスキーがブチャを訪れた日、「彼のなかでなにかが変わった」とその側近は言った。そして、戦争も変わった。ゼレンスキー個人と彼の側近たち、欧米の首脳たちと世界の無数の人びとにとって、ロシアによる侵攻は、ヨーロッパではボスニア以来――その前は第二次世界大戦以来――前例のない、民間人に対する残虐行為であることがはっきり分かった。その時から、もはや妥協はあり得なくなったのである。

だれもが衝撃を受けた

戦争三週目の終わりに、プーチンは値段九八〇〇ユーロのロロピアーナのダウンジャケットと三〇〇〇ユーロのイタリア・ブランド、キートンのセーターを身につけ、モスクワのルジニキ・スタジアムで旗を振る二〇万人の観衆の前に現れ、挑戦的な演説を行った。ウクライナ侵攻は、すべてのロシア人の「普遍的価値観」を守るという問題だった、とプーチンは述べた――そのライブ放送は約一七分後に切れた。プーチンの報道官はあとで、映像は「技術的理由」で切れたと説明した。実は、ソーシャルメディア上で共有されたビデオ映像には、群衆の一部が大統領に口笛を吹きはじめていた様子が写っていた。ロシアの公演文化では極端な不満のジェスチャーである。それより数日前、ニージニー・タギルの市長が、戦っているのは職業軍人だけだとするプーチンの公約にもかかわらず、徴兵された息子がウクライナへ送られたという母親たちから激しくなじられるビデオが現れていた。

プーチンは高級将官八人をひそかに解任し、諜報の失敗と戦略のお粗末さでFSBに「激怒」していた――あるいは、少なくともウクライナ安全保障会議のダニーロフ書記はそう主張した。FSBのベセダ大将と彼の副官が、ウクライナ軍指揮官や政治家を買収する狙いの資金を着服したとして、自宅軟禁下に置かれたとする噂が広がりはじめた[33]。ベセダはのちに、この経験によって傷ついた様子はなく――何事もなかったかのように――再び公式の場に現れた。

ロシア中央銀行の有力な総裁、エリヴィラ・ナビウーリナは侵攻が経済に損害を与えていることに抗議して辞職しようとしたが、彼女に近い情報筋によれば、辞職は認められなかった[34]。そのうえ、結果として彼女の家族のビジネスが損害を受けることが明らかにされたので、彼女は職にとどまった――だが、その後の閣議にはあてつけに黒い服しか着ていかなかった。

軍でも不服従と反抗の事例が報告された。クリミアでは、大尉一人を含む国家親衛隊の一二人が、命令は「違法」だとしてウクライナでの戦争に行くことを拒否したために解任された。この一二人は解雇撤回と再任用を求めて政府を訴えた。わずか二カ月後には、考えられないような反抗を示す行為と思われるようになる行動だ[35]。

イーゴリ・ギルキンのような熱心な自称愛国者でさえ、失敗しつつあるクレムリンの作戦行動を鋭く批判するようになった。「特別作戦の二九日が過ぎても、一つの戦略目標も達成されていない」とギルキンは《OSN》のウェブサイトに語った。「わたしがいちばん懸念するのは、われわれがロシア連邦にとってきわめて危険になる、長い血まみれの綱引きに引きずり込まれているということだ」[36]

四月一三日、黒海艦隊の旗艦であるミサイル巡洋艦〈モスクワ〉(一万一〇〇〇トン)にウクライナの対艦巡航ミサイル〈ネプチューン〉二基が命中し、火災が発生した。救助船の一つからの携帯電話の映像には、傾いて濃い煙を吐く航行不能になったその船が写っていた。ロシア海軍のタグボートが〈モスクワ〉の曳航を試みたが、同艦は翌朝午前三時に沈没した。二〇〇〇年の潜水艦〈クルスク〉の喪失後とちょうど同じように、ロシア海軍の当初の反応は、否定し、ぼやかすことだった。セヴァストーポリの黒海艦隊本部は、不注意で捨てたタバコが原因だとして、甲板上での火災発生を認めた。このお決まりの説明はのちに、あまりにも多くの弾薬集積場の爆発や倉庫火災、空港への攻撃についての公式の原因になったので、受けのいい、あざけりを込めたウクライナのインターネット・ミームになった。その日遅く、ロシア海軍本部は同艦が苦境に陥っていることを認め、最終的には嵐の中で沈没して水兵一人が死亡、二七人が行方不明になり、三九六人が救助されたと認めた。それは蛇島のウクライナ軍守備隊が「ロシアの戦艦よ、うせろ!」と挑戦的なメッセージを送りつけた、あの巡洋艦〈モスクワ〉だった。ジョージア、シリア、クリミアにおける紛争の古参で、黒海でもっとも強力な軍艦〈モスクワ〉の沈没は、ロシアが一九四四年以降にこうむったもっとも深刻な海軍の損失だった。沈没はキーウとウクライナ各地での歓喜の引き金を引き、ブチャで恐ろしい虐殺が明らかになった直後に、重要な士気の高まりをもたらした。〈モスクワ〉の喪失はまた、有名な(ただし伏せ字にされた)蛇島のメッセージをあしらったウクライナの記念切手の主題になった。ウクライナ郵便は最初三月に、蛇島守備隊のメッセージの付いた切手を発行。それはたちまち国際的ヒットになり、市場価格は過去三〇年のどのウクライナ切手よりも一〇倍高い値がついた。〈モスクワ〉の沈没後、同じデザインで上に「Ｄｏｎｅ」〔おしまい〕の単語がついた二枚目の切手が印刷された。（信じてほしい。わたしは切手収集家なのだ。）

プーチンの表向きの虚勢とは裏腹に、ロシア実業界と政府高官の多くは、侵攻直後のショック状態にあった。そのショックは悪いニュースのたびに深まるように思われた。ＳＷＩＦＴの機能停止、欧米店舗の閉鎖、ロシアの航空機に対するヨーロッパ空域からの締め出し、ロシア中央銀行による国外への送金禁止、ロシアへの輸出品に対する五波の厳しい制裁、キーウからの軍部隊撤退、ブチャの虐殺、〈モスクワ〉の沈没……「わたしは毎朝、コーヒーを一杯飲んで窓の外をしばらく眺めて神経を落ち着けるまで、携帯電話を見るのを中断したものです」。ラヴロフ外相のある年上の同僚（〝アンゲリーナ・メリニコワ〟と呼んでおく）はこう言った。「毎日何かしらのひどいことが新しく起きるんだから」。メリニコワが「わたしたちが本当に困った状況にある」と気づいたのは、ＵＰＤＫ〔外交団サービス総局〕――公式にはロシアの外交サービス部門だが、非公式には外務省のビジネスおよび資産管理部門――が、文書を印刷する用紙に事欠き、古い用紙を裏返してプリンターにセットするしかなくなった時だった[37]。

フセ・プロスト・オフィエーリ。これはわたしが五月初めにモスクワへ戻って、モスクワのビジネス関係者、ジャーナリスト、それに政府内の接触相手との非常に多くの会話で耳にした文句だった。文字どおりにはきわめて卑猥で、ほとんど翻訳不可能な表現なのだが、「だれもがとことんショックを受けた」という意味だ。国家契約と緊密なつながりがあり、ロシアの最高位にいるシロヴィキの一人のビジネス仲間である電気通信業の億万長者が、戦争の最初の週、モスクワ近くの私有地で親友たちのためのパーティーを開いた。「過去に、良き時代に乾杯」とその実業家は言い、最高の赤ワインのグラスを掲げた。「そうした時代はいまや過ぎてしまった……われわれは全員、新しい幸福を見つけなければならない」。出席していたある人物によると、晩餐の席の話題は資産の処分や絵画の売却、ロシアのパスポートの保持者を乗せては、もはや欧米に飛ぶことができない自家用機の処分に関することだった[38]。

外務省では「だれもがすべてを理解しています」とメリニコワは言った。彼女は非常に成功したビジネス歴の持ち主で、米国で過ごしたあと外務省の高官になった。「けれど、だれもそのことを話さない。［戦争は］家族のだれかが、何か恐ろしいことで逮捕されたようなもの……持ち出すのは無神経な痛々しいテーマなんです」。同時に、メリニコワの個人的な怒りの多くはプーチンにではなく、「この状況を挑発した集団としての欧米」に向けられていた。彼女の階級と世代に属する多くのロシア人のように、メリニコワはジョージ・オーウェルの二重思考《ダブルシンク》の生きた見本だった。それは二つの相互に矛盾する信念を、同時にいだくことが出来る能力として定義される。彼女にとって、プーチンと彼の側近たちは「詐欺師と旧KGB機関員の集まり」だ。それでも彼女からすると、欧米の対応は主として「ロシアに対する恐怖……そして純然たるロシア憎悪」が動機なのだ。モスクワの多くの専門職業人のように、国外移住の見込みは現実的にあり得なかった。モスクワ郊外の瀟洒な邸宅と複数のベビーシッター、二台の高級乗用車、それに専業主夫という彼女のライフスタイルを欧米で見つけることは、とても無理だった。

ショックのあとに妄想がやってきた。極度の沈黙が、政府と軍にいたわたしの古い接触相手たちをとらえてしまった。モスクワに戻って最初の数日に送った約六〇本のメッセージのうち、返事があったのはおそらく二〇本だった。そのほとんどは、外国人ジャーナリストとは接触できないと釈明するものだ。わたしは元高官の一人に、クレムリン内の元同僚たちの間にある雰囲気をどう読むか尋ねた。「雰囲気って？　君は列車に乗っているんだよ」と彼は答えた。「列車の運転士じゃない。ひょっとすると君が行きたくないどこかへ向かっているんだ。けれど、君は列車から飛び降りて、置いてきぼりにされるだろうか？」[39]。古い知人のなかには諦めている人びともいれば、攻撃的なまでに民族主義的になった人びともいた。以前は民主的価値観の牙城だったリベラルなラジオ局《モスクワのこだま》の元編集者は、酔っ払って電話をよこし、彼と幾人かの共通の友人は別荘で飲んでいるところだと知らせてきた。「何を祝って飲んでいるか分かるか？」と彼は尋ねた。「ロシア軍の成功をさ！　ロシアに栄光あれ！」

　国営テレビの編集者アンナ・ボンダレンコは、制裁と戦争挑発の責任があるとしてわたしを個人的に責めているようだった。「ＮＡＴＯの演習に対しては、あなたは何をしていたの？」と彼女は詰問した。「あなたはわれわれがどうすることを期待したんですか？　あなたはロシアをねじ込む口実を探していただけです」。ウクライナにいるあなたの親戚はどうなんです？　とわたしは問いかけた。「ああ、彼らは全員ファシストになってしまった」と彼女は答えた。「彼らはブチャについてのあなた方のあらゆる虚報を信じたんです。わたしが彼らにあらゆる証拠、つまりカメラがいなくなったら立ち上がった死体、寝返りを打つ死体などすべてを送ったのに。でも彼らは洗脳されすぎている。ほっといてくれ、二度と電話するなって言ったんです」。モスクワの店はすぐに商品でいっぱいになるし、もしならなくても必要なデザイナー服はドバイで買える、ボンダレンコはそう固く信じているようだった。「もうミラノへ買い物旅行に行けない？　ミラノにお気の毒ね。［ロシア人の］客無しでは倒産でしょ」と言う。「それが、あなた方が自分の憎悪に対して払う代償です！」

同時に、戦争の初めの日々にモスクワじゅうに広がっていた「Z」印のポスターや足場の天幕、車のステッカーは、五月にもなるとすっかり姿を消した。市当局は——大方の首都の市民と同じく——戦争が起きていないふりをする方を選んだようだった。街のカフェ、バー、クラブ、レストラン、劇場はどこも盛況だった。だが、見知らぬ人びとの会話に耳をすませると、九月にプーチンが動員令を発表する前は、ウクライナあるいは戦争について話す人の声はまったく聞かれなかった。大戦争を戦っている大国の首都モスクワは明らかに、侵攻が起きなかったふりが容易にできるヨーロッパで唯一の場所だった。

ハルキウ

戦争の初めの数週間、英国オックスフォードシャーの町ウォンティジのジミー・Sと仲間たちは、ロシアの侵攻をユーチューブとティックトック、それに仲間ランビーからのビデオメッセージで追っていた。ランビーの初めのころのビデオは、東ヨーロッパでの楽しい独身者週末パーティーとほとんど区別がつかなかった。ポーランドのジェシュフのパブで「楽しい遊び仲間」の一団と一パイント入りのビアマグを掲げるランビー。リヴィウのバーで、二人のかわいいウクライナ人女性を抱くランビー。女の子の一人が彼に無理やりかぶせたウクライナ空軍の野球帽を、間抜けな様子で両手の親指を上げて指すランビー。次には、ウクライナ軍の制服を来た画像の粗いランビーのビデオと、行進訓練のあと疲れ切って——しかしまだにっこり笑っている——地面に倒れているランビーの、水平に撮った自撮り画があった。次には、ランビーは前線にいて、爆発を撮影していた。彼は戦車の砲弾が村の家々に撃ち込まれるところ、ロシアのジェット機一機が轟音を上げて低空飛行し、遠くで火の玉が上がるところを撮影した。いつまでも忘れられないのは、明るい輝く雪が冬の夜景にゆっくり降り注ぐように見える一本だ。「白リンだ」とジミーは説明した。「危険な物質だ。なんでも焼き切ってしまう」

次には、ランビーは死んでいた。ハルキウ近くのどこかの塹壕で砲弾に殺されたのだ。ジミーはそのニュースを、次は自分が行く番だという合図として受け取った。彼はジェシュフ行きのライアンエアーを予約して、右腕の上腕に友のための記念タトゥーを入れに行った。戯画のヒツジの内側に「ランビー」の語を入れるのだ。「われわれがもしこの戦争をここで戦わなかったら、自分の国で戦うことになるから、おれは戦いに行ったんだ」。六月にキーウからリヴィウへの列車の旅で一緒になったとき、ジミーはわたしに言った。「自分の息子には安全で自由な世界で育ってほしいからね」。どうやらわたしの沈黙に懐疑的な態度を感じ取ったらしく、彼は両脇に目をやり、声をひそめた。「それに、元の彼女がいつもおれにおむつを替えてもらいたがったんだ。それは無理だから」

プシェミスルの国境検問所で、ジミーはウクライナ税関からの出口の真向かいにある一張りのテントへ歩いて行った。ウクライナ空軍の十字と英語、ドイツ語、ポーランド語で「外国義勇兵」と書かれた巨大な旗が目印になっていた。二人のウクライナ軍事務官が彼の身上詳細をラップトップに打ち込み、契約は保安審査を経て、二日後には署名の準備が整うと彼に告げた。彼とその日の数人の志願者を近くの宿泊所まで運ぶミニバスが待っていた。正式許可が出ると、訓練センターまで運ぶバスだ。ジミーは三週間にわたり「二人の元軍人の英国人、何人かのポーランド人やドイツ人ら各地から来たすばらしい仲間たち」と一緒に、基本的な小火器と歩兵技術を学んだ。リーズから来た二人のパキスタン系英国人も合流していたが、ジミーと仲間たちは彼らを「変な二人組」として遠ざけた。「塹壕ではそばに変なやつは入れない方がいい、断言するよ」。国際軍団の将校と教官は全員ウクライナ人で、ほとんどは英語を話さなかった。しかし彼らは「大声で叫び、大汗をかいて」意思疎通した、とジミーは振り返った。

　外国人新兵たちは「最悪の装備とひどい防弾チョッキ」を支給され、ハルキウ近くの前線の静かな個所を割り当てられた。彼らの任務は主として、塹壕を守るが絶対攻撃しないことだった――「彼らはわれわれに捕虜になってもらいたくなかったんだ」。自前の高価なドローンをもってきた仲間たちもいたが、それらはまもなくウクライナの同志たちによって、鍵のかかった背嚢から取り上げられてしまった。ジミーは自分用に米国のウェブサイトで風変わりな八〇〇ドルの防弾チョッキと、それよりも高価なケブラーのヘルメットを買わなければならなかった。盗まれるのが心配で、休暇の際にはリヴィウまで苦労して運ぶ重い一式装具だ。ウクライナは「PRのためにわれわれが必要なんで、われわれにはあまり戦わせないんだ」とジミーは話した。それでも彼の部隊の二人がハルキウ南方の激しい戦闘で、大砲と迫撃砲によって殺されていた。彼らのニックネームが、ポーランドとドイツの小さな旗とともに、ジミーの上腕のもう一つのタトゥーになった。ヴァイキングの鬨《とき》の声「戦死者の館へ《ティル・ヴァルハル》」〔ヴァルハルは北欧神話で英霊が集うとされる宮殿〕が、左右対称になるためには三人分の空きスペースを残して、そのタトゥー上部の銘になった。そいつは少々気味悪くないか、とわたしは聞いた。「さあね」と彼はにやりと笑った。「まだ希望はある」。二週間の休暇をドンチャン騒ぎで過ごし、その後戦いにもどるのがジミーの計画だった。「おれが［英国へ］帰るのは戦争に勝ったときだ、その前じゃない」[40]

　工業都市ハルキウは、ロシア国境からわずか三〇キロメートルで、とりわけ親ロシア的な市長がいるロシア語の市であり、クレムリンのもっとも容易な標的だったにちがいない。二〇一四年には最大の反マイダン示威行動のいくつかがこの都市であり、モスクワ支持のクーデターを煽ろうとするセルゲイ・グラジエフの影響工作にとって、主要な標的だった。二〇二二年の侵攻の最初の週、ロシア軍の大規模な砲撃とミサイル攻撃により、ハルキウの自由広場にある主要な行政ビルの一部が破壊された。だがイーホル・テレホフ市長は降伏するのではなく、闘争心をむき出しにし、ピストルを手に侵略者への抵抗を誓う自分の画像をソーシャルメディアに投稿した。「ロシアの侵略者どもはハルキウを、ロシアの都市のようなあわれな都市に変えようとしている」とテレホフはジャーナリストたちに、ロシア語で語った。「しかし彼らは成功しないだろう。そしてご覧のとおり、ハルキウの人びとは、兵器を手に市を防衛している」[41]

侵攻のわずか数日前、ロシア軍の兵卒イワン・クドリャフツェフは、彼の部隊は演習に出動するところだと教えられた。クドリャフツェフは二月二〇日、母親に電話し、「演習」の前に「食べ物を買う」お金がほしいと言った。自分の自動車化歩兵部隊はベラルーシ国境にいる、と彼は母親に教えた。翌日、彼は自分の兄に、場所は特定しないまま、自分たちは「出動」しているところだと伝えた。これがクドリャフツェフが家族と直接交わした最後の連絡になった。

クドリャフツェフは二〇〇一年八月、中央シベリアのオムスク州で生まれた。ウクライナで戦っている多くの兵士と同じく、彼はプーチン時代の子どもだった――そして、奥深い田舎の貧困のなかで育った。イワンが七歳のとき、父親は彼の母を捨て、母は母で三人の子ども――二人の息子と脳性麻痺を患う娘――を捨てた。九歳になるイワンの兄は、おじの妻ニーナに電話し、引き取ってほしいと懇願した。「彼らが孤児院に連れて行かれていたら残念なことだったでしょう」とニーナは話した。「母親は彼らを拒み、父親も彼らを必要としなかった、そこでわたしたちが引き取ったんです」。だがニーナは、少年たちの病んだ妹の面倒をみることはできず、彼女はロシアの養護制度のなかへ跡形もなく消えてしまった。

クドリャフツェフと兄は、その町のなかを通るシベリア横断鉄道の補修のために建設された小都市、ナジヴァエフスクの学校へ通った。彼はサッカーとソ連の戦争映画、ビデオゲーム、それに祖父と一緒に森でするキノコ狩りやイチゴ狩りが好きだった。イワンは二度、地元紙『ナーシャ・イスクラ』に出たことがあった。一度目は地元サッカーチームの新人ゴールキーパーとして、二度目は彼ら一八歳の地元住民が二〇二〇年の夏、初めて投票したときだ〔プーチンの続投を可能にした憲法改正国民投票〕。「わが国にとってこんな重要な出来事から距離を置くことはできない、と彼らは言っている」と同紙は書いた。二〇二一年、彼はオムスクの鉄道専門学校の課程を卒業。兄とそろって一〇月に軍に召集された。二カ月後、イワンはおばに電話し、契約兵士として署名したと話した。徴集兵が職業兵になれる最短の日付と思われる日より一カ月早かった。「彼がなぜ契約に署名したのか、さっぱりわからない」とニーナは言う。「自分たちは短期集中訓練を受けるんだと彼は言っていました。彼らに「何かの」準備をさせていたようです。だれも何も教えてくれなかった」

三月二一日、クドリャフツェフの部隊にいるある若者の母親に、息子から電話があった。彼は捕虜になっていた。「息子は『食べ物も飲み物もなく地下室にいる』と言ってたわ」。女性はイワンのおばナジェージダにそう伝えた。「『自分たちは年配の人たち、ウクライナ人に食べ物をもらっている』って[42]」

五日後の三月二六日、郊外の小住宅都市ヴィリキフカでの激戦の末、三〇人のロシア人が捕虜になったとテレグラム・チャンネルが伝えた。ハルキウ中央から東へ一九キロメートル、ロシア・ベルゴロド州への最寄りの国境検問所から約五〇キロメートルの地点である。捕虜は残酷な尋問のため、近くのマラロハン村——ハルキウ・トラクター工場から六キロ——へ連行された[43]。翌日、親ウクライナの軍事ブロガーがソーシャルニュースサイト、レディットに投稿した一連の短いビデオによると、少なくとも十数人の軍服を着たロシア人が（全員が明らかに負傷しており、数人は頭に袋をかぶせられて）両手を後ろ手に縛られ、駐車場に並ばされていた。(44) ウクライナ兵の黄色か青色の腕章と区別するためにロシア兵が用いる白の腕章を、全員が付けていた。ビデオでは顔が見えないが、ウクライナの軍服を着た一人の兵士が、列に沿って平然と歩き、各捕虜の足をカラシニコフ銃で撃つ。「だれが将校だ？」。撃たれた男たちがうめき叫ぶなか、彼がロシア語で言う。「将校野郎はだれだ？　話せ……貴様らは何やってんだ？　ハルキウに爆弾を投げ込みやがって」

もう一人のウクライナ兵が、伏せた身体の一つを調べながら言う。「こいつは死にかけている。くたばりやがった」

「偵察部隊はどこにいる？　偵察部隊だよ、ちくしょう」。最初の尋問者が列を下りながら続ける。その捕虜は血まみれの袋を頭にかぶせられて、か細い声で答える。

「彼らは村の反対側を通り抜けて……」。声は次第に弱くなっていく。

「話せ！　さあ、話せよ！」と尋問者が言う。その兵士は答えない。ウクライナ人は銃床で彼の胸をつつく。反応なし。彼が袋を引き剝がすと、血まみれの若者の顔が現れる。「こいつは死にやがった」

その負傷したロシア人はイワン・クドリャフツェフだった。

「彼の声。彼らが袋を外す前でも、すぐに彼だと分かりました」とイワンの養母ニーナ。彼女は四月一〇日にイワンの知人から、ビデオのことを教えられた。「イワンはまだ声変わりしていなくて、二〇歳でも子どものようなんです」とおばのナジェージダは確認した。「それに彼の唇。血まみれで腫れているけれど、たしかに彼のものです」

ウクライナの人権委員リュドミラ・デニソワは、そのビデオは「ロシア自身が作った映画……フェイクだ」と主張した。ウクライナ軍総司令官ヴァレリイ・ザルージニーもフェイスブック上で、ロシアは『ウクライナ兵』と称する者たちの『ロシア人捕虜』に対する非人間的態度を示すつもりの演出されたビデオ」をまき散らしていると表明した。だが、大統領府顧問のオレクシイ・アレストヴィチは、そのビデオが「戦争犯罪を証明している可能性がある」ことを認め、事件の調査を約束した。アレストヴィチはまた、ウクライナ兵たちに、ジュネーヴ条約を尊重し「戦争法規を守ることの重要性」について注意喚起した。

　オムスクにいるイワン・クドリャフツェフの肉親たちにとって、言われるウクライナの残虐性についての議論は、うれしくもない慰めだった。五月四日、養母ニーナはロシア国防省から「普通徴集兵クドリャフツェフ、イワン・イワノヴィチは行方不明になった」と述べる公報を受け取った。彼が職業的契約兵《コントラクトニク》として署名していたとことについては、まったく言及がなかった。スモレンスク州エリニャの部隊駐屯地に戻ったクドリャフツェフの指揮官は、自分には「なんの情報もない」と彼女に話した。クドリャフツェフの僚友のうち三人が死んだと報じられたことをニーナがようやく知ったのは、三月二六日のビデオに写っていた兵士たちの親族や友人が立ち上げた非公式なテレグラム・グループを通してだった。六月初め、ロシアの治安機関はそのテレグラム上の会話のメンバーに接触して尋問しはじめ、マスメディアには話さないよう警告した。クドリャフツェフのおばと養母は彼らを無視した。「わたしたちはこれについて黙っていられない」。ナジェージダは六月、ロシアのニュースウェブサイト『メドゥーザ』のジャーナリストたちに話した。「わたしたちはどんな覚悟もできています。生死にかかわらず、わたしたちの魂が平穏でいられるように。少なくとも彼をちゃんと埋葬してほしい。彼の地で朽ち果てることがないように[45]」

ヘルソン

ヘルソン市は、地元市長が停戦と平和的降伏をとりまとめ、兵員数で圧倒的に劣る同市のウクライナ軍部隊が妨害を受けずに撤退できるようになったあと、三月五日にロシア軍の手に落ちた。翌日、地元の住民たちが現れ、自らの身体と恐れ驚くロシア兵への「とっとと帰りやがれ」の怒号でもって、ロシア軍の隊列の前進を妨害した。部隊がデモ参加者を散らそうと空中へ向け発砲しはじめたときでも、そうした大衆的な市民的不服従の意思表示をするのは、プーチンのロシアに生きる若者たちの生活では、まったく未知の事柄だった。しかし、そうした示威行動があっても、新しいロシア当局は「ヘルソン人民共和国」の指導部を自任する地元の親ロシア派活動家たちと元市長を起用して、新たな傀儡政府を樹立した。

ヘルソンの北東一〇〇キロメートルのノヴァカホフカでは、ラリーサ・ナゴルスカヤが友人グループや数百人の住民とともに、町の中心広場で開かれたキーウ支持の示威行動に加わった。何人かの若者が周辺の建物の屋根に上り、巨大なウクライナ国旗を垂らした。ずらりと並んだヘリウム気球に一つの巨大な黄色と青色の旗を結びつけ、それを空中に解き放して歓声を上げる人びともいた。全員が覆面をしたロシア兵たちは、広場の周囲を取り巻いた装甲兵員輸送車のそばに立っていたが、介入することはなかった。

その夜、武装した男たち一五人のグループが、示威行動の組織化に手を貸した地元の活動家女性の家に現れたのを、防犯カメラがとらえた。この活動家は娘の家へ泊まりに行っていた。翌日、彼女はノヴァカホフカから前線を横切り、ウクライナが維持しているザポリージャへ逃れた。ロシア人は集まりに参加した人びとの名簿と、ウクライナ軍のもとで戦った経験のある人びとの名簿をもっているようだった。「だれかがわたしたちを裏切っていたんです」とナゴルスカヤは言う。「彼らは各戸を回って、戦闘経験のあるすべての人びとを逮捕し、どこかの地下室へ連れて行きました」。ザブラーリ・ナ・ポドヴァールという言い回し――文字どおりの意味は「地下室へ拘引した」――は、ロシア軍による組織的誘拐と拷問を指すありふれた略式表現になった。プリリテロという動詞――文字どおりの意味は「飛び込んできた」――は、飛来する砲弾とミサイル攻撃を意味するようになった。ナゴルスカヤの一一歳になる娘の友達の父親は、地元議会の議員でウクライナ軍の退役兵だが、会いたいという緊急電話を友人から携帯電話で受けた。家の角を曲がったところでロシア人たちが待ち受けていて、彼をジープに押し込んだ。彼らは彼を凍てつく地下室に一カ月間、目隠しをしたまま閉じ込め、残忍に尋問して頻繁に殴り、ナゴルスカヤによると、ついに彼が解放されたときには歯と肋骨と鼻が折れていた。

地元当局は、逃げなかったか逮捕されなかった地元公務員を解雇しはじめた。水道企業のナゴルスカヤの職場では、すべての従業員が新局長とのミーティングに呼び出された。これはよく知られた地元政治家で、ヤヌコーヴィチの地域党の地元議員を務め、六カ月前にロシアのソチへ謎の失踪をしていた男だ。いま彼は単純明快なメッセージをもって戻っていた。「ここはいまやロシアだ」。新しいボスが水道企業の従業員たちにこう告げたことを、ナゴルスカヤは覚えている。「諸君はルーブルで賃金を支払われる。カホフカは永久にロシアにとどまる。それが気に入らない者はだれしも、去るのは自由だ」

ナゴルスカヤの夫イーホルは彼の助言にしたがうことに決めた。前線を越えてザポリージャまでのタクシー運賃は、二〇〇ドル相当かかった。それにナゴルスカヤはイーホルが尋問され、ウクライナ軍に召集されかねないことが心配だった。二人とも、もし彼がとどまればロシア軍に徴兵されるであろうことも心配だった。そこでイーホルはミニバスに乗ってロシア占領下のクリミアへ、次いでロストフへ、そして最終的にはポーランドのヴロツワフまで行き、そこで戦争の終結を待ちながらなにがしかの金を稼ぐため、よろず屋の仕事を見つけた。

ウクライナ人警官は初日に全員姿を消し、略奪を事とするロシア兵によるパトロールがこれに取って代わった。「ロシア人はなんでも盗んだ」とナゴルスカヤは言う。「何人かの地元農民が六〇トンのヒマワリの種を貯蔵する倉庫を一つ借りていました。全部盗まれました。わたしたちはウクライナ最大の太陽光発電基地をもっていたけれど、ロシア人がすべてのパネルを持ち去ってしまったんです。ロシア兵は店舗に押し入り、商品を勝手に取ってしまった。だれもどうしようもなかった」

三月末ごろまでには、ナゴルスカヤの隣人のほぼ六〇パーセントが去っていた。少数はウクライナ支配下の領域へ去ったが、大方は彼女の夫のように、クリミアを経由する長いけれども安全なルートを選んだ。シベリア東部のブリヤート共和国から来た数家族、これはノヴァカホフカに配置された兵士たちの親族だが、彼らは空き家に押し入り、そこで生活しはじめた。「わたしたちには普通の人の質素な家です。ブリヤート人にとっては、宮殿に住んでいるようだったのです」。新来のある家族はガレージを壊し、金属板を使って、彼らが占領した二階建ての田舎屋の周りに高い、間に合わせのフェンスを作った。「地元住民が自分たちを憎み、家を燃やすのを恐れたにちがいありません」

ナゴルスカヤの説明によると、ノヴァカホフカに残った人のほぼ半数は、積極的な親ロシア派だった。とくに、旧共産党機関員の家族と、比較的最近ロシアから来た人びとだった。「約九〇パーセント」の地元公務員はロシア人との連携を拒んだ。あえて協力することに同意した人びとは、地元税検査局の副局長に任命されたある文書館員のように、驚くべき昇任を遂げた。盗みで病院の職を解雇されて、「ウクライナ当局」に腹を立てていたナゴルスカヤの隣人は、復帰を申し出て、新しい当局に再雇用された。マーシャの学校の校長はロシアの新学習課程を教えることを拒んで解雇され、その仕事をすることに同意した若手教師の一人が取って代わった。占領下のロシア人のために働くのはリスクの高いキャリア選択であることが、まもなく明らかになった。ロシア人のヘルソン、ザポリージャ両州では、モスクワが任命した当局者三五人が射殺されたり、車爆弾で殺されたり、毒殺されたりするのだ。八月、ヘルソンの州当局の新指導者、キリル・ストレモウソフは、同市がウクライナ軍の絶え間ない攻撃にさらされるようになると、同市は決して再占領されることはないとする挑戦的なビデオメッセージを録画した。もっとも、彼の肩越しに見える聖堂の丸屋根から、彼がヘルソンではなくロシアのヴォロネジにいるのは明らかだった。(46)

ノヴァカホフカではウクライナのチャンネルがテレビから消え、ルハンスク、クリミアのロシアが管理するチャンネル、《ドンバス24》とモスクワ中央のチャンネルに取って代わられた。ナゴルスカヤと隣人たちは恐怖を感じながらマリウポリの破壊を見詰めていた。だが彼らの結論は、ノヴァカホフカが同じ運命に遭うのを避けるためならなんでもする覚悟がある、ということだった。「大方の人びとの態度は、ただ戦争はなくしてほしいということだった」とナゴルスカヤ。「彼らはなんでも、銃撃をはじめないならロシア人でも、受け入れる用意があるのです」

五月にもなると、一見正常状態らしきものが戻っていた。ロシア兵は略奪をやめ、行儀よくするようにとの命令を受けていた。地元当局は新たなルーブル建て年金を受け取ることを条件に、年金生活者にロシアのパスポートを渡しはじめた。ロシア製商品が店舗の棚に現れた——以前のウクライナ製より高価で、品質はずっと悪かった。しかし、クリミアから発射された一日に最大で五〇発のロケット弾と巡航ミサイルがウクライナ全土の目標に向け、日夜を分かたず頭上で金切り声を上げた。次いで六月初め、ウクライナ軍が砲撃を返しはじめ、ノヴァカホフカの主要な武器備蓄庫に命中、備蓄庫は華々しく吹き飛び、二日間燃え続けた。多くの隣人たちの窓が吹き飛ばされた。怒っている人もいたが、解放のために払う小さな代償だと言う人もいた。しかしある友人は、ロシア兵たちから「もしこの場所を去らなければならないなら、一個の煉瓦も積んだままにしてはおかないぞ」と言われた。

ナゴルスカヤはマーシャを安全地帯へ連れていくべき時が来たと判断した。「この戦争は、終わる前にカホフカに押し返してくるでしょう」。われわれがクラクフからプシェミスルまでポーランドの客車で一緒だったとき、彼女はそう言った。「だからそれが起きたとき、ここにいたくはないです」。彼女は前線を横切ってザポリージャまで車で連れて行ってもらうのに、プ、ロ、ヴ、ォ、ー、ド、ニ、クすなわちガイドに払う五〇〇ドルをかき集めた。その金のほとんどは、彼らが横切らなければならない二〇カ所の検問所でロシア兵に賄賂を払うために必要なのだ、とそのドライバーは説明した。一家の猫と犬を親戚に預け、ナゴルスカヤと娘はヴロツワフでの新たな生活に向けて出発した。検問所の一つで、ロシア兵たちがどうして去るのかと彼女に訊ねた。「ここはとても素晴らしいじゃないか、こんなに豊かな土地、それが今はロシアなんだから」[47]

第10章 膠着状態

すべてが破綻し、すべてが腐っていると分かり、
かつまた周囲のだれもが裏切り者であることが分かった。
ソ連の歴史家エフゲニー・タルレ（一八七四～一九五五年）が
ニコライ一世のクリミアにおける敗北について[1]

対抗する両軍

「その気になれば、わたしは二週間でキエフを取る」。プーチンは二〇一四年のクリミア半島併合の直後、退任間近の欧州委員会委員長ジョゼ・マヌエル・バローゾに言った。[2]ウクライナと欧米双方の軍事専門家がプーチンの言うことを信じた。ウクライナ機甲部隊がロシア軍に包囲、殲滅されたイロヴァイスクとデバルツェヴェでの惨憺たる戦闘の記憶の結果、NATOの軍事支援は訓練と、ゲリラ型の抵抗に最適な軽量兵器をウクライナ軍に供給することに重点をおいていた。「ロシア軍が戦場で敗れる可能性があるという考えは、われわれの検討には入っていなかった」と、その時期にNATOの対キーウ支援に深くかかわっていた英国のある高級陸軍司令官は言う。「正直言って、われわれはウクライナを見くびり、ロシアをひどく買いかぶっていた」。二〇二二年の侵攻が始まったとき、「わ

れわれは歩兵と戦車、それに砲兵隊の間をよく調整した強力で有能な諸兵科統合戦力を予想していた」とこの将校は話した。「ところが、われわれは歩兵に支援されていない戦車が特別電撃隊員によって狙い撃ちされるのを目にした。……彼らは戦車・装甲車両ばかり多すぎて、兵士が足りなかったんだ[3]」

ロシアの公式統計が手に入る最後の年である二〇二〇年には、徴集兵とは別に、ロシアの職業軍人の総数は陸海空軍を合わせて四〇万五〇〇〇人だった。NATOの推計によると、そのうち戦争開始時のロシアの陸軍総兵力は二八万人だった。海軍歩兵と国家親衛隊、チェチェンの非正規部隊、それにワグネル・グループの傭兵を加え、ロシアはウクライナ急襲に二〇万人近い兵士を展開する。侵攻後はそれにルハンスク、ドネツク両共和国の徴兵兵力が加わる。

戦争勃発時、ウクライナは主としてドンバスの支配戦に沿って駐留する戦闘態勢の整った配備済み兵力約九万人を抱えていた。だがウクライナ国軍の総兵力は、公式には一九万五六二六人の現役軍人だった。そしてドンバスでの八年間の戦争を通して、九〇万人という驚くべき数の男女が前線で戦っており、最近の戦闘経験を備えた膨大な予備兵力を生んでいた。戦争初期の日々、ウクライナは総動員を発表し、一八～六〇歳の男子が国を離れることを禁じ、地元の登録事務所に登録するよう要求した。二〇二二年四月までに一六～四九歳のウクライナ人男性約六九七万三五人が軍務に適合すると判定されていた。もっとも、九月下旬になってもウクライナ政府は十分な自主的志願兵がいると報告していたので、ロシアとちがって義務的徴兵はなかった。ロシアの軍事アナリスト、ユーリー・フョードロフによると、「歩兵部隊の運用基準からすれば、攻撃が成功するためには一対三の優位が必要だ[4]」。二〇万人以下というロシアの侵攻兵力は、とうてい十分ではなかった。

国際義勇兵も小規模ながら象徴として重要な、ウクライナ軍の一翼を形成する。戦争前にも英国や米国、フランス、そしてモロッコまで含む主として軍隊経験者数十人が正規兵として勤務していた。戦争の勃発とともに、さらに数百人が兵役登録をするためウクライナへ赴く。ゼレンスキーの顧問アレストヴィチによると、このなかには二五〇人の反体制派ロシア人が含まれていた(5)。これらのロシア人のなかに、ウクライナのために戦うためモスクワでの快適な生活を捨てたガスプロム銀行の元副頭取、イーゴリ・ヴォロブエフ（五〇）がいた。「戦争が勃発した瞬間、行ってウクライナを防衛したいとただちに悟った」。ヴォロブエフは話した。〈ロシアのための自由〉軍団のバッジをつけたウクライナ軍の野戦服に身を包み、ヴォロブエフは話した。ウクライナ軍の一翼を構成し、ロシア国民だけでつくる特別部隊だ。部隊のシンボルマークは白・青・白の三色旗。「血と暴力」との連想を排除するため、赤い部分を白に変えたロシア国旗だ、とヴォロブエフは言う。彼が二月末、ロシアに背を向けたときはロシアの実業界に衝撃波が走った。「わたしは長年、自分に妥協してきた。……だが二月二四日、いささかでも妥協を語ることはできなくなった。わたしはこの犯罪に加担できなかった。いまロシアを敗北させることが、民主的で文明化された国をつくる唯一の道だ(6)」

ウクライナ軍が二〇一五年のドンバス支配ラインに沿いに集中するなか、ロシアがキーウ、スーミ、ハルキウに向かって比較的防御の手薄な北部国境を攻撃するのは、合理的なノックアウト戦略に思えた。それが失敗したとき、ロシア軍は——逆説的なことだが——その四分の一の大きさの人口から編成された防衛戦力に、数で圧倒される状況に陥った。

ロシア軍が当初つまずいたもっとも根本的な理由は、プーチンがウクライナに対し実際に宣戦布告するのを拒んだことだった。ロシア軍はソ連時代の前身と同様、いまだに主としてNATOとの陸上の全面戦争を戦うように設計されている。その戦闘能力の有効性は、基本任務——もっとも重要なのは機甲部隊に対する歩兵支援——を遂行するよう速やかに訓練のほどこせる徴集兵にかかっていた。

ところが国際女性デーの三月八日、プーチンは「わが国将兵の母、妻、新婦そしてガールフレンド」に、徴集兵は戦争行為に「参加しておらず、今後も参加しない」と公に約束してしまった。[7] その翌日、ロシア国防省は「ウクライナ領土にいるロシア軍の一部部隊における徴集兵の存在が明らかになった」ことを認めた。だが、こうしたたまたまいた兵士たちの「ほぼ全員」がすでに帰国した、と付け加えた。[8] ロシア軍の前進が行き詰まっているときでも、プーチンは「特別軍事作戦」を戦争と宣言することも、一般徴兵を導入することも拒んだ。

ロシア軍は基本的に平時編制でウクライナ戦争に投入された。ロシア軍の各部隊はほぼ例外なく、不足は戦時の徴集兵で埋め合わされると想定して、意図的に公式の兵員総数の七〇パーセントの兵員数に保たれていた。ロシアの徴集兵はまた、中央で訓練されておらず、職業軍人による基礎訓練は個々の部隊に委ねられていた。したがって、ウクライナ軍事作戦に向けた展開命令が来たとき、ロシア軍のどの部隊も、新たに動員された徴集兵が加わらないままやり繰りせざるを得なかったばかりか、目下勤務中の徴集兵をあとに残していかざるを得なかった。ロシア軍の一個旅団は戦時兵力三五〇〇人を想定していた。七〇パーセントの平時即応態勢だと、それは実際にはわずか二四五〇人になった。徴集兵を抜きにすると、どの部隊もわずか一七五〇人前後の契約兵だけに減った。

ロシア軍の兵種統合部隊の中核は「戦術グループ大隊」(BTG)で、それが五個で一個旅団を形成する。各BTGは装甲車に乗る機械化歩兵部隊と戦車、砲兵隊、支援兵器と防空部隊を含めて、六〇〇〜八〇〇人編成とされていた。BTGのすべての構成要素のうち、歩兵部隊がもっとも重要だった。その任務は戦車を防護し、地形を確保することにある。歩兵部隊がなくては、装甲車両は見通しがきかなくなり、〈ジャヴェリン〉、NLAWといった最新式対戦車ミサイルに対し、ほとんど無防備になってしまうのだ。

戦争に向けた戦力増強の過程で、プーチンの軍はBTGの数を大幅に増やしたのだが、その要員として必要な職業兵士の採用を怠っていた。ハードウェアに不足はなかったが、兵士が不足していたのだ。ところが軍の将官たちは、軍を拡大するクレムリンの命令を履行するよりもむしろ、単に各部隊の兵力を減らすことによってこの問題を解決した。英国のその国防情報筋によると、戦争の前夜、自動車化歩兵大隊は隊員四六一〜五三九人規模から三四五人前後に縮小した。ロシアはたしかにBTGの数を増やしていたが、それはただ書類上でのことだったのだ。

ウクライナを攻撃した推定一二〇個のBTGはすべて、装甲車両と支援兵器の全量をもって出動したが、戦闘兵力面で全量にはほど遠かった。そしてその不足が、キーウから離れた森林地帯や同市郊外の都会地域では、決定的な違いをもたらした。ロシア軍の典型的な自動車化歩兵小隊は、兵士七人から成る三個の分隊を配置し、それぞれが一両の装甲戦闘車両から行動するように設計されていた。各車両は指揮官一人、運転士一人、砲手一人を必要とするため、地上に降りて実際の兵士として――さらに重要なことは、目と耳、銃として――行動するのは四人になる。だが徴集兵がいなければ、どの小隊も一車両当たりおそらく二人の戦闘歩兵しか残らなかった。ウクライナ軍のなかには、たった三人しか乗っていないロシア軍の装甲車両を攻撃したと報告する部隊があった。「下車できる兵士がいなければ、歩兵のいない自動車化歩兵部隊になる」とその英国筋は指摘した。「全員が車両に閉じ込められる。状況認識ができなくなる。一列縦隊での接敵前進、建物の掃討、あるいは部隊防護といったあたりまえの歩兵任務を果たす兵員がいないわけだ」[9]

ロシア軍の人員問題は、戦争初めの日々にもっとも練度の高い兵士を多数失ったことで、悪化するばかりだった。プーチンの将官たちの電撃戦戦略は、ホストメリ空港の奪取のようなリスクの高い衝撃作戦を完遂するために精鋭の空挺部隊と海軍歩兵を送り込むことを意味した。戦争の最初の数週間で、もっぱら空挺部隊が使うBMD軽歩兵戦闘車一五〇両以上が、検証可能なかたちで破壊された。通常の軍部隊がこうむった損失と比べ、大幅に不釣り合いな損失である。ロシアの地方紙で報じられた将校の死亡記事も、ロシア最良の部隊である空挺部隊の膨大な損耗人員を表している。

四月にもなると、モスクワの将官たちは戦場での損耗を埋め合わせるため、訓練大隊を配備しはじめていた。ロシア軍のすべての旅団が徴集兵訓練のために、経験豊富な教官と予備の車両から成る「第三大隊」を本拠地に駐屯させていた。ウクライナによる無線傍受とスパイ諜報活動によると、ますます多くのそのような訓練部隊がドンバスで目撃された。理論上、ロシア軍はもっぱら比較的経験と能力のある教官が要員となる三〇~四〇個の追加のBTGを召集することができた。だが、そうした配備は、新兵を訓練し補充する長期の能力を損なうという代償を払って行われることになるのだ。

プーチンが膨大な資金を投じたはずの軍の効率化と現代化も、ごまかしであることが曝露された。ロシアの職業軍人パーヴェル・フィラティエフは八月、第56親衛航空強襲連隊に勤務した時代について、詳細な証言をロシア版フェイスブックのVコンタクテ上で公表した。精鋭とされるこの空挺部隊に入ってみると、兵舎にはベッドがなく、しばしば電気も水もなかった。野犬の群れが建物の間を徘徊していた。食事も十分ではなく、かび臭いパンと、水に生のジャガイモを入れた「スープ」だけ。彼の部隊は書類上は五〇〇〇人の兵士がいたが、実際にはわずか三〇〇人だった。サイズの合わない夏用服とブーツを支給されたあと、自分の冬用制服を買わなければならなかった。彼のライフルはさびていて、数発発射すると動かなくなった。そして、将校たちが盗んで売り飛ばしてしまったと思われる防弾チョッキがないまま、ウクライナへ配備された。迫撃砲弾を積載したブレーキのないトラックで前線へ運ばれた。「これ［装備］はすべて一〇〇年経った代物で、多くがまともに動かないのだが、［将校たちの］報告書ではすべてがほぼ申し分なかった」とフィラティエフは書いた。彼は部隊を脱走し、フランスへ逃げた。「ロシア軍は精神病院であり、すべてが見せかけだ」[10]

クレムリンが全面動員に強く反対するなか、軍部は伝統的に春と秋に行われる定期の平時徴兵キャンペーンを最大化することに懸命になった。戦争の最初の週、国家院〔下院〕が急ぎ可決した法律によって、徴兵年齢（一八～二六歳）のすべての男子は投獄の脅しの下、召集令状を待たずに地元徴兵事務所で兵役登録することが義務づけられた。その結果、ロシア全土で新兵募集事務所を狙った一連の放火事件が起きた。そのうち少なくとも一六件は明らかに、徴兵候補者の文書記録を破壊しようとして火をつけたものだった。

軍部はまた、「陰の動員」のあだ名をつけられたキャンペーンに乗りだした。少なくとも三カ月間勤めた現在の召集兵は、将校たちから契約兵として登録するよう強烈な圧力を受けた。予備役兵――軍で一年間の兵役を終えた兵士たち――も、強制的訓練に召集され、その間に軍に再加入するための莫大な報奨金を提示された。

三〇〇〇～五〇〇〇ドルの兵役登録報奨金が提示された。少数民族共和国を含むロシア最貧地域の年間平均給与に近い金額だ。そうした非ロシア人地域がまた、明らかになったロシア軍の死傷者数の点で、非常に比率が高かったのは偶然ではなかった。北カフカースのイスラム地域、ダゲスタンが二〇七人で公式に報告された死者数のトップ。これにシベリアのブリヤート（一六四人）、トゥヴァ（一二七人）の両共和国が続いたが、本当の数値ははるかに高かった。これと対照的に、ソーシャルメディアの投稿や地方紙、ロシアの独立系ウェブサイト『メディアゾーナ』による公式発表を調べると、この同じ期間、モスクワ出身者はたった八人、第二の都市サンクトペテルブルク出身者は二六人であることがわかった。[11]

ロシア軍がウクライナの反撃によって、ハルキウ近くの六〇〇〇平方キロメートル以上の領域を失っていた九月ごろにもなると、傭兵や植民地兵、さらには（後段で見るように）受刑者まで使った捨て駒の軍勢によって戦争を戦う試みは、失敗したことが明らかだった。九月二一日、プーチンは軍事的経験のある予備役兵三〇万人の「部分的」動員を発表した。もっとも、『ネザヴィーシマヤ・ガゼータ』紙にリークされた命令の未公開部分は、政府が実際には最大一二〇万人の動員を計画してることを示していた。

三月の大混乱と集団逃亡の光景が、いちだんと大きな切迫性をもって繰り返された。一週間に二五万人のロシア人男性が国を捨てた。クレムリンがもともとの侵攻兵力として集めた兵員数よりもかなり多い数である。人びとはジョージアへの国境を越えるのに三日間待ったが、その後、地元の車以外は隣接するロシア・北オセチア共和国への入国を禁じられた。逃亡する予備役兵を捕まえるため、ジョージアとフィンランドに入る国境検問所には臨時の新兵募集所が設置された。そして、ちょうど三月と同じように、ロシアから出国する航空券は財産と引き換えに持ち主が変わった。「トヨタ・カローラとイスタンブール行き片道航空券の交換を希望」。ある友人は、ロシアのソーシャルメディア上のこんな投稿をわたしに送ってきた。奇しくもわたしは再びモスクワにいて、プーチンが動員を発表する前の未明に、トルコ行きの切符を買っていた。飛行機でわたしの隣りに座っていた若者は、一日遅く切符を買い、五倍の料金を払っていた。彼はモスクワの建築学校を最近卒業したクラスの一人で、彼らは全員が学習課程の必修科目としていくらかの軍事訓練を受けたとの理由で、召集されていた。「僕は熱湯から飛び出したカエルの一匹さ」と彼はわたしに言った。「僕は自分の国を守るためなら戦う。けれどだれか他人の国を占領するために戦うつもりはない」。徴兵事務所は新たな放火攻撃の波にさらされ、九月二六日、シベリアの町ウスチ-イリムスクでは新兵募集事務所の所長が射殺された。[12]

徴兵官を装ったいたずら者たちがクレムリンのペスコフ報道官の息子ニコライ（三二）に電話をかけ、健康診断のために翌日出頭するように命じた。「とんでもない！」。オンラインで共有されたビデオによると、怒ったニコライはいたずら者たちに返答した。「君たちはわたしがそこへ行くのは適切じゃないことを理解すべきだ。わたしは異なるレベルでこれを解決しなければならない」。キーワードは「とんでもない」だった。ロシアのエリート層の子息が銃を手に、現実に国に奉仕するという考えは、彼らには無礼で明らかなたわごとだったのだ。対照的に、ウクライナの非常に有名なダンサーたち、サッカー選手たち、テレビ・スターたち、ブロガーたち、それに政治家たちは入隊することを誇りにしたのである。

カディロフツィ

ロシアの戦闘序列の最前線にいる植民地軍は、ダゲスタン人やトゥヴァ人、ブリヤート人だけではなかった。戦争の初めに暗殺部隊として配置された非正規兵士と正規軍兵士がともに、ホストメリからマリウポリまであらゆる主要戦線で戦った。

チェチェン人は恐ろしい兵士だ。スターリンが彼らをつぶそうとしたにもかかわらず、チェチェン人は超マッチョな戦士文化を保持し、ソ連の崩壊後それが彼らに大いに役立ち、チェチェン人ギャングはソ連崩壊後のロシアでもっとも成功した悪名高いマフィア集団の一つになった。当時首相だったプーチンのキャリアをつくったのは、チェチェンに対するロシアの血みどろの勝利だった。だが、チェチェンを占領、維持するためにプーチンは地元の代理人たちを使った。とくに元イスラム法学者、すなわち独立チェチェン・イチケリア共和国の宗教指導者であるアフマド－ハジ・カディロフがそれで、彼は一九九九年に寝返り、ロシア側についた。二〇〇四年に彼が暗殺されたあと、息子のラムザンが元の離反共和国におけるモスクワの代官としての地位を継ぎ、クレムリンが湯水のように提供する資金と数千人を誘拐・拷問・殺害した恐怖支配を組み合わせて、権力を維持している。

ラムザン・カディロフはしばしばプーチンを「第二の父」と呼んだ。見返りにプーチンはカディロフを「ロシアの英雄」にし、彼が共和国内に事実上のシャーリア法を確立して、アルコールの販売と消費を制限し同性愛者を迫害する自由を与えた。カディロフにとってウクライナ侵攻は、プーチンへの忠誠とともに配下の戦士の作戦行動上の独立性を示す絶好の機会になった。カディロフ軍の精鋭部隊は一万二〇〇〇人前後で、そのうちかなりの数が最初のキーウ攻撃と、マリウポリに向けた離反ドンバス地域の南方への押し出しに動員された。チェチェン軍は「カディロフツィ」、すなわちカディロフの部下たちとして知られ、ヘルメットマイク、膝当て、ケブラー製ヘルメット、ラップアラウンドサングラスなど最新の戦術装備を堂々と備えていた。ロシア正規軍とちがって、彼らは携帯電話を自由に使い、豊かなあごひげの戦士たちがマリウポリの民間の建物に向けてＰＫＭ機関銃から弾帯の弾丸を発射したり、ウクライナの子どもたちを瓦礫のなかから救出したりする様子を巧みに撮ったビデオを、ティックトックに定期的に投稿した。

ウクライナ南部でのカディロフツィの指導者は五二歳のアダム・デリムハノフだった。白いあごひげが印象的な元チェチェン人叛徒の司令官で、アフマド・カディロフ側に寝返り、二〇〇七年にロシア国家院の議員になった。二〇二二年四月末、デリムハノフは——長い真っ白なあごひげと対照を成すよう考案された独特の黒の戦術装備とモトローラの無線機をぶらさげた黒の防弾チョッキを身につけて——、マリウポリのアゾフスターリ工場の燃える瓦礫のなかで部下の一団に囲まれて撮った、勝ち誇ったビデオに登場した。「マリウポリを破壊し掃討する特別作戦は完了した」とデリムハノフは視聴者に話した。「ウラジーミル・プーチン大統領の命令は完遂された[13]」。翌日、デリムハノフはカディロフ親子と同様、プーチンから「ロシアの英雄」勲章を与えられた。[14]

チェチェン人戦士たちは、ホストメリ空港を一時押さえたロシア人主導の部隊に交じっていた。ラムザン・カディロフはホストメリで自分が部下とともにいると称するビデオまで公表し、そこには地下壕で指揮官たちと一緒に地図を見詰める彼の姿が見られた。欧米の情報機関は、カディロフの警護班のメンバーの携帯電話の追跡情報をもとに、このビデオをフェイクとして疑問視した。だが、プーチンの戦争への積極的参加は、カディロフにとっては、大国の軍が自分のチェチェン戦士の一団にいかに依存しているかを見せつける公共的イメージの重要要素だった。カディロフは四月、どうやらその知名度を利用するためにテレグラム上でアラビア語チャンネルを始めた。アラビア語を話していないロシアの小さな一地方の指導者としては、野心的な動きである。[15] さらにカディロフは、志願者を鼓舞するためにスポーツのスター選手や武術のコーチを使って、本格的な新兵募集キャンペーンを始めた。志願者たちは約二三〇〇ドルの登録時賞与と月一〇〇〇ドルの給与のほか、作戦行動の成功ごとの追加報酬を提示される。ある採用担当者は見込みのある若い戦士に宛てたテキストメッセージで、そう話した。

チェチェン人戦士たちはこの紛争で最悪の戦争犯罪のいくつかにかかわっていた。ウクライナの人権オンブズマン、リュドミラ・デニソワはカディロフツィが仲間の負傷者を射殺し、キーウのベッドタウンであるブチャのヤブロンスカ通りで「拷問部屋を運用している」と告発した。隣接する町イルピンの市議会議員で、ウクライナの領土防衛軍の副指揮官も務めたアルテム・フーリンは、ウクライナ軍が四月二日にこの町を奪回し、プーチンの兵が撤退したあと、最初に訪れた一人だった。フーリンは、無法なロシア兵に拷問を受けレイプされた住民たちの長々と続く恐怖談を数え上げ、路上に横たわる「処刑された民間人」の証拠を見た。処刑の多くは、早くも三月五日に住民の処刑を始めたチェチェン人部隊によるものだった。ある女性は、一人のチェチェン兵と一人のベラルーシ兵による四日間の拷問に耐えたこと、その後彼らが夫の頭を撃ったことを振り返った。ブチャの市長アナトリイ・フェドルークは報道陣に、チェチェン人部隊はどうやら処刑するしるしとして、捕まえた民間人の腕に白いバンドを巻いていたと語った。その町で処刑された民間人の遺体の多くは、そうした白の腕章をつけていた。

ドンバス部隊

侵攻軍にとって新兵の最大の供給源は、ロシア本国ではなくドンバス両共和国の若者の大量徴兵にあった。二〇二二年の侵攻前でも、ドネツクとルハンスクの両人民共和国は、彼ら自身の説明では、武装した四万四〇〇〇人の兵士を抱えていた。これは両共和国の人口約三〇〇万人の約一・五パーセントだ。平時の水準としては、その動員比率はすでに非常に高かった。ほかの国に当てはめると、米軍なら四九〇万人に、中国軍なら二一〇〇万人になる。ウクライナ側の攻撃が激化しているとドンバス両共和国が主張（ウクライナ政府は否定）した二月半ば、ドネツク人民共和国の大統領デニス・プシーリンはテレビに登場し、総動員を発表した。この動員には軍隊経験のある予備役兵に加え、一八〜六五歳のすべての健常な男子が含まれる。多くの医学上の徴兵免除が破棄された。いくつかの推計によると、この集団動員はさらに六万人を召集した可能性があった。これはドンバスの分離派両共和国が、もともと配備されたロシア軍正規兵総体の六〇パーセントに当たる一〇万人以上を抱えることを意味した。

四月下旬にもなると、ドネツク共和国の元国防相イーゴリ・ギルキンがテレグラム上で、ドンバス両共和国では男が「一掃された」と伝えた。マリウポリ攻防戦で同共和国のヴォストーク部隊を指揮した元保安相アレクサンドル・ホダコフスキーは、「軍の経歴がまったくない兵士」が動員されていると嘆いた。「意欲も軍事に関する考えもないまま拙速に動員された音楽院出のミュージシャンに、何を期待できるのか?」とホダコフスキーはテレグラムで問い、ハルキウ周辺の防御ラインの維持に投入された経験不足の同共和国兵士に甚大な死傷者が出たことを認めた。

ギルキンはロシア軍情報機関と緊密に協力した経緯があるにもかかわらず、プーチンの戦争の戦われ方を激しく批判する人物になった。第一次世界大戦の激戦のさなかでも、帝国ロシアの軍隊は召集された農民兵に最低限の基本的軍事訓練をほどこしたものだ、とギルキンは指摘した(彼は本物の戦争が始まる前は、その時期の再現上演を専門にする著名な軍事俳優だったのだ)。ドネツク、ルハンスク両人民共和国の徴集兵はこれと対照的に、「彼らは——もし生きていれば——二日間ですべてを自ら学ぶだろう」との期待のもとに召集されて、「戦闘に投げ込まれているのだ」[16]。多くのドンバス部隊は、比較的規律のあるロシア軍部隊とちがって、自分の携帯電話を持つことを認められており、雑多な制服を着た兵士の寄せ集めグループの写真を投稿した。彼らの多くは、第一次世界大戦の二〇年前に設計され、一九五〇年代初めにロシア軍では使われなくなった五連発の手動式モシンM1891ライフル銃を携えていた。

ドネツク人民共和国の徴集兵はロシアの徴集兵とちがって、ドンバスの故郷をはるか遠く離れた前線に投入されることに対する声高な怒りを、ソーシャルメディアを使ってぶちまけることをためらわなかった。三月二八日、分離派の若い兵士を満載した軍用トラックの後部で撮影されたビデオが、レディット上に投稿された。「われわれはドンバスの徴集兵だ」。二〇人の仲間たちに順にカメラを向けながら、撮影した兵士が言った。「普通のしがない労働者なんだ!」と、もう一人が口を挟んだ。「子どもだよ! われわれはまだほんの子どもなんだ。われわれは民間人だ。普通の学生たちなんだ!」

と三番目の兵士が叫び、あとの兵士たちも自分の怒りのコメントを差しはさみはじめた。「気がついたら銃をもってロシアにいたんだ！」「彼らは一八歳を兵隊に取ったんだ！」「われわれは全員大変な苦境にある！　われわれはここでいったい何をやってるんだ！　われわれは何かくそったれな理由でスーミ［ウクライナ北部の州］にいるんだ」「われわれの仲間が捕虜になったビデオがユーチューブにある。われわれは見捨てられた」「たくさんの仲間が殺された」「そうだ。ロシア国防省はわれわれがここで何をしているのか知っちゃいない。不法にロシアへ連れてこられたんだ。ドンバスへ帰せ！　われわれはグラート［多連装ロケット砲］や大砲、迫撃砲に対抗して、カラシニコフをもって送り込まれている。われわれは［分離派のドネツクの町］シャフタル、トレス、スネジュノエの出身だ。第15師団第4大隊。全ドンバスよ、われわれの言うことを聞いてくれ！！　われわれは見捨てられたんだ。みんなにこのビデオを共有してほしい[17]！」

　経験のない徴集兵は通常は安全な後方地域に配置されるものだ、とホダコフスキーは強調した。だがギルキンは、「使い捨て可能な」両人民共和国の歩兵は、繰り返される正面攻撃で、ロシア人指揮官たちによって常に前方へ送られていると訴えた。両共和国の徴集兵たちは、ロシア軍や分離派の職業軍人部隊がウクライナの火砲の位置を特定できるように、砲撃をおびき寄せるのに使われている、とウクライナの軍事ブロガー数人が報告した。いずれにせよ、分離派部隊の間の死傷者の多さは、ロシア軍の公式の死者数と、敵の死傷に関するウクライナ側の報告の間にある極端な開きを説明しているようだった。ルハンスク、ドネツク両人民共和国の若者は砲弾のえじきの、主要な出どころの一つだった。もう一つの出どころは、クレムリン自身の私兵によって傭兵として採用された退役兵や若者、それに犯罪者のグループだった。

ワグネル

民間軍事会社ワグネル・グループはGRU《ゲーエルウー》〔参謀本部情報総局〕特殊任務部隊《スペツナズ》の元中尉、ドミトリー・ウトキンによって二〇一四年に設立された。彼はスペツナズの第2独立旅団に勤務していた時期、ナチス第三帝国への思い入れゆえに、個人の無線コールサイン「ワグネル」を与えられていた。二〇二一年に公表された写真には、彼が武装SSの襟章と首および胸に彫ったドイツ帝国のナチの鷲のタトゥーを誇示している様子が写っていた。ウトキンのもともとの任務は、ドンバスの分離主義者とともに戦いながら公式の軍事介入を否認できる傭兵部隊として、元軍人を採用することだった。彼らは二〇一四年の夏、ルハンスクの戦場に初めて登場し、その後シリア、リビア、中央アフリカ共和国、そしてマリで、たいていはロシア政府と提携する勢力の側で戦い続けた。すでに見たように、ワグネルの傭兵はロシアによる二〇二二年の侵攻に先立ち、秘密暗殺部隊としてキーウに転進させられた。

同グループとロシア治安部隊の結びつきは直接的で、十分立証されていた。ロシア南部スタヴローポリ州にあるワグネルの基幹訓練基地はGRUの所有だった。ワグネル兵はロシア軍の軍用機で運ばれ、ロシア軍の医療サービスを使った。そしてパスポートもロシア国家によってその隊員に発行された[18]。当初の資金はプーチンと近い関係にあるサンクトペテルブルク出身のケータリング業の富豪、エフゲニー・プリゴジンが出したと考えられていた。プリゴジンは公式にはワグネルとの関係を否定したが、二〇二二年夏ごろには、彼の顔がロシアのすべての地方で同社の新兵募集ポスターに現れた。

ワグネルの大々的な募集努力は、ロシア軍が行う公式の「陰の動員」と並行して――そして競争するかたちで――進んだ。だが、その創立者と多くの構成員の経歴のおかげで、ワグネルはクレムリンの手が届かない怒った暴力的な兵士候補のグループに手を伸ばすことができた。『シュピーゲル』誌がリークしたドイツ連邦情報局の二〇二二年五月の報告によると、ワグネルはロシアの極右過激派とネオナチを大々的に採用した。そのなかにワグネルの「破壊工作・襲撃偵察部隊」の「ルーシチ」があった。そのシンボルはナチの黒い太陽の異教的スラヴ版で、共同創立者アレクセイ・ミリチャコフは子犬の頭を切断する自身のユーチューブのビデオで悪名をはせていた。「難しいことは言わない、わたしはナショナリスト、愛国主義者、帝国主義者等々だ」。ミリチャコフは二〇二〇年一二月のビデオで話した。「率直に言おう。わたしはナチだ」。もう一つの組織は「ロシア帝国運動」。二年前に米国政府から「世界的なテロリスト組織」と認定された白人至上主義者グループだった。

二〇二二年七月、ワグネル・グループはロシアの刑務所から囚人を入隊させる権限を与えられた。プリゴジンがヘリコプターでいくつかの流刑地に着き、黒い制服を着た数百人の受刑者グループに演説するところが撮影された。ワグネルの提案は抗いがたいものだった。六カ月の軍勤務の見返りに、最高死刑まで含めて執行を停止するというのだ。「自分はあと一一年の刑期が残っている」。モスクワの南約五〇〇キロメートルのタンボフ州にある第8号刑罰流刑地で、プリゴジンの売り込みを聞いた囚人の一人が『ガーディアン』紙に語った。「この掃きだめで死んでも、あっちで死んでも、たいした問題じゃない。少なくとも自分の自由のために戦うチャンスはあるんだ。われわれはみんな、それをロシアンルーレットになぞらえている」。もう一人のワグネル新兵はイワン・ネパラートフ。彼に借金した三人を殺した罪で、二五年の刑期のうち一三年をつとめていた。ネパラートフはまた、自分の故郷セルギエフポサドの女性実業家の家へ車で連れて行ってくれるよう隣人を説得し、そこでその女性から金品を強奪して絞殺。おまけにその隣人を八八回刺していたのだった。ネパラートフは夏の初めにワグネルに入隊したが、ウクライナの砲弾で死んだ。死後、彼は軍勤務に対して「祖国への功績」勲章を授与された。囚人の権利を擁護するNGO「囚われのロシア」の会長、オリガ・ロマノワによると、九月初めまでに約一万一〇〇〇人のロシアの囚人が登録してウクライナへ行き、その数は急速に増えているという[19]。

ある意味で、ワグネルの集中的な刑務所新兵募集キャンペーンは、疑いなくロシア軍が死に物狂いになっていることを示す徴候だった。だがそれは別の、あまり目立たない点でも重要だった。強盗や殺人犯、僻遠諸州の貧しい若者たち、遠隔の少数民族共和国の兵士を入隊させることで、クレムリンはその戦争を目立たないようにしておきたいというシグナルを送ってもいたのだ。死傷者を使い捨て可能な兵の軍隊に限ることで、国民の反感が起きる可能性は下がった。そして九月下旬に三〇万人の予備役兵の動員を発表したときでさえ、プーチンはわざわざこう強調した。「われわれは軍事について何も知らない人びとのことを話しているのではない……学生諸君はじゃまされずに学び続けるだろう」。実際には、その但し書きは無視され、召集令状が軍隊経験のまったくない男たちの上に降り注いだ。それでもワグネルは二つの重要な目的を達成した。すなわち、戦う兵士を前線に供給すること。そして、その死が政治的に極力不都合ではない社会分野から供給すること、である。

ただし一つ問題があった。ワグネルの軍事力と資金源、そして大衆の注目度が増大するにつれ、プリゴジンの政治的野心も増大した。ワグネル部隊はドンバスの町ソレダルとバフムートをめぐる血みどろの戦いを主導し、前者を一二月に占領した。攻撃の間、プリゴジンと配下の兵士たちはユーチューブとテレグラムに訴え、最高司令官プーチンに対する批判は慎重に避けながらも、陸軍参謀本部の無能と管理の失敗を糾弾した。ワグネル隊員たちは捕虜交換で戻っていた脱走兵の頭蓋骨を大ハンマーで叩き潰して処刑するビデオを投稿し、残忍だという大衆的評判に満足を覚えた。ヨーロッパ議会が一一月、ロシアに「テロのスポンサー国家」の烙印を押すと、プリゴジンは偽物の血で汚れた大ハンマーとワグネルのロゴを送りつけて同議会を挑発した[20]。彼はまた、自身の過激愛国主義的政党を創立することを公然と思案し、欧米の一部コメンテーターが、プリゴジンと彼の私兵はプーチン自身の権力に挑戦する可能性がはたしてあるのかどうか、と憶測をめぐらすことになった。

だが、プリゴジンの世間向けの派手な振る舞いは、彼がクレムリンにおける本当の影響力を欠いている徴候というのが本当のところだった。自分の数々の勝利をソーシャルメディアで公表するしか、自分の名前をプーチンのデスクに載せる道はなかったのだ（プーチン自身はインターネットを使わないことで有名なので、プリントメディアを通じてである）。そして憤懣やるかたない軍部は、ワグネルのさらにひどい行き過ぎを抑えに素早く動き、正規軍が受刑者向けの「懲罰大隊」を編成した二〇二三年一月、同グループを刑務所での新兵募集から締め出した。欧米の推計によると、戦場でのワグネルの軍事的損耗は、その前線部隊戦力の最大五〇パーセントに上った。[21]

ロシアの猛攻

二〇二二年五月半ばにもなると、戦争は二つの激闘に凝縮されていた。南部マリウポリのアゾフスターリ製鉄所と、東部の姉妹都市セヴェロドネツク、リシチャンスクをめぐる戦闘である。最後の民間人が国連の保護下で製鉄所の入り組んだ地下壕から退避させられたあと、プーチンはすでに四月二〇日にマリウポリでの勝利を宣言していた。ウクライナ正規軍の兵士の多くは投降した。プーチンは製鉄所に対する本格的正面攻撃を中止し、残る防御兵を「ハエ一匹通り抜けられないほど密に」包囲するよう命じた。[22]だが数百人の頑強な防御兵は持ちこたえた。ほとんどはウクライナの「ナチズム」というロシアのプロパガンダの象徴になっていたアゾフ連隊の隊員たちだ。最後の防御兵らが撮った驚くべき写真は、製鋼所の広大な機械ホールが、ねじ曲がった金属と破砕された機械類の散乱する黙示録後の世界のような様相を写していた。地下では、残った防御兵が医薬品と食料が先細るなか、地下道や地下壕、倉庫が入り組む悪夢のような迷路に住んでいた。ついに五月一七日、残る二一一人の健常な兵士と二六〇人の負傷兵が破壊された工場を出て、ドネツク人民共和国のオレニフカにある監禁所での悲惨な虜囚となった。二カ月後、捕虜のうち五三人は、共和国当局がウクライナのミサイル攻撃だとする爆発で死んだ。だがウクライナ政府は、拷問の証拠を消し去るための故意の集団殺害だとしている。

ドンバス「第二の首都」セヴェロドネツクの側面に回り込もうとして、ロシア国家親衛隊と軍部隊は浮橋を使って、シヴェルスキイ－ドネツ川の渡河をくり返し試みた。五月六〜八日の三日間にわたって、連綿と続くロシア軍装甲兵員輸送車の隊列が、ウクライナ軍砲兵隊とヘリコプターによってもれなく破壊された[23]。

シヴェルスキイ－ドネツ川の渡河作戦は、正規軍と新しい準軍隊である国家親衛隊の合同作戦とされており、国家親衛隊の主たる役割は戦闘ではなく、民間人の抵抗を抑え込むことだった。ところが、シヴェルスキイ－ドネツ川の大惨事で最大の死傷者を出したのは、国家親衛隊（ロスグヴァルディア）だった。プーチンの元ボディーガードでロスグヴァルディア最高指令官のヴィクトル・ゾロトフは個人的に面目を失い、戦場における麾下の兵の能力を誇示するつもりの作戦が流血の敗北に終わったことに激怒した。高位のシロヴィキの一人とビジネス上の緊密な関係をもつ情報筋によると、次ぎに起きたことは政府関係者の内輪で伝説的になった。ゾロトフはその大敗北直後の軍事計画会合にどっと飛び込み、ショイグ国防相に立ち向かった。ウクライナ軍の脅威がまだ一掃されていないのに、度重なる攻撃に誤ってゴーサインを出した責任はショイグにある。ゾロトフはどうやらそう考えていたのだ。「うそをつくのはたくさんだ！」。その情報筋によると、ゾロトフはショイグにこう怒鳴り、ショイグの顔にパンチを食らわせた[24]。この話を客観的に確認することはできなかったが、もし事実だとすれば、それは戦場で進展がないもどかしさをめぐる苛立ちの大きさとともに、組織をむしばむ責任のなすり合いを表していた。

ウクライナ軍の側面に回り込むことができないため、ロシア軍は定石に戻り、セヴェロドネツクを砲撃して瓦礫にした。五月末にもなると、ルハンスクのウクライナ人州知事セルヒイ・ハイダイは、同市の建物の九〇パーセントが破壊されたと報告した。ゼレンスキーも、連日五〇〜一〇〇人のウクライナ兵が殺されていることを認めた。だが、ウクライナ軍がついにセヴェロドネツクと姉妹都市のリシチャンスクから撤退し、ロシア軍に人口の激減した空虚な瓦礫を占領させたのは、ようやく一カ月後、六月二九日のことだった[25]。

セヴェロドネツクをめぐる過酷な砲撃合戦は非常に激しかったため、戦闘の最高潮期、英国防省はロシアの砲兵隊が一日に二万発を撃っていると見積もった。ウクライナ軍部は、ウクライナ軍が連日約五〇〇〇〜六〇〇〇発を使っていて、自前のソ連標準の一五二ミリ砲弾の備蓄はほぼ底を突き、欧米に補給を頼らざるを得なくなっていると言明した。破壊された諸都市周辺のドローン映像は、イメージの点で第一次世界大戦の西部戦線を思い出させる砲弾のクレーターにすっかり覆われた大地を写していた（もっとも、その発射弾数はなお、ソンムの戦いの初日に英軍が撃った一五〇万発とはほとんど比べものにならない）。しかし、ロシアが戦車と兵士の機械化部隊による正面攻撃より、容赦ない砲撃を選んだことそれ自体が、多くを語っていた。武力による都市部の占領には、よく訓練され、とりわけ高い意欲をもつ兵士を必要としたのだ。

ウクライナ軍がハルキウ周辺でいくつかの主要な突破に成功し、ヘルソンを再占領したあとの晩秋、ロシアはドンバス中央のソレダル、バフムート、それにヴフレダルの小都市を攻撃することによって、再び先手を取ろうとした。ウクライナのドローンによって撮影されたぞっとするような数十枚の写真には、進撃するロシア軍歩兵の人波が砲撃によってなぎ倒される場面から、多数の戦車と装甲兵員輸送車が地雷や、米国が供与した砲、ロケット砲、さらには擲弾を投下するように改造された小型の商用ドローンによって破壊される場面が写っていた。だが、ロシア軍は見たところ甚大な損耗にもかかわらず、領域を奪回した。

モスクワは、正規部隊と傭兵部隊を「バフムートの肉挽き器」に投入すると同時に、ウクライナの重要インフラを攻撃する戦術に切り替えた。一一月以降、イラン製のドローン〈シャヘド〉、高精度および低精度の巡航ミサイル、それに地上発射型ロケット弾の波が、西はリヴィウから東はハルキウまで、発電所と電気関連施設に激突した。冬の暗い月々を通して、ウクライナ諸都市の最大四〇パーセントで時々停電が報告された。二〇二三年の新年までにウクライナ軍は、飛来するミサイルの最大八〇パーセントを撃墜したと報告した。しかし容赦ない集中砲火は続いた——だが、戦い続けようとするウクライナの決意をへこませることはできなかった。

武器貸与

第一次および第二次世界大戦とちょうど同じように、米国が主導する物資介入が紛争の流れを変えることになった。二〇二二年五月九日、バイデン大統領は「ロシアによる軍事侵攻から民間人を守るため、およびその他の目的で、［ウクライナ］政府に防衛装備を貸与する……法」に署名した。この法案は数日前、米国議会が四一七対一〇の圧倒的多数で可決していた。この日はきわめて象徴的だった。五月九日はソ連がナチ・ドイツに対する勝利——米国からの大規模な軍事支援計画によって可能になった勝利——を祝う日だった。ただしこの度は、武器貸与はモスクワの敵に供与されようとしており、ロシアに象徴的に第三帝国の役割を負わせるものだった。

総計すると、二〇二二年のウクライナへの米国の支援パッケージは驚異的な五五〇億ドルに上ることになる。ロシアの年間軍事予算とほぼ同額だ。たしかに、その金額の多くは米国の軍事契約企業と米軍自体に直接還元されるよう割り振られていた。だが数億ドルは、ウクライナ軍へ強力な攻撃兵器を直接、即時に供給する財源になっていた。

ところが、米国政府側から一つ重要な但し書きがあった。プーチンが二月二七日に行った核の脅しも、NATOは紛争への直接関与を避けるべきだとする中国の警告も、忘れられてはいなかった。そして、ポーランドのMiG戦闘機に関する米中間の取り決めが公式に更新されることはなかったものの、米国とNATOがウクライナへの全面関与を控える限り、中国はロシアに武器援助しないとする了解は、新たな超大国の両方に理解されていた。

武器貸与法署名の翌日五月一〇日に、オースティンとショイグの米ロ両国防相が電話で話し合った。[26] この会話について説明を受けた英国政府の高官筋によると、オースティンの主要な論点は、米国は参戦するつもりがないこと、援助はロシアに対する軍事攻撃として解釈されてはならないことを、ショイグに再確認することにあった。[27]

米国はロシアの内側を攻撃できる武器——例えば射程三〇〇キロメートルのミサイルを発射する多連装ロケットシステム（MLRS）——をウクライナ政府に供与することは控えた。ロシアのプロパガンダ屋は米国の援助を、あからさまな攻撃だと罵倒し、プーチンのペスコフ報道官は、戦域に兵器を送るのは「火に油をそそぐこと」だと呼んだ。しかし、それは公衆向けのことだった。クレムリンの内部では、ワシントンの自制に注意が払われた。メドヴェージェフ前大統領は強硬なタカ派に変貌していたにもかかわらず、長射程兵器は控えるという米国の決定は「道理にかなっている」と表明した。[28]

とはいえ、米国が実際に送った兵器は流れを変えるものになる。GPS誘導のロケット補助弾を発射できるNATO標準の高度に精確な一五五ミリ野戦砲、M142高機動ロケット砲システム（HIMARS）がそれだ。米国が五月初めに引き渡した一〇〇門のM777榴弾砲はすでに、シヴェルスキイ・ドネツ川をめぐる戦闘に重要な違いを生む一助になっていた。主要な戦術的差異は、榴弾砲そのものより、砲が発射できるロケット推進で衛星誘導型の多彩な最新式砲弾にあった。レイセオン社の副社長ジェームズ・ライリーによると、価格は最大で一発四万六〇〇〇ドルするが、砲弾のなかには四〇キロメートルの射程距離で誤差二・八六メートルという精度のものがあった。[29] 実際には、M777はすべての砲弾を、砲手がリアルタイムでタブレット画面上に見る標的に、驚くべき精度で狙いを定める小型巡航ミサイルに変えた。

HIMARSは同様に精確だが、射程が八〇キロメートルと長く、より大きな弾頭を運んだ。六月二八日、ウクライナ軍はオデッサへの海からのアプローチを管制している蛇島——ルーマニア国境に近く、ウクライナの海岸から二〇キロメートル——のロシア軍駐屯地の攻撃にHIMARSを使った。巡洋艦〈モスクワ〉に有名な挑戦メッセージを送ったのは、蛇島のウクライナ軍守備隊だった。ロシア兵は夜のうちに高速ボートで撤退し、朝にはウクライナ軍がきわめて象徴的な勝利を収めることができた。あのロシアの軍艦が（海底へ）「うせた」ばかりでなく、蛇島を占領したロシア兵も消え失せたのだった。

戦争がドンバスで激化し、ロシア軍が秋にハルキウとヘルソンの周辺で失った損失を懸命に取り戻そうとするなか、二〇二二年から二三年の冬までに、欧米による支援の勢いは変化しはじめた。主力戦闘戦車、長距離ロケット砲、攻撃型ジェット機を要求するゼレンスキーの執拗な運動が、クレムリンを挑発するというNATOの警戒心を和らげはじめた。おそらく驚くべきことに、フランス製歩兵戦闘車を送ることで戦車に関するタブーを破ったのは、フランスのマクロン大統領だった。一月、ドイツのショルツ首相は、キーウに戦闘戦車〈レオパルト2〉を送りたいものの製造元のドイツ企業によって契約上それを阻まれていたポーランドのような同盟諸国からの圧力を受け、近隣諸国が戦車を提供することを許可するだけでなく、自国の二四両を提供することにも同意した。英国は一四両の〈チャレンジャー2〉一式を送ることに、米国は五〇両の〈エイブラムス〉戦車を送ることに同意した。こうした数両はむろん、戦前のロシアの戦車戦力に太刀打ちできるものではなかった。しかし、NATOの武器貸与計画における重要で象徴的なルビコン川が渡られたのであった。

第11章 幻想の代償

いろんな出口車線のことが言われている。
われわれは出口車線を閉鎖し、
プーチンがいま向かっている煉瓦塀に向けて加速するのを助けたいのだ。
米国陸軍中将H・R・マクマスター、二〇二二年四月五日[1]

経済の電撃戦

ロシア国民と世界に向けたクレムリンのメッセージ送信の主要テーマの一つは、ロシア経済が制裁をものともしていないということだった。「ロシアに対する経済の電撃戦が成功するチャンスはまったくなかった」。プーチンは六月にサンクトペテルブルクで開かれた経済フォーラムの聴衆に、こう述べた。フォーラムにはベラルーシのアレクサンドル・ルカシェンコを除いて、地域の首脳はだれも参加していなかった——だが、タリバンの代表団はいた。「われわれの父祖たちのように、われわれはいかなる問題でも解決する。わが国の千年の歴史がそれを物語っているのであります。……ロシア経済の将来に関する暗い予測は実現しなかったのです[2]」

少なくとも当初は、プーチンは正しいと思えた。戦争の初年を通じて、ロシア経済は多くの人が予測した以上に回復力があることを証明し、たしかに欧米の予測を裏切った。二〇二三年二月、国際通貨基金（IMF）はロシアの国内総生産（GDP）が二〇二二年には、予想されたマイナス三パーセントの成長に反し、マイナス二・二パーセントになると報告した。年間インフレ率は多くのヨーロッパ諸国より低い約一二パーセントだった。そしてロシア政府と国際エネルギー機関（IEA）の推定によると、ロシアはその一年を通じ、石油生産を二パーセント増やし、石油輸出収入を二一八〇億ドルへと二〇パーセント押し上げた。また、天然ガスから一三八〇億ドルを稼いだ。記録的価格がヨーロッパへの輸出の減少を相殺したため、二〇二一年よりほぼ八〇パーセントの増加である。[3]

だが予想を超えるそうした数値はすべて、一つの要因によって高止まりさせられたものだった。侵攻直後の石油および天然ガス価格の高騰だが、それは夏の終わりまでには徐々に下がってゼロになった。ファリード・ザカリアは五月に『ワシントン・ポスト』紙で、「ロシアとの経済戦争は人びとが考えたほどはうまく働いていておらず……ロシア政府は戦争前よりも石油・天然ガスからかなり収益を増やすだろう」と結論した。[4] だがその予想がその通りだったのは、ヨーロッパが冬場の天然ガス備蓄施設を満たそうと急ぎ（これは次節でさらに詳しく検討する）、世界の需要家が欧米全体に適用される一バレル＝六〇ドルの価格上限が二〇二二年一二月五日に始まる前に、できる限りロシア産石油を購入しようと急いだ間だけのことだった。二〇二三年一月までには、ヨーロッパの天然ガス卸売り価格は戦争前の水準に下がっていた。ロシア財務省によると、二〇二二年一月〜二〇二三年一月の間、ロシア政府が石油・天然ガスの生産および輸出から得た収益は、全体として四六パーセント減った。

ルーブルの見かけ上の安定（急落したあとまもなく戦争前の水準に戻した）と、ロシア株式市場の相対的な健全さ（指標となるMOEX指数はわずか五〇パーセントの下げ幅だった）も、錯覚だった。実は、これらの指標はいずれも意図的に操作されていたのだ。二〇二二年三月に中央銀行が導入した新ルールでは、外貨で収益を受け取っているロシア国内の企業はその八〇パーセントをルーブルに替えることを義務づけられ、ルーブルに有利な方向へ市場をゆがめた。ガスプロムも、二〇二二年一二月に静かに折れる前は、欧米の顧客にガス代金をルーブルで払わせようとした。これは実際には単に、顧客が制裁を免れたごく少数のロシア銀行にルーブル口座を開き、その契約が成立したと見なされる前に、ハードカレンシーによる支払いを正式にルーブルに転換しなければならないだけのことだった。モスクワでは、戦争前のルーブル取引量の一部しか取引されておらず、しかもほとんどはハードカレンシーによる裏付けのない想像上のドルだった。

株式市場に関しては、「非友好諸国」(すなわち欧米)の外国人株主は、持ち高を手じまいすることを禁じられ、事実上、市場を仮死状態にしておくというのが現実だった。ロシアのエコノミストでルネッサンス・キャピタルの創立者、アンドレイ・モフチャンは、正常な株式取引の停止は事実上、ロシア株式の純資産価値をゼロとは言わないまでも、「もはや市場によって決定されない不可知の価値にまで」引き下げてしまったと指摘した。現実には、株式はすでに半分に下落していた想像上の市場価値から三〇~四〇パーセント割り引いて取引された。さらに、多くの企業はローンの担保として自社株に頼っているため、そのことはロシアの多くの民間企業が――ロシアで上場されている株式価値に反して貸し付けたすべてのロシア銀行とともに――事実上、機能としては破産していることを意味した。そこで「最後の手段の貸し手としての国家」が残った、とモフチャンは言う。国際金融システムから遮断された国の、唯一の資金調達先である。そして、クレムリンが理論上、望むだけ金を刷ることができた間は、実際にはロシア経済は破滅的なインフレを防ぐために、輸入された設備とテクノロジー、消費物資、外国の専門知識に過度に依存し続けたのだ。「お金をつくりすぎると、「ハイパーインフレという」ジンバブエ型の選択をするリスクがある」とモフチャンは言う。ルーブルの価値は、クレムリンが好むかどうかにかかわらず、「依然として［ロシアの］輸入品に関連付いているのだ[5]」。

戦争の初めの数カ月にロシアを去った西側企業一三〇〇社からのロシアの税収金額と、それらの企業のロシアでの投資金額は、合わせて六〇〇〇億ドルを超えていた。イェール大学経営大学院の報告によると、こうした企業の撤退は「何年ものロシアへの投資を帳消しにし」、外部世界と「ロシア経済との統合を、ほぼそれだけで、三〇年分後退させてしまった」。これら外国企業はロシア人約五〇〇万人を直接雇用し、最大八〇〇万人を間接雇用していた[6]。こうした労働者の一部は、新しいロシア人経営者が設立した同類事業に新たな職を得た。一つが、マクドナルドの旧店舗に設立されたチェーン店「フクースノ・イ・トーチカ」（「おいしい、それだけ」）で、同じ設備を使って、同じメニューを提供した。もう一つはラッパーのティマティ――ヒット曲『プーチンはおれの親友』でよく知られる――が立ち上げたスターズ・コーヒーで、スターバックスのカフェを引き継ぎ、酷似したロゴを使った[7]。しかし多数の人びとが職を失い、国家としては公共部門に新たな職をつくり出すほかなかった。

二〇一四年のクリミア半島併合とそれに続く欧米の制裁以来、クレムリンはロシア経済、とくに製造部門の輸入品依存をやめ、かくして将来の制裁に対する免疫性を高めようとしてきていた。クリミア併合後の一番目のスローガンは「輸入代替」。これは、ロシアは欧米から商品、サービス、人材を輸入しなくともなんとか生き延び、繁栄できるとする概念だ。二番目は「技術主権」。ロシアは携帯電話送信機からガスタービンまで、欧米の製品に匹敵する独自技術を生み出すことができるとする理論だ。

両方の構想とも失敗した。ＥＵと米国が二〇二二年に外国機械部品やソフトウェア、とくにコンピューター・チップの全面禁輸によってロシアに打撃を加えると、ロシア経済への影響は壊滅的だった。五月末にもなると、ロシアの自動車生産は七五パーセント減少していた。ロシアの国内総付加価値指標は建設部門で六二パーセント、農業で五五パーセント、製造業で二五パーセント低下した。兵器産業を含むロシアの製造企業は部品の解体、再利用を余儀なくされた。(8) ウクライナの情報機関によると、ニージニー・タギルを本拠とするロシア最大の戦車製造所「ウラル自動車工場」は、プロセッサー不足のためにT‐72Ｂ3型戦車の生産停止に追い込まれた。(9)「ウクライナ人が現場でロシアの軍事装備を見つけると、皿洗い機や冷蔵庫から取り外した半導体が詰まっているとの報告をウクライナから受けている」。ジーナ・レモンド米国商務長官は五月にこう述べた。(10) ロシアを代表する航空会社アエロフロートは――ボーイングとエアバスがすべてのサポートとサービスを打ち切り、解体された航空機は安全に運航できないと警告していたにもかかわらず――、現存する航空機部品を使って残りの航空機の運航を続けるため、航空機の約四〇パーセントを地上に下ろさざるを得なくなった。「すべての航空機がたちまちソフトウェアのアップデートを受けなくなった」。クレムリンにつながりをもつある実業家が、ジャーナリストのエフゲニヤ・アリバーツにこぼした。「［そこでわれわれは］黒のブリーフケースをもったある若い男に、やってきてソフトウェアをハッキングしてくれと頼むのだ」(11)

公式には、二〇二二年末までにロシアの消費者物価指数は、年率約一二パーセントのインフレ率を示した。だが、大手小売り業者の市場調査によると、テクノロジー、接客業、自動車といった輸入に依存する分野の本当のインフレ率は四八〜六一パーセントで推移していた。戦争の一日ごとに、ロシアの納税者には五億ドルの負担になったのだ。(12)

赤字を補うために、ロシアの通貨供給量は二月から六月にかけて二倍になり、ロシアの外貨準備高は戦争の最初の六カ月間で七五〇億ドル減った。アントン・シルアノフ蔵相は七月、ロシアの政府予算は戦争が終わるまでに、GDPの二パーセント相当の赤字になるだろうと認めた。これは「国富基金」の三分の一を完全に引き出すことで、閉じる不均衡だ、と彼は示唆した。(13)

このように、制裁は疑いなくロシア経済を傷つけていた。だが、制裁は効いていたのだろうか？それは制裁の目的をどう定義するかによる。バイデン米大統領は三月、制裁は「ロシアの力をそぎ」、ロシアが「二度と近隣諸国に脅威を与えることがない」ようにするために、軍事力に匹敵するダメージを与える狙いがあると表明した。その評価基準からすれば、制裁はたしかにクレムリンの戦争マシーンを消耗させる点で効果があったように思われた。八月末にもなると、モスクワは北朝鮮から砲弾を、イランからドローンを買っており、航空機とミサイルおよび兵員をシリアでの軍事任務から引き揚げていた。

しかし、制裁がプーチンの権力を侵食するか、もしくは彼の行動を変える見通しがあっただろうか？　バイデンはそれが主眼なのではないと指摘した。「わたしは制裁が実際に彼を抑止するとは言わなかった」と、バイデンは三月のNATO首脳会議で語った。「制裁が抑止することは決してない」(14)と。その言い方は率直に言って不誠実だった。二〇一四年に制裁第一弾の策定に参画したある元ホワイトハウス当局者によると、バイデン・チームの戦略の主要要素は「クレムリンのシロヴィキとロシアの実業界の間にくさびを打ち込むこと」だった。たしかにその戦略は、二〇一四〜二〇二二年の間は奏功していなかった。だが、「プーチンと「実業」エリートの間には、彼らは政治に手を出さず、プーチンは彼らが富むのを認めるという契約がある」と考える根本方針は今も変わっていない、とその当局者は語った。(15)

制裁が効くにつれ、一部の裕福なロシア人はたしかに、群れを成して資金の逃避先へ向かった。

イェール大学の調査によると、三〇〇〇万ドル以上と定義される高額資産保持者のうち、二〇パーセントに当たる約一万五〇〇〇人が国を去った。規制があったにもかかわらず、中央銀行自身の数値によれば、ロシアからの資金送金は二〇二二年第一・四半期の二二〇億ドルから、第二・四半期の七〇〇億ドルに跳ね上がった。ドバイの複数の不動産会社は、ロシアのバイヤーへの販売が前年比一〇〇パーセント、さらには二〇〇パーセントに増えたと報告した。[16]だが、こうした統計は別の読み方もできる。つまり、裕福なロシア人の八〇パーセントは国にとどまったのだ。それも驚きではない。クレムリンは、逃亡が背信行為とみなされることを明確にしたのだから。二月二六日、プーチンはロシアの有力政商を全員招集し、その会合に出ていたある人物によると、完全な忠誠と服従か、さもなければ資産没収のうえ逮捕もしくは追放かを選ぶよう事実上命じた。[17]大方の下位エリートは選択肢がないも同然だった。彼らのビジネス上の利害はあまりにも緊密にロシアとロシア国家に結びついており、追放は合理的な選択肢にならなかったのだ。

侵攻後の数カ月にわたしがモスクワで話した十数人の裕福なロシア人実業家の間の雰囲気は、「われわれに何ができる?」「嵐は次第に止むだろう」と、多かれ少なかれ禁欲的な諦観であり、それがクレムリンではなく欧米に向けられた深く、しばしば激しい怒りと結びついていた。「『ヨーロッパの』そうしたおべっか使い連中は、わたしの金を受け取り、媚びを売って喜んでいたんだ」。イタリアとロンドンに不動産を所有するロシアの大手テクノロジー輸入会社の社長は、そう言った。彼個人は制裁リストに載っていなかったのだが、それでもロシア人という理由だけでヨーロッパの複数の銀行口座を凍結されていた。「彼らがいう法の支配と私有財産の尊重はどうなったんだ?」。ヨーロッパと米国は「われわれがみな犯罪者で、一人の変人［プーチン］の犯罪のために苦しまなければならないと決めたのだ」。サンクトペテルブルクを本拠とする電話通信業界のある大物は、こう毒づいた。

「彼らはわれわれがここロシアに座っていることが望みだ。よかろう。ここに座って、自分たちだけでやっていくさ」[18]

クレムリンは諸外国との付き合いで、独自の基準を用いていると非難されていた。例えばゼレンスキーとキーウのエリートたちは腐敗しており、簡単に買収されるとする思い込みがそれだ。しかし欧米もまた、ロシア人は経済的苦境の可能性に対してはヨーロッパ人や米国人と同じように、指導者を非難し変革を要求するといった反応を見せるだろう、と思い込んでいるようだった。しかしながら、ロシアの現実は非常に違っていた。その一つとして、一九九二〜九三年のハイパーインフレから一九九七年と二〇〇八年、それに二〇一四年のルーブルの暴落まで、制裁を動因とする二〇二二年の不況よりはるかに悪質な経済危機が起きていた。比較的少数の都市のロシア人はイケア、スターバックス、ザラは当たり前という、繁栄してヨーロッパ的な中流階級のような生活を営んでいた。月額八〇二ポンドの平均給与に近い生活をしている多数派のロシア人――あるいは一二〇ポンドの貧困ライン以下の生活をしている一四パーセントの国民――にとっては、モスクワの高級店が消えることや輸入電子製品の値段は、ほとんどどうでもよかったのだ[19]。

多数派のロシア人と政府にとってもっと大切なのは、自分たちの苦境は大義のためだという明白な感覚だった。「われわれはロシア人として、なんのために生きているのか?」。テレビのアンカー、ウラジーミル・ソロヴィヨフは晩秋にこう問うた。「マクドナルドのためでも、ケンタッキー・フライドチキンのためでもない。われわれの生活の目的は、真実を、正しいことを擁護することだ。われわれの兄弟たちがファシストのくずどもに攻撃されたら、われわれの生身をもって彼らを守ることだ」[20]。クレムリンが支配するTVチャンネルでつねに流れるメッセージは、制裁の結果として欧米が経済破綻に直面しているというものだった。「ウソの愛国的言辞に慣らされた人びとは、何十年も沈黙し続けることができる。一般市民の忍耐の限界は……まだ本当に試されてはいない」。モスクワの金融調査研究所のヴァレリー・キジロフは、『ロシア人はなぜ経済危機に気づかないのか』と題する影響力のあるエッセーで、こう書いた。「ロシア当局の最高レベルでは、［これは］明白な危機とは呼べない。公式見解は、対立する諸国の経済の方がもっと苦しんでいるということなのだ。この意味では、体制は一九七〇年代後半と一九八〇年代初めの停滞した修辞モデルに戻ったのである」。ロシアが直面しているのは「崩壊ではなく、衰退」なのだ[21]。

クレムリンが経済の衰退をめぐって、エリートからの反発も国民からの反発も懸念していないことを示すもっとも雄弁な徴候は、プーチンが政治的優位を獲得しようとして、ヨーロッパのガスプロム依存というロシア経済の主たる切り札を賭ける決定をしたことだった。

天然ガスvs.大砲

プーチンと側近たちにとって電撃戦計画の失敗がはっきりするなか、二〇二二年の初夏にもなると、クレムリンは戦争の帰趨を天然ガスと大砲の間の戦いで決しようとした。欧米が供与した兵器がロシア軍陣地をたたいているとき、ロシアによる天然ガスの遮断はエネルギー価格の高騰と、一世代のうちで最悪の生活費となってヨーロッパの消費者をたたいた。

二〇二一年のEUの天然ガス輸入のうち、ロシア産は約四五パーセントを占めた。なかでもヨーロッパ最大の経済をもつドイツは、ガスプロムにもっとも依存していた。そして同国の歴代首脳がその依存を強めることに与ってきていた。その理屈は必ずしも不合理なものではなかった。ゲアハルト・シュレーダーは二〇〇五年に退陣したあと、パイプライン「ノルドストリーム」とロシア大手国営石油企業ロスネフチの重役会入りするのだが、彼はドイツがロシアのガスに依存することは、ロシアがドイツの資金に依存することだと論じた。経済的統合が進めば、ヨーロッパとモスクワの関係をいっそう安定させることに役立つ、と。

その方程式に内在する道徳的危険は、ロシアによる二〇一四年のクリミア半島併合のあとに顕在化した。すでに見たように、シュレーダーの後任アンゲラ・メルケルは、「ノルドストリーム２」計画を破棄せず――そして米国からの強い圧力にさからって――、ガスプロムが資金調達する九四億ユーロのプロジェクトにゴーサインを出した。

二〇一八年七月にブリュッセルで開かれたNATO首脳会議で、トランプ米大統領が不満を表明した。「われわれはロシアを警戒しているのに、ドイツはロシアに年間何十億ドルも払おうとしている。……ドイツは完全にロシアに支配されている、［なぜなら］彼らはロシアと新パイプラインからエネルギーの六〇～七〇パーセントを得ている。……これは非常にまずいとわたしは思う」[22]。トランプの警告はまったく無視された。そして、トランプが国連総会で同じ主張をしたとき、ドイツの代表団は公然と笑い、あざけった。

二〇二二年のウクライナ侵攻の直後、EUがプーチンに対する制裁を準備する際、天然ガスがヨーロッパのアキレス腱であることは明々白々だった。制裁には金融と輸出制限、さらには二〇二二年一二月に発効する石油の価格上限設定まで含まれていた。だが重要な点は、天然ガスを含んでいなかったことだ。実は、ヨーロッパは二〇一四年のときより、いちだんとロシアの天然ガスに依存するようになっていた。EUの主要なエネルギー消費国はクリーン・エネルギーの課題にこだわっており、それは石炭火力発電所の閉鎖、水圧破砕計画の破棄、そしてドイツでは原子力発電所の閉鎖を意味していた。天然ガスはエネルギー単位当たりの汚染物質と二酸化炭素の排出量が少なく、風力・太陽エネルギーといった再生可能エネルギーが石炭と原子力の穴を埋めるまでの、半ばクリーンな一時のつなぎとして受容されていた。
天然ガスはウクライナに対するヨーロッパの政治的・軍事的支援を突き崩す外交戦で、もっとも強力な兵器だとプーチンは考えていた。だがプーチンは、脅しを徐々に強める手は使わず、二〇二二年夏を通じて供給をあっさり遮断した――事実上自らに制裁を科すだけでなく、ヨーロッパに対し冬場のガス不足に備えるよう数カ月前に警告したのだ。ガスプロムは六月以降、ポーランドとラトヴィア、リトアニア、そしてフィンランドへの供給を止め、ドイツへのノルドストリーム1経由の供給を四〇パーセント減らした。表向きの理由は、シーメンス・エネルギー社による修理のためにカナダへ送られた重要なガスタービンが、制裁を受けたということだった。
プーチンが期待したとおり、その効果はたちまちパニックとなって表れた。ドイツのロベルト・ハーベック経済相が七月に述べたように、ロシア天然ガスを完全に絶たれるのはドイツの「悪夢のシナリオ」になる。カナダ政府はベルリンと国際エネルギー機関（ＩＥＡ）からの圧力を受け、そしてウクライナの反対を無視して、タービンに対する制裁措置を解除した。カナダのジョナサン・ウィルキンソン天然資源相は、「わが国の友好国と同盟国」は「ロシア産石油・ガスからの転換を続けるに当たって、信頼できる手ごろなエネルギーへのアクセス」を維持する必要があると強調し、この決定を正当化した。[23]
天然ガス消費が最低になる七月の半ば、ドイツのガス備蓄能力は、一一月一日までに九〇パーセントにするという目標をはるかに下回る六三パーセントにとどまった。電力・ガスを大幅に削減する場合の使用の優先順位をつけた緊急計画が制定された。病院と救急業務がリストのトップ、次いで一般家庭、そのあと工業関連企業が続いた。ドイツ全国の地方当局が水泳プールを閉鎖したり、街灯と交通信号機を消したり、新型コロナ患者向けに計画された大規模な共同宿舎を「暖房室」「温暖の島」

として転用したりする計画を作成した。この間、電気・石油暖房機や赤外線パネル、キャンプ用コンロの需要が膨れ上がり、薪ストーブと冷暖房装置の設置業者は、順番待ちリストが長く、資格をもつ技術者と部品が慢性的に不足していると報告した。[24] ドイツの連邦ネットワーク庁長官クラウス・ミュラーは、ガス料金は二〇二三年までに三倍になる可能性があると述べた。ドイツのトーマス・マトゥセック元駐英大使は「最悪の場合、われわれはおそらくドイツが第二次世界大戦の終結以降経験したことのない最大の経済危機を迎えるだろう」と警告した。[25]

クレムリンは九月、ノルドストリーム1は技術上の理由により無期限に閉鎖され続け、その技術上の理由は、「集団としての欧米」が対ロ制裁を解除するまで解決されないだろうと発表した。プーチンに友好的なハンガリーだけが、トルコ経由の古い陸上パイプラインを通して、まだ完全供給を受けていた。チェコ、スロヴァキア、オーストリア、イタリア、それにドイツは、奇怪なことに、ウクライナ経由でガスプロムからロシア産ガスを輸入し続け、そのウクライナはいっそう奇怪なことに、スイスの子会社経由でガスプロムからトランジット料金を徴収し続けていた。実は、ウクライナ自身が論理を曲げる仕組みを通して、ロシアの天然ガスを輸入し続けていたのだ。この仕組みは、パイプラインの流れをスロヴァキアから逆流させるもので、これによってウクライナ政府は、実はガスプロム製品を再輸入しながら、ヨーロッパから輸入していると主張できたのだ。

ロシアは「まだミサイルで攻撃できないところを、困窮と政治的大混乱によって攻撃しようとしている」。ノルドストリーム閉鎖のニュースが報道され、ドイツが生活苦と闘う消費者向けの六五〇億ユーロの支援パッケージを発表すると、ゼレンスキーはこう語った。数週間後、英国のリズ・トラス首相は物価ショックから経済を守るため、最大一〇〇〇億ポンドを国が拠出するエネルギー価格上限を発表した。だが、ガスの元売り価格は前年の一〇倍に跳ね上がり、大陸じゅうでエネルギー料金が膨らみ、バルト諸国ではインフレ率が二〇パーセントを超えるなか、政治不安は不可避と見えた。九月初め、プラハでは七万人を超える抗議参加者が街頭に繰り出し、自国政府のウクライナ支援に抗議した。

ただし、プーチンが期待した欧米の政治的混乱は起きなかった。ヨーロッパ、なかでもドイツは、プーチンが予想していた以上に素早く代替のエネルギー源を見つけた。侵攻の前夜、ヨーロッパはたしかに天然ガスの四六パーセントをロシアから輸入していた。しかしまた、パイプラインを通してノルウェーから二五パーセント、米国とアルジェリア、それにカタールから液化天然ガス（LNG）のかたちで二九パーセントを輸入していた。ヨーロッパのLNG輸入は驚くべき速さで増えた。ドイツの技師たちは、年末までにLNG輸入能力を四倍にする浮遊式ターミナルの建設を急いだ。二〇二二年一月時点では、ヨーロッパは、ロシアからパイプラインで送られる月間八〇億立法メートル弱のガス（再生可能エネルギー導入のおかげで、すでに歴史的な低い数値）に対し、月間四〇億立方メートル強のLNGを米国から輸入していた。一年後、米国とカナダから輸入されるLNGはロシアのパイプラインのガスにほぼ取って代わっていた。さらに重要なこととして、政治的に強力なドイツの緑の党が、政治的現実は気候目標に優先することを認め、火力発電所の再開と国内に残る三つの原発の閉鎖を延期することに同意していた。例年になく穏やかな冬と、家庭の電力使用がほぼ二〇パーセント自主的に減らされたおかげもあって、ドイツの天然ガス備蓄は、二〇二三年二月にはもう八〇パーセントを超えていた。

プーチンの恐喝の試みは、実は、ベルリンを脅しで屈服させるどころか、もっとも有力なかつてのヨーロッパの盟邦を遠ざけてしまった。「われわれはロシアから永久に安価なガスを受け取るという自己欺瞞を捨てなければならない」。ドイツのアンナレーナ・ベアボック外相は、八月二八日にこう述べた。「われわれはそれに多額の金を払うことはなかったかもしれないが、安全保障と自立という代償を支払ったのだ。そしてウクライナ人はすでに数千人の命の代償を支払ったのだ[26]」

　ロシアにとって、天然ガス供給を兵器として使うことには大きなリスクがあった。外交的には自爆チョッキを装着するに等しいのだ。九月一日、ガスプロムが侵攻以来二度目となるノルドストリーム1の「一時的」閉鎖を発表すると、ヨーロッパにおける天然ガスの元売り価格は実は、八月のメガワット時当たり三四五ユーロの高値から、二七五ユーロに二一パーセント下落した[27]。二〇二三年二月下旬にもなると、オランダTTFの先物取引市場での最直近の満期待ち天然ガス先物は、心理的に重要なメガワット時当たり五〇ユーロを割り込んでいた。過去二年間の最安値で、夏の最高値より八五パーセント低い価格だ[28]。

　プーチンの天然ガス戦争は、主たる効果として経済的苦痛を狙ったにもかかわらず、ヨーロッパの首脳たちはロシアのガスへの依存から永久に脱却する決意だ。九月五日、ドイツのショルツ首相は、ロシアは「もはや信頼できるエネルギーのパートナーではない」と述べた。さらにヨーロッパ理事会議長〔大統領〕シャルル・ミッシェルは、こう述べた。ロシアによる「兵器としてのガス使用がEUの決意を変えることはない。……われわれはエネルギー自立への道を加速するだろう。われわれの責務はわれわれの市民を守り、ウクライナの自由を支持することだ[29]」

　ヨーロッパがロシアの天然ガスへの依存を断ち切る可能性は、ロシアにとっては戦略的大失敗を意味した。プーチンはロシアの全エネルギー輸出の三分の一以上に当たる収入源を永久に台無しにし、最大の天然ガス輸出市場を失い、数十年にわたって築き上げてきたヨーロッパに対する梃子《てこ》を失ってしまった。九月二六日、水面下の爆発がノルドストリーム1の両パイプラインとノルドストリーム2のパイプラインの一本をひび割れさせ、推定三億立方メートルの天然ガスが海面に沸き上がってバルト海を一キロ幅のガス漏れで泡立たせたことは、そうしたロシアとヨーロッパのエネルギー関係の破壊を文字どおり表しているようだ。プーチンはロシアの占領下にあるウクライナ四州の併合を記念するクレムリンの式典でテレビ演説を行い、「欧米は……破壊工作に切り替えた」と主張した。真犯人は謎のままであり、スウェーデンとデンマークの捜査当局はその被害がたしかに破壊行為であることを確認したものの、容疑者を名指すことはなかった。(30) だが二〇二三年三月、米紙『ニューヨーク・タイムズ』と、続いてドイツの『ヴェルト』紙と『シュピーゲル』誌が、パイプラインはウクライナ政府とは無関係なウクライナ人実業家を後ろ盾にしたフリーランスの破壊工作者の小グループに攻撃されたと報じた。だれの仕業であるにせよ、ノルドストリームへの攻撃は、戦争の終盤に向けて、引き返し不可能な転換点になった。ロシアは一二月、ノルドストリーム2の残ったパイプラインを再開する考えを無益にもてあそんだが、実際には、戦争の終わりに最終的にどのような取り決めに至るにせよ、ヨーロッパがロシアの安価な天然ガスへの依存に回帰することは、いまや絶対になかった。

だがプーチンは代替プラン、すなわちロシアの天然ガスを代わりに中国へ輸出するというプランを準備しつつあった――あるいは、そのつもりだった。二〇二二年四月のエネルギーおよび経済関係高官たちとの会合で、プーチンは「ロシアの供給業者を追い出し、わが国のエネルギー資源を代替の供給品に置き換えようとする欧米諸国の試みは、必然的に全体としての世界経済に影響するだろう」と認めた。彼は「[制裁の]結果は、主としてその政策の発案者たちにとって、きわめて辛いものになるかもしれない」と主張。ロシアとしては「わが国の輸出品を急成長する南部および東部の市場へ、徐々に振り向け直す」ことが重要だ、「これを達成するために、われわれは主要なインフラ設備を決定し、その建設を近い将来開始しなければならない」と強調した。[31]

しかしポヴォロート・ナ・ヴォストーク、すなわち東への旋回に向けたプーチンの計画は、経済的にも実際的にもほとんど意味を成さなかった。二〇二二年二月には、ロシアは天然ガスの八三パーセント、一七〇〇億立方メートルをヨーロッパへ、一二パーセント一二五億立方メートルを旧ソ連諸国へ、そしてわずか二パーセント一二五億立方メートルを中国へ輸出した。二〇二二年の秋、中国とパイプラインでつながった最西端のロシアのガス田は、北京の真北約二四〇〇キロメートルのチャヤンダだった。チャヤンダの予想される最大年間生産能力はわずか二五〇億立方メートル――それも、ようやく二〇二五年までにだ。チャヤンダと中国を結ぶのはパイプライン「シベリアの力1」で、二〇一四～一九年に四五〇億ドルの費用をかけ、全額ロシアの銀行融資によって建設されたものだった。莫大な費用と気前の良い減税措置のために、そのパイプラインは利益が出なかった。これはロシアのエネルギー省次官ユーリー・センチューリンが二〇一五年四月、「シベリアの力」は「その費用を相殺しなければならないプロジェクトに投資するという問題ではない」と認めたところだ。[32] 現在建設中の他のパイプラインが「シベリアの力1」を、西はコヴィトカ・ガス田と、東はアムール・ガス精製プラント経由でサハリンおよびハバロフスクのガス田とを結ぶ。同プラントは中国の年間ガス消費量のほぼ九パーセントに当たる年間最大三九〇億立方メートルの生産能力をもつ。ということは、「シベリアの力1」はロシアのただ一つのヨーロッパ行きパイプライン、五五〇億立方メートルの「ノルドストリーム1」より少ない量しか汲み出せないことを意味している。[33] さらにそのうえ、二〇一九年に中国との間で取り決められた長期ガス契約は、危機以前の低い価格設定にもとづいていた。

ロシアが失ったヨーロッパの顧客をほぼ代替できるとすれば、唯一の道はシベリア全域とモンゴルを横切る二八〇〇キロメートルのパイプを経由して、北極のヤマル半島と中国を結ぶ計画の、年間五〇〇億立方メートルの「シベリアの力2」によってだろう。だがそれはいまのところ机上の計画にとどまっている。それに、だれがそれに融資するのか？　国際金融の調達と欧米の設備の購入から締め出されている国際的制裁下のガスプロムではない。ガスプロムは「莫大な現金支出」を予想して二〇二二年四月、三〇年間で初めて配当停止という前例のない措置をとった。根本的には、「もし欧米に売れないなら、ロシアはガスをだれにも売れはしない」とエコノミストのアンドレイ・モフチャンは言う。「それはガス田を閉めるということだ」(34)

換言すれば、プーチンが提案する「東への旋回」は、もっぱら北京の善意と金に頼っていたのだ。しかし北京は、表向きはモスクワを外交的に支持しているものの、自らのグローバルな事業活動に対する米国の制裁を恐れ、ICBC、新開発銀行、アジアインフラ投資銀行といった中国の多くの大手銀行が、すべての借款と融資をロシアから引き揚げた。シノケムのような中国のエネルギー大手もすべての対ロ投資と合弁事業を中止した。八月には中国版のVISAやマスターカードであるユニオンペイも、制裁を理由にロシアの銀行との提携を停止した。(35)いくつかの中国企業は活動を続けたが、それはロシアと中国以外では営業しておらず、国際制裁によって失うものが何もない企業だけだった。

ロシアは自らを北京の主要な政治的・経済的パートナー、ほとんど仲間の超大国だと思い込んでいた。だが真実は、ロシアは戦争前、中国の一一番目に重要な貿易相手にすぎなかったということだ。二〇二一年には中国の対米貿易は約一兆三〇〇〇億ドル、対EUでは一兆ドル強、そして対ロシアでは七〇〇億ドル弱だった。戦争の結果として、ロシアの対中貿易量は、主に中国によるロシア原油の輸入が増えたおかげで、九月までの一年間で一〇〇〇億ドル強に膨れ上がった。だが、北京のEUおよび米国との貿易関係はなお、二〇倍の大きさがあった。さらにそのうえ、北京は制裁を原因とするロシアの経済的脆弱性を最大限利用していると信じる十分な理由があった。

戦争の前、ロシアは世界の石油輸出の約一二パーセントを占めていた。このうち五三パーセントがヨーロッパ向け、三九パーセントがアジア向けだった。ロシアの石油は天然ガスとちがって、高価なパイプラインを必要としないので、もはやヨーロッパへ向かわない石油は、代わりにアジアへ容易に船で輸送することができた。だがインドと中国は、ロシア石油の買い付けに大幅な値引きを容赦なく要求した。北京は以前にもイランにちょうど同じことをしたことがあった。最後に頼る制裁破りのバイヤーの立場がもつ有利さだ。石油の世界的な指標銘柄であるブレント原油と、ロシアのウラル原油の価格の間にある、制裁を原因とする開きは、戦争前は一バレル当たり数ドルにすぎなかったが、三月までに一バレル当たり約三〇ドルに拡大し、EUの石油価格上限が二〇二二年一二月に発効したあとはさらに大きくなっていた。二〇二三年一月にもなると、ロシア財務省は、世界の石油価格が八六ドルであるにもかかわらず、ロシアが一バレル当たり受け取っている平均価格はわずか四九・五〇ドルだと発表した。一年前の稼ぎのざっと半分である。サウジアラムコの二〇一九年の調査では、ロシアは石油生産がもっとも高くつく場所の一つであり、サウジ原油の一バレル当たりわずか一七ドルに対し、ロシアの国内事業では約四二ドル、海外事業では四四ドルであることがわかった。そのうえ、ロシア石油の船舶輸送も、海上および積荷保険を複雑にする制裁のために、はるかに高額になっていた。

ロシアは戦争の期間を通してインドのような制裁破りの国への輸出を一六倍に押し上げることに成功したけれども、世界市場の比較的小幅な下落でもロシアには致命的になるのだった。そして、世界の石油価格の下落はまさに、バイデンが成し遂げようと企てたことだったのである。

ワールド・ウォーZ

七月、バイデンは原油価格を「安定させる」――すなわち下げる――ため、サウジ石油の増産を交渉する目的で、ムハンマド・ビン・サルマン皇太子との初会談にリヤドへ向かった。モスクワを弱体化するためにサウジアラビアを使うのは、さかのぼること一九八二年にロナルド・レーガンにとって効果があった作戦だった。なかでもチャーリー・ウィルソン下院議員は、ソ連はアフガニスタンでサウジの同宗信徒を絶滅させつつあり、ムジャヒディンに密輸される携行式地対空ミサイルのスティンガーと、ソ連経済を破綻させる（そして実際にさせた）低石油価格を組み合わせて打倒する必要があると、見事にサウジアラビアを説き伏せた。とはいえ四〇年後、当時に比べサウジに対する米国の影響力ははるかに小さかった。イエメンの残忍な戦争への関与と二〇一八年にイスタンブールで起きた反体制ジャーナリスト、ジャマル・カショギの誘拐・殺害で、米国政府がサウジを激しく非難したあとはとくにそうだった。

バイデンの努力は、ただちにはどんな結果ももたらさなかった。バイヤー側が、欧米による一バレル＝六〇ドルの価格上限がロシア原油に科される一二月五日の刻限と、ロシア製石油製品のヨーロッパへの全面禁輸までに買い付けを終えようと急ぐなか、九月ごろにもなると、世界の石油価格は心理的な抵抗線である一〇〇ドルに向かってじりじり値を上げはじめていた。開戦一年の記念日ごろには、価格は一バレル＝八六ドルまでふたたび下がっていた（ロシアの場合、ウラル原油割引の値引きが加わる）。

ところが非常に皮肉なことに、サウジアラビアの増産と価格下落のためのもっとも強力な論拠を提供したのはプーチンだった。バイデンがリヤドを訪問した一週間後、プーチンはイランのライシ大統領、それにトルコのエルドアン大統領と会談するため、テヘランに現れた。首脳会談の表向きの理由は、シリアの将来についての協議だった。シリアでは、ロシアはサウジと欧米を後ろ盾にする抵抗勢力に対し、イランの盟友バッシャール・アル＝アサド政権を救うことに与って力があった。本当の理由は、モスクワとテヘランの間の、新たに登場しつつある反欧米・反民主主義連合をアピールすることだったのだ。[36]

ソ連崩壊後のロシアの対イラン関係はつねにどっちつかずだった。一九九〇年代、エリツィン政権はブシェールに民生用原子炉を建設し、テヘランの中距離弾道ミサイル〈シェハブ3〉開発を助けた。だがプーチン政権下で、ロシアはイランの核兵器計画を止めることで欧米に同調した。理由の一つは、核武装したイランが地域で力を誇示するのをモスクワが懸念したこと、一つはアヤトラたちを支持してロシアと欧米との経済関係を害してきたことだった。ウクライナ戦争はそのすべてを変えた。世界でもっとも制裁を受けるのけ者国家として、ロシアはイランを越えてしまったのだ。

欧米との関係が修復できないほど壊れると、モスクワにとってイランとの同盟関係は魅力的な戦略的提案に見えはじめた。プーチンの外交顧問ユーリー・ウシャコフはテヘランで記者団に、「信頼し合える対話」がロシアとイランの間で発展してきた、「ほとんどの問題でわれわれの立場は近いか同じだ」と語った。[37] より緊急には、ロシアはウクライナが使用して壊滅的な効果があったトルコ製無人攻撃機〈バイラクタル〉の脅威に対抗するため、イランのドローンを必要としていた。一一月にもなると、イラン製ドローン〈シャヘド〉がウクライナの電力インフラに対するロシアの集中攻撃の最前線に投入されていた。

プーチンはロシアの国際的孤立を気にしていないふりをした。インドネシアのバリで七月七日に開かれたG20首脳会議で、ロシアのラヴロフ外相はロシアがウクライナ攻撃を始めて以来初めて、欧米の首脳と向き合った。「［ラヴロフは］交渉の大部分を部屋のなかではなく、外で費やした」と、ドイツのベアボック外相は記者団に語った。「ロシア側には話し合う気が一ミリもない」と。ベアボックが話しはじめると、ラヴロフはこれ見よがしに会議室から退出した――これは、「制裁に関しては不一致があるとしても」、室内のムードが「一九対一でロシアの侵攻に反対」であることを証明している、と彼女はのちに語った。欧米の首脳らは次いで、ラヴロフと一緒の写真撮影を拒否した。[38]九月、ロシアとベラルーシ、アフガニスタン、ベネズエラ、それにシリアはあてつけに、エリザベス二世女王の葬儀に大使さえ招かれなかった。北朝鮮とイランの代表さえ列席した催しである。

中国はロシアの最後の、そしていずれにせよ唯一の、国際社会での主たる同盟国にとどまっていた。戦争の当初、中国の王毅外相は主権と領土保全に関する欧米の「二重基準」を糾弾し、それらの国は北京の台湾支配権を認めることを拒む一方で、ウクライナの主権を擁護していると、国名は名指さずに非難した――論点ずらしの見事なテクニックだ。「中国としてはウクライナ危機と台湾問題を同列視するいかなる試みも拒否し、自国の核心的利益を守る」と王は宣言した。「中国はこの状況を利用して冷戦の精神を刺激し、ブロック対立をあおり、新たな冷戦をつくり出すことに反対する」と。[39]しかしすでに見たように、この外交上の支持が、米国による制裁を破ったり、ロシアの石油を市場価格で買ったり、ロシアがのどから手が出るほど必要としている軍事物資や融資を供与する用意につながることはなかった。そして一一月、習近平国家主席は、世界は「核兵器の使用もしくは使用の脅しに、共同して反対」しなければならないと断言し、モスクワに対し、ぼやかしながらも誤解しようのない非難を放った。数週間後、習はバイデンとの会談で、ウクライナでの核使用は「まったく受け入れがたい」とあらためて断言した。

しかし、日和見的な態度をとり続ける主要国もあった。とくにインド（安売りのロシア石油をできるだけ大量に手に入れる方を選び、国際制裁への参加を拒んだ）と、ロシアの移り気な友好国トルコがそうだ。なによりもトルコが米国の公式の同盟国であり続け、シリアの内戦ではロシアおよびイランとは別の側に立っていたため、プーチンとエルドアンの関係は荒れ模様だった。七月にテヘランで行われたプーチンとエルドアンの会談では、かつてお互いを「友人」と形容していた二人の指導者の間で、明らかな勢力バランスの変化があった。エルドアンはプーチンを記者団の前で居心地悪く待たせた。これはプーチン自身がいつも使った独裁者のパワープレーであり、彼がアンゲラ・メルケルを四時間、ローマ教皇を二時間近く待たせたのは有名だった。[40]

　トルコは三月と四月に、キーウとモスクワの間の初の、失敗に終わった交渉のホスト国になっていた。そして七月、ロシア、トルコ、イランの三カ国は実際、シリアの親米クルド人に反対するという、一つ合意できる事柄を見出した。エルドアンの変わりやすく、時に対決的なワシントンとの関係は、ロシアおよびイランの執念深い敵意としばしば波長が合った。八月、トルコのメヴリュット・チャヴシュオール外相は、ウクライナの穀物をオデッサから輸出するための海上回廊を開くようロシアを説得することにも成功した。これは世界の穀物価格を高騰させたロシアの航行封鎖に対するアフリカと中東諸国からの批判を、幾分か緩和した。

　国際的には、ロシアはほぼ孤立していた。「ロシア連邦によるウクライナ侵攻をもっとも強烈な表現で強く非難する」決議をめぐる三月五日の国連総会の投票では、ベラルーシとシリア、北朝鮮、それにエリトリアだけがロシアに同調した。キューバはモスクワ擁護の演説をしたが、結局は――プーチンのユーラシア経済連合の全参加国と、ロシアのどっちつかずの友好国である中国、インド、トルコを含む三四カ国とともに――棄権した。[41] 国際舞台でロシアを望外に支持する国、北朝鮮はウクライナ征服を助けるための大砲と、ウクライナを再建するための労働力を提供すると申し出た。ドネツク人民共和国の大統領デニス・プシーリンが熱烈に歓迎した申し出だった。だが、近い外国にいるプーチンのかつての盟友たちはモスクワばかりか、ロシアとの関係をすべて避けた。八月、いずれもモスクワの名目上の同盟国であるアゼルバイジャンとカザフスタンの首脳がバクーで会合をもったが、あてつけに公開の場ではロシア語を話すことを拒んだ。カザフスタンじゅうの都市にウクライナ国旗が翻っていた。

抑圧

二〇二二年夏の間、ウクライナの戦争が勢いを失って血みどろの膠着状態になるなか、プーチンは、戦争への公然たる反対はほとんど目につかなくなっていたにもかかわらず、国内の異議に対する戦争を強めた。

戦争の初めの日々にパラパラと起きた小規模な抗議行動と、プーチンが九月に部分的動員を発表したあと起きた重大な抗議の高まりを別にすれば、戦争が続いているほとんどの期間、目につくような反戦運動も、ストライキも、市民の不服従も、さらには落書き運動やインターネット上の大衆的抗議行動も、ハッキング攻撃もロシアには事実上なかった。三月一四日、《第1チャンネル》のプロデューサー、マリーナ・オフシャンニコワは夜のニュースショー「ヴレーミャ」〔時〕の生放送中に、「戦争反対！」のスローガンをかざして割り込んだ。彼女はスタジオの映像が中断されるまで一五秒間、テレビに写った。オフシャンニコワは三万ルーブルの罰金を科されたが、その後の世論調査では、「ヴレーミャ」の視聴者の九パーセントしか、そもそも彼女に気づかなかったことがわかった。七月、彼女はふたたび衝撃を与えようとして、モスクワのソフィースキー河岸通りで単独抗議行動を敢行。手に持ったポスターには「プーチンは殺人者だ。彼の兵士はファシストだ。三五二人の子どもが死んだ。彼がやめるにはあと何人死ななければならないのか？」とあった。今度は彼女は自宅軟禁下に置かれ、のちに禁固一〇年を食らいかねない新メディア規制法にもとづいて訴追された。二〇二三年一月の判決言い渡しの前夜、オフシャンニコワは七台の車を乗り継ぎ、国境を徒歩で越えてロシアからフランスへ劇的に脱出した。[42]

気を滅入らせるような真実だが、プーチン流の標的を絞ったハイテク型の抑圧は奏功していた。オフシャンニコワの事件は「会合、集会、示威行為、行進もしくはピケの準備あるいは開催について定められた秩序に対する違反」を内容とする行政違反法典第二〇条二項にしたがい、ロシア当局によって立件された二万件の一つだった。[43] NGOの「OVDインフォ」によると、戦争の最初の七カ月間に一八万五〇〇〇人が抗議行動で公式に拘束された。こうした違反の多くはばかばかしいほど些細なことだった。ロシアのインターネットには、現実離れしているほどあいまいな抗議行為を理由に、人びとが勾留されるビデオ映像があふれた。ある男性は「ミール」（平和）の商標がついたロシア貯蓄銀行のデビットカードを掲げ、警察に拘引された。別の男性はモスクワの永遠の炎のそばでトルストイの『戦争と平和』を振りかざしたところ、即座に逮捕された。赤の広場の脇で、勇敢にダダイズム的な抵抗姿勢を見せ「二語」（ニエト・ヴォイネー、「戦争にノー」を暗に意味する）と書かれた一枚の紙を広げた若い女性も勾留された。まったく空白の紙を掲げたもう一人の女性も同様だった。

プーチンの警察国家が実に巧みにやったことの一つが、警察治安活動だった（もう一つは、ヨーロッパのどこにも見られないような顧客利便性をとことん磨き上げた地方行政）。抑圧装置はきわめて効率的に働いた。モスクワの街頭のいたるところにあるカメラでとらえられた活動家は、顔認識ソフトウェアによって自宅まで追跡される。三月〜七月の間にロシアの法廷は、「軍の信用を傷つけること」など軍事検閲諸法にもとづく軽罪で、三〇〇三人に有罪判決を下し、八七人が最長で禁固一五年を食らういちだんと重大な「故意の虚偽情報を意図的に広める」罪で訴追された。九月にはジャーナリストのイワン・サフローノフが、エジプトへのロシア戦闘機売却に関する二〇一九年の『コメルサント』紙の記事にからむ反逆罪で、なんと二二年の投獄に処された。数百人の政治家、ジャーナリスト、公的人物が公式に「外国の代理人」の烙印をおされた。『ノーヴォエ・ヴレーミャ』紙編集長エフゲニヤ・アリバーツとラジオ《モスクワのこだま》の編集長アレクセイ・ヴェネディクトフの場合は、ユーチューブのチャンネルあるいは外国の広告主から金を得たことが理由だった。(44)

オンラインの独立系紙『ノーヴォエ・ヴレーミャ』は、ハルキウとオデッサ、ミコライウの爆撃に関する国際通信社の情報を引用したことで、四回罰金を科された。掲載された情報が国防省のウェブサイトには掲載されていなかったことから、裁判官はそれが起きなかったものと裁定したのだった。そのうえ、検察当局によるとプーチンは、特別軍事作戦は「ウクライナ領土からする侵略からロシアを防衛するために」行われていると表明していた。(45) いまなおロシアで働く勇敢なジャーナリストの一人であるアリバーツが八月、一般の人びとと戦争について話すためロシアの地方をめぐる旅に乗り出すと、彼女は自分が連邦保安庁（ＦＳＢ）に厳重に監視され、自分が会うすべての人が黒塗りのＳＵＶからこれ見よがしに写真を撮られていることに気づいた。

「トヴェリの市場で人びとに『特別軍事作戦をどう思いますか？』と尋ねると、答えるのは明白な支持者ばかり。ほかのだれもが答えを拒否するか、『われわれは何も知らない』とか『だれが始めたのかをだれが分かる？』といった文句で逃げてしまった」とアリバーツは報告している。「あらかじめ申し合わせた場所で話すことに同意した人びとは、『町は小さくて、分かってしまう』ので、職業や仕事場所ははっきり書かないでほしいと言った」。独立系オンライン紙『プスコフカヤ・グベルニヤ』〔プスコフ県〕の数人の地元ジャーナリストとヤブロコ党の活動家たちが、明らかにＦＳＢによって組織された暴漢に殴打されていた。「そのあと、同市の多くの著名人が、近隣のバルト諸国へ去った」とアリバーツは書いている。「あとに残った人は街頭活動への参加は言うまでもなく、ソーシャルメディアへの投稿さえしないのである」[46]

恐怖と、次いでプーチンがかかえる秘密警察の効率の良さが、ロシア人が戦争に反対しなかった理由だ。もう一つの理由はリーダーシップの欠如にあった。イリヤ・ヤーシン、ウラジーミル・カラ＝ムルザ、エフゲニー・ロイズマンのような著名な野党ブロガーは、戦争以前は容認されていた。だが、まもなく「名の通った人びとに対しては、ある暗黙のルールが確立された」とアリバーツは書いている。「第一に、当局は三つの『行政事件』を持ち出し、続いてその人物に国を去る三、四週間の余裕を与え、もし彼や彼女が去らなければ、午前六時直前の家宅捜索と逮捕があるのだ」[47]。あまり幸運ではない活動家たちもいた。モスクワのクラスノセリスキー地区の市会議員、アレクセイ・ゴーリノフは五月、「子どもたちがウクライナで殺されている間は」、提案されている児童絵画コンクールの開催について議論するつもりはない、と声を上げた。ゴーリノフは行政的有罪判決を受けず、ただちに「軍事に関する虚偽」で刑法犯罪の判決を受け、禁固七年を申し渡された。だが、ゴーリノフははるかに有名なイリヤ・ヤーシンの盟友であることが知られており、ヤーシンの説明によると、ゴーリノフの有罪判決はヤーシンに国を去れというシグナルだった。「しかし、わたしは去ることを拒否する」と、ヤーシンはテルアヴィヴに本拠を置くユーチューブの『フィシュマン・ニュースチャンネル』に語った。「なぜ自分の国を去らなければいけないのか？　わたしにはだれとも同じようにここにいる権利がある」[48]。二カ月後、ヤーシンも拘束され——ウラジーミル・カラ＝ムルザ、元ニージニー・ノヴゴロド州知事エフゲニー・ロイズマンとともに——、ゴーリノフと同じ罪で訴追された。ヤーシンは一二月に禁固八年の判決を受けた。

ロシア人が沈黙した四つ目の理由は、クレムリンによる情報へのアクセス規制の効果だ。戦争が始まって以来、最高検察庁と各地の裁判所は七〇〇〇以上のウェブサイトを閉鎖した。七月ごろには二五〇〇万人のロシア人が、インターネット上で代替情報にアクセスするために仮想専用線（VPN）を使っていた。だが技術に通じた当局はそれにも網をかけ、VPNをインストールした携帯電話には、国営銀行のアプリとサービスを使えなくした。[49]

そして最後に、三月と四月の中流階級の大脱出のあとでは、モスクワとサンクトペテルブルクには反対派活動家がほとんど残っていなかったという単純な、気を滅入らせる事実がある。「どうして自分の国に残ってプーチンと戦わないんだ？」。トビリシのカフェで五月、ジョージア人の常連客の一人が、テーブルにいたモスクワからのロシア人亡命者たちに問いただした。「諸君がそこに残ってそれをしないなら、だれがやるんだね？」[50]

それは鋭い質問だった。二〇一一〜一二年にモスクワであった反プーチン市民抗議行動の絶頂期には、信念のためには逮捕のリスクも覚悟した市民意識のある約一〇万人が、街頭に繰り出した。ところが二〇二二年の侵攻の結果、ジャーナリストや活動家らモスクワとサンクトペテルブルクの知識人層を含め、少なくとも五〇万人が国を去ってしまっていた。総計すると二〇二二年末には、約一一万二〇〇〇人のロシア人がジョージアに、各一〇万人カザフスタンとセルビアに、七万八〇〇〇人がトルコに、六万五一四一人がアルメニアに、三万七三六四人がイスラエルに、三万人がキルギスタンに、そして二万一〇〇〇人が米国に住んでいた。[51]第一次世界大戦前の帝政と同じように、プーチンの警察国家は潜在的に危険な革命家のほぼ全員を、投獄するか国外追放にするかに成功していたのだ。

一九一七年二月には、指導者不在だが腹を空かせた都市プロレタリアートと、不満をいだく都市中産階級が体制に反対して重い腰を上げげた。「特別軍事作戦」がおおむね目に見えず、視野にも念頭にもなかった三月〜九月の間は、大衆が不満をいだく可能性はあまりなさそうだった。

一般のロシア人にとっては、どんなかたちであれ公然の抗議行動は、考えられないほど危険になったばかりか、もっと重要なこととして、無意味に思われるようになっていた。しかし特権に恵まれたロシア人はどうなのだろうか？　すでに見たように、彼らの子どもたちは一般庶民のために作られた法律には縛られないと感じ、挑戦的な反戦の画像をインスタグラムに投稿しているのだ。アリバーツの経験はわたしの経験によく似ていた。「戦争が始まって六カ月、わたしは戦争を公然と支持する多少とも名を知られているか、高位にあるか、もしくは裕福な人物には一人も会ったことがない」と彼女は八月に書いた。「しかしながら、元副首相の一人で、いまはある国営企業の社長をしている人が、胸に挑戦的な『Z』をあしらった黒のTシャツを着て、大統領府のオフィスへやってきたと聞いた。この人物が永遠の忠誠を示すため大統領府をぶらついたり、そのTシャツを着ていたりしたのかどうかは、いまも分からない」。わたしの情報源と同じように、アリバーツの情報源は人目につくところで会ったり、立ち聞きされたりすることについて、ひどく妄想的になっていた。彼女がインタビューした相手の一人は「『社会は敵に対してノヴィチョクを使うことがもつ意味合いについて徹底的に考えることを、完全に怠っていた』と数回くり返した。どうやら、自分の高級な邸宅のドアの取っ手か車に軍用神経ガスが塗られているかもしれないという恐怖が目下、ロシアの支配エリート上層部の多くの人びとの心を去らないようだ」

エリート層の少数の著名人には、異議を唱えることに対する暴力的な報復を恐れる訳があったとすれば、はるかに多くの者たちは、はるかにさもしい衝動を動機としていた――怯懦、そして同調である。戦争の結果、主義に従って辞職したのはたった一人のロシア外交官（在ジュネーヴ軍縮代表団のボリス・ボンダレフ）と、たった一人の政府高官、元蔵相でエリツィンの大統領府長官だったアナトリー・チュバイスだけだった。「それは良心の問題じゃない」ボンダレフはいま妻と猫と一緒に暮らすスイスの某所から、会議アプリでわたしに話してくれた。「勇気の問題だ。政治的抑圧に挑む勇気じゃない、なぜならロシアに抑圧がある間は、それはかなり限界があるから。主流に逆らうことを恐れるという問題……だれも白いカラスになりたくないんだ」

声を上げる仲間の官僚がなぜこうも少ないのか。ボンダレフの説明では、ロシア人は「極度に従順」で「責任を取ることを生理的に恐れ、それがこの『主人がつねにいちばんよく知っている』という文化が存在する理由なのだ」。ボンダレフがロシア外務省二〇年のキャリアを通じて分かったところでは、この現象はロシアの官僚たちの間でとくに深刻だという。「政府勤務はどっかりと体制順応主義のうえに築かれていて……上司がつねに正しく、人は自分の意見をもつ権利がない」。戦争が勃発したあと、ジュネーヴでロシア外交官仲間と話していて、ボンダレフは、大方の仲間がただ「肩をすくめて『われわれに何ができる?』と言う」ことに気づいた。彼らはそのあと公の場に出ると「シャツを引きちぎりながら、ウクライナが生物兵器化した蚊といったたわごとでロシアを攻撃したがっていると熱心に叫ぶんだ」。ボンダレフは辞表を送る前、深刻な疑念を抱いた。「戦争が勃発したとき、もしモスクワにいたとしたら、わたしは公式声明を行っていたかどうかわからない」と彼は認めた。「耳を傾ける者がほとんどいないことはわかっていた。そしてわたしは刑務所へ行くか、仕事も見込みもなく座っていたことだろう。声を上げたい人びとはいる、だけど彼らはそのリスクを考量する。そしてリスクの方が得るものよりはるかに大きいと彼らが考えるのは理解できる。声を上げても何もいいことはないんだ」[52]

ボンダレフの同僚たちと同様に、エリートの多くは外国での休日、外国の不動産と資産を失うこと、それに子どもたちの海外での教育あるいは将来と将来の成功の可能性を失うことを、仕方なく受け入れた。「現体制は二〇二三年春までの命運だと言う者もいれば、抑圧はこの先の数カ月強まると予測し、体制にはあと一〇年は生き延びるだけの強さがあると確信する者もいる」とアリバーツは書いた。「彼らは来たる二〇二四年の選挙とその次の選挙でも何一つ変わらないだろうと主張する」〔三月の大統領選では反体制候補をあらかじめ排除してプーチンが圧勝〕。それでも、百万長者と億万長者から成り、ロシアで財を成して世界中でそれを消費することに慣れたプーチンの支配階級が「檻のなかで生きて死ぬことに同意するだろうか？わたしにはそれほど確信がない」と彼女は疑問を投げかけた。[53]

プーチンの戦争のもっとも無謀なところは、ロシアのもっとも有能な富の創出者たち——自由に財産を作るに任せられているかぎりで、抗議せずに体制を容認する用意のあった実業家と中流階級——と国家の間の微妙なバランスを壊したことにあった。彼らの富はこのシステムの上に築かれ、このシステムによって保証されてきたため、彼らはつねに相互依存関係にある支持者だった。彼らは野党勢力を——その価値観に内心で同意していても——支持することはなかった。政治的変化は彼らの繁栄と安定にとって脅威になるからだ。しかし同時に、体制に対する彼らの支持は、自分たちが富むことを国家が許し、自分たちの財産を多少なりとも守ってくれるという了解のうえに成り立っていた。シロヴィキの最有力者の一人のビジネスパートナーである著名な政商が言うように、「大方のロシア人実業家は、ほかの何でもない、自分の財産の愛国者なのだ」。[54]

プーチン時代の特権階級《ノメンクラトゥーラ》のなかの最上級構成員——国家と国営大手企業の両方を支配する官僚実業家——は、二〇一四年〔クリミア半島併合〕後に制裁を受けたあと、欧米とその恩恵から切り離されることを仕方なく受け入れていた。こうした男たちには、二〇二二年にロシアを再び戦争に導いた政策決定者たちが含まれる。欧米からの完全離脱で失うものが何もない男たちである。

特権階級と実業家階級の下位構成員たちはそれほど楽観的ではなく、そうした喪失をそれほど受け入れてはいなかった。しかし彼らはまた、クレムリンの政策決定プロセスに公式・非公式の発言権をもっていない。そうした人びとの多くは、自分が国内で所有するものを手放せるだけの財産を築いていなかったために、国を去ることができなかった。彼らは決して戦争を期待したり、必要としたり、積極的に支持したりはしなかった。戦争は自分の利益とライフスタイル、人生の展望にとって深刻な打撃になるのだ。だが戦争が展開するにつれ、多くの者が惰性によって自称「愛国者」であり続けた。何よりも、そうしなければ危険だったからである。

「もちろん、エリートは——すべてかほぼすべてを失った者たちを含め、少なくともエリートの一部は——、もっとも重大な二月二四日の決定を含め、プーチンの諸々の決定が国家と社会にとって、経済と人的資本、そしてロシアの評判にとって、致命的であることを理解している」モスクワ・カーネギー・センターのアンドレイ・コレスニコフはこう書いた。「だが彼らはその状況を正すために何もしはしない。彼らは恐れているのだ。力を合わせることができないのだ。彼らは独裁者を替える手段をもっていない。彼らは民主主義には価値がない、金を作る道はいかなる競争的選挙もなしにクレムリンおよびFSBと関係を結ぶことだと考え、過去二〇年間そうした手段を使わなかったために、自らそれを破壊してしまった。……かくしてわれわれは、世界のダストシュートを着実に下る運動を続けているのである[55]」

しかしながら、戦争は静かに怒る広大で強力な有権者層、プーチンが九月二一日に寝耳に水の動員を発表したあと、その姿がより見えるようになった有権者層を生み出した。ソ連末期とちょうど同じように、ロシアには声を上げる少数の体制批判派がいたが、そうすることが自分の利益になるために同調しているだけの、はるかに多くの人びとがいた。戦争がそれを変えた。いまや、自分個人の利害がクレムリンの利害とは異なる潜在的な対抗勢力の新たな諸階層が登場しており、そのなかには、自分が体制の敵だとはそれまで考えていなかったのに、戦闘に送られる可能性のある若者たちの親類縁者が含まれていた。例えば、ダゲスタンの首都マハチカラで道路を封鎖した大群衆、あるいはシベリアで徴兵事務所に放火した絶望的な若者たちだ。著名な体制忠誠派の間にさえ亀裂が見えた。ラムザン・カディロフは、FSBや非常事態省、それに特殊機動隊OMONに勤務する五〇〇万人が自宅にいるのに、なぜ大量召集が必要なのかと疑問を声に出した。ロシア国家親衛隊の元副長官で、今はダゲスタン共和国の首長セルゲイ・メリコフ大将は、熱心すぎる徴兵官の「完全な馬鹿さ加減」を責め、デルベント〔ダゲスタン共和国の都市〕の人びとに謝った。同地では拡声器をつけた複数の車が通りを巡回し、すべての男性に新兵募集に応じるよう命令していたのだ。プーチンが手にする忠誠心のたくわえは依然として強力だったが、それは何よりも、四〇歳以上のロシア人がだれでも、体制転換は大混乱と動乱、長引く経済危機を意味することをよく知っているからだ。だが、動員に対して恐れ、怒った幾百万の人びとは、一定の条件下では、実現性のある選択肢が現れ次第、現体制に替わる体制を支持する用意があるかもしれないのだ。

欧米人はしばしば、ロシアはもっと良くなる可能性があると論じる。ロシア人は、もっと悪くなる可能性があると習慣的に反論する。どちらも正しいだろう。だが、ウクライナ侵攻後のロシアの基本的現実は、その怒った声なき中流階級が体制転換を夢想するほど絶望するためには、状況がさらにいちだんと悪化――例えば九〇年代初めのように、生きた記憶にあるどんな状況よりも悪化――しなければならないだろうということである。「制裁による政治的影響はないだろう」とモフチャンは予測した。「制裁はロシアの経済的発展を妨げるだろう。景気後退とインフレを引き起こすだろう。しかし、それは壊滅的なものにはならない。飢餓暴動は起きない。われわれはただ二〇年分後退するだけだ。そして復興への道はいちだんと険しいものになる。そして国民はそれを欧米の敵意の結果として受けとめるだろう[56]」

第12章 戦死者の館《テイル・ヴァルハル》へ

プーチン体制とは、地下に埋まっている富を盗むことに尽きる。
そしてロシアでもっとも深い埋蔵資源の一つが、人民の根深い保守性だ。
教育の欠如、忠誠心、変化への抵抗、無知、
そしてなんであれ外国のもの、新しいものに対する敵意もまた、
非常に深い古層に横たわっている一種の石油なのだ。
それはどの天然資源とも同じように、掘削し、利用することができるのだ。
ロシアの詩人・批評家ドミトリー・ブイコフ、二〇一二年(1)

過去に回帰する未来《バック・トゥ・ザ・フューチャー》

国家は戦争に勝てると信じるがゆえに戦争を始める。ウラジーミル・プーチンは短期で勝利に終わる戦争を予想していた。彼の攻撃計画はまずもって、長期の軍事作戦行動よりも悪質な軍事クーデターに向いたものだった。代わりに彼が手にしたのは、彼や側近のだれもが想像できた以上に血なまぐさく、長期で、彼の国にとって破壊的な戦争だった。

かつて戦われたどの戦争にも三つの局面があった。すなわち、開戦の攻撃、優位をめぐる戦い、そして終局である。その終局は不可避的に二つの結果を伴う。すなわち、一九一八年と一九四五年の連合国の勝利のように、戦争の潮目が不可逆的に一方の側に有利に変わるか、あるいは、戦争がなんらかの相互に合意された和平——最上の場合は、一九七三年のエジプトとイスラエルのように交渉によ

る講和。最悪の場合は一九五三年の朝鮮あるいは一九七四年のキプロスのように、消耗の果ての膠着状態――で終わるかである。[2]

本書はウクライナ戦争の優位をめぐる戦いの期間に書かれた。二〇二二年九月、ウクライナはハルキウ周辺で重大な突破を行い、翌月にはヘルソン市を奪回した。ロシアは三月に撤退したキーウ周辺の領域を含め、二〇二二年に占領したウクライナの地の約五四パーセントを失っていた。二〇二三年一月以降、ロシア軍は、当初はバフムートとソレダルでのワグネル傭兵による血なまぐさい人海戦術に主導され、ドンバスの一部を奪回しはじめた。戦争でもっとも血なまぐさく、長引くこの局面は、双方が最終的には勝てるかもしれないと考えている間は、決着しないままになるだろう。「いずれの側も完全勝利し、戦場における地歩を高め、かくしてより強い交渉の立場を獲得しようとしているので、どちらも交渉には関心がない」と、『終戦論』〔邦訳、原書房〕の著者、ギデオン・ローズは言う。[3] 二〇二二年三月と四月に行われたクレムリンとの初期の交渉では、ウクライナ政府はロシア軍が二月二四日以前の位置に戻るのと引き換えに、NATO加盟希望を放棄し、クリミア半島併合とドンバスの二共和国の自立を認めることを検討すると提案していた。戦争の最初の秋までに、そうした結果は考えられなくなっていた。ゼレンスキーは二〇二二年にロシアに占領された領域ばかりか、クリミアも奪回すると誓った。彼はまた、プーチンとは交渉しないと誓い、NATOとEUへの加盟を正式に申請し、迅速な加盟手続きを約束された。クレムリンの側では、占領したドンバスとウクライナ南部のかなりの地域をロシアに併合する住民投票の実施を急ぎ発表した。その併合は、ウクライナのさらなる前進をロシア本国への攻撃と見なすことで、前進に終止符を打つだろうとプーチンは期待した。そして九月二一日、プーチンは、もしロシア（ウクライナの新たなロシア領を暗に含む）が攻撃されれば、核兵器を使用するとの脅しをあらためてはっきりさせた。ウクライナはそうした警告を無視し、ヘルソン奪回に突き進んだ。さらに挑発的なことに、秋と冬を通して、ロシアに深く入った地域での、ますます大胆になるウクライナ側の一連の破壊工作とドローン攻撃のなかには、モスクワから二〇〇キロメートルのリャザンにある軍用空港の戦略爆撃機一機の破壊とともに、クラスノダールとブリャンスク、ベルゴロド、そしてモスクワ州の電力・ガスインフラへの攻撃があった。

プーチンが容易に勝利を宣言し、講和を求めはじめることが出来ていたはずの最後の機会は、ルハンスク——なおウクライナが握っていたルハンスク州の最後の都市——が七月五日、ついにロシア軍の手に落ちたときだった。プーチンはそうする代わりに二倍賭けした。「今日われわれは、彼らが戦場でわれわれを敗北させたがっていると聞いている。なんと言えばいいか、やってもらおうではないか」。プーチンは七月七日、議会指導者たちに語った。「われわれは欧米がわれわれをウクライナ人の最後の一人まで戦わせたがっていると聞いている。これはウクライナ国民にとって悲劇だが、すべてがこの方向に向かっているようだ。大まかに言って、われわれはまだ真剣に何も始めてはいないのである」。これは交渉による和平に真剣な指導者の言葉ではなかった。[4] そして九月二一日の演説でプーチンは、核使用の脅しをかけただけでなく、将来計一三〇万人を動員する秘密条項を伴う予備役兵三〇万人の初期動員を発表したが、こうも主張した。欧米は「われわれが自由でいることを望まず、われわれが植民地になることを望んでいる。彼らは対等の友好関係を望むのではなく、われわれから盗みたがっているのだ」。集まったロシアのエリートたちに向けた四〇分間のほとんど筋の通らない演説で、プーチンは今日の欧米の「全体主義、独裁政治そしてアパルトヘイト」を糾弾し、インドに対する歴史的略奪行為や第二次大戦末期のドレスデン空襲、さらには欧米で流行の「あまたの性《ジエンダー》」まで持ち出し、話題を二転三転させた。自分がこの戦争をロシア国民の実存的生存の観点で眺めていることにいささかでも疑念が出ないように、プーチンは、ロシアの使命は「ロシアの子どもたちの意識と魂の破壊を企てる極悪非道の実験から彼らを守る」ことだと強調した。[5] カーネギーのアンドレイ・コレスニコフがツイッター上で書いたように、プーチンの演説は「三〇年前なら泡沫的な愛国主義新聞で読むことができる信じられないほど無知な、一連の陰謀論の決まり文句だった。……いまやそれが、ソ連指導者の時代でもそんな議論の余地がなかったかつての超大国の政策になったのだ」。

戦争初期の数カ月、クレムリンはどんな組織でも計画が破綻したときにすることをした――隠蔽工作をし、すべてもとからそのつもりだったというふりをするのだ。プーチンの長期戦略は、歴史のくり返しを待つことのようだった。チェチェン、ジョージア、クリミアそしてシリアのあと、欧米の怒りと決意は内政上の関心事と安価なガス欲しさのために衰え、結局は雲散していた。バーンズCIA長官は七月、プーチンは米国が「注意欠陥障害」を患い、「ウクライナを忘れる」ことを期待しているのだと指摘した。[6] 九月になって、欧米がウクライナのことを忘れていないばかりか、戦場での巻き返しを積極的に支援していると、プーチンは方針を根本的に変えた。動員と領土併合と核の脅しのあと、クレムリンは明らかに、欧米が容認する以上に賭け金をつり上げる用意があるというシグナルを送りつつあった。侵攻一周年の直前、プーチンは戦争の責任をはっきりと欧米に押しつけ、戦争をロシアの存在にとって「生死のかかった脅威」と表現する好戦的な演説を行った。「彼らがウクライナへ兵器を送れば送るほど、われわれはロシア国境の安全状況についてますます大きな責任を負うことになる」。二〇二三年二月二一日、プーチンはロシア国会にこう述べた。彼は一周年を「わが国にとって分水嶺の時」と呼び、ウクライナ戦争は「わが国と国民の未来を決める」だろう、その結果に対して「われわれ各自が巨大な責任を負っているのである」と予言した。[7]

そこで、戦争は最後のもっとも危険な局面に入った――もはや一つの軍事的冒険ではなく、生き残りをかけたロシアの新たな大祖国戦争になったのだ。

戦争直前の段階では、未来が過去と似ていると期待するのは、必ずしも不合理な想定ではなかった。クレムリンにいる元マルクス主義者たちが、止めようのない歴史の諸力が自分たちの味方をしていると真剣に信じているときには、とくにそうだった。ラヴロフは七月、「諸国家の主権平等の原則の尊重にもとづいて多極世界が形成されるという、客観的歴史過程に代わる選択肢はない」と述べた。[8]ブレジネフ時代末期の話法を——おそらく無意識に——反映して、プーチンは米国とEU、ドル、ユーロ、欧米の経済自由主義、そして欧米一般の、経済的・文化的崩壊が差し迫っていると予言した。世界は「米国型の世界秩序の根本的崩壊の始まり」を目撃しつつある、と。プーチンは七月、運命を左右する安全保障会議会合を開いた時と同じクレムリンの聖エカテリーナの間で、国家院《ドゥーマ》〔下院〕指導者らにこう語った。「これは米国のリベラル・グローバル主義者による自己中心主義から、真の多極世界への移行の始まりである」。同時に——どうやら再び矛盾に気づかず——、プーチンはこの死につつある欧米帝国に戦争を起こした責任を押しつけた。「われわれがドンバスで、ウクライナで戦争を始めたと、われわれは教えられ、今日そう聞いている」とプーチンは述べた。「ちがう、それを始めたのは集団としての欧米なのである」。おまけに彼はまた、欧米が故意に「ロシアの進歩を妨げている」として——その敵がなぜ、いかにしてこれを成し遂げたのかを具体的に説明せずに——非難した。[9]

その意味では、かの軍事作戦が二年目にずれ込むなか、プーチンが愛国戦争の話法に転換したのは、たんに同じ主題のくり返しにすぎなかった。侵攻は、ロシアとその文明を破壊しようとして執念深くロシア憎悪を抱く欧米に対する国防戦争だというのだ。だが、ロシアにとって大惨事になった状況は、必ずしもシロヴィキにとっての大惨事ではなかった。結局彼らは自らが望むロシア、自らの統治が西欧化されたエリートや中産階級から挑戦されることがあり得ないロシアを手に入れたのだ。

「もう一度ボロトナヤ［二〇一一年の同広場の抗議行動］をやりたい連中には、テルアヴィヴでやらせろ、だ」。ロシアの大物実業家の一人で、ある上級シロヴィキの事業仲間は、自分の仲間の考えを要約してこう述べた。「シロヴィキは孤独かって？　いいや。計画は実現された。……ベクトルがリセットされたんだ」[10]。制裁のおかげで、ロシアのエリートは欧米に所有していた資産から――そしてシロヴィキの観点からすれば、忠誠心の分裂からも――強制的に切り離されたのだ。

国家院に対するプーチンの七月演説は、彼が抱く戦後ロシアの構想への重要な手がかりを与えた。その構想は「権威主義的自由主義」というオーウェル風の矛盾語法に依拠していた。ロシアは、欧米社会を弱体化しその自己信頼感を破壊したリベラルな見解の少数派による専制から市民を守っているので、実際には欧米より自由だとする考え方だ。

ロシアを――そしてプーチンの最側近たちを――二〇年間にわたって富ませた数兆のドルとユーロをもたらしたのは市場経済と自由貿易、合理的な通貨政策であったという事実を、プーチンは都合よく無視した。ヨーロッパが最終的にロシア天然ガスへの依存を脱却したあかつきには、経済がどのようにして生き残るのかについても、何も言わなかった。差し迫る財政赤字、下落する可処分所得、そして経済が主として、技術と物資の密輸入を合法化することによって生き延びている事実について、何も語らなかった。差し迫る人口動態上の破局と勤労層の減少、最上の専門家や経営者の国外逃避、戦争による莫大な損失、あるいは差し迫る経済の未開化とロシア化にも触れなかった。プーチンの構想は要するに、ロシアはグローバル化した世界で、独り立ちできるということだった。「自殺的であり古めかしくもある」計画だ、とカーネギーのコレスニコフは書いた[11]。

戦争によってプーチン、パトルシェフ、ボルトニコフらは、多くの老人が熱望することはあっても達成する者はほとんどいない一つの夢を実現することができた。彼ら自身の過去を理想化した像を反映した未来を創造するという夢である。実現すればその新しいロシアは、二一世紀よりも二〇世紀半ばを象徴することになるだろう。ヨーロッパが国境をなくし、人と資本と思想の自由往来を大切にする一方で、プーチンは、実はだれも破壊しようとしてこなかったロシアの国家主権を守るということを、盲目的に崇拝していた。世界が帝国を捨て、植民地を放棄するなかで、プーチンは一九九一年に完全崩壊したロシアの帝国的構想の上に自らの権力を築いた。そして前世紀の独裁者たちと同様に、プーチンは大衆の服従心を育み、彼らに尚武精神と英雄的な死の幻想を与え、自らと国家を一体化する指導者崇拝をつくり出し、己の権力に合法的に挑むいかなる手段も取り除き、永久に統治しようとしていた。彼は見せしめ裁判を使って政敵を投獄するか、暗殺チームを雇って彼らを黙らせ、メディアの完全な国家統制を確立し、政治的反対を国家反逆罪と同一視した。そして核の脅しを繰り返すことで、プーチンは自らの体制をロシアそのものと同一視し、自分の生き残りをたしかなものにするためには破壊の究極の限界にまで突き進む意思があることを明らかにした。プーチンのロシアは一種の死のカルトになっていた。

「幾百万がわたしを支持しているのだ[12]」

プーチンがウクライナとの戦争を始めたとき、ロシアは本当に彼を支持したのだろうか？　その疑問に答える前に、重要なことは、プーチンの二二年に及ぶロシア政治支配の秘訣がこれまでつねに、彼の見解と政策がいつも国民の多数派の見解をきっちりと反映していることにあった事実を想起することだ。プーチンはもっぱら抑圧とプロパガンダによって権力を維持するタイプの独裁者ではなかった。むしろ、時として盟友になるトルコのエルドアンのように、二一世紀のもっとも冷酷に成功したポピュリストの一人だった。

「わたしはファシズムを発明したわけではない」ベニート・ムッソリーニは一九二五年に、初期の伝記作家にこう語っている。「わたしはそれをイタリア国民の潜在意識から引き出したのだ[13]」。同じようにして、プーチンと彼のプロパガンダ・チームはロシア帝国と正教信仰、ソ連的価値観、それにプーチン主義としてのイデオロギーをつくる記号体系の混合物を、ロシアがもつ集団的意識のもっとも深く、もっとも暗い部分から引き出したのだ。プーチンの指導者としての成功の秘訣は、彼が国民を指導するとともに、国民に従ったことだったのだ。

　プーチンをヒトラーになぞらえる大方のジャーナリズム的、政治的な比較は、ありきたりな侮辱にすぎず、プーチンがゼレンスキーに奇怪な「ファシスト」の烙印を押すのとまったく同様に、見当外れである。だが総統《フューラー》や統領《ドゥーチェ》のように、プーチンの支配は、二〇二四年二月二四日の戦争勃発までは、強制よりも同意にもとづいていた。彼は国民の十分多数の積極的支持に慣れており、強力で勢力のある国家としてのロシア像と、帝国の弱小民族はモスクワに屈しなければならないとする信念を彼らと共有していた。

　ウクライナ侵攻はその共有された信念の延長だったのだろうか、それともそれからの断絶だったのだろうか？　侵攻前の世論調査は、実はロシア国民がウクライナとの現実の戦争に対しては深く相反する考え方をしていることを示していた。ウクライナ東部の戦闘がピークにあった二〇一四年五月、「軍部隊の投入など直接の軍事支援を送ること」を支持、もしくはどちらかといえば支持するロシア人はわずか三一パーセントだった。二〇一五年八月にもなると、その支持はたった二〇パーセントに下落した[14]。独立系のレヴァダ・センターが二〇一五年七月に実施した世論調査では、ロシア正規軍がドンバスの反政府勢力とともに戦うことを支持するかどうかとの質問に対し、積極的に支持あるいは「どちらかといえば支持」とする答えは、二〇一四年一一月の四五パーセントから、わずか三一パーセントに下がった。言い換えれば、クレムリンの全面的プロパガンダにもかかわらず、ウクライナ内部での限定的な作戦行動でさえ、その支持は代理戦争の最初の一年のあとに下落したのだ。二〇一七年九月ごろには、モスクワはウクライナ東部のドネツク、ルハンスク両離反州をなんらかの方法で支援するべきだと考えるロシア人は、わずか四一パーセントだった。このことは、クレムリンが二〇一四～二〇二二年二月の間、ウクライナ東部におけるロシア兵のプレゼンスを認めたがらなかったことを説明する一助になるけれども、なぜプーチンは全面侵攻を選んだのかという謎はいっそう深まる。[15]

二〇二一年四月にレヴァダ・センターが実施した調査では、ウクライナへの軍事介入についてロシア人の意見は真っ二つに割れ、回答者の四三パーセントがロシアは紛争に介入するべきだと答え（「絶対支持」が一八パーセント、「どちらかといえば支持」が二五パーセント）、四三パーセントが介入するべきではないと答えた（「どちらかといえば支持しない」が二五パーセント、「絶対支持しない」が一八パーセント）。重要なことに、二五歳以下の六六パーセントが、ウクライナに「好意的な」考えをもっていると答えた。[16]

大統領府はつねに世論調査に気をもんでいた――二〇〇〇年代初めには、クレムリンがロシア国家親衛隊、FSBその他多くの組織に所属する連邦と地方の諸機関を支えに、三つの独立系の全国的調査機関を接収するほどだった。すべての機関が大衆の雰囲気についておおむね信頼できるデータをモスクワへ送った。[17] 世論調査は概して、きわめて専門的かつ匿名性のあるものと受けとめられていた。ではなぜクレムリンは、国民の支持がそれほど深刻に二極化しているのに、侵攻のリスクを冒したのだろうか？

その答えの一部は、すべての世論調査がそうであるように、データは質問の仕方にかかっていることだった。二〇二二年二月にCNNがロシアで委託したインターネット調査によると、回答者の五〇パーセントがウクライナに対する武力行使を——それがウクライナのNATO加盟を阻止することになるなら——支持していた。さらに六四パーセントが、ロシア人とウクライナ人は「一つの民族」だと考え、七一パーセントが旧ソ連について「否定的よりむしろ肯定的な」見解をもっていた。ロシアとウクライナを再統合するためにロシアが武力を行使することに反対する人は、わずか二五パーセントだった。[18]

それから、国の物語をつくるクレムリンのメディア機構の力を、プーチンが信頼していることがあった。クレムリンの政策はつねに、国民世論を念頭に深く計算されていた。しかしすでに見たように、クレムリンはロシア国家が法外な金をつぎ込む巨大なメディア帝国を通しても世論を形成していた。これらは同じコインの両面で、つねに自己を強化するフィードバックの一つの環だった。

では侵攻はプーチンの戦争だったのだろうか、それともロシアの戦争だったのだろうか？　ウィンストン・チャーチルは一九四〇年一二月二三日に行った、イタリア国民向けのラジオ演説で、「一人の男、ただ一人の男がイタリアを……戦争の渦巻きのなかへ突き落とす決意をしているのです」と述べた。同じような感想が欧米の政治家およびメディアと、プーチンに反対するロシア人の両方から表明された。戦争が始まったとき、作家のボリス・アクーニンは、彼とダンサーのミハイル・バリシニコフ、それに経済学者セルゲイ・グリエフが書いた声明の校正をわたしに依頼してきた。「真のロシアはプーチンより大きく、強く、耐久性がある」と三人は書いていた。「このロシアは生きており、そしてプーチンより長く生きるだろう。この独裁者はウクライナとだけでなく、自分の国の良質な構成部分とも戦争を戦っているのだ。彼はわれわれのロシアの未来を窒息させているのである。プーチンがすべてのロシア人を代弁しているのではないことを、爾余《じよ》の世界に証明しようではありませんか」

わたしは同意する。たしかに、ロシアのもっとも教育のある構成部分はプーチンに反対していた。

ロシアにとっても世界にとっても残念なことに、その「良質な」構成部分は、より大きな部分ではなかった。実際に侵攻が始まると、それを支持するロシア人の数は七五パーセント超に跳ね上がった。すでに検討したように、ロシアの世論調査は自己欺瞞、すなわち知らない人に話すとき全体に同調する強い習慣と、多数派に反対でいることに対する個人的嫌悪によって歪められている可能性がある。にもかかわらず、プーチンはおおむね正しかった。彼のプロパガンダ機構は――少なくとも広範な、一般に受け入れられた戦争支持のコンセンサスを形成したかぎりでは――機能したのだ。それに九月の動員発表と冬期間の一連の戦術的敗北、ドンバスにおける甚大な戦死傷者の陰惨な光景のあとでさえ、そのコンセンサスは憂鬱なほど安定し続けたのだ。モスクワのレヴァダ・センターによる一連の世論調査によると、「ウクライナにおけるロシア軍部隊の行動」に対する支持は、九月に七二パーセント、一二月には再び七一パーセントと少々下がったが、二〇二三年一月までに手堅い七五パーセントに戻っていた[19]。

単純な真実は、プーチンは大方のロシア人を代弁していたということなのだ。それはわたしにも、ロシア人であるわたしの妻と友人たちにも、気を滅入らせることではあったかもしれない。だが、それが本当でなければいいのにとわたしたちが願ったからといって、それが現実になることはなかった。ウクライナ侵攻は、ロシアが生き残るためには欧米の侵略に対する先制攻撃が必要だと確信するに至ったプーチンと彼を取り巻くひどく妄想的な小グループの発案だった。しかし、ある重要な意味では、それは単にクレムリンの戦争ではなかった。それは十分な数のロシア国民に真に支持されていたのである。

「この男は権力にとどまってはならない」

プーチンと側近たちは、米国がモスクワで体制転換を達成しようとしていると長年確信していた。彼らの妄想はどうやら、ジョー・バイデンがワルシャワの王宮前で群衆に向けて演説した際、彼のとっさの発言によって裏づけられたようだった。「もういいかげん、この男は権力にとどまってはならない」とバイデンは言ったのだ。[20] ホワイトハウスの報道官たちはただちに意味を説明した。バイデンはプーチンの排除を要求しているのではなく、彼がこれ以上近隣諸国を支配する力を握ってはならないと言っているのだ、と。

しかし、疑問は残った。プーチン後の体制はどんな姿をしているのだろうか？ 二〇世紀のほとんどの大々的軍事侵攻は敗北と軍事占領、そして戦勝国の体制をモデルとした新体制の創出をもって終わった。ドイツとイタリア、日本がよく知られている。プーチンが核使用の脅しを繰り返しているため、ロシア向けのカードにその選択肢がないのは明らかだ。不首尾に終わった軍事的冒険が権威主義的政府を倒し、自由民主主義の新たな時代を到来させた最近の例は二、三ある。一九八二年のフォークランド戦争で英国に敗れたあとの、アルゼンチン軍事政権の崩壊が一つの例。二〇〇〇年のスロボダン・ミロシェヴィチの失脚後、セルビアが多少とも民主的ヨーロッパの国に変わったのがもう一つの例だ。一八五六年のクリミア戦争におけるロシアの敗北は、農奴解放と米国へのアラスカの売却につながる比較的自由な一時期を到来させた。

ロシアにとっては悲しいことに、プーチンが失権した後のリベラルな結末というのは、一つの単純な理由からしてありそうもなかった。帝国の幻想への耽溺を国家の体質から一掃するのは、容易ではない。毒が深くしみすぎているのだ。すでに見たように、大方のロシア人は一九九九年時点（二〇〇〇年におよぶプーチンの絶え間ない民族主義プロパガンダの前）でも、超大国の地位の回復を望んでいた。単純に言えば、現代ロシアではナショナリズムの方が親欧米の自由主義よりはるかに強力な潮流になっていた。だからNATOの兵器によって軍事的に敗北することがあれば、その傾向は弱まるのではなく、強まりそうなのだ。

欧米の報道機関は、投獄されたアレクセイ・ナヴァリヌイのような窮地に立つロシアの自由主義者を、プーチンの支配に対する主たる反対派として描く傾向があった。しかし実はプーチンにとっては、ロシアの過激ナショナリスト右派が、はるかに侮りがたく危険な反対派だった。イーゴリ・ギルキン、ザハール・プリレーピン（それぞれFSBと特殊機動隊OMONの元将校）のような面々は、プーチンがウクライナで軍事的冒険を始めたとき一時的に歩調を合わせる前は、汚職と窃盗行為でプーチンを激しく批判していた。すでに見たように、ギルキンは二〇二二年が経過するなかでもロシア軍部の非効率と無能を指摘し、ウクライナ軍が九月にハルキウで突破したあと、「この戦争は負けた……どんなひどい負け方をするか見守るだけだ」と断言した。

一九一八年にドイツが敗北した結果、ナショナリスト将校たちはその大惨事を「背後の一突き伝説《ドルヒシュトスレゲンデ》」で説明した。ドイツ軍はベルリンの軟弱な文民敗北主義者に裏切られたというのだ。敗北後のロシア版「背後の一突き伝説」があるとすれば、それはきっと軍から勝利のための物資と政治的手段を奪ったプーチン側近グループの腐敗に責任を負わせることを含むだろう。プーチン側近グループが自らの富と影響力、そして命を守りたければ、そうしたナショナリストの反発を避けることが彼らの第一優先事項になるだろう。

「欧米は「プーチンの失脚を願う場合」、何を望むのかに注意する必要がありそうだ」。プーチンのそばで一五年間働いたロシアの元高官の一人は、そう述べた。「あとにだれが来ようと、はるかに悪くなるだろう。……パトルシェフとその仲間が思い通りにするなら、より攻撃的、より強硬なだれかを据え付けるだろう[21]」

「歴史がわたしを無罪とするだろう」（一九五三年のフィデル・カストロの法廷弁論）

クレムリンの予想をはるかに超える流血と経済荒廃というコストは払ったものの、プーチンは戦争の初年で、一つのことにたしかに成功した。ロシア軍の攻勢は少なくとも、ドンバスのルハンスク州全域（一部は九月にウクライナ軍によって奪回されたが）とドネツク州の半分を「解放」していた。また、ウクライナのもっとも肥沃な農地の一部を占領し、同国最大の河川、ドニエプル川河口の少なくとも片岸を支配していた。ロシア軍部隊はまた、ウクライナの海岸のほぼ六〇〇キロメートルを掌握し、キーウが支配する黒海海岸はわずか一五〇キロメートルを残すだけになった。総計すると二〇一四～二〇二二年の間に、ロシアはウクライナ領土の約二一パーセントを占領した。

だが、その他の重要な点すべてで――そして戦争の初めに述べた条件の点ではたしかに――、プーチンは失敗していた。プーチンは二月二四日の放送で、ロシアの「特別作戦」の四つの目標を明確にしていた。「ドンバスの住民を保護し、ウクライナを非軍事化、非ナチ化し」、「数え切れない流血の罪を犯した者たちを裁きにかける」ことだ。一九六八年のチェコスロヴァキア侵攻前のブレジネフが乗り移ったかのように、プーチンはドンバス指導部の要請に応えて行動することを決めたと主張した。また、「ウクライナ領土を占領する計画はない」と強調したが、これは明らかに、プーチンの軍がウクライナのいわゆる「ロシア」部分だけを占領するという意味であることがわかった。

ドンバスの民族的ロシア人を保護するというプーチンの考えは結局、彼らの数万人が殺される結果になった。英国政府のドローン映像の分析によると、ロシア軍の攻撃の間にマリウポリの建物の九二パーセントが破壊されるか損傷を受け、アゾフスターリ製鉄所を中心とする同市の経済能力は完全につぶされた。セヴェロドネツクとリシチャンスクでは、被害は建物の九〇パーセントに及んだ。推定五〇〇万人の難民が直接の戦争地帯からウクライナの安全地帯とさらにヨーロッパへ避難し、これに対し九〇万～一六〇万人がロシアへ去るか、または強制移住させられた。こうした数字は、モスクワによって「解放」されるのではなく、ウクライナにとどまりたいとの思いを強く示唆していた。わたしが話したドンバスからの多くの難民は、以前はロシアに好意的でヤヌコーヴィチの地域党を支持していたが、ロシアによる侵攻と占領という現実に直面して、考えを変えていた。

「彼らはわたしたちを救いに来たと言っているけれど、何から？　わたしたちはだれにも救ってほしいと頼んだことはありません」とラリーサ・ボイコ。マリウポリの学校教師で、爆撃下の地下倉庫で三週間過ごしたあと、娘ダーリヤを連れてロシアへ避難した。「このロシアの〝助け〟がどんなものかわかりました。わたしたちは隣人を中庭に埋葬したのです。わたしたちの町は粉々に壊されてしまった」[22]

二〇一四年に起きたはるかに小規模なドンバス反乱後の八年間、ルハンスクとドネツクの諸都市と地方は戦前の繁栄の一部しか復興していなかった。壊されたドネツク空港の再建や、戦争の過程で崩落したり水浸しになったりした地中深くの無煙炭炭鉱の多くの再開はいうまでもない。「わたしが［二〇一四年に］去ったとき、ドネツクのいくつかの地方は映画の戦争地帯のようだった」とディーナ・オレフスカヤ（三九）は話した。その戦闘の間にキーウへ逃れたビジネスウーマンだ。「戦闘のためよりも、あらゆる物が［地元民に］略奪され、打ち壊されてしまったからです」。ディーナが二〇二一年一一月、母親に会いに最後にドネツクに戻ると、「以前［二〇一四年］に略奪に遭った酒屋のガラスさえ取り替えられていなかった」と彼女は振り返った。「ただ板を張り付けてあるだけ。わたしが見た唯一の高級車はみな迷彩服を着た男たちが乗り回していた。地元の悪党たちです。わたしは母に『で、ロシア世界の一部でいることがどうして楽しいの？』と尋ねた。彼女はこう言うんです、『彼らは年金をルーブルで払ってくれる、ウクライナ時代より多いんだよ』って」。ディーナの母親はキーウの彼女に合流するのを拒み、戦争の初期にロシア支配下のセヴァストーポリへ疎開した。[23]

プーチンの二〇二二年の侵攻が引き起こした破壊と虐殺は、その不正を正すために戦うはずだった二〇一四年の戦争より、何倍も大きかった。五月、ロシア経済省が作成した内部文書がクレムリン内で回覧された。それはイジューム、スロヴャンスク、クラマトルスクの地下にある天然ガス田の開発をもとに、ロシア占領下ドンバスの将来の繁栄を予測するものだった。「予想される収益と、ガスパイプラインがどのようにブルーストリーム［トルコへのロシアのパイプライン］へガスを送るかを示す、きれいに作成されたグラフがあった」。政府にいる友人からその文書を見せられたある銀行幹部が語った。「問題は、都市［のほとんど］はまだウクライナが握っていることだった。それに［その政府の友人は］、経済省がそれを印刷する用紙を切らしているため、その調査文書はeメールで回覧されていると言っていた。イ、ス、メ、フ、イ、グ、レ、フ……お笑い草だが、笑うのは罪だね」[24]

クレムリンは六月下旬、占領地域の経済復興計画を発表したが、新たに解放されたドンバスの中小都市とロシアの都市を姉妹都市にし、数十カ所の地方予算と破壊され人口が減った戦争地帯の予算を事実上、連結することが含まれていた。占領地域は一〇月、四つの新たな連邦州として正式にロシア連邦に併合された。しかし、すでに見たように、ロシア経済は戦争物資生産の重荷と、二〇二二年夏のピークから急落したエネルギー収益のために、すでにひどく無理がきていた。モスクワがドンバス再建に必要なマーシャル計画規模の資源を集める可能性はゼロに近かった。

戦争はプーチンが要求したようなウクライナの「非軍事化」に失敗したばかりか、正反対の状況をもたらしてしまった。キーウ駐在の英国軍高官の推定によると、過酷な戦争の六カ月が過ぎたとき、ウクライナの現実の軍事能力は「開戦時の一〇倍の大きさ」になっていた。ウクライナは武装した一

○○万の男女兵士と、ポーランドおよび英米両国でNATOの最先端兵器の使用訓練中の数千人を抱えていたのだ。
ウクライナを「非ナチ化」するというプーチンの目標はといえば、たとえウクライナ政府を追放する三日間の電撃攻撃が成功していた場合でも、クレムリンがどのように勝利を誇示しようと計画しているのか理解しがたかった。たしかにウクライナには、すでに述べたとおり、キーウの議会四五〇議席のうちの過激民族主義メンバー一人を含め、少数の極右勢力がいた。だが「ナチス」がウクライナ政界を支配していないのはたしかであり、ロシアが勝利したあと、ニュルンベルク型の法廷を満たすだけのメンバーを見つける見通しは、荒唐無稽に思えた。「おお、わが同僚たちの力量を見くびらないでくれよ」とロシアのあるテレビニュース・レポーターは冗談を言った。わたしが二〇一四年にドネツクで初めて出会い、《ロシア1》にドンバスの前線から報道してきた人物だ。「キーウで何人かのファシスト民兵を逮捕していれば、きっとだれかがナチの旗を見つけていただろう。たぶん［ロシア軍部隊が］戦車に積んで補充品を持ってきただろう」[25]
「数え切れない流血の罪を犯した者たちを裁きにかける」という点では、ロシアのプロパガンダ屋はアゾフスターリ製鉄所の瓦礫のなかで捕縛したアゾフ連隊の捕虜で間に合わせ、カメラの前を行進させなければならなかった。対独戦勝記念日の五月九日、アゾフ連隊所属とされる約五〇人のウクライナ人捕虜のグループが、手錠をかけられ、ドネツクの街頭を行進させられた。ほとんどの捕虜が殴打されたかのように見えた。足を引きずったり、包帯を巻いた手足をかばったりする捕虜もいた。彼らはどうやらドネツクの地元民の怒りから不幸な捕虜を守るという、台本どおりの役割を演じる雑多な制服を着たドネツク人民共和国の兵士たちに警護されていた。地元民は痛快に侮辱の言葉を叫び、通り過ぎる捕虜に蹴りを入れてつばを吐くのだ。一九四四年七月一七日にモスクワの通りを歩いたドイツ人捕虜の行進（わたしの伯母レーニナが目撃した）をわざと連想させて、ウクライナ人戦争捕虜の後ろには道路清掃機の列が続き、埃っぽい道路に薬剤スプレーをかけて、ファシストによる汚染を除去した。マリウポリの破壊された劇場を修復する一環として、特別な檻が造られた（のちに完全修復のために放棄された）。それは明らかに「ナチ」戦犯の大々的な見せしめ裁判のために準備されていた。ところが九月下旬、ロシアは投獄されていた政商ヴクトル・メドヴェドチュークおよびロシア人戦争捕虜との交換で、第一級の被告であるアゾフスターリで捕虜になったアゾフ連隊の指揮官たちを解放してしまった。

プーチンのその他の戦争目的はどうだろうか？　プーチンはNATO拡大を阻止するのではなく、この同盟の二〇〇七年以来最大の拡大を速めてしまった。戦争前、ロシアとNATOが接する国境は半ば飛び地のカリーニングラードとラトヴィアおよびリトアニアの一部、それにノルウェー北部の一部に沿って走っていた。フィンランドとスウェーデンが加盟することで、その国境は一一〇〇キロメートル以上延びる。クレムリンのプロパガンダ屋ドミトリー・キセリョフは、ロシアの侵攻の結果、アゾフ海――黒海北岸にある内海に近いちっぽけな海――が「ロシアの海」になったと自慢した。その怪しげな勝利のマイナス面は、戦略的には限りなくもっと重要なバルト海が事実上、NATOの内海になったことだった。ロシアとNATOの国境はいまやサンクトペテルブルクから六〇キロメートル以内を走るのだ。

プーチンは「ロシアを再び偉大にしようとした」と、デーヴィッド・ペトレイアス元CIA長官は話した。「彼が実際にしたのは、NATOを再び偉大にすることだった」[26]。ポーランドは七月、米国から高機動ロケット砲システム（HIMARS）五〇〇基、韓国からジェット戦闘機四八機と榴弾砲六〇〇門、戦車一八〇〇両を調達すると発表した[27]。ドイツは軍事費を一〇〇〇億ユーロ増額することに同意した。これはロシアの年間国防予算の一・五倍だ。ゼレンスキーは一〇月、ロシアが占領領土を公式に併合したことに対応し、NATOの早期加盟手続きを申請した。加盟すれば、ウクライナへの攻撃は同盟全体への攻撃になるのだ。大方のNATO諸国にとって、それはおそらく行きすぎる状況展開だったが、戦争の結果、キーウがついに世界のほとんどの大国によるNATOと同様の安全保障と、正式加盟国に近い実効的な軍事関係を享受する可能性がはるかに高まったのである。

NATOの終盤戦

いちだんと不安定で危険な事態を恐れて、不愉快な体制を権力につかせておくやり方は欧米の外交では長い歴史がある。米国は――ジョージ・ブッシュ〔父〕が一九九一年に行った不評の「臆病《チキン》なキーウ演説」が明示するように――核武装した複数の破綻国家が取って代わるのを恐れ、ソ連の存続を望んだ。危機の間フランスのマクロン大統領と定期的に話したあるヨーロッパの有力政治家によると、マクロンは同じ理由から、ウクライナ戦争の結果プーチンが倒れた場合、「ワイマール〔共和国〕のような状況になることを強く懸念していた」[28]。その懸念は、将来のいかなる和平合意でも「プーチンに屈辱を与えてはならない」とするマクロンの、議論のある主張の根幹にあった。そして、EUはヨーロッパの「もっとも戦争挑発型の人びと」の政策に従ってはならない、これは「戦争を拡大し、［プーチンとの］コミュニケーションを完全に閉ざすリスク」があるからだ、とする主張もそうである[29]。マクロンの立場は当然ながらウクライナを――そして彼が暗にフォトゥール・ドゥ・ゲール（戦争挑発者）と非難したポーランドとバルト諸国を――激怒させた。

戦争はたしかにNATOをかつてなく結束させた。だが、戦争の終盤戦が露出させることになるその結束がかかえる亀裂は、マクロンが戦争挑発者発言をした九月には、すでに明らかだった。プーチンが九月二一日の異常に敵対的な演説で、自分は核の使用について「こけおどししているのではない」と欧米に念押ししたあと、その亀裂はいちだんと大きくなる。「プーチンは道を踏み外した、対話改善の希望はない、ほかのだれ［指導者］でもプーチンよりましだろう、と米国は考えている」とその政治家は言う。フランス大統領府の見方は、「そうした論理は危険だ……ヨーロッパの安全にとっては、プーチンが弱体化する方が、プーチンが倒れるよりましな選択肢だ」というものだった。(30)

欧米諸国が四月と五月に数十億ドルの軍事的支援を約束したころ、時勢はウクライナに味方していると論じるのが常識になった。ロシアは孤立し、失った兵員と装備を補充できていない。ウクライナは世界でもっとも強力で繁栄した国々の積極的支援を受けており、それらの国の多くが積極的に軍事装備品を送っている、と。実は、秋と冬が経過するうちに、その逆が真実であることがいよいよ明らかになった。プーチンの軍部隊は指揮がまずく、規律がなく、装備も訓練も行き届いていなかったかもしれないが、ただその兵員数の大きさだけで、一〇月にヘルソンを撤退したあとも前線を維持できたばかりか、ドンバスで努力して成果を上げはじめた。NATOの推定によると、戦争一周年までにロシア軍は戦闘戦車の最大四〇パーセント（二九二七両から一八〇〇両へ）と、最大二〇万人の死傷兵を失っていた。だがプーチンは見たところ平然とし続けており、戦争に対する大衆の支持は底堅いままで、ロシア軍は徐々に前進し続けた。(31)

本当は、結局のところ時勢はウクライナに味方していないようだった。紛争が二年目に入るなか、その戦争は、欧米の友好国の間で高まる和平を求める声がキーウの軍事物資の生命線を脅かす前に、ロシア軍から可能な限りの領土を奪回する競争になりそうだった。欧米に広がるロシアの脅しに対しする憤りと、戦争の残忍さに対する怒りのために、NATO諸国がウクライナ支援を放棄し、プーチンに膝を屈することはない。だが、もっぱらNATOの兵器で戦われる永久戦争でウクライナを無限に支持するのか、交渉による和平かの選択を求められると、多くのヨーロッパ人が後者を支持した。シンクタンクのヨーロッパ外交関係評議会（ECFR）がヨーロッパ一〇カ国で調査したウクライナ戦争の見方に関する六月の報告書が、将来に向けたいくつかの決定的なメッセージを伝えた。キーウにとって良い知らせは、ほぼすべての国でウクライナに対する支持があったことで、一〇カ国を通して七三パーセントの回答者がロシアに戦争の責任があると答え、五〇パーセント超（ポーランドでは七一パーセント）が、政府はモスクワとの経済・文化関係をすべて断絶するべきだと答えた。そして一〇カ国を通して五八パーセント（フィンランドでは七七パーセント）が、EUは気候目標を犠牲にしてでもロシアのエネルギーへの依存を減らしてほしいと考えていた。

だが、ECFRの世論調査の悪い知らせは、ウクライナ領土の喪失を犠牲にしてでも、できる限り早期の和平を望むヨーロッパ人と、ウクライナ領土の一体性を回復し、ロシアの責任を問うことと定義される公正さを望む人が、はっきり割れたことだった。一〇カ国を通して三五パーセントが「和平」を、二二パーセントが「公正」を支持した。三番目の浮動層が二〇パーセントあって、これは公正を支持する人の反ロシア感情を共有しているが、事態拡大を懸念する和平陣営の声も共有していた。イタリアの回答者が五二パーセントで即時和平をもっとも強く望む一方、ポーランドの回答者の四一パーセントは、ロシアを罰する方を支持した。しかし、ウクライナをもっとも不安にさせることとして、ドイツとフランス、そしてイタリアの回答者は生活費とエネルギー料金がいちばん心配だと答える一方、スウェーデンと英国、それにポーランドの回答者の最大の懸念は核戦争の脅威だった。いずれの立場も交渉による和平を支持していた。

「戦争の初期段階では、中欧・東欧諸国はロシアに対するタカ派的な姿勢が正当化されると考えた」と報告書の共同執筆者マーク・レナードとイワン・クラステフは書いた。「だが次の局面では、もし

『和平』陣営が他の加盟国の間で訴求力を広げれば、ポーランドのような国々は傍流にいることになりかねない」。戦争が長引き、費用が膨らむにつれ、諸国政府は次第に「ヨーロッパの結束の追求と、国内および加盟国間で異なる見解の間のバランス」を取らざるを得なくなるだろう。執筆者たちはそう書き、「多くの政府の立場と、それぞれの国の公衆の気分の間で開いていく溝」を指摘している。(32)

二〇二三年二月、和平と対ウクライナ武器援助の停止を求める数万人のデモ隊が、ベルリンとプラハの街頭に繰り出した。ハンガリーとオーストリア、クロアチア、イタリア、それに米国共和党の一部に、ウクライナ支援への反対が高まった。二〇二二年一二月にリサーチ会社イプソスが欧米二八カ国で実施した調査では、回答者の六四パーセントが「現在の経済危機を考えると、「わが国は」ウクライナに金融支援を供与する余裕はない」と答え、四二パーセントが「ウクライナの問題はわれわれには関係がなく、われわれが介入すべきではない」と回答した（もっとも、おそらく逆説的なことに、全体で七〇パーセントが「主権国家が他国に攻撃されたら、われわれは助けなければならない」という考えに同意した(33)。クロアチアのゾラン・ミラノヴィチ大統領は一二月、「戦争を長引かせるので「ウクライナへ」強力な兵器を送ることに反対だ」と述べ、キーウに対する欧米の支援を「なんの解決にもならないので、きわめて不道徳」と呼んだ。米国では共和党支持者の約四〇パーセントが、米国が行っているウクライナ支援は「多すぎる」と答えた(34)。明らかに、ウクライナへの武器支援に対する一般市民の支持は、決して無制限ではなかったのである。

「どっちがいいかだ、戦争の凍結か戦争の継続か？」と、わたしの情報源の政治家は問うた。マクロン仏大統領、ジョンソン英首相らヨーロッパのトップ指導者とウクライナ危機について議論してきた人物だ。「「戦争凍結が」いいとか望ましい状況だとはだれも言っていない。しかし、「ウクライナの」本当の友人がこう言わなければならない時が来る。十分多くの人が死んだ、あなた方の国を再建する時がきた、われわれはあなたがたがそうするのを助ける用意と意思がある、と」。そうした妥協は結局プーチンの勝利になってしまうとする考えを、この情報源は強く拒否した。「プーチンに対する制裁はロシアを投資、テクノロジー、成長から遮断するスケールのものだ。モスクワは政治的に完全に孤立している」。究極のところ、「ウクライナにとって真の勝利とは、領土の問題ではない。最高の勝利は繁栄し、自由な……ロシアが羨むような国になることだ」[35]。

和平交渉にとっての基本的な問題は――そして基本的なつまずきの石は――道徳上のリスクだ。「キャッチ−22」状況〔ジョセフ・ヘラーの戦時小説の題名。次々に新たな障害が生じる状況〕は鮮明だった。制裁と軍事的後退が停滞と諸々の問題を押しつけていたものの、ロシアはウクライナから長期にわたって攻略し、正式に併合した領土の多くを守るための人的資源と旧式兵器の膨大な補給、そして戦術核兵器をもっている。二〇二二年秋に行われたロシアの容赦ない新兵募集キャンペーン――ワグネルの刑務所での努力からプーチンの予備役兵部分動員まで――は、動機に欠け訓練不足とはいえ、兵士の着実な補充を確実にした。完全な士気崩壊とロシア軍の瓦解がなければ、ウクライナが領土のいくらかを失わずに戦争が終結し得るとは考えにくい。同時に、欧米はプーチンが侵攻の報酬を得るのを認めることはできないのだ。

老練のヘンリー・キッシンジャー元米国務長官は五月、二〇一四年にロシアに占領された領土（ルハンスク、ドネツク両人民共和国とクリミア半島を含む）を奪回するというのは良策ではないとあえて示唆し、ゼレンスキーから怒りの反応を受けた。「戦争を［二月二四日以前の支配線の］先まで追求するのはウクライナの自由の問題ではなく、ロシアそのものに対する新たな戦争になってしまうだろう」とキッシンジャーはダヴォスで聴衆に語った。ゼレンスキーは、ウクライナはロシアがクリミアとドンバスの返還に同意する前に、和平に同意することはないと主張して、反論した。実のところ、それはウクライナの友人たちでも認めるように、空想だった。「クリミアとドンバス両共和国から口シアを排除できると実際に考えている政府内のウクライナ人を、わたしはだれも知らない」。米国の元モスクワ駐在大使で、オバマの顧問だったマイケル・マクフォールはこう述べた。「もっとも、彼らが交渉前にそのことを言えないのはもちろんだが」[36]

ウクライナの終盤戦

プーチンはある幻想にとらわれていた。自分が戦い続けてさえいれば、なんとかクリミア型の小さな勝利が見え、戦争が突き落とした経済的破局からロシアを救うだろう、と。ところがゼレンスキーもある幻想にとらわれていた。十分な欧米製武器があれば、自分の兵士はロシアが二〇一四年以来奪取してきたすべての領土からロシア人を追い出すことができる、と。

最後にはウクライナが勝つという確信は、ゼレンスキーとウクライナ政界の多くだけではなく、国民にも——そしてワシントンの政策立案者と時事解説者にも——共有されていた。この考えは三月下旬にロシア軍がキーウから撤退した結果生まれ、HIMARSロケット砲のおかげでハルキウとヘルソンで反攻に出ることができた八月と九月のウクライナ軍の諸々の成功と、クリミアの奥深くの標的を破壊しロシア人観光客を本国へ追い返した大胆な破壊工作とドローン作戦によって、さらに強まった。

キーウへのロシア軍の前進を進路上で阻止したのは、予想外に激しいウクライナの抵抗だったことは、たしかにそのとおりだ。だが、キーウでのロシア軍の敗北は総じて、ロシア軍が自ら招いたことだった。誤った自信、抵抗はないという間違った情報、歩兵の不足、お粗末な装甲部隊戦術——ロシア軍は教本どおりのあらゆる誤りをおかし、その高い代償を払ったのだ。ロシア軍はキーウ周辺で、長い脆弱な突出部の三面で敵にさらされた。撤退は開戦段階でロシア軍参謀本部が初めて下した賢明な決定だった。そして、重要なこととして、こうした誤りは二度とおかされることがなくなるのである。

ロシア占領下の東部ウクライナの状況は非常に異なっていた。一つは、ロシア軍部隊と並んで戦う兵士の多くはドンバスの地元民だったこと。したがって、士気と装備の面での不足がどうであれ、彼らは自分の故郷とみなす土地を維持するために戦っていたのだ。ロシアからルハンスクとドネツクへの補給線は短く、真っ直ぐだった。ロシアとその代理人たちは、占領した領土をテロとプロパガンダと金を組み合わせて、速やかに「ロシア化」する八年の経験を積んでいた。もっとも重要なこととして、残留した地元住民の忠誠心は割れていた。二〇一四〜二二年の間に、主としてキーウに共感する多数の人びとがその地域を離れ、ウクライナの別のどこかで新たな生活を始めた。ロシア軍の侵攻後、さらに多くの人が逃亡し、爆撃で破壊され尽くしてゴーストタウン化したセヴェロドネツクとリシチャンスクを離れた。この事実上の民族浄化は、地域の将来にとっては悲惨だが、政治的・軍事的にはロシアに有利にはたらいた。

商業日刊紙『コメルサント』の記者、アレクサンドル・チェルヌイフは、ロシア占領下のドンバスを訪れたプロパガンダ屋ではない数少ないロシア人ジャーナリストの一人だった。二〇二二年一二月、チェルヌイフはドネツクとマリウポリで一カ月の休暇を過ごし、本を書くための取材をした——もっとも、それをロシアで出版できるかどうかは疑問だったが。「ウクライナとの再統合を望む人も一部いるが、非常に少ない」とチェルヌイフはわたしに書いてきた（その後このメッセージを削除した）。「キーウ支持の人びとでも、大きな戦闘によって再び〝解放〟されるのではないか、それは恐ろしいと心配している。それに彼らはウクライナのソーシャルネットワークの記事を読み、ウクライナにいる親類縁者と話し、自分たちは後に残ったことで裏切り者として扱われると判断している。『ロシアにいれば生き残るチャンスが大きい』と彼らは言っている」。しかしながら、チェルヌイフが話を聞いた残留マリウポリ住民のはるかに多数は、同市をロシア軍に明け渡さなかったことでウクライナとウクライナ軍に怒っていた。明け渡していれば数千人の命が救われたのだから。逆説的なことだが、多くの親ロシアの住民もロシアに怒っていることをチェルヌイフは知った。「ロシア人に来てもらいたかったが、われわれの市を破壊するというこんなやり方でじゃない」――チェルヌイフはその気持ちをこう要約した。ドネツクでは、多くの人がウクライナ軍を打ち破りそこねたロシア軍の無能を――そして相次ぐ動員の波を――嘆いていた。だがドネツクでもマリウポリでも、親キーウと反キーウいずれの人びとの間にもある圧倒的な気持ちは、「もはやウクライナに戻る道はない」ということだった。[37]

占領された地域から報道した数少ない欧米ジャーナリストの一人、フランス誌『ル・ポワン』のアンヌ・ニヴァも一二月、お忍びでドネツクを訪れた。彼女はこの地域がウクライナの支配に戻ることを望む人には「だれ一人」出会わなかった。[38] 厄介な事実は、ドンバスと、そしてまちがいなくクリミアの大方の残留住民は、キーウの前進を解放ではなく征服と占領として見る可能性が非常に高いことなのだ。

ロシア軍が二〇二三年一月と二月にソレダルとバフムートのドンバス両市への前進で、一週間に最大数千人の兵士を失う犠牲を払って気づいたように、攻撃は防御よりはるかに難しく、流血を伴うことが分かった。そして、ロシアが最新式の機甲車両とロケット砲、練度の高い兵士の補充面で危機に直面したのはたしかに事実だが、前進するウクライナ軍をたたく基本的な二〇世紀型兵器には事欠かず、プーチンの動員令後は大砲の弾薬にも不足はなかった。

失われたウクライナ領土を奪回するための戦闘は、したがって、数の勝負になる。しかもゼレンスキーにとって、その数が大きくなるかどうかはまったくはっきりしていなかった。前線沿いのほとんどの場所で、ロシアの重砲の数はウクライナのそれを八対一の比率で上回った。だが欧米から供与される重兵器の数は二桁にとどまっていた。九月初めまでに、運用可能なＨＩＭＡＲＳロケット砲システムは（例えばポーランド軍が国防用に発注した五〇〇基と比較して）、わずか二四基だった。オランダのマルク・ルッテ首相は自走榴弾砲と最新式装甲車両の約束をひっさげて、六月にキーウを訪問した欧米首脳の一人だったが、実際にはその約束は戦車五両と砲一二門という結果になった。「量対質の問題だ」。元英軍歩兵将校だったキーウ駐在のＮＡＴＯ上級武官の一人は言う。「砲の精度は重要だ。それは破壊的になり得るし、［ウクライナは］それがゲームチェンジャーになると期待している。しかし、量も意味がある……例えば一門のＭ７７７［米国の一五五ミリ榴弾砲］はロシアの重砲五門に匹敵する。一〇門にさえ。けれども二〇門あるいは一〇〇門［のロシアの砲］に向き合ったら、それは現実にはあまり役立たないだろう[39]」

全面勝利の希望が戦争の初め数カ月におけるウクライナの抵抗を支え、一般の士気とゼレンスキーに対する支持を非常に高く保つのを助けた。戦争の初期、米国政府はゼレンスキーと世界に、プーチンが勝つことは許されないと、断固たる言葉で請け合っていた。「われわれはあなた方とともにある。以上」。バイデンは三月にワルシャワでこう述べた。「われわれは今日、明日そしてその翌日も結束し続けなければなりません。……コストはかかるだろう。しかしそれは、独裁政治を駆り立てる闇が、至るところにいる自由な人びとの心を照らす自由の炎に対抗できなくするために、われわれが払わなければならない代償なのです。民主主義と自由のための多年にわたる戦いのなかで、ウクライナとその国民は前線に立って国家を救うために戦っており、彼らの勇敢な抵抗はすべての自由な人びとを統合する不可欠な民主的原則のための、より大きな戦いの一環なのです」[40]

九月にもなると、米国はゼレンスキーに勝利を信じるよう強く励ましていた。デーヴィッド・ペトレイアスからすると、九月のウクライナ軍の突破は、「潮目が明らかに変わり……ウクライナが兵員募集、訓練、装備、追加兵力の準備と採用の面で、ロシアとは比べものにならないほど優れている」ことを示す徴候だった。[41] ワシントンの多くの観察者と同じく、ペトレイアスは信じた、「その意味合いははっきりしている。それはこの上なく明白だ。ウクライナはやがて厳しい戦い、いっそうの死傷者、民間インフラに対するロシアのいちだんとひどい攻撃を経験するだろう、しかし、ウクライナはやがて、ロシアが二月二四日以来掌握してきた領土を奪回するだろう、とわたしは思う」。そのうえ、米国のいっそうタカ派的な軍人の何人かが、ウクライナが今後のロシアの侵攻から戦略的に安全を図ろうとすれば、クリミア半島も奪回しなければならないと主張した。「クリミアはウクライナの今後の安全保障にとって不可欠だ」。米欧州軍の元司令官ベン・ホッジス中将は二〇二三年一月、わたしにこう語った。[42]

ウクライナの未来を決めるのはウクライナ人自身であり、NATOがウクライナの頭越しに交渉することはない、と米国政府は約束した。ウクライナ政府内にも、領土上のいかなる譲歩も、土地に対するプーチンの欲望を刺激するだけだとする強い確信――ワシントン内部に強い支持のある仮定――があった。ロシアによる将来の侵攻からウクライナの安全を守るのは、ロシアの敗北をおいてほかにない。望むらくはそれにプーチン体制の内部爆発が続くことだ。「彼が隣国の領土をつかみ、それを持ち逃げすることは許されない。それだけの簡単なことだ」。プーチンが九月に併合を表明したあと、バイデンは語った。「米国と同盟諸国は、プーチンと彼の無謀な言葉と脅しに畏縮することはない。……われわれは進路を維持し、ウクライナが自らとその領土と自由を守れるように、軍事装備を提供し続ける」と。だが同時に、戦争が二年目に突入するにつけ、欧米の当局者たちは陰鬱な――とはいえ、おそらくより現実的な――戦争終結の展望を口にし始めた。NATOのイェンス・ストルテンベルグ事務総長は、欧米は長引く紛争の「長期戦」を覚悟しなければならないと警鐘を鳴らした。[43]ハンガリーとオーストリア、クロアチア、イタリア、それに米共和党の一部では、ウクライナ支援に反対する声が高まり続けた。欧米のウクライナ支援の拡大をめぐる不安は、発展途上世界の多くの国で共有されていた。とくにブラジル、インド、穀物供給が戦争によって途絶えたアフリカの多くの国がそうだ。戦争が始まって以来、ロシアに制裁を科した国はわずか三四カ国で、八七カ国がまだロシア市民にビザなし入国を認めていた。トルコ、アルゼンチン、エジプト、イスラエル、タイ、ベネズエラがそれだ。そして二〇二三年二月には、中国国家主席の習近平が新たな「和平イニシアチブ」を表明。それは「主権、領土保全、国連憲章の諸原則を尊重する」と同時に、「ロシアの正当な安全保障上の懸念を尊重する必要性」を基礎にしていた。意味を読み解くと、それはウクライナの領土保全にリップサービスする一方、ウクライナの親ロシア地域が自らの将来を決めるある程度の主体性をもつことを認めるような和平を意味した。

二〇二三年一月、米国のローズ・ゴッテメラー元国務次官は、その明らかなパラドクスをどう橋渡しするかを語った。彼女は「以前の状態への復帰は明らかにありえない」と、わたしに話す一方で、同じセンテンスのなかで、米国は「国際法を尊重する」と強調した。[44]この両方が同時に当てはまることはあり得ないのは、明らかだった。

九月以降、ゼレンスキーはドンバスとクリミアの全域を含め、全ウクライナ領土の完全回復のみが勝利とみなされる、と主張しはじめていた。これはたしかに、戦時の最大限綱領主義の一環として正当化できる。だが客観的には、ウクライナ政府が六〇〇〇億ドルの莫大なインフラ被害とGDPの壊滅的な四五パーセントの下落、それに人口の四分の一が国の内外に避難している状況に直面するなか、永久戦争は経済的に持続不可能だった。八月にもなるとキーウの財政赤字は月間五〇億ドルに上り、二〇二二年末までに外国の寄付団体は公営分野の労働者と兵士への給与支払いだけで二七〇億ドルを費やしていた[45]。七月末にもなると、ウクライナ軍は砲弾が底を突いたと、すでに警鐘を鳴らしていた。戦争はウクライナ人の血と根性で戦われていたが、もっぱら欧米の金と兵器で維持されていたのだ。

完全勝利という幻想がウクライナの士気を支えた。だがその幻想はプーチンとの妥協を不可能にもした。それはあまりにも根本的なパラドクスだったので、ウクライナ政界がその解決を論じることも考えることも拒否したのは、驚くにはあたらなかった。ドンバスからの国内避難民の集団脱出は、ゼレンスキーにとって政治的、経済的問題だった。新たな避難民は、まったく当然のことだが、ロシアを恨んだ。彼らはゼレンスキーが故郷を解放してくれると期待した。それが起きなかったとき、彼らの怒りは「だれであれウクライナを裏切ったと彼らが考える相手」に向かって方向を転じることになる、とゼレンスキーの盟友のある国会議員は警告した。「その相手はNATOになるかもしれない。つまり、助けると約束しながら十分な砲を与えなかったのだから[46]」

ゼレンスキーを支持するその議員は、最悪のシナリオとして、プーチンとの妥協が「プーチンといかなる取り引きも絶対受け入れない人びとによる新たなマイダン、ただし民族主義者のマイダン」につながり、それが完全勝利以外の条件での和平を提案するいかなるキーウ政府をも倒してしまう可能性がある、と心配した。そうなれば、ゼレンスキーがドンバスの離反共和国での住民投票で合意しようとした際に起きた二〇一九年一〇月の「妥協反対」の小マイダンなど、「とるに足りなく見える」だろう、と彼は指摘した。「戦争はわれわれを結束させた……だが［交渉による］和平は、われわれをばらばらにしかねない」

交渉による決着に代わるもう一つの選択肢は、ウクライナにおける終わりなき戦争であり、それはこの国と国民をいっそう荒廃させるとともに、エネルギーおよび食料供給を混乱させ続け、結果として世界経済の苦境とその後に続く政治的混乱をまねくことになる。そしてもちろん、プーチンが戦術核兵器を使うことになれば、もう一つのいちだんと恐ろしいシナリオがあり、それは欧米を八方ふさがりのジレンマに立たせる。NATOはロシアが目下祖国の一部と見なしている領土に対し、通常兵器による壊滅的な対応をするという脅しを実行して、ロシアのさらなる攻撃をまねくリスクをおかすのか、あるいは手をこまねき、結果的に核兵器の戦場使用に正当性を与えて、戦争の歴史に新たな危険な一章を開くのか──である。

名誉なき和平

クレムリンのペスコフ報道官は四カ月の中断をおいて九月、プーチンは「特別作戦の終え方と、条件の順守ではなくロシアの利益の順守について、ウクライナ大統領ヴォロディミル・ゼレンスキーと交渉する用意がある」とシグナルを送った[47]。それは決して希望のもてる出発点ではなかった。そして二〇二二年九月〜二三年二月の間にプーチンが行ったいくつかの怒りの演説は、紛争を地域的な「特別軍事作戦」から新たな大祖国戦争に近いものにエスカレートさせ、彼が手を引く意思のないことを見せつけた。

プーチンにとっては勝利か、それとも死かだ。したがって、現地での戦争の、あるいは交渉テーブルでの最終結果がどうであれ、プーチンはそれを勝利と主張しなければならない。有力な人脈をもつある情報筋は、八月のクレムリン高官たちとの会話で、占領領土の一部は「交渉可能かもしれない」

と教えられた。もっとも、プーチンはゼレンスキーとではなくワシントンとだけ交渉したいと考えていることも明らかにされたのだが、それは必要な交渉はキーウが行うとする、バイデン自身が述べた立場に真っ向から反した。(48)

ゼレンスキーがなおクリミア半島のウクライナへの返還に固執し、彼の軍がハルキウとルハンスクで前進しているなか、双方の期待値の隔たりは明らかに依然として大きいままだった。しかし戦争の歓喜が過ぎると、ロシアのエリートの多くの間で、収益を固めて損切りをはじめる時が来たとの理解が生まれつつあった。さらに重要なこととして、世論調査の数値を見た数人の高官と話したある情報筋によると、八月にクレムリンで回覧されていた内輪の世論調査は、戦争に対する一般大衆の支持が下がっていることを示していた。この情報筋は詳細な調査は見せてもらえなかったものの、基本的な結論を教えられた。すなわち、一般大衆の一五パーセントが戦争を積極的に支持、同パーセンテージが積極的に反対していた。さらに三五パーセントがどちらかといえば賛成、三五パーセントがどちらかといえば反対だった。言い方を換えれば、国民はざっくり半々に割れていたのだ――賛成と反対のそれぞれ強固な少数派が、ウクライナへの軍事介入をめぐってレヴァダ・センターが実施した二〇二一年四月の世論調査とほぼ同じ線に沿って、割れていたのである。プーチンは換金することも、倍賭けすることもできていただろう。彼は考えられるもっとも劇的なやり方で、倍賭けするほうを選んだ。

プーチンは、電撃的侵攻が欧米の干渉というヒュドラの首をきっぱり切り落とすだけでなく、迅速な勝利が自分をクリミア併合時の人気に再び押し上げると期待し、予想していた。彼はひどく間違っていることが証明された。NATOの推定によると、侵攻一周年までにプーチンの戦場での損耗は、死者、重傷者、捕虜の数が信じがたいほどの二〇万人に上っていた。もともとの侵攻軍兵力を上回る数である。[49]

プーチンはウクライナ侵攻で自らの神格化も意図していた。侵攻はロシア、ベラルーシ、ウクライナのスラヴ三民族を統合する偉大な行為であり、それはロシア国家建設の英雄の一人としての自分の地位をたしかなものにする。六月にサンクトペテルブルクで行われたピョートル大帝生誕三五〇周年の記念式典の際、プーチンは自分をロシア最初の皇帝に公然となぞらえた。「ピョートルは自分のものであったものを取り返す任務に直面していた」とプーチンは述べた。「そして今、われわれは同じことをすることが求められているのである」

もしプーチンの電撃戦が成功していたなら、彼は自分のレガシーを固めた勝利を花道に、大統領の地位を降りることができていただろう。ところが、衝動的なクリミア半島併合の直後とちょうど同じように、彼は自分が開始した事態に再び囚われた。自分の周りにいる日和見主義者たちが自分をウクライナ戦争の失敗のスケープゴートにする可能性があるため、彼は権力の座から降りることができなかった。彼の政治的未来、それに生命さえ、戦場での大敗北を回避することにかかっていた。しかも二〇世紀の大物独裁者たちとちがって、プーチンの体制はなんら一貫したイデオロギーに支えられていない。プーチンは自分が権力を握る前に存在したロシア民族主義の深い特質を利用していた。だがプーチン主義といったようなものはなく、あるのはただ、宗教的民族ナショナリズムと外国の介入に対する偏執的、終末論的な恐怖、それに収奪政治を合わせたキメラ的混合物だけだ。プーチンは永続するイデオロギー的レガシーを残さないばかりか、彼が創出していたかもしれない繁栄と安定のどんなレガシーも、ウクライナに戦争を仕掛けるという彼自身の決定によって破壊されてしまった。彼はウクライナの五分の一を獲得し、ロシアの面積を〇・五パーセント増やしていた。彼の幻想の代償は幾多の失われた命だけでなく、ロシアの未来の喪失だった。なかでももっとも不吉なことに、この誤った戦争は、これまでのプーチン体制よりはるかに恐ろしいロシアの別の未来が入ったパンドラの箱を開けてしまったのである。

謝辞

旧友や同僚である『ニューヨーク・タイムズ』のアンドルー・クレイマー、『デイリー・ビースト』のアンナ・ネムツォワ、そして『ウォールストリート・ジャーナル』のアラン・カリソンが、わたしよりもはるかによく知っているキーウでとても貴重な支援と助言を与えてくれたことに感謝したい。原稿の校正で大いに助けてくれたアンドルー・マイアーとマーク・フランチェッティにも感謝したい。アンドルー・ジェフリーズとオーランド・モスティン＝オーウェンは、わたしの執筆中、ウンブリアにとても欲しかった隠遁場所を提供してくれた。ハーパー・コリンズ社のイモジェン・ゴードン・クラークは際限ない締め切りの変更と最新ニュースにどこまでも付き合ってくれた。そしてノースバンク社のマーティン・レドファンとダイアン・バンクス、それにハーパー・コリンズ社のジョエル・サイモンズが本書に日の目を見させてくれたのである。

情報源の多くは匿名を希望するか、社交のオフレコ会話で発言してくれた。したがって、戦争についてわたしに話してくれた人びとの身元を明かさずに、侵攻の前後わたしのロシア理解を助けてくれたすべての人びとに言及するのが、おそらくもっとも適切だろう。数年間のオフレコとオンレコの公式インタビュー、および以下の人びととの個人的会話が、わたしがロシアについて知るすべてのことを教えてくれた。残っている誤りと無知はすべてわたしの責任である。

クレムリンからは、ドミトリー・ペスコフ（二〇一二年以来プーチンの報道官）に対し、クレムリンの彼のオフィスとディナーの席での打ち解けた会話に感謝したい。その会話はわたしが理解している現実を不屈に否定する巧みなわざの連続だった。わたしは以下の諸氏にも、その公式発言ととくに非公式発言に感謝している。セルゲイ・キリエンコ（二〇〇八年三〜八月に首相、二〇一六年から大統領府第一副長官）、セルゲイ・ステパシン（一九九四〜九五年にFSB長官、一九九九年五〜八月に首相）、イーゴリ・シュワロフ（二〇〇八〜一八年にロシア首相府第一副首相）、故セルゲイ・プリホトコ（二〇一三〜一八年に副首相、二〇一八〜二一年にロシア首相府第一副長官）、オレグ・シスーエフ（一九九七〜九八年に副首相）、それにアレクサンドル・ヴォローシン（エリツィン政権の大統領府長官で、プーチンを起用し、のちに彼を大統領に据えるのに一役買った）である。たいていどのインタビューでも、もっとも重要なことはノートを閉じた後で語られるものだ。クレムリンの広報担当の古参、グレブ・パヴロフスキーとスタニスラフ・ベルコフスキーにも感謝する。彼らはわたしがプーチンの事業計画の基礎を理解するのを助けてくれた。

国家院〔下院〕と連邦院〔上院〕からは、以下の人びととの識見と助言に感謝する。オレグ・モロゾフ（二〇一五〜二〇年にタタールスタン代表の連邦院議員、二〇一二〜一五年に大統領府内政担当局長）、アレクサンドル・ヒンシュテイン（二〇〇三年から現在まで統一ロシア所属の国家院議員、国家親衛隊長官ヴィクトル・ゾロトフの顧問）、レオニード・スルツキー（二〇二二年から現在まで国家院国際問題委員会委員長、ロシア自由民主党党首）、セルゲイ・ジェレズニャク（二〇一六〜二一年に統一ロシアの国家院議員）、それにゲンナジー・ジュガーノフ（一九九三年以来ロシア共産党書記長）である。故ウラジーミル・ジリノフスキー（一九九二〜二〇二二年、自由民主党党首）はわたしを「矯正収容所へ送らせる」とテレビの生放送で脅したが、国家院のオフィスで彼の全議員団を前にした疲労困憊の差しの討論で、わたしはロシア政治家の心的態度について、二〇年間の報道活動で知ったのとほぼ同量のことを知った。故ボリス・ネムツォフ（初めて会ったのは彼がエリツィン政権で副首相だったとき）は、二〇一五年にクレムリンの前でチェチェン人の殺し屋に殺害される前、彼が内側と外側から見てきた権力の機能の仕方について、つねに恐れなく明解で知的な洞察を与えてくれた。

ロシア治安機関と軍からは、勇敢にはっきりと物を言う以下の人びとに感謝する。ミハイル・ホダリョノク大佐（一九九八～二〇〇〇年、参謀本部作戦総局第一課第一班長）、ユーリー・コバラゼ少将（一九九二～九九年、対外情報庁報道官）、KGB退役軍人クラブのヴァレリー・ベリチコ少佐、いずれもロンドンKGB第一総局の元機関員アレクサンドル・レベデフ大佐とミハイル・リュビモフ大佐およびオレグ・ゴルディエフスキー大佐、オレグ・カルーギン少将、アフガニスタンでわたしを助けてくれた対外情報庁のアレクサンドル・クルブニコフ大佐、チェチェンでわたしを接遇してくれたロシア内務省軍のアレクサンドル・コシェレフ少佐、それにロシア軍の失敗に関するその分析で、勝手な解釈を超えて事実への見事に堅実な献身ぶりを示してくれたエフゲニー・ブジンスキー退役中将である。戦争をめぐって辞職したただ一人の外交官ボリス・ボンダレフは、同国人の短所に関する見方について、あくまでも率直だった。

さまざまなロシア人実業家が寛大に応待し、時間を割いてくれた。そのなかにはガスプロム副社長アレクセイ・ミレル、アルファ・グループのピョートル・アーヴェンとミハイル・フリドーマン、ルースキー・スタンダルト社のルステム・タリコ、ヤンデクス社の創業者アルカジー・ヴォロシュ、それにロシアの銀行五行の元CEOスチュアート・ローソンがいる。

イデオロギー的に分かれる両サイドの多くのジャーナリストが、貴重な支援とともに、非常に洗練されたクレムリンのプロパガンダ機構の内部構造についての識見を与えてくれた。オリガ・スカベーエワとエフゲニー・ポポフは高視聴率を誇る《ロシア1》の政治トークショー「60分」に、わたしをゲストとして四〇回招いてくれた。《NTV》の番組「メスト・フストレーチ」〔出会いの場〕のアンドレイ・ノルキンとウラジーミル・ソロヴィヨフ（彼はのちにクレムリンのプロパガンダ機構が抱える毒舌家のなかで、もっとも下品でもっともヒステリー症の人物の一人になった）も、彼らのショーに招いてくれた。その経験は不快だったけれども、クレムリンのプロパガンダ機構の手法とロシア政治階級の思い込みと強迫観念の両方で、教えられるところがあった。《第1チャンネル》のCEOコンスタンティン・エルンストは、クレムリンのメディア機構のなかでもっとも知的で才能のある人びとの一人だ。彼との会話はつねに、プロパガンダの作られ方と、エルンストのように新体制の真ん中に新たなイデオロギー的地盤を見つけた元自由主義者たちの心的態度の両方を明らかにするものだった。ベテランのアナウンサー、ウラジーミル・ポズネルはプーチンのエリートの考え方について親切に、かつ変わらず魅力的に話してくれた。《ロシア24》のニュース編集者エカテリーナ・シェフチェンコと元《RT》のマリヤ・バロノワも、プロパガンダという獣の腹のなかを垣間見る大切な機会を与えてくれた。

　その他何人かの熱心なクレムリン支持者たちがわたしの感謝に値する。もっとも、大方のリベラル派ロシア人の意見では、彼らはソ連時代の辛辣な言い回しではネルコポジャートヌイエ、つまりもはや握手の相手にできない人間になってしまったのだが。オスカー賞受賞の映画監督ニキータ・ミハルコフは、わたしの妻の一家とは別荘の隣人で旧友だ。彼の娘はわたしの息子の教母である。わたしは彼の正教原理主義的で、過激ナショナリスト的で、あからさまに帝国主義的な見解を不快に感じる。

だが、彼のもてなしとずけずけ話す率直さには感謝している。彼は上品ぶった言い方をしない。いくつかのこと——最悪のこと——は率直に聞く必要があるのだ。過激ナショナリズムのイデオローグ、アレクサンドル・ドゥーギンは、わたしがこれまでインタビューした人びとのなかで「ファシスト」という用語を肯定的に使う数少ない一人だが、彼もまた故エドゥアルド・リモーノフと同様、この範疇に入る。そしてもちろん、わたしにロシアのあり得る未来の一つを垣間見させてくれた作家のザハール・プリレーピンがそうだ。

リベラルの側では、テレビのパーソナリティーでプーチンの名付け娘クセーニヤ・サプチャクに感謝したい。ラジオ局《モスクワのこだま》を創立した編集長アレクセイ・ヴェネディクトフは、ロシアでもっとも人脈の豊富なジャーナリストだ。独立系テレビ《ドシチ》〔雨〕の創立者ナターリヤ・シンデーエワ、元編集長のミハイル・ズイガリ、アンカーのアンナ・モンガイト、それに《ドシチ》の元クレムリン担当レポーター、アントン・ジェルノフも、信じられないほど助けてくれた。『ニューズウィーク』でのわたしの元同僚ミハイル・フィシュマンは、テルアヴィヴでの国外生活から戦争を報じる優れた仕事をしてきた。ロシア治安機関に関するエフゲニヤ・アリバーツとアンドレイ・ソルダートフの知識は長年、一つの試金石になってきた。それぞれモスクワの商業紙『コメルサント』と『ネザヴィーシマヤ・ガゼータ』の元編集長、アンドレイ・ワシーリエフとコンスタンティン・レムチュコフはつねに、すばらしく情報に通じ、うわさ話の宝庫だった。『コメルサント』のアレクサンドル・チェルヌイフは、もっとも勇敢かつ透徹した目をもつロシア人現地戦争報道記者の一人であり、ドネツクとマリウポリから自分の個人的観察結果を親切に共有してくれた。

ウクライナでは、二〇二一年一二月までゼレンスキーの報道官だったユーリヤ・メンデルと、大統領府長官アンドリイ・イェルマークの顧問、セルヒイ・レシチェンコの正直さに感謝したい。また、かつてモスクワのもっとも有名なテレビ・アンカーで、今はキーウでアンカーをしているエフゲニー・キセリョフ、わたしの旧友で政治アナリストのオレーシャ・ヤフノ、『ゼルカロ・ネジェーリ』誌の編集長ユーリヤ・モストヴァヤにも感謝したい。比類無い才能を備えたヴラド・トロイツキー、バンド「ダハ・ドーターズ」のメンバーたち、画家のイリヤ・ユスーポフ、イリヤ・チチカンと彼の妻マーシャ・シュービナは、さまざまな方法でわたしにキーウの驚くべき気迫と、のちには元気のいい回復力を見せてくれた。

ボリスラウ・ベレザは誇り高いユダヤ人であるにもかかわらず、ウクライナの過激民族主義の政治運動「右派セクター」と民兵のメンバーで、多くのステレオタイプを破った。オムリ出身の穏やかな口調の裁判官で、右派セクターの志願兵将校アナトリー・イワノフも同様で、彼はロシアのプロパガンダが描く「ファシスト」の戯画とは遠くかけ離れていた。

ドネツク人民共和国（DNR）の前線の向こうでは、フョードル・ベレジン（副国防相に転じた幻想小説家）がDNR指導部の浪漫的民族主義派の精神性について、もっとも優れた洞察を提供してくれた。DNR最高会議の議長ボリス・リトヴィノフと、DNR副首相のアレクサンドル・カリュスキーはそれぞれ、離反共和国指導部がもつソヴィエト官僚的側面と（丁寧に言えば）ビジネス的側面を見せてくれた。

本書はロシアとウクライナの情報源にできる限り緊密に依拠するよう努めた。それでも研究者や政治家、外交官、そしてジャーナリストを含む欧米の多くの専門家に、さまざまなかたちで、またさまざまな時点で大いに助けていただいた。ポーランドの元外相・国防相ラドスワフ・シコルスキ、いずれも米国の元モスクワ駐在大使マイケル・マクフォール博士とジョン・ハンツマン上院議員、いずれも英国のモスクワ駐在大使サー・ロドリク・ブレイスウェイトとサー・アンドルー・ウッド、そして元米国務次官ローズ・ゴッテメラーとベン・ホッジス中将である。ティモシー・ガートン・アッシュは、この戦争の帰結について、わたしの一般的悲観論を共有しておらず、わたしは彼が正しく、わたしが間違っていることを願う。

多くの優れた同僚たちの仕事に大きく頼らなければ、わたしはこのような複雑なストーリーを語ることはできなかっただろう。ロシアとウクライナの情報源を追いかける彼らの苦労は、本書で使用している個人の語りの多くの裏づけになっている。『ル・ポワン』誌のアンヌ・ニヴァによる占領下ドンバスの内側からの報道、《BBC》ロシア語放送のスヴャトスラフ・ホメンコとニーナ・ナザロワの二カ月におよぶヴァディム・シシマリン軍曹の物語の調査、[1]『ニューヨーク・タイムズ』のユースル・アルフルーとマーシャ・フロリャク、エヴァン・ヒル、マラキ・ブラウン、そしてデーヴィッド・ボッティによる、戦争の最初の月に起きたブチャ事件の念入りな再現記録、『ウォールストリート・ジャーナル』のヤロスラフ・トロフィーモフによる戦争初期の日々のヴォズネセンスクの戦いの再現記録、[2]そして『タイムズ』のマンヴィーン・ラナの、ワグネル・グループ内部の複数の接触相手――これらは、わたしが依拠した優れた報道の数例にすぎない。

訳者あとがき

ロシアはなぜウクライナ侵攻に踏みきったのだろうか。これは三年前にこの戦争が始まったとき、多くの人が感じた疑問ではないだろうか。本書はロシアとウクライナの権力中枢に近い多くの情報源の証言をベースに、なかなか知ることのできないクレムリンの論理を丹念に解きほぐすことによってその謎に迫るとともに、戦争初年の出来事を自らの生活体験を交えて伝える好書である。

本書の内容をおおまかに分けると、第1〜6章はソ連の崩壊以降、ロシアが軍事侵攻を始めるまでの、欧米諸国が絡んだロシアとウクライナの相互関係の展開をたどっている。第7〜10章は国際的批判を浴びた「ブチャの虐殺」など戦争初年の現場報告が中心になっており、第11〜12章では戦争がロシア社会に与えた影響を考察し、今後のロシアの行方を展望している。

一読者としての感想を交えて戦争に至る道筋を考えてみたい。

まず国際政治の大きな文脈として、ソ連崩壊とその後に始まったＮＡＴＯの東方拡大が根本にある。一九八九年〜九〇年の東欧諸国における共産党政権の崩壊と東西ドイツ再統一の過程で、米国を盟主とするＮＡＴＯは東方へ拡大しないことを約束した（とロシアは受けとめていた）。東西冷戦を終わらせたソ連最期の指導者ゴルバチョフ大統領は「ヨーロッパ共通の家」（*Common European*

House）を構想し、当時の米国のブッシュ大統領（父）も「一つの自由なヨーロッパ」（*Europe Whole and Free*）というキャッチフレーズで応えた。ところがNATOはまもなく一九九〇年代半ばから二〇〇〇年代に、東欧諸国ばかりか旧ソ連諸国も次々に取り込んでいく。ロシアから見れば信義違反、だまし討ちである。不拡大を約した文書記録はないとか、ソ連崩壊で事情が変わったなどと釈明しても、国際法上の議論はともかく、道義上は説得力として弱い。

ポーランド、チェコ、ハンガリーのNATO加盟が決定される前夜の一九九七年二月、わたしはロシアのプリマコフ外相がロンドンの王立国際問題研究所で行った講演を聞いて、NATO側のユーフォリアとは対照的にロシアが抱く恨みの深さが印象的だったことを覚えている。プリマコフはロシアには拒否権がないことを認めながらも、ゴルバチョフがNATO不拡大の約束を協定文書にしなかったことが悔やまれると強調し、NATO拡大に対するロシア国内の反発を懸念していた。同じころ、かつて対ソ連外交に深くかかわった米国の元外交官、ジョージ・ケナンは『ニューヨーク・タイムズ』紙上で、NATOの拡大を「冷戦後の全時期における米国政策のもっとも致命的な誤り」と断じた（第2章、綱引き）。エリツィン政権下のロシアが政治的、経済的に苦境にあえぐなかでそんな無用な決定をすれば、「彼らの威信（ロシア人の精神のなかでつねに最重要事）」を傷つけ、国民世論における民族主義・反欧米・軍国主義の傾向を強め、民主主義の発展を妨げて冷戦の再来をもたらす可能性があると指摘したのだった。

九〇年代半ば、冷戦終結の影響を受けた軍産複合体の利害や米大統領選挙を控えての思惑が優先したのだろう。NATOがケナンの慧眼に耳を傾けることはなかった。NATOは二〇〇〇年代に入り、旧ソ連構成国のバルト諸国へと拡大し、拡大自体に弾みがついていく。このプロセスをロシアは焦りと不安の目で眺めていたにちがいない。

ロシア国境にじりじり迫ってくるNATOの脅威は、ロシアの権力中枢に反作用を引き起こさざるをえない。エリツィン政権を継いだプーチン大統領と彼を取り巻くシロヴィキは、東西冷戦の最前線にいた治安・諜報組織KGBで育った面々だ。彼らにとってソ連崩壊はトラウマとして残る痛恨の敗北であり、NATO拡大は傷口に塩を塗られる屈辱だったろう。ロシアはウクライナの親ロ派ヤヌコーヴィチの当選を無効にした「オレンジ革命」（二〇〇四年）と、二〇一〇年の再出馬で政権を握ったヤヌコーヴィチを追放した「マイダン革命」（二〇一四年）の背後に米国の影を見た。実際、米国の政治家や高級官僚らが現地に乗り込んでいた。チェチェン紛争の制圧で国民の期待を集め、国家の威信回復に着手したプーチンとしては座視できない。マイダンをきっかけとするクリミア併合でプーチン支持は最高潮に達した。この成功体験が二〇二二年のウクライナ侵攻につながっているというのが著者の見立てだ。

二〇一四年〜二〇二二年の八年間に何が起きたのか。二〇二〇年初めに始まった新型コロナの感染爆発も遠因になっているという見方は興味深い（第5章、塹壕の心理）。プーチンが極度に感染を警戒して首都を離れた公邸に閉じこもり、空想を膨らませた結果が、二〇二一年七月の論文『ロシア人とウクライナ人の歴史的一体性について』だと著者はみている。彼がもとはロシア政治の傍流にすぎなかった正教ナショナリスト右派に接近する過程と、じりじりと戦争へ近づいていく様子は第4〜6章に詳しく述べられている。ソ連崩壊後のイデオロギーの空白のなかで、ロシアの基層にある正教信仰と結びついた伝統的なメシア思想・反西欧主義のアマルガムが、偉大なロシアの再興という帝国幻想と結びついた。ロシア人とウクライナ人は「一つの民族だ」、「われわれの歴史的領土と、そこに暮らすわれわれに近い人民がロシアに対抗して利用されるのを決して許さない」というレトリックは、たしかに半年後の軍事侵攻への決意をうかがわせる。

どの戦争でも仕掛ける側には、短期間の戦いで勝利を手にできるという誤算がある。「9・11」後、米軍の圧倒的武力で侵攻したアフガニスタンは、短期的には成功したかに見えたが、結局は二〇二一年八月の米軍撤退とともにタリバンが舞い戻った。米国の失敗はロシアにとって好機と映った。ウクライナ侵攻に踏みきったとき、プーチンと側近グループの頭には短期決戦で勝つという見通しがあっただろう。多くの西側軍事アナリストらもキーウ陥落は時間の問題だと解説していた。

ウクライナ側にも誤算があった。ロシアを肌で知るロシア語話者のゼレンスキー大統領は当選後の一時期、クリミアの放棄とドンバス地域住民自身による帰属決定、そしてNATO加盟の断念を受け入れる用意があった。彼なりの妥当な判断だった。公約の紛争解決を優先し、二〇一四年以降の現実を受け入れることでもあった。ところが妥協に対する国内の民族派による反発もあって挫折。再びNATO加盟路線に舵を切り、二〇二一年三月のバルト海を含む大規模軍事演習への参加を決めるなどNATO傾斜を強める。ロシアによる軍事的威嚇も効き目がなく、双方が切り札を失った結果が戦争だった。戦争が始まると途中での妥協は困難になる。NATO諸国はウクライナへの兵器供給を順次増やし、ロシアは二〇一四年に独立宣言していたドンバスの二共和国を併合。さらに核の脅しをかけるなど負の連鎖が始まった。

戦争の今後の展開は予断できない。ロシアにとって戦争の結果が裏目に出ていることは否定できない。ウクライナは戦争によって独自の民族意識を強めたはずだ。兵器支援と訓練を通じてNATOの強い影響下に入った。NATOはフィンランド、スウェーデンの加盟によって北方へも拡大した。だが、プーチンがこの戦争を一九世紀の祖国戦争（ナポレオンのロシア侵略）、二〇世紀の大祖国戦争（ナチ・ドイツのソ連侵略）に次ぐ二一世紀の祖国防衛戦争ととらえているとすれば、彼は何をもって「勝利」と考えるだろうか。一方、欧米の激励と兵器支援に気を強くし、クリミア奪還まで掲げたゼレンスキーも領土を譲るような妥協は国内の反発をまねく可能性がある。

プーチンはこの戦争で世論を誘導するとともに、世論に背中を押されてもいたと著者は指摘している。プーチン政権にとって真の脅威は国内民主派ではなく、強力な正教ナショナリスト右派勢力だとも。戦争の帰趨にかかわらず「プーチン後」はまもなくやってきそうだが、「プーチン失権後のリベラルな結末」は期待できない、戦争は「はるかに恐ろしいロシアの別の未来が入ったパンドラの箱を開けてしまった」という本書の結びの言葉は、気懸りなところだ。

著者オーウェン・マシューズはロシアを熟知する英国の第一級の歴史作家・ジャーナリストである。ウクライナ生まれのロシア人である母親はゴルバチョフと同じ「雪解け」期にモスクワ大学で学び、ペレストロイカ時代の理論的指導者である歴史家ユーリー・アファナーシェフとは同じ歴史学部の親友だったという。彼女の父親、つまり著者の母方の祖父はウクライナ共産党指導者の一人で、スターリン時代の粛清で処刑され、一家は離散と収容所送りの辛酸をなめた。英国のソ連研究者だった著者の父親と母の出会いを中心にした波瀾曲折の家族史は、*'Stalin's Children : Three Generations of Love and War'*（『スターリンの子供たち：離別と粛清を乗りこえて』山崎博康訳、白水社）に詳しい。ロシア語ネイティブスピーカーでもある著者自身はフリー記者としてボスニア紛争などを取材、その後母親のつてで英字紙『モスクワ・タイムズ』記者に。さらに米誌『ニューズウィーク』に移り、モスクワ支局長を務めるなどして四半世紀をロシアで暮らした。邦訳書ではほかに『ゾルゲ伝：スターリンのマスター・エージェント』（鈴木規夫ほか訳、みすず書房）*'An Impeccable Spy: Richard Sorge, Stalin's Master Agent'* がある。

なお、本書に登場する人物の肩書はウクライナ侵攻初年のもので、開戦後三年間にロシア、ウクライナとも人事異動や死亡があるが、本筋には影響がないためとくに注釈はつけていないことをお断りしておきたい。

近縁民族間の争いに周辺国の思惑と利害も絡んだウクライナ戦争は、正邪二元論では割り切れない厄介な問題だ。戦況報道の陰に隠れがちな戦争の背景を理解するうえで、本書は示唆に富むと思う。諸般の事情で翻訳作業が遅れたが、本書の価値を認め、タイトなスケジュール調整をしていただいた白水社の藤波健氏ほか、関係者の皆様に感謝します。

二〇二五年一月

三浦元博

訳者略歴
三浦元博（みうら・もとひろ）
一九五〇年、滋賀県生まれ。東京外国語大学卒。共同通信社勤務を経て、大妻女子大学社会情報学部に勤務。同大学名誉教授。
主要著書
『東欧革命』（岩波新書、共著）、『バルカン危機の構図』（恒文社、共著）
主要訳書
セベスチェン『東欧革命1989』、レムニック『レーニンの墓　上・下』、サーヴィス『情報戦のロシア革命』、ドブズ『ヤルタからヒロシマへ』、ブルマ『廃墟の零年1945』、セベスチェン『レーニン　愛と権力　上・下』、カーショー『地獄の淵から　ヨーロッパ史1914‐1949』『分断と統合への試練　ヨーロッパ史1950‐2017』、ロバーツ『戦時リーダーシップ論』、アプルボーム『権威主義の誘惑』、シャーウィン『キューバ・ミサイル危機1945‐62　上・下』、ゲッセン『ロシア　奪われた未来』、アプルボーム『ウクライナ大飢饉』（以上、白水社）ほか。

暴走するウクライナ戦争
クレムリン中枢と戦場で何が起きたのか

二〇二五年　二月一五日　印刷
二〇二五年　三月一〇日　発行

著者　オーウェン・マシューズ
訳者 © 三浦元博
装丁者　日下充典
発行者　岩堀雅己
印刷所　株式会社理想社
発行所　株式会社白水社

東京都千代田区神田小川町三の二四
電話　営業部〇三（三二九一）七八一一
　　　編集部〇三（三二九一）七八二一
振替　〇〇一九〇‐五‐三三二二八
郵便番号　一〇一‐〇〇五二
www.hakusuisha.co.jp
乱丁・落丁本は、送料小社負担にてお取り替えいたします。

株式会社松岳社

ISBN978-4-560-09156-2

Printed in Japan

人名索引

ア 行

カ 行

サ 行

タ行

ナ行

ハ行

マ行

ヤ 行

ラ 行

漢 字

原注

はしがき

（1）'Vremya Pokazhet', NTV. 14 April 2014

プロローグ◆瀬戸際

（1）Transcript of Security Council Meeting, Kremlin.ru, 21 February 2022.
（2）著者とのインタビュー、モスクワ、2022年4月。
（3）Kremlin.ru, 21 April 2022.
（4）Kremlin.ru, 23 April 2022.
（5）Kremlin.ru, 23 April 2022.
（6）著者とのインタビュー、イスタンブール、2022年3月。
（7）Yuri Butusov, 'Отвода войск РФ от границ Украины нет, а замечена новая активность врага, - Бутусов'［'No retreat of Russian forces from the Ukrainian border, new enemy activity sighted'］, Censor.net, 18 February 2022.
（8）著者とのインタビュー、キーウ、2022年7月。
（9）Ukrainian MP Lesia Vasylenko, @lesiavasylenko, Twitter, 14 February 2022.
（10）著者とのインタビュー、キーウ、2022年7月。
（11）ウラジーミル・セヴリノフスキーによるインタビュー、『メドゥーザ』、2022年5月19日。
（12）Svyatoslav Khomenko and Nina Nazarova, '"Things just turned out that way": the journey of Russian soldier Vadim Shishimarin from the Ukrainian border to a Life Sentence', BBC Russian Service, 28 May 2022.
（13）著者とのインタビュー、モスクワ、2022年3月。彼女の身元を保護するため、細部は一部変更してある。
（14）著者とのインタビュー、モスクワ、2022年3月。彼女の身元を保護するため、細部は一部変更してある。
（15）著者とのインタビュー、キーウ、2022年7月。彼女の身元を保護するため、細部は一部変更してある。

(16)著者とのインタビュー、キーウ、2022年7月。彼の身元を保護するため、細部は一部変更してある。
(17)Irina Filkina memorial page, Epitsentr K website, 6 March 2022.
(18)Epitsentr K website, 6 March 2022.

第I部◆血統と帝国

第1章◆毒された根

(1)Mykola Riabchuk, 'Ukrainians as Russia's negative "other"', *Communist and Post-Communist Studies*, vol. 49, no. 1, *Special Issue: Between Nationalism, Authoritarianism, and Fascism in Russia: Exploring Vladimir Putin's Regime*, pp. 75-85, March 2016.
(2)ウラジーミル・プーチン「ロシア人とウクライナ人の歴史的一体性について」、Kremlin.ru、2021年7月12日。
(3)'The war in Ukraine could change everything', TED membership event, 1 March 2022.
(4)著者とのインタビュー、ローマ、2022年3月。
(5)Serhii Plokhy, Chapter 1 'The edge of the world', *The Gates of Europe: A History of Ukraine*, Penguin, 2016.(邦訳:セルヒイ・プロヒイ『ウクライナ全史:ゲート・オブ・ヨーロッパ』上下巻、鶴見太郎監訳、明石書店)
(6)Janet Martin, 'Introduction', *Medieval Russia, 980-1584*, Cambridge University Press, 2007.
(7)Plokhy, Chapter 4 'Byzantium North', *The Gates of Europe*.(『ウクライナ全史』)
(8)Plokhy, Chapter 8 'The Cossacks', *The Gates of Europe*.(『ウクライナ全史』)
(9)Norman Davies, 'The forgotten history of Poland and Ukraine', *The Spectator*, 3 July 2022.
(10)Alexander Mikaberidze, *The Russian Officer Corps of the Revolutionary and Napoleonic Wars*, The History Press, 2005, p. 38.
(11)Plokhy, Chapter 13 'The new frontiers', *The Gates of Europe*.(『ウクライナ全史』)
(12)Plokhy, Chapter 14 'The Books of the Genesis', *The Gates of Europe*.(『ウクライナ全史』)
(13)Plokhy, Chapter 16 'On the move', *The Gates of Europe*.(『ウクライナ全史』)
(14)Anne Applebaum, Chapter 1 'The Ukrainian Revolution, 1917', *Red Famine:*

Stalin's War on Ukraine, Penguin, 2017.（邦訳：アン・アプルボーム『ウクライナ大飢饉』三浦元博監訳、白水社）
（15）Serhii Plokhy, 'Casus belli: did Lenin create modern Ukraine?', The Ukrainian Research Institute at Harvard University, 27 February 2022.
（16）Plokhy, 'Casus belli'.
（17）Applebaum, Chapter 6 'Rebellion, 1930', *Red Famine*.（『ウクライナ大飢饉』）
（18）Applebaum, Chapter 7 'Collectivization fails, 1931-2', *Red Famine*.（『ウクライナ大飢饉』）
（19）Applebaum, Chapter 11 'Starvation: spring and summer, 1933', *Red Famine*.（『ウクライナ大飢饉』）
（20）Applebaum, Chapter 13 'Aftermath', *Red Famine*.（『ウクライナ大飢饉』）
（21）Applebaum, Chapter 11 'Starvation: spring and summer, 1933', *Red Famine*.（『ウクライナ大飢饉』）
（22）Applebaum, 'Introduction', *Red Famine*.（『ウクライナ大飢饉』）
（23）Applebaum, Chapter 15 'The Holodomor in history and memory', *Red Famine*.（『ウクライナ大飢饉』）
（24）'On June 22, at 4 o'clock sharp', Spasstower.ru, 22 June 2020.
（25）Plokhy, Chapter 22 'Hitler's Lebensraum', *The Gates of Europe*.（『ウクライナ全史』）
（26）Plokhy, Chapter 22 'Hitler's Lebensraum', *The Gates of Europe*.（『ウクライナ全史』）
（27）Putin, 'On the historical unity of Russians and Ukrainians'.（プーチン「ロシア人とウクライナ人の歴史的一体性について」）
（28）Plokhy, Chapter 24 'The second Soviet Republic', *The Gates of Europe*.（『ウクライナ全史』）
（29）M. E. Sarotte, *Not One Inch: America, Russia and the Making of Post-Cold War Stalemate*, Yale University Press, 2022.

第2章◆「モスクワは沈黙している」

（1）Simon Saradzhyan, 'Does Russia really need Ukraine?', *The National Interest*, 25 February 2014.
（2）Ray Furlong, 'Showdown in Dresden: the Stasi occupation and the Putin myth', Radio Free Europe/Radio Liberty, 2 December 2019.
（3）Chris Bowlby, 'Vladimir Putin's formative German years', BBC News, 27 March 2015.

(4) Bowlby, 'Vladimir Putin's formative German years'.
(5) Serhii Plokhy, Chapter 25 'Good bye, Lenin!', *The Gates of Europe.*(『ウクライナ全史』)
(6) Vladimir Putin, 'On the historical unity of Russians and Ukrainians', Kremlin.ru, 12 July 2021.（プーチン「ロシア人とウクライナ人の歴史的一体性について」）
(7) Plokhy, Chapter 25 'Good bye, Lenin!', *The Gates of Europe.*(『ウクライナ全史』)
(8) Plokhy, Chapter 25 'Good bye, Lenin!', *The Gates of Europe.*(『ウクライナ全史』)
(9) Owen Matthews, 'Epilogue', *Stalin's Children*, Bloomsbury, 2008.(邦訳：オーウェン・マシューズ『スターリンの子供たち』山崎博康訳、白水社)
(10) Putin, 'On the historical unity of Russians and Ukrainians'.(プーチン「ロシア人とウクライナ人の歴史的一体性について」)
(11) 'Putin: Soviet collapse a "genuine tragedy"', Associated Press, 25 April 2005.
(12) Putin, 'On the historical unity of Russians and Ukrainians'.(プーチン「ロシア人とウクライナ人の歴史的一体性について」)
(13) Oleg Shchedrov, 'Putin honours Stalin victims 70 years after terror', Reuters, 30 October 2007.
(14) Andrew Roth, 'Vladimir Putin says he resorted to driving a taxi after fall of Soviet Union', *Guardian*, 13 December 2021.
(15) 著者とのインタビュー、キーウ、2014年7月。
(16) 'Trust in public institutions', Levada.ru, 6 October 2021.
(17) 著者とのインタビュー、モスクワ、2008年。
(18) 著者とのインタビュー、ロンドン、2006年11月。
(19) Lana Estemirova, 'Putin's terror playbook: if you want a picture of Ukraine's future, look to my home', *Guardian*, 13 April 2022.
(20) 著者とのインタビュー、モスクワ、2022年4月。
(21) Plokhy, Chapter 26 'The Independence Square', *The Gates of Europe.*(『ウクライナ全史』)
(22)「ウクライナの核不拡散条約加盟に関連する安全保障に関する覚書」、Treaties.un.org,1994年12月5日。
(23) 'NATO expansion: What Yeltsin heard', National Security Archive, Washington, DC, 16 March 2018.
(24) Jamie Dettmer, 'Russia's Putin says Western leaders broke promises, but did

they?', VOA News, 11 January 2022.
(25) James Goldgeier, 'Not Whether But When', American University, 1999.
(26) M. E. Sarotte, *Not One Inch: America, Russia and the Making of Post-Cold War Stalemate*, Yale University Press, 2022.
(27) 著者とのインタビュー、モスクワ、2019年7月。
(28) 'Fishman' with Mikhail Fishman, YouTube, 4 April 2022.
(29) DonPress, 31 October 2018.
(30) Malcolm Haslett, 'Yushchenko's Auschwitz connection', BBC News, 28 January 2005.
(31) 'Fishman', 17 April 2022.
(32) Jonathan Wheatley, *Georgia from National Awakening to Rose Revolution*, Burlington, 2005.
(33) Charles Fairbanks, 'Georgia's Rose Revolution', *Journal of Democracy*, vol. 15, no. 2, p. 113, 2004.
(34) Igor Lopatonok, *Revealing Ukraine - A Film*, executive producer Oliver Stone, 2019.
(35) 'Yushchenko to Russia: Hand over witnesses', *Kyiv Post*, 28 September 2009.
(36) Plokhy, Chapter 26 'The Independence Square', *The Gates of Europe*.(『ウクライナ全史』)
(37) tsenzor.net, 'Viktor Medvedchuk questioned by SBU', 25 September 2008.
(38) Nathaniel Copsey, 'Ukraine', in Donnacha Ó Beacháin and Abel Polese (eds), *The Colour Revolutions in the Former Soviet Republics*, Routledge, 2012, pp. 30-44.
(39) 著者とのインタビュー、モスクワ、2022年4月。
(40) William J. Burns, *The Back Channel - A Memoir of American Diplomacy*, Penguin Random House, 2020.
(41) Owen Matthews and Anna Nemtsova, 'The Kremlin has a new weapon in its war on real or imagined enemies, from opponents at home to foreign revolutionaries', *Newsweek International*, 28 May 2007.
(42) Boris Reitschuster, 'Putin's Prügeltrupp' ['Putin's beat down squad'], *Focus Magazine*, Munich, 2 April 2007.
(43) Viktor Yushchenko, 'I've dealt with Putin before: I know what it will take to defeat this brutal despot', *Guardian*, 24 April 2022.
(44) Anne Applebaum, 'Epilogue: the Ukrainian question reconsidered', *Red Famine*.『ウクライナ大飢饉』

(45) Intelligence Squared debate with Radosław Sikorski and Owen Matthews, 9 March 2022.

(46) 'Disturbing role of American consultants in Yanukovych's Ukraine', Freedom House, 28 February 2014.

(47) Christopher Miller and Mike Eckel, 'On the eve of his trial, a deeper look into how Paul Manafort elected Ukraine's president', Radio Free Europe/ Radio Liberty, 27 July 2018.

(48) TASS, 4 October 2011.

(49) 著者とのインタビュー、モスクワ、2021年12月。

(50) Ekaterina Gordeeva interview with Aleksei Venediktov, Tell Gordeeva, YouTube, 10 March 2022.

(51) Steven Pifer, 'Does the Kremlin understand Ukraine? Apparently not', *The Moscow Times*, 21 December 2021.

(52) 'Fishman', 17 April 2022.

(53) Plokhy, Chapter 26 'The Independence Square', The Gates of Europe.(『ウクライナ全史』)

(54) *Argumenty i Fakty*, 17 August 2013.

(55) Sonia Koshkina, *Maidan: The Untold Story*, Bright Star, 2015.

(56) Mikhail Zygar, *Chapter 16 All the Kremlin's Men: Inside the Court of Vladimir Putin*, PublicAffairs, 2016.

(57) 'The whole truth about the terrible secret Yanukovych told Angela Merkel', YouTube, 1 December 2013.

(58) 'John McCain tells Ukraine protesters: "We are here to support your just cause"', *Guardian*, 15 December 2013.

(59) Zygar, Chapter 16 *All the Kremlin's Men.*

(60) Zygar, Chapter 16 *All the Kremlin's Men.*

(61)「記者団の質問への回答」、Kremlin.ru、2014年2月17日。

(62) 'Fishman', 17 April 2022.

(63) Plokhy, Chapter 26 'The Independence Square', *The Gates of Europe.*(『ウクライナ全史』)

(64) Zygar, Chapter 16 *All the Kremlin's Men.*

(65) Zygar, Chapter 16 *All the Kremlin's Men.*

(66) Zygar, Chapter 16 *All the Kremlin's Men.*

(67) '1.5 thousand paratroopers and 400 Marines are being deployed to Kyiv', LV.ua, 20 February 2014.

(68)著者とのインタビュー、キーウ、2022年7月。
(69)Sonia Koshkina, *Maidan*.

第3章◆血を流す偶像たち

(1)プーチン「ロシア人とウクライナ人の歴史的一体性について」)
(2)Owen Matthews, 'Thinking with the blood', *Newsweek* eBook, 2015.
(3)Mikhail Zygar, Chapter 16 *All the Kremlin's Men: Inside the Court of Vladimir Putin*, PublicAffairs, 2016.
(4)Sonia Koshkina, *Maidan: The Untold Story*, Bright Star, 2015.
(5)著者とのインタビュー、モスクワ、2022年4月。
(6)Zygar, Chapter 17 *All the Kremlin's Men*.
(7)Zygar, Chapter 17 *All the Kremlin's Men*.
(8)Andrey Lipsky, 'Представляется правильным инициировать присоеди нение восточных областей Украины к России', *Novaya Gazeta*, no. 19, 24 February 2015.
(9)Daniel Treisman, 'Why Putin took Crimea: the gambler in the Kremlin', *Foreign Affairs*, vol. 95, no. 3, May-June 2016.
(10)Treisman, 'Why Putin took Crimea'.
(11)Treisman, 'Why Putin took Crimea'.
(12)Zygar, Chapter 16 *All the Kremlin's Men*.
(13)著者とのインタビュー、イスタンブール、2022年3月。
(14)'Putin Q&A: Full Transcript', Person of the Year special issue, *Time*, 19 December 2007.
(15)Ekaterina Gordeeva interview with Aleksei Venediktov, Tell Gordeeva, YouTube, 10 March 2022.
(16)Zygar, *All the Kremlin's Men*.
(17)Roman Anin, Oleysa Shmagun and Jelena Vasic, 'Ex-spy turned humanitarian helps himself', Organized Crime and Corruption Reporting Project, 4 November 2015.
(18)Zygar, Chapter 17 *All the Kremlin's Men*.
(19)White House, Office of the Press Secretary, 'Remarks by President Obama and Prime Minister Netanyahu before bilateral meeting', 3 March 2014.
(20)Zygar, Chapter 17 *All the Kremlin's Men*.
(21)'Fishman' with Mikhail Fishman, YouTube, 1 May 2022.
(22)著者とのインタビュー、ドネツク、2014年8月。

(23) 著者とのインタビュー、キーウ、2022年7月。

(24) 'Участник "прослушки" Глазьева: "Это компиляция и подтасовка"' [One of the people in Glazyev's wiretapped conversations: "This is a compilation and a set up"'], Business FM (bfm.ru), 23 August 2016.

(25) 'English translation of audio evidence of Putin's adviser Glazyev and other Russian politicians' involvement in war in Ukraine', *UaPosition: Focus on Ukraine*, 29 August 2016.

(26) 'English translation of audio evidence of Putin's adviser Glazyev and other Russian politicians' involvement in war in Ukraine'.

(27) 'Беседы "Сергея Глазьева" о Крыме и беспорядках на востоке Украины. Расшифровка', *Meduza*, 22 August 2016.

(28) 著者とのインタビュー、キーウ、2014年8月。

(29) 著者とのインタビュー、ドネツク、2014年8月。

(30) 著者とのインタビュー、ドネツク、2014年8月。

第4章◆明日はわたしのもの

(1) @visegrad24, Twitter, 21 August 2022.

(2) Charles Clover, 'The unlikely origins of Russia's manifest destiny', *Foreign Policy*, 27 July 2016.

(3) Anton Shekhovtsov, 'Aleksandr Dugin's Neo-Eurasianism: The New Right à la Russe', *Religion Compass: Political Religions*, vol. 3, no. 4, pp. 697-716, 2009.

(4) Aleksandr Dugin, 'Мы должны забрать у либералов как минимум половину медийного поля!' (アレクサンドル・ドゥーギン「われわれは自由主義者からメディア領域の少なくとも半分を奪わなければならない！」)、Nakanune.ru、2012年9月28日。

(5) Vyacheslav Golyanov, 'Владимир Путин как спаситель от "сатанинского" Запада', (ヴャチェスラフ・ゴリャノフ「"悪魔の"欧米からの救済者としてのウラジーミル・プーチン」、Baltinfo.ru, 2012年6月13日。

(6) 著者とのインタビュー、モスクワ、2007年。

(7) Masha Gessen, *The Future Is History: How Totalitarianism Reclaimed Russia*, Riverhead Books, 2017, pp. 388-9. (邦訳：マーシャ・ゲッセン『奪われた未来』三浦元博ほか訳、白水社)

(8) 'Политолог, философ Александр Дугин: Это великая война континентов' (「政治学者・哲学者アレクサンドル・ドゥーギン：これは諸大陸の

大戦争である」、『コムソモリスカヤ・プラウダ』、2014年2月20日。
(9) Aleksandr Dugin, 'Шестая колонна'(ドゥーギン「第六列」、『ヴズグリャート』)、2014年4月29日。
(10) 'Daughter of Russian nationalist hailed as martyr', Reuters, 23 August 2022.
(11) Courtney Weaver, 'Malofeev: The Russian billionaire linking Moscow to the rebels', *Financial Times*, 24 July 2014.
(12) Owen Matthews, 'Vladimir Putin's new plan for world domination: After Sochi and Crimea, the world', *The Spectator*, 22 February 2014.
(13) Weaver, 'Malofeev'.
(14) Weaver, 'Malofeev'.
(15) 'Oshybka Prezidenta', *Forbes Russia*, issue 1, January 2015.
(16) Charles Clover, 'Putin and the monk', Financial Times, 25 January 2013.
(17) Timothy Snyder, 'Putin's rationale for Ukraine invasion gets the history wrong', *The Washington Post*, 25 February 2022.
(18) Alec Luhn, 'Russian Orthodox Church suggests tsar's death was a Jewish "ritual murder"', *Daily Telegraph*, 28 November 2017.
(19) Cécile Chambraud, 'The Russian Orthodox Church closes ranks behind Putin over Ukraine war', *Le Monde*, 20 April 2022.
(20) Boris Kagarlitsky, 'Glazyev opts for hara-kiri', *The Moscow Times*, 2 September 2003.
(21) 著者とのインタビュー、モスクワ、2018年。
(22) 'English translation of audio evidence of Putin's adviser Glazyev and other Russian politicians' involvement in war in Ukraine', *UaPosition: Focus on Ukraine*, 29 August 2016.
(23) Vladislav Surkov, *Almost Zero*, Inpatient Press, 2017.
(24) 'In first interview since departure, Russia's former "gray cardinal" questions existence of Ukraine', RFE/RL, 26 February 2020.
(25) 'Assessing Russian activities and intentions in recent US elections', Office of the Director of National Intelligence, 6 January 2017.
(26) 著者とのインタビュー、モスクワ、2017年。
(27) Marine Turchi, 'How a Russian bank gave France's far-right Front National party 9mln euros', *Mediapart*, 24 November 2014.
(28) US Department of Justice Office of Public Affairs Press Release, 3 March 2022.
(29) 著者とのインタビュー、モスクワ、2016年11月。

(30) 著者とのインタビュー、モスクワ、2015年。

(31) ‘Saakashvili resigning from post of Odesa Regional State Administration head’, Interfax-Ukraine, 7 November 2016.

(32) 著者とのインタビュー、モスクワ、2015年。

(33) Iuliia Mendel, *The Fight of Our Lives: My Time with Zelenskyy*, Signal Books, 2022.

(34) 著者とのインタビュー、モスクワ、2021年8月。

(35) Melinda Haring, ‘Why Zelenskyy needs a new Chief of Staff right now’, Atlantic Council, 27 September 2019.

(36) ‘Eight Ukrainians make Forbes magazine’s list of world billionaires’, *Kyiv Post*, 8 March 2012.

(37) 著者とのインタビュー、キーウ、2022年7月。

(38) ‘President v oligarch’, *The Economist*, 28 March 2015.

(39) 著者とのインタビュー、キーウ、2022年7月。

(40) Serhii Rudenko, *Zelensky: A Biography*, Polity Books, 2022.

(41) Rudenko, *Zelensky*.

(42) Mendel, *The Fight of Our Lives*.

(43) *Revealing Ukraine*, directed by Igor Lopatonok, executive producer Oliver Stone, 2019.

(44) Mendel, *The Fight of Our Lives*.

(45) Rudenko, *Zelensky*.

(46) 著者とのインタビュー、モスクワ、2019年。

(47) 著者とのインタビュー、モスクワ、2019年8月。

(48) Zelensky interview with Time, 2 December 2019.

(49) Rudenko, *Zelensky*.

(50) Rudenko, *Zelensky*.

(51) Andrei Soldatov and Irina Borogan, ‘Prison swaps, Putin style’, *The Moscow Times*, 16 August 2022.

(52) 著者とのインタビュー、キーウ、2022年6月。

(53) ‘Ukraine conflict: anger as Zelensky agrees vote deal in east’, BBC News, 2 October 2019.

(54) ‘“Серйозний успіх Москви”: у Росії радіють через підписання Україною “формули Штайнмаєра”’(「モスクワにとっての重大な成功：“シュタインマイアー方式”へのウクライナの同意に喜ぶロシア」、TSN.ua, 2019年10月1日。

(55)'Thousands protest Ukraine leader's peace plan', France 24, 6 October 2019.
(56)'Far-right groups protest Ukrainian president's peace plan', Associated Press, 14 October 2019.
(57)著者とのインタビュー、キーウ、2022年6月。
(58)Rudenko, *Zelensky.*
(59)Mendel, *The Fight of Our Lives.*
(60)Mendel, *The Fight of Our Lives.*

第II部◆戦争への道

第5章◆戦争への道

(1)Stephen Kotkin, 'Uncommon Knowledge with Peter Robinson, Hoover Institution', YouTube, 4 March 2022.
(2)著者とのインタビュー、モスクワ、2019年8月。
(3)Interview with Dmitry Bykov, 'Vkhod-Vykhod' with Stanislav Kryuchkov, Khodorkovsky Live, 9 May 2022.
(4)Interview with Dmitry Bykov, 'Vkhod-Vykhod'.
(5)著者とのインタビュー、モスクワ、2022年6月。
(6)'First Person: An Astonishingly Frank Self-Portrait by Russia's President Vladimir Putin', Public Affairs, 2000.
(7)著者とのインタビュー、ロンドン、2001年。
(8)'First Person'.
(9)Michael Khodarkovsky, *Russia's 20th Century: A Journey in 100 Histories*, Bloomsbury 2019.
(10)'Директор Федеральной службы безопасности России Николай Патр ушев: Если мы «сломаемся» и уйдем с Кавказа - начнется развал ст раны'(「FSB長官ニコライ・パトルシェフ：もしわれわれがカフカースを分断、放棄すれば、国家は分解しはじめるだろう」、『コムソモリスカヤ・プラウダ』、2000年12月19日。
(11)Oleg Kashin, 'How hallucinations of eccentric KGB psychic influence Russian policy', *Guardian*, 15 July 2015.
(12)'Interview with Nikolai Patrushev', *Rossiskaya Gazeta*, 26 April 2022.
(13)Vitaliy Tseplyaev, 'Puppet mastery in action: Nikolai Patrushev on the methodology of coloured revolutions', *Argumenty i Fakty*, 10 June 2020.
(14)'Who and why was Litvinenko killed?', *The New Times*, no. 1, 5 February

2007.
(15)著者とのインタビュー、モスクワ、2018年7月。
(16)著者とのインタビュー、モスクワ、2022年7月。
(17)著者とのインタビュー、モスクワ、2017年1月。
(18)Mark Galeotti, 'Surkov's end and the kleptocrats' triumph', *The Moscow Times*, 21 February 2020.
(19)Mark Galeotti, 'Surkov hints Putin himself no longer essential for the system to persevere', *The Moscow Times*, 12 February 2020.
(20)Mark Galeotti, 'Surkov's end and the kleptocrats' triumph'.
(21)'I created the system': Kremlin's ousted "Grey Cardinal" Surkov, in quotes', *The Moscow Times*, 27 February 2020.
(22)著者とのインタビュー、モスクワ、2022年6月。
(23)BBC Russian Service, 2 October 2021.
(24)'Thanks to Covid-19, Vladimir Putin has become almost invisible', *The Economist*, 2 October 2021.
(25)Michel Rose, 'Macron refused Russian COVID test in Putin trip over DNA theft fears', Reuters, 11 February 2022.
(26)Mikhail Rubin, Dmitry Sukharev, Mikhail Maglov, Roman Badanin, with the participation of Svetlana Reuter(*Meduza*), 'Investigation for Vladimir Putin's 70th birthday', Proyet.media, 1 April 2022.
(27)Sam Tabahriti, 'Oliver Stone claims Vladimir Putin has "had this cancer"', *The Insider*, 22 May 2022.
(28)著者とのインタビュー、モスクワ、2021年12月。
(29)Nahal Toosi, 'CIA director: Putin "too healthy"', *Politico*, 20 July 2022.
(30)Mikhail Zygar, 'How Vladimir Putin lost interest in the present', *The New York Times*, 10 March 2022.
(31)William Burns, speech at Georgia Tech University, 14 April 2022.
(32)著者とのインタビュー、モスクワ、2022年6月。
(33)Roman Badanin, Mikhail Rubin and the Projekt Media team, 'A portrait of Yury Kovalchuk, the second man in Russia', Projekt. media, 9 December 2020.
(34)Nataliya Gevorkyan, Natalya Timakova and Andrei Kolesnikov, Chapter 4: 'The Young Specialist', in *First Person: Conversations with Vladimir Putin*, Public Affairs, 2020.
(35)Badanin et al., 'A Portrait of Yury Kovalchuk'.

(36) Badanin et al., 'A Portrait of Yury Kovalchuk'.
(37) Anastasia Kirilenko, 'Putin and the mafia. Why Alexander Litvinenko was killed', *The Insider*, 21 January 2016.
(38) Gabriel Ronay, 'A tale of Russian mafia, a Bulgarian businesswoman and 1bn', *The Sunday Herald*, 22 February 2009.
(39) 'Investigative authorities in Bulgaria suspect the Estonian company AS "Tavid" of large-scale money laundering', SKY Radio, 5 January 2009.
(40) Badanin et al., 'A Portrait of Yury Kovalchuk'.
(41) Badanin et al., 'A Portrait of Yury Kovalchuk'.
(42) Badanin et al., 'A Portrait of Yury Kovalchuk'.
(43) Badanin et al., 'A Portrait of Yury Kovalchuk'.
(44) Luke Harding, 'Revealed: the $2bn off shore trail that leads to Vladimir Putin', *Guardian*, 3 April 2016.
(45) Harding, 'Revealed'.
(46) Zygar, 'How Vladimir Putin lost interest in the present'.
(47) Zygar, 'How Vladimir Putin lost interest in the present'.

第6章◆本気かこけおどしか

(1) 著者とのインタビュー、モスクワ、2022年6月。
(2) 'Zelenskiy: Russian passports in Donbas are a step towards "annexation"', Reuters, 20 May 2021.
(3) 'Havrysh: Ukraine-NATO cooperation not excluding strategic partnership between Moscow', *Kyiv Post*, 26 May 2010.
(4) 'Ukraine drops NATO membership bid', *EU Observer*, 6 June 2010.
(5) Sir Winston Churchill, *Reader's Digest*, December 1954.
(6) 'Deschytsia states new government of Ukraine has no intention to join NATO', Interfax-Ukraine, 29 March 2014.
(7) 'Ukraine crisis: PM Yatsenyuk to seek Nato membership', BBC News, 29 August 2014.
(8) 'Ukraine's parliament backs changes to Constitution confirming Ukraine's path toward EU, NATO', Ukrainian Independent Information Agency, 7 February 2019.
(9) 'Russia as aggressor, NATO as objective: Ukraine's new National Security Strategy', Atlantic Council, 30 September 2020.
(10) 'Zelensky said in Britain that Ukraine needs a MAP in NATO', UNN

Agency, 8 October 2020.
(11)著者とのインタビュー、ロンドン、2021年12月。
(12)著者とのインタビュー、ロンドン、2021年12月。
(13)Ekaterina Gordeeva interview with Aleksei Venediktov, Tell Gordeeva, 10 March 2022.
(14)Liz Throssell(Spokesperson for the UN High Commissioner for Human Rights), briefing in Geneva, 21 August 2020.]
(15)Iuliia Mendel, *The Fight of Our Lives: My Time with Zelenskyy*, Signal Books, 2022.
(16)著者とのインタビュー、キーウ、2022年7月。
(17)Mendel, *The Fight of Our Lives.*
(18)Kira Latukhina, 'Putin spoke about the genocide in the Donbas', *Rossiyskaya Gazeta*, 9 December 2021
(19)Mendel, *The Fight of Our Lives.*
(20)著者とのインタビュー、キーウ、2022年7月。
(21)著者とのインタビュー、モスクワ、2021年12月。
(22)Anton Stepura, 'DNR militants declare permission to conduct "preemptive fire for destruction"', Suspilne, 3 March 2021.
(23)'Ukraine: Purpose of upcoming Defender Europe 2021 exercise is to practice for war with Russia', *UAWire*, 4 April 2021.
(24)Evgeny Kizilov, 'Russia draws troops to the border with Ukraine - Khomchak', *Ukrainska Pravda*, 30 March 2021.
(25)'Russia transfers ships from the Caspian Sea to the Black Sea', mil.in.ua, 19 January 2021.
(26)'Russia is not a threat to Ukraine, the movement of Russia's army should not be a concern', Radio Free Europe/Radio Liberty, 5 April 2021.
(27)'NATO Secretary General: It is not up to Russia to decide whether Ukraine will be a member of the Alliance', *Evropeiskaya Pravda*, 14 June 2021.
(28)Shane Harris, Karen DeYoung, Isabelle Khurshudyan, Ashley Parker and Liz Sly, 'Road to war: U. S. struggled to convince allies, and Zelensky, of risk of invasion', *The Washington Post*, 16 August 2022.
(29)著者とのインタビュー、モスクワ、2022年6月。
(30)著者とのインタビュー、モスクワ、2022年2月。
(31)著者とのインタビュー、モスクワ、2022年6月。
(32)著者とのインタビュー、ロンドン、2022年2月。

(33) Harris et al., 'Road to war'.
(34) Harris et al., 'Road to war'.
(35) Harris et al., 'Road to war'.
(36) 著者とのインタビュー、モスクワ、2008年。
(37) Harris et al., 'Road to war'.
(38) 著者とのインタビュー、ロンドン、2022年2月。
(39) Harris et al., 'Road to war'.
(40) Harris et al., 'Road to war'.
(41) 著者とのインタビュー、キーウ、2022年6月。
(42) Harris et al., 'Road to war'.
(43) Vladimir Solovyov and Marina Kovalenko, 'For our neighbouring country', *Kommersant*, 3 December 2021.
(44) 著者とのインタビュー、ロンドン、2021年2月。
(45) 著者とのインタビュー、モスクワ、2022年6月。
(46) David Batashvili, 'Geostrategic activities', *Rondeli Russian Military Digest*, no. 118, 30 January 2022.
(47) Ekaterina Gordeeva interview with Aleksei Venediktov.
(48) 著者とのインタビュー、イスタンブール、2022年3月。
(49) Greg Miller and Catherine Belton, 'Russia's spies misread Ukraine and misled Kremlin as war loomed', *The Washington Post*, 19 August 2022.
(50) *Ukrainskaya Pravda* interview with Oleksandr Vikul, 10 May 2022.
(51) 'Fishman' with Mikhail Fishman, YouTube, 4 April 2022.
(52) Miller and Belton, 'Russia's spies misread Ukraine and misled Kremlin as war loomed'.
(53) 著者とのインタビュー、モスクワ、2021年1月。
(54) 著者とのインタビュー、モスクワ、2022年5月。
(55) 著者とのインタビュー、ロンドン、2022年5月。
(56) 著者とのインタビュー、ロンドン、2022年5月。
(57) 著者とのインタビュー、イスタンブール、2022年3月。
(58) 著者とのインタビュー、イスタンブール、2022年3月。
(59) Harris et al., 'Road to war'.
(60) Harris et al., 'Road to war'.
(61) Harris et al., 'Road to war'.
(62) 著者とのインタビュー、ロンドン、2022年2月。
(63) 著者とのインタビュー、ロンドン、2022年2月。

(64) Harris et al., 'Road to war'.

(65) Mia Jankowicz, 'Rare video shows France's Macron trying to talk Putin down from invading Ukraine'. 4 days later, he attacked', *The Insider*, 4 July 2022.

(66) 著者とのインタビュー、イスタンブール、2022年3月。

(67) Mark Galeotti, 'The personal politics of Putin's Security Council meeting', *The Moscow Times*, 22 February 2022.

第7章◆破壊命令《クライ・ハヴォク》

(1) 'Putin decided to conduct an operation to de-Nazify and demilitarise Ukraine', TASS, 24 February 2022.

(2) 著者とのインタビュー、キーウ、2022年6月。

(3) David M. Herszenhorn and Paul McLeary, 'Ukraine's "iron general" is a hero, but he's no star', *Politico*, 8 April 2022.

(4) 著者とのインタビュー、キーウ、2022年6月。

(5) Serhiy Nuzhnenko, 'Unlocking Kyiv's Soviet-era bomb shelters', RFE/RL, 21 December 2021.

(6) Glenn Kessler, 'Zelensky's famous quote of "need ammo, not a ride" not easily confirmed', *The Washington Post*, 6 March 2022.

(7) Livia Gerster, 'Sie wollen seine Worte nicht hören', *Frankfurter Allgemeine Zeitung*, 28 March 2022.

(8) 著者とのインタビュー、キーウ、2022年6月。

(9) 'Zelensky signs decree declaring general mobilization', Interfax Ukraine, 25 February 2022.

(10) Luke Mogelson, 'How Ukrainians saved their capital', *The New Yorker*, 9 May 2022.

(11) 'Kyiv residents take up arms as Russia advances', BBC News, 25 February 2022.

(12) 著者とのインタビュー、キーウ、2022年6月。

(13) 著者とのインタビュー、キーウ、2022年6月。

(14) 著者とのインタビュー、キーウ、2022年6月。

(15) Sam Denby and Tristan Purdy, 'The failed logistics of Russia's invasion of Ukraine', Wendover Productions, YouTube, 5 March 2022.

(16) 'Zelensky hastily fled Kiev, Russian State Duma Speaker claims', TASS, 26 February 2022.

(17) Iuliia Mendel, *The Fight of Our Lives: My Time with Zelenskyy*, Signal Books,

2022.

(18) Manveen Rana, 'Volodymyr Zelensky: Russian mercenaries ordered to kill Ukraine's president', *The Times*, 28 February 2022.

(19) Mogelson, 'How Ukrainians saved their capital'.

(20) James Beardsworth and Irina Shcherbakova, '"Are there even any left?" 100 days of war in Ukraine for an elite Russian unit', *The Moscow Times*, 4 June 2022.

(21) Beardsworth and Shcherbakova, '"Are there even any left?"'.

(22) Tim Robinson, 'Air war over Ukraine - the first days', www. aerosociety.com, 2 March 2022.

(23) Craig Hoyle, 'Ukraine claims Russian aircraft losses as invasion begins', *Defence News*, 24 February 2022.

(24) Beardsworth and Shcherbakova, '"Are there even any left?"'.

(25) Beardsworth and Shcherbakova, '"Are there even any left?"'.

(26) CaucasusWarReport @caucasuswar, video posted to Twitter, 1 June 2022.

(27) 著者とのインタビュー、キーウ、2022年6月。

(28) 著者とのインタビュー、キーウ、2022年6月。

(29) 著者とのインタビュー、キーウ、2022年6月。

(30) 著者とのインタビュー、キーウ、2022年6月。

(31) 著者とのインタビュー、キーウ、2022年6月。

(32) 著者とのインタビュー、キーウ、2022年6月。

(33) Svyatoslav Khomenko and Nina Nazarova, '"Things just turned out that way": the journey of Russian soldier Vadim Shishimarin from the Ukrainian border to a life sentence', BBC Russian Service, 28 May 2022.

(34) Khomenko and Nazarova, '"Things just turned out that way"'.

(35) Mykhailo Tkach, 'It is important that they look at themselves in the mirror more often', *Meduza*, 18 May 2022.

(36) Tkach, 'It is important that they look at themselves in the mirror more often'.

(37) Tkach, 'It is important that they look at themselves in the mirror more often'.

(38) Khomenko and Nazarova, '"Things just turned out that way"'.

(39) Khomenko and Nazarova, '"Things just turned out that way"'.

(40) Khomenko and Nazarova, '"Things just turned out that way"'.

(41) Khomenko and Nazarova, '"Things just turned out that way"'.

(42) Khomenko and Nazarova, '"Things just turned out that way"'.

(43) Khomenko and Nazarova, '"Things just turned out that way"'.

(44) Khomenko and Nazarova, '"Things just turned out that way"'.
(45) Khomenko and Nazarova, '"Things just turned out that way"'.
(46) Khomenko and Nazarova, '"Things just turned out that way"'.
(47) Khomenko and Nazarova, '"Things just turned out that way"'.
(48) 著者とのインタビュー、プシェミスル、2022年6月。
(49) 著者とのインタビュー、プシェミスル、2022年6月。
(50) Greg Miller and Catherine Belton, 'Russia's spies misread Ukraine and misled Kremlin as war loomed', *The Washington Post*, 19 August 2022.
(51) 著者とのインタビュー、プシェミスル、2022年6月。
(52) Yaroslav Trofimov, 'A Ukrainian town deals Russia one of the war's most decisive routs', *The Wall Street Journal*, 16 March 2022.
(53) Trofimov, 'A Ukrainian town deals Russia one of the war's most decisive routs'.
(54) Trofimov, 'A Ukrainian town deals Russia one of the war's most decisive routs'.
(55) Trofimov, 'A Ukrainian town deals Russia one of the war's most decisive routs'.

第III部◆戦禍の下で

第8章◆崩れゆく絆

(1) 著者とのインタビュー、モスクワ、2022年3月。

(2) 著者とのインタビュー、モスクワ、2022年3月。

(3) 著者とのインタビュー、モスクワ、2022年3月。

(4) 著者とのインタビュー、モスクワ、2022年3月。

(5) 著者とのインタビュー、モスクワ、2022年3月。

(6) 'Exile, fines or jail: censorship laws take heavy toll on anti-war Russians', *The Moscow Times*, 26 August 2022.

(7) @vkaramurza, Twitter, 26 August 2022.

(8) 著者とのインタビュー、モスクワ、2022年2月。

(9) 'Poll shows 81 per cent of Russians trust Putin', TASS, 26 August 2022.
(10) 著者とのインタビュー、モスクワ、2022年2月。
(11) Giulia Carbonaro, 'Russian TV viewing figures falling amid coverage of Ukraine invasion', *Newsweek*, 24 August 2022.
(12) 'Exile, fines or jail', *The Moscow Times*, 6 March 2022.

(13) 'Exile, fines or jail', *The Moscow Times*.
(14) Michael Warren Davis, 'Why are Putin's propagandists so bad at their jobs?', *Spectator US*, 13 May 2022.
(15) Peter Beaumont, 'British pro-Kremlin video blogger added to UK government Russia sanctions list', *Guardian*, 26 July 2022.
(16) Sonia Smith, 'War of Words: Meet the Texan Trolling for Putin', *Texas Monthly*, April 2018.
(17) Gonzalo Lira @GonzaloLira1968, Twitter.com.
(18) Davis, 'Why are Putin's propagandists so bad at their jobs?'
(19) 著者とのインタビュー、モスクワ、2022年3月。
(20) 著者とのインタビュー、モスクワ、2022年3月。
(21) 著者とのインタビュー、モスクワ、2022年3月。
(22) 'Vkhod-Vykhod' with Stanislav Kryuchkov, Khodorkovsky Live, YouTube, 9 May 2022.
(23) Ekaterina Gordeeva interview with Aleksei Venediktov, Tell Gordeeva, YouTube, 10 March 2022.
(24) 著者とのインタビュー、モスクワ、2022年3月。
(25) Jeffrey Sonnenfeld et al., 'Business retreats and sanctions are crippling the Russian economy', Yale Chief Executive Leadership Institute, August 2022.
(26) Martin Farrer, Andrew Roth and Julian Borger, 'Ukraine war: sanctions-hit Russian rouble crashes as Zelenskiy speaks of "crucial" 24 hours', *Guardian*, 28 February 2022.
(27) Ekaterina Gordeeva interview with Aleksei Venediktov, Tell Gordeeva.
(28) 著者とのインタビュー、モスクワ、2022年3月。
(29) 著者とのインタビュー、モスクワ、2022年3月。
(30) 著者とのインタビュー、モスクワ、2022年3月。
(31) 著者とのインタビュー、モスクワ、2022年3月。
(32) 著者とのインタビュー、モスクワ、2022年3月。
(33) 著者とのインタビュー、モスクワ、2022年3月。
(34) 著者とのインタビュー、モスクワ、2022年3月。
(35) 著者とのインタビュー、モスクワ、2022年3月。
(36) 著者とのインタビュー、モスクワ、2022年3月。
(37) 著者とのインタビュー、モスクワ、2022年3月。
(38) Report on Frontex border crossing data, DPA, 25 August 2022.
(39) 'TASS: more than 1M Ukrainians taken to Russia', Associated Press, 3 May

2022.
(40)著者との電話インタビュー、2022年3月。
(41)著者とのインタビュー、ローマ、2022年4月。

第9章◆超えた限度

(1)Paul Sonne, Isabelle Khurshudyan, Serhiy Morgunov and Kostiantyn Khudov, ‘Battle for Kyiv: Ukrainian valor, Russian blunders combined to save the capital’, *The Washington Post*, 24 August 2022.
(2)Iuliia Mendel, *The Fight of Our Lives: My Time with Zelenskyy*, Signal Books, 2022.
(3)Sonne et al., ‘Battle for Kyiv: Ukrainian valor, Russian blunders combined to save the capital’.
(4)‘Germany to ship anti-aircraft missiles to Ukraine - reports’, Deutsche Welle, 3 March 2022.
(5)James Marson, ‘Zelensky says Russia is striking military and civilian targets’, *The Wall Street Journal*, 26 February 2022.
(6)‘Putin tells Xi that Russia willing to hold high-level talks with Ukraine - China’s CCTV’, *Financial Post*, 25 February 2022.
(7)‘Putin says Ukrainian neutrality key to any settlement’, Reuters, 28 February 2022.
(8)‘“No progress” as top Russia, Ukraine diplomats talk in Turkey’, Al Jazeera, 10 March 2022.
(9)‘Volodymyr Zelensky says he accepts there is “not an open door” to Ukraine joining Nato’, *Independent*, 15 March 2022.
(10)Max Seddon, Roman Olearchyk and Arash Massoudi, ‘Ukraine and Russia draw up neutrality plan to end war’, *Financial Times*, 16 March 2022.
(11)著者とのインタビュー、キーウ、2022年6月。
(12)著者とのインタビュー、ロンドン、2022年3月。
(13)著者とのインタビュー、ロンドン、2022年3月。
(14)Lingling Wei, ‘China declared its Russia friendship had “no limits.” It’s having second thoughts’, *The Wall Street Journal*, 3 March 2022.
(15)著者とのインタビュー、ロンドン、2022年3月。
(16)Blake Herzinger, ‘Sending old fighter jets to Ukraine is a terrible idea’, *Foreign Policy*, 14 March 2022.
(17)Christopher Nehring, ‘Debate about Polish fighter jets for Ukraine was

divisive - and distracting', Deutsche Welle, 11 March 2022.
(18)著者とのインタビュー、ロンドン、2022年3月。
(19)'Defence Secretary says UK buys Soviet, Russian weapons across globe to send to Ukraine', Fans News Agency, 13 May 2022.
(20)Masha Gessen, 'The prosecution of Russian war crimes in Ukraine', *The New Yorker*, 1 August 2022.
(21)Irina Filkina memorial page, Epitsentr K website, 6 March 2022.
(22)著者とのインタビュー、ブチャ、2022年6月。
(23)Gessen, 'The prosecution of Russian war crimes in Ukraine'.
(24)Tara John, Oleksandra Ochman, Eoin McSweeney and Gianluca Mezzofiore, 'A Ukrainian mother had plans to change her life this year. Russian forces shot her as she cycled home', CNN, 7 April 2022.
(25)Gessen, 'The prosecution of Russian war crimes in Ukraine'.
(26)John et al., 'A Ukrainian mother had plans to change her life this year'.
(27)John et al., 'A Ukrainian mother had plans to change her life this year'.
(28)'Pentagon: Russian troop movement near Kyiv area likely "a repositioning, not a real withdrawal"', CNN, 29 March 2022.
(29)John et al., 'A Ukrainian mother had plans to change her life this year'.
(30)'Ukraine: apparent war crimes in Russia-controlled areas', Human Rights Watch, 3 April 2022.
(31)'Biden says Putin should face war-crimes trial for alleged Bucha atrocities', Bloomberg, 4 April 2022.
(32)著者とのインタビュー、キーウ、2022年6月。
(33)Andrei Soldatov and Irina Borogan, 'From bad intel to worse. Putin reportedly turns on FSB agency that botched Russia's Ukraine prep', *Meduza*, 11 March 2022.
(34)著者とのインタビュー、モスクワ、2022年5月。
(35)'12 National Guards Appeal Dismissal For Refusing To Invade Ukraine. They will later decide to resign from the National Guards or stay', *The Moscow Times*, 25 March 2022.
(36)'How is the Special Operation progressing?', OSN.ru, 26 March 2022.
(37)著者とのインタビュー、モスクワ、2022年5月。
(38)著者とのインタビュー、モスクワ、2022年5月。
(39)著者とのインタビュー、モスクワ、2022年5月。
(40)著者とのインタビュー、キーウ、2022年6月。

(41) 'Mayor of Kharkiv says nowhere in Ukraine's second city "safe"', France 24, 28 July 2022.

(42) 'Even before they took the bag off his head I said straight away - it's him', *Meduza*, 16 June 2022.

(43) 'Even before they took the bag off his head I said straight away - it's him'.

(44) 'Опубликовано видео, где, предположительно, украинские солдаты стреляют по ногам пленным россиянам. Бастрыкин велел начать п роверку', (「ウクライナ兵が捕虜の足を撃っている場面として公表されたビデオ。バストリーヒンが調査命じる」、『メドゥーザ』、2022年3月27日。)

(45) 'Even before they took the bag off his head I said straight away - it's him'.

(46) Isabel van Brugen, 'Russia-installed Kherson leader has fled to Russia, video analysis suggests', *Newsweek*, 30 August 2022.

(47) 著者とのインタビュー、プシェミスル、2022年6月。

第10章◆膠着状態

(1) Yevgeny Tarle, *Krymskaia voina*, Moscow and Leningrad, 1950.

(2) Ian Traynor, 'Putin claims Russian forces "could conquer Ukraine capital in two weeks"', *Guardian*, 2 September 2014.

(3) 著者とのインタビュー、ロンドン、2022年4月。

(4) 'Fishman' with Mikhail Fishman, YouTube, 17 April 2022.

(5) 'Fegin Live' with Oleksiy Arestovych, YouTube, 18 February 2022.

(6) Pjotr Sauer, '"I could not be part of this crime": the Russians fighting for Ukraine', *The Moscow Times*, 14 June 2022.

(7) 'Putin addresses mothers of Russian soldiers', YouTube, 8 March 2022.

(8) 'Russian Defense Ministry confirms presence of conscripts in Ukraine war for first time', RFE/RL's Russian Service, 9 March 2022.

(9) 著者とのインタビュー、ロンドン、2022年3月。

(10) Paul Wood, 'Cornered: could Putin go nuclear?', *The Spectator*, 24 September 2022.

(11) 'Russian casualties in Ukraine', Mediazona count, updated 16 June 2022.

(12) 'Commander shot at military enlistment office in Ust-Ilimsk, Russia', News.az, 26 September 2022.

(13) 'Chechen lawmaker says Mariupol "destroyed" on Putin's orders', *The Moscow Times*, 22 April 2022.

(14) 'Chechen commander awarded "Hero of Russia" for Mariupol siege', *The*

Moscow Times, 26 April 2022.
(15) Emma Graham-Harrison and Vera Mironova, 'Chechnya's losses in Ukraine may be leader Ramzan Kadyrov's undoing', *Guardian*, 22 March 2022.
(16) Igor Girkin, Telegram, 16 July 2022.
(17) 'Conscripts from Donbas launch a video declare [sic] that they won't fight for Russia in Ukraine near Sumy', YouTube, 28 March 2022.
(18) Owen Matthews, 'Putin's secret armies waged war in Syria - where will they fight next?', *Newsweek*, 17 January 2018.
(19) Pjotr Sauer, '"We thieves and killers are now fighting Russia's war": how Moscow recruits from its prisons', *Guardian*, 20 September 2022.
(20) 'Russia's Wagner group says sending blood-stained sledgehammer to EU Parliament,' *The Moscow Times*, 24 November 2022.
(21) UK Ministry of Defence Intelligence Update, 17 February 2023.
(22) Anton Troianovski, Ivan Nechepurenko and Richard Pérez-Peña, 'Calling off steel plant assault, Putin prematurely claims victory in Mariupol', *The New York Times*, 21 April 2022.
(23) 'Bloody river battle was third in three days - Ukraine official', BBC, 13 May 2022.
(24) 著者とのインタビュー、モスクワ、2022年6月。
(25) 'Severodonetsk: Ukrainian forces told to retreat from key eastern city', BBC, 24 June 2022.
(26) Idrees Ali, 'In first since Ukraine invasion, Pentagon chief speaks with Russian counterpart', Reuters, 13 May 2022.
(27) 著者とのインタビュー、ロンドン、2022年6月。
(28) Ali, 'In first since Ukraine invasion, Pentagon chief speaks with Russian counterpart'.
(29) 'Task and purpose - Can US artillery stop the Russian war?', YouTube, 7 June 2022.

第11章◆幻想の代償

(1) 'GoodFellows: Conversations from the Hoover Institution', YouTube, 5 April 2022.
(2) St Petersburg International Economic Forum Plenary session, Kremlin.ru, 17 June 2022.
(3) Anatoly Kurmanaev and Stanley Reed, 'How Russia is surviving the

tightening grip on its oil revenue', *The New York Times*, 7 February 2023.
(4) Fareed Zakaria, 'The West's Ukraine strategy is in danger of failing', *The Washington Post*, 5 July 2022.
(5) 著者とのインタビュー、ローマ、2022年5月。
(6) Sonnenfeld et al., 'Business retreats and sanctions are crippling the Russian economy'.
(7) 'Russia's version of Starbucks reopens with a new name and logo', Reuters, 19 August 2022.
(8) Sonnenfeld et al., 'Business retreats and sanctions are crippling the Russian economy'.
(9) Christiaan Hetzner, 'Russia's largest tank manufacturer may have run out of parts', *Fortune*, 22 March 2022.
(10) Jeanne Whalen, 'Sanctions forcing Russia to use appliance parts in military', *The Washington Post*, 11 May 2022.
(11) Yevgenia Albats, 'Six months of war: what Putin wanted; what Putin got', *The Moscow Times*, 1 September 2022.
(12) Sonnenfeld et al., 'Business retreats and sanctions are crippling the Russian economy'.
(13) 'Russia needs huge financial resources for military operation - finance minister', Reuters, 27 May 2022.
(14) Alexander Ward and Joseph Gedeon, 'What Biden means by "sanctions never deter"', *Politico*, 25 March 2022.
(15) 著者との電話インタビュー、2022年5月。
(16) Sonnenfeld et al., 'Business retreats and sanctions are crippling the Russian economy'.
(17) 著者とのインタビュー、ロンドン、2023年1月。
(18) 著者とのインタビュー、モスクワ、2022年9月。
(19) 'Average monthly nominal wage in Russia from 1998 to 2021', Statista, 1 September 2022.
(20) James Beardsworth, 'Russian schoolchildren return to classrooms changed by war', *The Moscow Times*, 2 September 2022.
(21) Valery Kizilov, 'Not collapse, but decay. Why Russians don't notice the economic crisis and how it will develop', *The Insider*, 19 July 2022.
(22) Jeff Mason, 'Trump lashes Germany over gas pipeline deal, calls it Russia's "captive"', Reuters, 11 July 2018.

(23) 'Canada exempts Russian gas turbine from sanctions amid Europe energy crisis', *Guardian*, 10 July 2022.

(24) Kate Connolly, 'Germany braces for "nightmare" of Russia turning off gas for good', *Guardian*, 10 July 2022.

(25) Patrick Wintour, 'Costs of Ukraine war pose tests for European leaders - and things may get worse', *Guardian*, 18 July 2022.

(26) German Foreign Affairs Minister @ABaerbock, Twitter, 28 August 2022.

(27) Alex Lawson, 'Wholesale gas prices fall as Europe's plan to avert winter energy crisis takes shape', *Guardian*, 1 September 2022.

(28) Elliot Smith, 'European natural gas prices return to pre-Ukraine war levels', CNBC, 29 December 2022.

(29) Anna Ringstrom and Terje Solsvik, 'Nord Stream leaks confirmed as sabotage, Sweden says,' Reuters, 18 November 2022.

(30) 'Russia wants to destroy Europeans' normal life, Zelensky warns', BBC News, 4 September 2022.

(31) 'Meeting on current situation in oil and gas sector', Novo-Ogaryovo, Kremlin.ru, 14 April 2022.

(32) Mikhail Krutikhin, 'Power of Siberia or power of China?', Al Jazeera, 19 December 2019.

(33) Sonnenfeld et al., 'Business retreats and sanctions are crippling the Russian economy'.

(34) 著者とのインタビュー、ローマ、2022年9月。

(35) 'UnionPay ограничила прием в России своих карт, выпущенных за рубежом'(「ユニオンペイが国外発効の自社カードのロシアでの使用を制限」)、RBK、2002年9月2日)。

(36) Mark Almond, 'Vladimir Putin is forging a new alliance of pariah states that'll be a graver threat to the West than the old Soviet bloc', *Daily Mail*, 19 July 2022.

(37) 'Putin visits Iran for first trip outside former USSR since Ukraine war', Reuters, 19 July 2022.

(38) Patrick Wintour, 'Lavrov walks out of G20 talks after denying Russia is causing food crisis', *Guardian*, 8 July 2022.

(39) Shannon Tiezzi, 'Wang's G20 meetings highlight China's Ukraine messaging', *The Diplomat*, 8 July 2022.

(40) 'Putin holds meetings in Tehran with Iranian, Turkish Leaders', RFE/RL, 19

July 2022.

(41) 'UN resolution against Ukraine invasion: full text', Al Jazeera, 5 March 2022.

(42) 'Russia journalist who made TV Ukraine war protest arrested and has home raided', Euronews, 11 August 2022.

(43) Yevgenia Albats, 'Six months of war: what Putin wanted; what Putin got', *The New Times*, 22 August 2022.

(44) Albats, 'Six months of war'.

(45) Albats, 'Six months of war'.

(46) Albats, 'Six months of war'.

(47) Albats, 'Six months of war'.

(48) 'Mikhail Fishman on why Ilya Yashin refused to leave and went to prison', TV Rain, YouTube, 22 July 2022.

(49) Albats, 'Six months of war'.

(50) 著者とのインタビュー、モスクワ、2022年3月。

(51) Francesca Ebel and Mary Ilyushina, 'Russians abandon wartime Russia in historic exodus', *The Washington Post*, 13 February 2023.

(52) 著者とのインタビュー、2023年1月。

(53) Albats, 'Six months of war'.

(54) 著者とのインタビュー、モスクワ、2022年6月。

(55) Andrei Kolesnikov, 'The unique banality of Vladimir Putin', *The Moscow Times*, 13 July 2022.

(56) 著者とのインタビュー、ローマ、2022年5月。

第12章◆戦死者の館《テイル・ヴァルハル》へ

(1) 'Vkhod-Vykhod' with Stanislav Kryuchkov, Khodorkovsky Live, YouTube, 9 May 2022.

(2) Fareed Zakaria, 'It's time to start thinking about the endgame in Ukraine', *The Washington Post*, 16 June 2022.

(3) Peter Arnett, 'Report on Battle of Ben Tre', Associated Press, 8 February 1968.

(4) 'Putin says if West wants to defeat Russia on battlefield, "Let them try"', AFP, 7 July 2022.

(5) Shaun Walker, 'Putin's annexation speech: more angry taxi driver than head of state', *Guardian*, 30 September 2022.

(6) Jason Lemon, 'Putin thinks U. S. "attention deficit disorder" will help him

win war: CIA', *Newsweek*, 21 July 2022.

(7) Vladimir Putin, Presidential Address to the Federal Assembly, kremlin.ru, 21 February 2023.

(8) @mfa_russia, Twitter, 18 July 2022.

(9) 'Meeting with State Duma leaders and party faction heads', Kremlin.ru, 7 July 2022.

(10) 著者とのインタビュー、モスクワ、2022年6月。

(11) Andrei Kolesnikov, 'The unique banality of Vladimir Putin', *The Moscow Times*, 13 July 2022.

(12) アドルフ・ヒトラー：「わたしは25歳にして戦場にあり、31歳で復員し、そして今日42歳にして、幾百万がわたしを支持しているのだ」、'Mit 25 Jahren bin ich ins Feld, mit 31 kam ich zurück, und heute, mit 42 Jahren stehen Millionen hinter mir.'ダルムシュタットにおける演説、1931年11月13日。

(13) Nicholas Farrell, 'Do Russians support Putin's war?', *The Spectator*, 5 March 2022.

(14) Frye, *Weak Strongman: The Limits of Power in Putin's Russia*.

(15) Timothy Frye, *Weak Strongman*, Princeton University Press, 2021.

(16) Mary Chesnut, '5 Polls that contextualize the Russia-Ukraine crisis', Russiamatters.org (Belfer Center for International Affairs, Harvard Kennedy School), 17 February 2022.

(17) Owen Matthews, 'Vladimir Putin's Secret Weapon', *Newsweek*, 15 June 2016.

(18) Farrell, 'Do Russians support Putin's war?'

(19) Katharina Buchholz, 'Levada see 75 percent of Russians supporting war', Statista.com, 23 February 2023.

(20) Erin Doherty, 'Biden says Putin "cannot remain in power"', *Axios*, 26 March 2022.

(21) 著者とのインタビュー、モスクワ、2022年5月。

(22) 著者とのインタビュー、ローマ、2022年5月。

(23) 著者とのインタビュー、キーウ、2022年6月。

(24) 著者とのインタビュー、モスクワ、2022年6月。

(25) 'Ukraine will win the war', David Petraeus's interview with CNN's Jim Sciutto, 18 September 2022.

(26) 著者とのインタビュー、モスクワ、2022年3月。

(27) NextaTV, 27 July 2022.

(28)著者とのインタビュー、ロンドン、2022年8月。
(29)'Macron vows to prevent Russia from winning war in Ukraine', Associated Press, 1 September 2022.
(30)著者とのインタビュー、ロンドン、2022年8月。
(31)Dan Sabbagh, 'Russian army has lost up to half of key battle tanks, analysts estimate', *Guardian*, 15 February 2023.
(32)Jon Henley, '"Justice" for Ukraine overshadowed by cost of living concerns, polling shows', *Guardian*, 15 June 2022.
(33)'One year in, global public opinion about the war in Ukraine has remained remarkably stable', Ipsos, 20 January 2023.
(34)Owen Matthews, 'China's Ukraine Diplomacy', The Spectator, 19 February 2023.
(35)著者とのインタビュー、ロンドン、2022年8月。
(36)Michael McFaul, 'GoodFellows: Conversations from the Hoover Institution', YouTube, 5 April 2022.
(37)著者とのインタビュー、2023年1月。
(38)著者とのインタビュー、2023年1月。
(39)著者とのインタビュー、キーウ、2022年5月。
(40)'Remarks by President Biden on the united efforts of the Free World to support the people of Ukraine', Whitehouse.gov, 26 March 2022.
(41)'Ukraine will win the war', Petraeus's CNN interview.
(42)著者とのインタビュー、2023年1月。
(43)'We knew': NATO chief looks back at Russia's Ukraine invasion, France 24, 16 February 2023.
(44)著者とのインタビュー、2023年1月。
(45)*Financial Times* correspondent Shashank Joshi, @shashj, Twitter. com, 26 August 2022.
(46)著者とのインタビュー、キーウ、2022年5月。
(47)@nexta_tv, Twitter.com, 4 September 2022.
(48)著者とのインタビュー、ローマ、2022年8月。
(49)Justin Bronk, 'The West shouldn't underestimate Russia in Ukraine', *The Spectator*, 19 February 2023.

謝辞

(1)Svyatoslav Khomenko and Nina Nazarova, '"Things just turned out that

way": the journey of Russian soldier Vadim Shishimarin from the Ukrainian border to a life sentence', BBC Russian Service, 28 May 2022.

（2）Yaroslav Trofimov, 'A Ukrainian town deals Russia one of the war's most decisive routs', *The Wall Street Journal*, 16 March 2022.